CARTULAIRE DE L'ABBAYE DE SAINT-VAAST

CARTULAIRE

DE L'ABBAYE DE SAINT-VAAST D'ARRAS

RÉDIGÉ AU XIIe SIÈCLE

PAR

GUIMANN

ET PUBLIÉ POUR LA PREMIÈRE FOIS, AU NOM DE L'ACADÉMIE D'ARRAS

PAR

M. LE CHANOINE VAN DRIVAL

ARRAS

A. Courtin, imprimeur breveté, place du Wetz-d'Amain, n° 7.

1875

A Messieurs les Membres de l'Académie d'Arras

MESSIEURS ET CHERS COLLÈGUES.

Voici enfin l'œuvre de GUIMANN, *travail d'éditeur et de critique dont vous m'avez chargé il y a bien longtemps. Puisse-t-il ne pas déparer vos autres travaux d'édition de documents inédits concernant l'Artois, et être une preuve nouvelle du plaisir que j'ai à répondre à vos désirs, qui sont toujours des ordres pour*

Votre Secrétaire-Général,

E. VAN DRIVAL.

Arras, le 26 septembre 1875.

INTRODUCTION.

I.

Le manuscrit que nous publions aujourd'hui pour la première fois a pour auteur Guimann. Qu'était-ce que Guimann ?

Guimann, aussi appelé Wimann, Wiman, Wimanc, Wimman et Viman, toutes variantes d'un nom à forme teutonique ou flamande, fort commune dans notre contrée du Nord, était religieux de l'abbaye de Saint-Vaast ; il florissait dans la seconde moitié du XIIe siècle.

Le Nécrologe de Saint-Vaast (1) nous donne à son sujet

(1) Le Nécrologe de Saint-Vaast est un manuscrit sur lequel nous avons lu une Notice dans une des réunions de la Sorbonne, et que nous nous proposons de publier bientôt, afin de compléter la série de documents propres à établir sur des bases solides, l'histoire de la grande abbaye de Saint-Vaast, d'Arras.

quelques indications seulement, mais elles sont très-précises.

Guimann, dit-il, était prêtre en 1161. En 1170 il commença SON FAMEUX REGISTRE : *incipit* FAMOSUM REGISTRUM. En 1175, il fut cellerier. On lui a donné aussi le titre de grand-prévôt, mais c'est dans ce sens que le cellerier était alors ce que fut depuis le *præpositus aquarum*. En 1190, il fut prévôt de Gorres. Il mourut le jour de saint Marc 1192.

Puis le Nécrologe ajoute cette note, bien faite pour nous inspirer de vifs regrets : *Fusè alibi de eo*. Or, cet *alibi* est pour nous demeuré introuvable jusqu'à ce jour.

Lorsqu'il est incidemment question de Guimann dans le Nécrologe, toujours on lui donne l'épithète *famosus*. Evidemment, ce fut un des grands personnages de l'abbaye, et c'est à ce titre qu'on le retrouve encore parmi les *Scriptores Vedastini*, sous la date 1170, dans le même recueil officiel.

Voilà, pensons-nous, tout ce que l'on sait de Guimann aujourd'hui, quant à la biographie proprement dite, car nous avons ses œuvres et nous pouvons y puiser quelques autres renseignements. Foppens, Ferry de Locres, et de nos jours MM. Parenty et Tailliar, qui ont parlé de Guimann, ne donnent rien de plus que ce qui vient d'être cité : les deux premiers donnent même moins, et font erreur d'environ dix ans (1).

C'est sous l'administration de l'abbé de Saint-Vaast Martin, premier du nom, et à sa prière, que Guimann se livra au travail que nous publions. La préface, en forme de dédicace à ce prélat, nous donne à ce sujet quelques détails. Elle est toute *dans la manière* du XIIe siècle, un peu recherchée et comme *centonisée* d'Écriture-sainte. dans ce style dont le type le plus complet est peut-être saint Bernard.

Citons d'ailleurs quelques exemples, en soulignant les mots tirés de la Bible, et l'on verra que presque tout en est tiré. La suscription seule, ou peu s'en faut, est dans un style différent. La voici : « Domno et Patri Martino, » Dei gratia venerabili abbati monasterii Sancti Vedasti » Atrebatensis, frater Guimannus, filiorum vestrorum » minimus : Domino vivere, in Domino mori ».

C'est à la fois plein d'affection, de respect et de piété. « *Unicuique nostrum data est gratia secundum mensu-* » *ram donationis Christi*, ait egregius verbi Dei dispen- » sator. *Quam mensuram*, non ut mihi mihi que simili-

(1) Voici en effet le texte de Locrius, et celui de Foppens est tout semblable : *Guimannus, cenobita Vedastinus, descripsit prima Vedastine domus cunabula : item pleraque cùm Pontificum, tùm Imperatorum et Regum Privilegia diligenter collegit. Floruit anno 1160 (Chronicon Belgicum*, p. 685).

» bus, sed et *bonam et confertam, et coagitatam, et super-*
» *effluentem, dedit in sinum vestrum* ille qui eandem
» *gratiam non ad mensuram accepit, qui dat omnibus*
» *abundanter et non improperat,* ut pote *verbum plenum*
» *gratie et veritatis,* et adeo plenum, ut *de plenitudine*
» *ejus accipiunt* quicumque accipiunt ».

On le voit, presque tout est tiré de l'Écriture et agencé avec art, de manière à former en même temps une suite de pensées fort belles et un gracieux compliment. Il est facile de voir, dans l'édition que nous en donnons plus loin, que toute cette préface est dans le même genre, aussi bien que les autres morceaux qui émaillent agréablement les récits, les chartes, les nomenclatures, et où nous retrouvons la même facilité savante et la même grâce.

C'est dans cette préface générale que nous lisons la date 1170, commencement de l'œuvre.

Ce n'est pas, du reste, sans une très-grande appréhension, nous assure-t-il, qu'il s'est livré à ce travail. Jamais même il ne s'y serait décidé, sans le motif souverain de l'obéissance due à son Abbé. La raison qu'il donne de cette répugnance fait sourire. Déjà saint Jérôme l'avait plus d'une fois alléguée en matière bien plus délicate, et elle est vraie dans tous les temps. La voici : « Subterfugi,
» fateor, et penitus exhorrui, sciens hunc librum in mul-

» torum manus quasi pro spectaculo venturum, qui me » novitatum compilatorem causabuntur, et in pelle ovina, » non quod ratio, sed quod voluntas dictaverit, scripsisse » suspicabuntur ».

Ainsi donc, au siècle de notre religieux védastin, comme au siècle de l'éminent commentateur de nos livres sacrés, on rencontrait des appréciations légères à côté d'un travail sérieux, et il n'était pas sans inconvénients de se livrer à des occupations qui sortaient du cercle tracé par la routine. Heureusement pour nous, Guimann n'a point cédé à cette tentation de faiblesse, et nous avons, grâce à lui, d'excellents éléments pour une histoire de Saint-Vaast comme pour une histoire d'Arras et de l'Artois. Il a transcrit sur son parchemin du XIIe siècle, *in pelle ovina*, ce qui était sur d'anciens papyrus, *in scirpeis papiris exarata... pene dirupta...*; il a choisi ce qu'il y avait de mieux dans les annales des siècles qui ont précédé le sien ; il nous a dit ce qu'il a vu lui-même et il a dressé un inventaire détaillé des priviléges, des biens spirituels et temporels, des redevances, des revenus et droits de toute nature, dans Arras, hors d'Arras, dans l'immense étendue de pays qui va de la Somme jusqu'au Rhin ; il nous a fait vivre en plein XIIe siècle, tout en nous faisant toucher du doigt la géographie et l'administration des temps Mérovingiens. Quoi de plus intéressant qu'un tel livre, où les récits se lient aux actes, où tout s'enchaîne et s'explique, où rien n'est mort comme dans un simple recueil ?

Cela est si vrai que, lui mort, avant d'avoir mis la dernière main à son œuvre, désormais ses continuateurs n'hériteront pas de sa verve et de son talent d'historien. Ils se borneront au rôle de copistes, et leur travail sera une besogne toute d'enregistrement.

Son frère lui-même, Lambert, qui reprend le premier cette œuvre, ne fait que juxtaposer des documents, sans lien, sans réflexion, sans récits d'aucune sorte. Tout ce qui vient de lui en propre est une dédicace en vers léonins, dans laquelle il nous annonce la mort de Guimann.

Cette dédicace est toutefois précieuse en ce qu'elle nous apprend plusieurs choses sur Guimann lui-même et sur Lambert. On la lira plus loin : mais notons ici quelques points utiles.

> Jam, ni fallor ego, vicenus solvitur annus,
> Cum mihi Germanus describeret ista Wimannus.

Voici donc une première date, plus une variante au nom flamand latinisé de *Wimann* ou *Guimann*, ce qui, pour un gosier flamand, est exactement la même chose.

> Transierunt mille ducenti, octo minus, anni,
> Virginis a partu, cum transit vita Wimanni,
> Qua Marcus colitur martyr cum martyre fratre,
> Hac frater rapitur mihi luce, superstite fratre.

C'est donc en 1192 que meurt Guimann, et le jour de saint Marc, le 25 avril.

Alter mortuus, alterque cito moriturus ;
Vivat uterque Deo, vivat liber hic sicut et ipsi !

Ce livre a vécu : il vivra et se répandra davantage encore, grâce à l'impression qui en a été décidée par l'Académie d'Arras : le vœu de Lambert est réalisé.

Disons maintenant comment nous avons compris cette publication.

II.

Les copies du travail de Guimann ont été autrefois assez nombreuses. Souvent on verra, dans les notes qui accompagnent cette édition, la mention de tel *codex* coté C, coté P, coté V, etc., etc., reposant dans telle bibliothèque, dans telle autre, recouvert de telle manière, avec tel ornement, etc. Enfin, nous trouvons des mentions et descriptions qui prouvent que l'œuvre de Guimann avait été copiée, continuée, de siècle en siècle, avec un soin religieux.

De tous ces manuscrits, il ne nous reste, à Arras, que deux exemplaires complets, mais en revanche, on le verra en détail, nous avons un grand nombre de copies partieles, et comme souvent les passages reproduits ne sont pas les mêmes, ceci équivaut à de nouveaux exemplaires.

Nous allons ainsi, par une suite précieuse de documents, du XIIe siècle au XIIIe, au XIVe, au XVIe, au XVIIe, et de tous ces documents comparés et contrôlés avec soin l'un par l'autre, il nous semble qu'on peut conclure à une édition critique, sérieuse, à un *textus genuinus* qui peut être donné comme celui de Guimann.

Du XIIe siècle, *initio*, nous avons les deux chartes reproduites en fac-simile dans cette édition. Elles étaient regardées comme particulièrement précieuses par les religieux de Saint-Vaast, et, à ce titre, elles sont placées à part, dans une boîte en chêne. Nous parlerons plus tard de ces deux chartes antérieures à Guimann, et nous consacrerons une note spéciale à plusieurs questions soulevées il y a longtemps par le texte connu qu'elles reproduisent avec des variantes remarquables.

De ce même siècle nous avons des monuments plus précieux encore : je veux parler des chartes et pièces originales, conservées aux Archives du Pas-de-Calais, des pièces dont Guimann lui-même s'est servi pour composer son livre. Neuf de ces pièces, décrites plus loin chacune à leur place, nous ont fourni un *textus genuinus* tout à fait de première main.

Du XIIIe siècle, nous avons ce qui suit :

Bibliothèque de la ville d'Arras, manuscrit n° 573. —

XLV Sanctorum vitæ. — In-folio maximo. — Vélin gratté, noirci. — Tracé au crayon. — Deux colonnes. — Grands caractères d'église. — Rubriques. — XIIIe siècle. — 155 feuillets. — Provenance : Abbaye de Saint-Vaast.

Dans ce manuscrit du XIIIe siècle nous avons trouvé, sous le titre : *De relatione capitis Sancti Jacobi,* tout un long extrait de Guimann, y compris un morceau qui manque à nos cartulaires et qui se trouve tronqué dans une lettre de Martin, abbé de Saint-Vaast, ainsi que nous l'avons expliqué, page 139 de notre édition. A part quelques lacunes, cette copie précieuse du XIIIe siècle nous a fourni des confrontations et *variæ lectiones* correspondant à vingt-sept pages du présent volume, plus une page et demie d'un texte absolument inconnu, même dans les manuscrits.

Les Archives du Pas-de-Calais nous ont fourni, pour le siècle suivant, un cahier intitulé : *Copies des lettres et chartres touchans le Gaule.* Fin du XIVe siècle ou commencement du XVe.

Les huit premières pages sont, ou copie ou traduction de Guimann. Le latin nous a donné plusieurs variantes, citées dans les notes de la fin de ce volume, où nous donnons aussi un spécimen de cette traduction.

« Premissa habentur in registro Wimanc nuncupato. » — Sub Nu° IX°. — Sub dicto Nu° IX° ».

Du XVIe siècle, *initio* (1506), nous avons d'abord une copie authentique des lettres d'Alexandre III (Archives de Saint-Pierre d'Aire), sur laquelle nous donnons plus de détails à la note première de la page 133 du présent volume.

Nous avons ensuite un de nos deux exemplaires complets de Guimann, celui qui appartient aujourd'hui aux Archives départementales du Pas-de-Calais.

Ce manuscrit, dont le texte est d'une correction remarquable, est un très-gros volume in-folio sur papier fort, de 42 centimètres de hauteur sur 30 de largeur, parfaitement conservé. Il contient trois cent quatre-vingt-onze feuillets, texte régulièrement encadré, avec des divisions nettes et espacées de *blancs* considérables, de grandes marges, non rognées.

Voici l'indication des matières contenues dans ce manuscrit, où l'œuvre de Guimann n'occupe qu'une première série, les cent vingt-six premiers feuillets. soit deux cent cinquante deux pages. Depuis le premier feuillet jusqu'au quarante-sixième, on a les deux traités entiers de Guimann, *de Privilegiis*... et *de Bonis*..., moins l'histoire du chef de saint Jacques. Chose singulière, la préface *In tractatum de Bonis*... etc. vient *après* le traité, à la feuille quarante-sixième, ligne neuf. Aussi, une main un peu plus récente (vers 1600) a-t-elle mis cette note au beau milieu de la page : *Debet poni ante caput de ecclesiis infra castrum sitis cum tota historia S. Jacobi.*

Puis sont deux feuillets contenant : 1° *Carta Leduini abbatis... Institutionnibus... sur* Haspres et Angicourt... 2° *Carta confraternitatis... inter Gemeticenses et Vedastinos.*

Puis, au folio cinquante-un : *Gaudeamus*, etc., toute l'histoire du chef de saint Jacques, jusqu'au folio cinquante-neuf. Cette histoire est tout-à-fait hors de sa place, comme on a pris soin de le noter, d'ailleurs (la même main sus-mentionnée), à la place même qu'elle devrait occuper.

Les feuillets soixante à soixante-quatre inclusivement sont en blanc.

Avec le soixante-cinquième commence, par la préface *Sciendum in primis*, le traité *de Hostagiis...* et *de diversitate districtorum*, ce qui nous mène jusqu'au soixante-dix-huitième inclusivement.

Le feuillet soixante-dix-neuf commence en tête de page : *In suburbio Atrebatensis civitatis ad portam de Puniel, etc.* C'est le commencement régulier de la subdivision *de diversitate districtorum*. Ceci nous conduit jusqu'au feuillet cent vingt-six, verso, où le texte de Guimann finit brusquement, comme dans le manuscrit de l'Evêché, mais sans les vers et sans la continuation de Lambert.

Avec le feuillet cent vingt-sept commence une série toute nouvelle de bulles de papes, jusqu'au feuillet cent soixante-seize, recto. Puis il y a trois feuillets blancs, puis une continuation de pièces, du feuillet cent quatre-vingts à trois cent quarante-quatre. L'œuvre est distincte, d'ailleurs, et une pagination différente a été mise à cette partie du volume.

Enfin, au feuillet trois cent quarante-cinq commence un autre travail, c'est-à-dire une Histoire abrégée des évêques d'Arras, jusqu'à Pierre de Ranchicourt inclusivement. Puis, viennent des ordonnances du roi d'Espagne, jusqu'au folio trois cent soixante-deux inclusivement, puis deux feuillets blancs, puis le traité de Madrid.

En somme, nous avons pour notre œuvre de Guimann, cent vingt-six feuillets ou deux cent cinquante-deux pages in-folio, texte complet, correct, quoique transposé et mal agencé dans plusieurs endroits. Tel est le manuscrit du Guimann des Archives qui va servir de base à la première édition de cet auteur, avec le manuscrit de l'Évêché dont nous allons parler.

Ce manuscrit forme un beau volume in-folio, de 44 centimètres de hauteur sur 29 de largeur. Il renferme cent quatre-vingt-seize feuillets, en beau et fort parchemin. Il est de cette grande écriture des livres liturgiques du XVIIe siècle, disposée sur deux colonnes, régulière, agréable à l'œil : la conservation est parfaite.

Le texte de Guimann est précédé d'une longue série de pièces d'un procès où nous aurons à glaner un jour bien des détails intéressants. Ce procès lui-même est précédé de tables très-bien faites : trente-trois feuillets sont employés à ces deux objets. Ils semblent avoir été reliés plus tard, en avant de l'œuvre de Guimann, avec laquelle ils n'ont que peu de rapport, car le parchemin du trente-quatrième feuillet actuel, le premier de Guimann, est d'une teinte différente, et les colonnes sont plus longues.

Le livre de Guimann commence, comme dans le manuscrit des Archives, par les mots : *Amantissimo Domino et Patri Martino*, etc. Il continue, sans lacunes, sans transposition, dans un ordre parfait, toujours avec la même beauté de caractères, jusqu'à la fin de l'œuvre, c'est-à-dire jusqu'au feuillet quatre-vingt-quinze, recto, où le texte est brusquement coupé après l'article *de Esclusiers*.

Ici se trouve ce qui n'est pas dans l'autre manuscrit, la continuation de Lambert, précédée de sa préface ou dédicace en vers léonins. Cette continuation commence par l'article *de Bergis*, au feuillet quatre-vingt-seize, et continue on ne sait trop jusqu'à quel endroit, car elle se lie à la suite des chartes et autres pièces qui se succèdent sans interruption jusqu'au feuillet cent soixante-trois, et vont jusqu'au milieu du XVe siècle. Presque toutes sont cependant du XIIIe siècle ou du XIIe, un peu mêlées; et celle de Martin, abbé de Saint-Vaast, dont nous parlons à la page cent trente-neuf, se trouve ainsi rejetée au feuillet cent soixante, après des actes du XIVe siècle.

En résumé, ce qui est pour nous important en ce moment, c'est l'œuvre de Guimann; or, cette œuvre comprend certainement, et dans un ordre parfait, les quatre-vingt-quinze feuillets à deux colonnes, dont nous venons de parler. La correction laisse à désirer dans cette transcription, si remarquable au point de vue de la calligraphie, mais nous avons, sur ce point, le contrôle du manuscrit précédent, celui des pièces qui le précèdent et des pièces plus nombreuses que nous allons citer.

La riche bibliothèque de la ville d'Arras nous fournit, en effet, les manuscrits suivants, pour la période qui nous occupe.

Bibliothèque de la ville d'Arras, manuscrit n° 1051. — *Codex Lamberti Episcopi Atrebatensis.* — In-folio parvo. — Vélin de choix. —. Écrit en longues lignes. — Encadré à l'encre rouge. — Caractères romains, XVIIe siècle. — Rubriques. — Frontispice enluminé. — Cent onze feuillets. — Provenance: abbaye de Saint-Vaast.

C'est une copie d'un manuscrit du XIIe siècle : *Extractum ex Otographo quod habetur in Bibliotheca capituli B. Mariæ Atrebatensis.* Ce manuscrit précieux nous a beaucoup servi, comme on peut s'en convaincre à la lecture des notes, pages soixante-sept et suivantes. Il nous a aidé à débrouiller et à rétablir les nomenclatures des quarante-cinq autels concédés par Lambert, nomenclatures défigurées dans bien des actes imprimés, souvent tronquées et rendues parfois tout-à-fait méconnaissables.

Bibliothèque de la ville d'Arras, manuscrit n° 1062. — *Codex Lamberti episcopi Atrebatensis.* — In-folio parvo. — Papier. — Ecriture bâtarde du XVIIe siècle. — Cent cinquante-huit feuillets. — Provenance : abbaye de Saint-Vaast.

Cette autre copie du *Codex Lamberti* offre quelques variantes avec le n° 1051. Elles nous ont servi pour établir le *textum genuinum* de plusieurs passages. Voir les notes sur le privilége de l'évêque Lambert et les pièces nombreuses afférentes à cet acte, dans la suite de la première partie du cartulaire de Guimann.

Bibliothèque de la ville d'Arras, manuscrit n° 333. — *Extraits de pièces originales, faits par dom Le Pez.* — In-folio. — Papier. — Autographe de Le Pez (XVIIe siècle). — Deux cent cinquante-deux feuillets. — Provenance : abbaye de Saint-Vaast.

Parmi les sept divisions de ce recueil, on distingue les deux premières, tout-à-fait dans l'ordre de nos recherches. Elles contiennent en effet : 1° des extraits d'un cartulaire du XIVe siècle, conservé autrefois dans les archives de la prévôté de Saint-Vaast d'Arras, et contenant les noms des villages qui appartiennent à cette abbaye, « d'un petit cartulaire en parchemin, in-quarto, couvert de rouge, et marqué d'un C sur la première feuille » ; 2° d'autres extraits du cartulaire B de Saint-Vaast d'Arras. Ces nombreux extraits nous ont été fort utiles pour fixer la détermination d'un bon nombre de villages, dont les noms, différents suivant les siècles, se trouvent à chaque instant dans les actes recueillis par Guimann. C'est une des sources de notre travail sur les noms de lieux.

Bibliothèque de la ville d'Arras, manuscrit n° 316. — *Extraits pour l'histoire ecclésiastique et nobiliaire de l'Artois et de l'abbaye de Saint-Vaast.* — Copies de chartes. — Extraits de cartulaires. — In-folio. — Papier (XVIIe siècle). — Deux cent quatre-vingt-seize feuillets. — Provenance : abbaye de Saint-Vaast.

Les pièces copiées de divers exemplaires du cartulaire de Guimann (appelé ici Wayman et Waiman), correspondent à environ quatre-vingts pages de notre texte. Elles ont surtout rapport au droit de tonlieu et aux autres revenus, parce que dans ces pièces on trouve beaucoup de noms propres, et que dom Le Pez, auteur de ce recueil, s'occupait spécialement de questions de généalogie. Le tout va du XIe siècle au XVIe. Plusieurs pièces nous ont été utiles pour collationner des passages douteux et en déterminer la véritable teneur, qui est presque toujours celle de nos deux manuscrits.

Les Archives du Pas-de-Calais nous ont donné, pour la même période, les textes suivants : *Pascalis III Henrico abb. Pie postulatio voluntatis...* Copie de 1678, « d'un » cartulaire en parchemin couvert de bois.... folio 146, » verso ». Trois copies de la bulle d'Alexandre III, de 1169, *Sicut irrationabilia...*, dont une de 1679 et les deux autres de 1710, « Sur un ancien cartulaire sur par- » chemin cotté P, couvert de cuire blan sur bois garni » de cuivre, reposant es archives de l'abbaye de Saint- » Vaast d'Arras, contenant cent quatre-vingt-sept feuilles, » commençant au premier par les mots : *Prima rubrica* » *regum et imperatorum*, et finissant par ceux-cy : *Pon-* » *tificatus nostri anno decimo* ».

Nous avons, en outre, trouvé un grand secours, pour la correction de bien des passages, dans un assez bon nombre de livres imprimés. C'est ainsi que nous avons comparé à nos textes ce que nous avons trouvé dans Lecointe, dans Baluze, dans la collection des historiens des Gaules, dans Aubert Le Mire, dans les Bullaires, dans la Patrologie de Migne, dans la publication plus récente de M. l'abbé Dehaisnes, et dans plusieurs autres. Il nous est arrivé, parfois, de trouver une excellente leçon dans tel imprimé, la solution d'une difficulté réelle, sans doute parce que, dans ces endroits, l'auteur avait eu sous les yeux un autre cartulaire plus correct, ou une copie bien faite, ce qui, du reste, n'est par l'ordinaire, car, on ne saurait croire combien les fautes abondent, surtout pour les noms de lieux.

Aussi, avons-nous fait une étude très spéciale pour ces noms de lieux, comme pour la topographie de l'Arras du XIIe siècle, et c'est à l'aide des documents nombreux que possèdent les Archives du Pas-de-Calais et la bibliothèque de la ville d'Arras que nous avons essayé de marcher dans cette voie réellement difficile. Voici quelques-uns de ces documents.

Le manuscrit n° 333, déjà cité, nous a donné un bon nombre de noms de lieux, ainsi que nous l'avons dit plus haut.

Archives du Pas-de-Calais. — *1um Registrum collationum beneficiorum Ecclesiæ Vedastinæ, 1° à notariis apostolicis, tum à parochis ecclesiæ B. Magdalenæ, dicti Monasterii S. Vedasti secretariis conscriptum*. 1521-1549.

Nous y avons trouvé un *Index curarum* qui nous a donné cinquante-quatre noms de lieux.

Bibliothèque de la ville d'Arras, manuscrit n° 1076. — *Registre original du renouvellement de loi dans les fiefs de Saint-Vaast.* — In-folio parvo. — Papier. — Ecritures diverses du XVIIe siècle. — Cent quatre-vingt-deux feuillets — Provenance : abbaye de Saint-Vaast.

Ces procès-verbaux des institutions d'échevins par les commissaires de l'abbaye, nous ont servi pour les noms des bourgs et villages. Ils renferment seulement une période de trente ans : 1630 à 1660, mais ils contiennent beaucoup de formes de noms très intéressantes et qui facilitent la détermination vraie des noms cités par Guimann.

Archives du Pas-de-Calais. — *Visite générale* (des biens de Saint-Vaast) *opérée en 1785.*

Nous avons là relevé cinquante-quatre noms de lieux, et on pourra y prendre une foule de détails d'archéologie, car chaque immeuble, église, ferme, etc., etc., est décrit avec le plus grand détail, et chaque meuble, pour ainsi dire, est repris en particulier. C'est toute une mine de renseignements, tels, il est vrai, qu'on les donnait à la fin du dernier siècle, mais qui ont leur valeur.

Nous avons compulsé avec soin les Terriers et Rentiers de l'abbaye, nous avons feuilleté le *Répertoire général des archives de Saint-Vaast*, en six volumes in-folio, 1784 (il en reste cinq), et nous avons pu ainsi déterminer, avec la dernière évidence, la plupart des noms de lieux cités par Guimann.

Nous n'avons pas négligé les livres imprimés : *Nouveau Coutumier général*, par Bourdot de Richebourg, quatre volumes in-folio, 1704; pouillés, descriptions, dictionnaires, etc., en un mot, nous avons tâché de nous entourer de toutes les ressources qu'ont pu nous procurer les Archives et la Bibliothèque d'Arras, c'est-à-dire tout ce qu'il y a de plus spécial dans la question spéciale que nous avions à étudier. Nous accomplissons un devoir en remerciant ici le Bibliothécaire et l'Archiviste, MM. Caron et J. Richard, pour la participation active et pleine de zèle qu'ils ont bien voulu apporter à notre travail, dans la recherche consciencieuse des pièces importantes dont nous venons de parler.

On nous a envoyé aussi des extraits considérables empruntés à des manuscrits des bibliothèques de Paris, notamment au n° 11,731, fonds latin, de la Bibliothèque de la rue Richelieu, et nous avons également repris à notre usage un texte indiqué par M. Dehaisnes, pages 387 et 388 de ses *Annales de... Saint-Vaast*, texte précieux appartenant au manuscrit 753 de la Bibliothèque de Douai.

III.

Nous savons depuis longtemps qu'il existe, dans la

bibliothèque de feu le baronnet Phillipps, à Middlehill, une copie manuscrite de Guimann, XIVe siècle, et la raison pour laquelle nous avons différé la publication qu'on nous presse de faire aujourd'hui, c'est que nous espérions obtenir la communication de ce manuscrit. En 1870, c'était chose faite, et nous allions nous rendre en Angleterre pour l'étudier sur place, lorsque la guerre nous a retenu à Arras. Depuis lors, le propriétaire est mort et l'on sait les clauses de son testament. Si nous réussissons à voir ce *Codex* (car nous n'avons pas cessé de l'espérer), nous publierons en supplément ce qui le concerne, mais attendre plus longtemps une publication utile, et décidée depuis bien des années par l'Académie d'Arras, est chose impossible. Le précepte d'Horace a été suivi et au-delà ; il y a des limites raisonnables qu'il ne faut point dépasser, dans la crainte de tomber dans des inconvénients pires que ceux que l'on veut éviter.

D'ailleurs, le manuscrit de Middlehill n'est peut-être pas le seul existant en dehors de nos deux manuscrits d'Arras. De toutes les pièces citées plus haut, de celles qui seront citées dans les notes, de l'inventaire général des anciennes archives de l'abbaye de Saint-Vaast, il résulte clairement que les copies de Guimann étaient *nombreuses* à la fin du dernier siècle. Que sont-elles devenues? Toutes ont-elles servi à faire des gargousses? Aucune n'a-t-elle été sauvée, en dehors de celle de l'Évêché, puisque celle des Archives est en papier? S'il fallait attendre la découverte plus ou moins aléatoire de ces copies, nous pourrions attendre longtemps, et l'œuvre de Guimann, moins connue aujourd'hui qu'elle ne l'était il y a cent ans, courrait grand risque de disparaître. Il ne faudrait, pour cela, qu'une circonstance comme celle qui a failli emporter nos deux manuscrits en 1871, puisque, sans l'armistice, Arras allait subir un bombardement. Le plus prudent est donc de publier notre texte, tel que nous l'avons, et tel, assurément, que le portent les manuscrits perdus, puisque toutes les études comparées faites sur des fragments qui représentent environ vingt-deux sources différentes, nous le donnent partout d'une manière identique et ne nous ont servi que pour des corrections de quelques mots Et d'ailleurs, plusieurs de ces sources étant antérieures à Guimann lui-même, sont évidemment plus pures que n'importe quelle copie. Autrefois, Guimann a sauvé de la destruction les actes primitifs de Saint-Vaast, écrits en partie sur papyrus, en les transcrivant sur parchemin; aujourd'hui, nous sauverons Guimann lui-même, en le faisant passer, des rares copies qui le renferment, dans les exemplaires, relativement nombreux, d'une édition imprimée. Comme lui, nous aurons fait œuvre de pieuse conservation et nous serons amnistié à l'avance, s'il y a quelque imperfection dans notre travail.

Voici les quelques règles suivies pour ce travail.

1° Nous avons reproduit le texte tel que Guimann l'a donné, c'est-à-dire avec l'orthographe latine du XIIe siècle. C'est ainsi que l'*e* simple remplace partout l'*æ* et l'*œ*, le *c* remplace parfois le *t*, les accents n'existent pas. C'est le latin du XIIe siècle, se rapprochant souvent du français.

2° Quant aux mots, nous les avons transcrits avec une fidélité toute matérielle, sans nous permettre aucune interprétation, et quand nous avons trouvé des variantes, nous les avons indiquées en notes, sans nous permettre de choisir et laissant au lecteur à voir quelle est la meilleure leçon.

3° Le manuscrit des Archives étant excellent comme correction, nous l'avons pris comme base du texte; le manuscrit de l'Évêché étant défectueux comme correction, mais excellent comme ordre et comme fidélité au plan de Guimann, nous l'avons pris comme base de l'arrangement et de la succession des pièces dont se compose le livre de Guimann.

4° Nous avons apporté un soin particulier à l'étude des noms de lieux, et les notes générales et particulières, ainsi que le dictionnaire et les cartes, pourront jeter quelque lumière sur cette partie fort difficile et très obscure.

En tout cela, nous avons voulu être exact et nous devons l'être, vivant depuis vingt-cinq ans dans la maison même qu'habitait Guimann, au milieu de pièces qu'il a vues lui-même, et d'autres qui sont pleines de sa mémoire ; ayant à notre disposition, chaque jour et à tous les instants, la très riche bibliothèque de Saint-Vaast, celle de l'Évêché, les Archives du Pas-de-Calais, si complètes au point de vue qui nous occupe. Comme Lambert, le pieux continuateur et le premier éditeur de son frère, nous aussi nous dirons, en nous adressant aux illustres Védastins et nous appelant, en leur doux langage : *fratrum vestrorum ultimus :*

Vivat uterque Deo : Vivat liber hic sicut et ipsi !

CARTULAIRE DE L'ABBAYE DE SAINT-VAAST

PREMIÈRE PARTIE

CARTULAIRE DE GUIMANN

COMMENCÉ EN 1170

Interrompu par la mort de l'auteur
le jour de saint Marc 1192.

SIGILLVM ECCLESIE SANCTI VEDASTI

DE ATREBATO

SCRIBEBAT ATREBATI

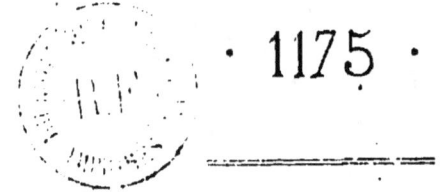

Wimannus alias GUIMANNUS

Ecclesie Sancti Vedasti Monachus

· 1175 ·

Edidit Atrebati Eug. Van DRIVAL.

Ecclesie Sti Vedasti Canonicus.

· 1875 ·

TRACTATUS

DE PRIVILEGIIS ET IMMUNITATIBUS
DE BONIS MOBILIBUS ET IMMOBILIBUS
DE HOSTAGIIS ET DE DIVERSITATE DISTRICTORUM
ECCLESIE SANCTI VEDASTI ATREBATENSIS

LITH. CH. DESAVARY, ARRAS.

CARTULAIRE DE GUIMANN

PRÉFACE GÉNÉRALE

DE TOUT L'OUVRAGE

Amantissimo Domino et patri Martino Dei gratia venerabili abbati monasterii Sancti Vedasti Attrebatensis frater Guimannus filiorum vestrorum minimus : Domino vivere, in domino mori.

Unicuique nostrum data est gratia secundum mensuram donationis Christi, ait egregius verbi Dei dispensator. Quam mensuram non ut michi, michique similibus, sed bonam et confertam et coagitatam et supereffluentem dedit in sinum vestrum ille qui eandem gratiam non ad mensuram accepit, qui dat omnibus habundanter et non improperat, ut pote verbum plenum gratie et veritatis, et adeo plenum ut de plenitudine ejus accipiant quicumque accipiunt. Vestram quippe respiciens et exaltans humilitatem posuit in sublimi, ovesque suas non corruptibilibus auro et argento, sed precioso suo sanguine redemptas, vobis pascendas commisit, ut ejusdem pii pastoris sequentes vestigia, dispersas in brachio vestro congregatas, fetas in humeris portetis, utrasque in sinum vestrum cum caritatis amplexu levetis. Quamvis igitur unum sit necessarium et una petenda sit a Domino, hecque cum omni instantia et importunitate requirenda, celestis scilicet domus inhabitatio et thesaurus quem nec erugo nec tinea demolitur, nec fures effodiunt nec furantur ; tamen et propter corporum curam, patres filiis thesaurirare debent, ut secundum veritatis sententiam prima ac principali intentione regnum Dei et justitia ejus queratur ; secundario autem et temporalium adjectio a sapientibus sapienter ac fideliter administretur. Ad hoc enim vos in ecclesia Dei pastores constitutos esse notum est, ut decorem domus Dei et amplificationem manu tenere, tueri ac fovere debeatis, utpote qui, sicut boni dispensatores ministeriorum Dei, non animarum tantum curam sed et corporum quoque providentiam, Deo auctore, suscepistis, quod et facitis secundum datam vobis a Deo sapientiam, providentes bona, non tantum coram Deo, sed etiam coram hominibus, ut et in presenti in medio nationis prave atque perverse inveniatur locus Domino, ubi sub vestro ducatu fratres unius moris in domo, laudantes nomen Domini habitemus, et dissoluta hac domo terrestri ad domum non manufactam, eternam in celis scilicet pertingamus.

Cum igitur in multa pace et prosperitate per vestram providentiam disponamur, illud quoque vobis incidit ut universas ecclesie beati Vedasti possessiones, et quecumque eadem ecclesia circumquaque habere dinoscitur, a me indigno et filiorum vestrorum minimo conscribi, vobisque presentari juberetis, quatenus et dispersa congregare et congregata conservare, successoribusque vestris conscripta nichilo minus et conservenda contradere possitis. Consilium sane sapiens et tam presentium utilitati quam et posterorum quieti magnifice profuturum, sed opus difficile et arduum, cum pene impossibile sit, me indoctum atque hebetem ex tot et tam veteribus carthis unius libri conflare continentiam, presertim cum majorum neglectus eisdem possessionibus tantum pepererit detrimentum, ut ipsarum vix ad nos pauce reliquie pertigerint. Quod ex descriptione illa que penes nos habetur, que anno Verbi incarnati D.CCC.LXVI, jubente serenissimo rege Karolo, a nuntiis suis Guilleberto videlicet Oderico et Eureberto facta est, probare perfacile est ; in qua cum universa Ecclesie nostre ita ad unguem sint exarata, ut et villarum numerositas et mancipiorum diversitas et servitiorum qualitas quantitasve, ubi lucide et expresse denotetur, vix nos omnium decimam habere non jam ex libro conjicimus, sed experientia sentimus. Quamobrem cum me familiari violentia, nunc amicis objurgationibus oppugnando, nunc quadam exhortationis manu pulsando, ad hoc opus invitaretis, subterfugi, fateor, et penitus exhorrui, sciens hunc librum in multorum manus quasi pro spectaculo venturum, qui me novitatum compilatorem causabuntur et in pelle ovina, non quod ratio sed quod voluntas dictaverit, scripsisse suspicabuntur. Verum quia has et alias impossibilitatis mee causas vobis patienter et opportune suggessi, vestra autem immota et immobilis perdurat sententia ; intuens ego illud sapientis, quia vir obediens loquetur victorias, sciens ita michi expedire et ex caritate et Dei adjutorio confidens, vicino obedientie pede jubentis sequar imperium, si bene egero certus sum de premio, sin alias presumens de venia.

Porro si, ut dictum est, quispiam opus istud vel novitatis vel incertitudinis arguerit, fidenter respondeo, quod scripsi, scripsi; quia non hic in ore duorum tantum aut trium testium stabit omne verbum, 'sed tot sunt testes idonei quot in omnibus beati Vedasti possessionibus majores vel scabini. Illud preterea ad majorem veritatis evidentiam super omnia notandum, quod in universo hoc opere nec totum a partibus nec partes a toto dissonant, sed utraque sibi invicem continua firmitate respondentia, certum et irrefragabile concludunt veritatis argumentum. Verbi gracia, si in illa possessione, sanctum Vedastum tantum vel tantum habere lector invenerit, mox qui et quid debeant et quantum singuli et unde debeantquia pre oculis inventurus est, diligenter disquirat, et quod in summa complexim dictum est, in partibus divisum determinatum esse comprobabit.

Quia igitur tandem aliquem adhoc animum appulimus, dignum videtur ut paulo altius ordientes, quibus auctoribus ecclesia sancti Vedasti fundata sit, quibus fomentis coaluerit, quibus munificentiis in tantum libertatis culmen emerserit perstringamus; in nullo penitus, sicut vestra discernere potest industria, a veritatis tramite exorbitantes, sed ex antiquorum scriptis rei seriem fideliter contexentes. Quibus succincta brevitate decursis, statim non aliqua verborum incerta novitate, sed de omnium privilegiorum nostrorum concordi tenore et seniorum fidelium uniformi attestatione propositum opus exequemur; in quo de omnibus quecumque tam in hac civitate quam in universo comitatu, imperatorum, regum atque comitum sollempni munificentia donata et apostolicorum privilegiorum irrefragabili gravitate firmata sanctus Vedastus habere dignoscitur, certa et diligens exarabit diffinitio; hoc pie et fideliter satagentes ut eadem possessiones nunquam in sempiternum ulla ratione diminui vel violari possint, sed quidquid de hospitibus, de terris et de ceteris redditibus, de cessione, permutatione seu alio quolibet casu contigerit, semper ad presentis libri fidem recurratur, cujus interventu ac testimonio omne ambiguitatis nubilum, omnis fomes certaminum, omne calliditatis vel fraudulentie argumentum procul abigatur. Illud precipue monemus ut nequaquam fidei vel potius perfidie villicorum seu laicorum res committatur, quia non mediocre dampnum eos nobis intulisse experti sumus. Quamobrem monachus fidelis et boni testimonii constituatur qui universam civitatem et terras, de quibus hostagia debentur, sollerter circueat et non tantum que vel quanta vel a quibus debentur, sed precipue et super omnia de quibus terris debeantur intentissime denotet, quatenus, si debentes hostagia, ea diminuere vel negare voluerint, ad terras trahat et, adductis scabinis et justitia, ibidem vadia accipiat. Nomina quoque debentium, secundum decessiones vel juxta quod oportere viderit, in carthulis suis permutet, ea nomina que in hoc libro habentur non eradens, quatenus presens liber in omnibus consultus, de omnibus faciat certitudinem, et ut in oratione sacerdotis cum dicit vel quorum nomina super sanctum altare tuum scripta adesse videntur, electorum tuorum jungere digneris consortio, anime eorum qui in libro hoc conscripti sunt habeant participationem.

Hoc igitur opus anno Dominice incarnationis M°C°LXX° inchoatum, vobis, Reverende Pater, dedicamus, ut nostro labore conscriptum, vestro favore laudatum, vestra auctoritate roboratum, ad posterorum notitiam derivetur fidelem, efficacem orationum fructum ab omnibus tam futuris quam presentibus ecclesie beati Vedasti filiis, spe felici expectantibus nobis, quatenus ibi conscribi mereamur, ubi veraciter conscriptio beata consistit. Vale.

INCIPIT LIBER GUIMANNI

Quod, baptisato rege, sanctus Remigius beatum Vedastum secum retinuit et, irruentibus portentis, Viennam ad concilium direxit, ubi ob imminentem cladem cum beato Mamerto solemnes ante Ascensionem Domini litanias instituit.

Sanctissimus igitur Remigius (1) Remorum, que est in secunda Belgica, archiepiscopus, Francorum doctor prestantissimus, vir ingenuitate eloquentie facundissimus, etate et meritis maturus, beatissimum patronum nostrum Vedastum commendatione regis Clodovei, quem ipse bapti-

(1) Ce chapitre, ainsi que le suivant, est tout entier extrait par Guimann d'une Chronique antérieure (XIe siècle), la Chronique de Saint-Vaast, dont M. l'abbé Dehaisnes a publié des fragments inédits (Paris, 1871, in-8°, volume de la collection de la Société de l'Histoire de France), d'après un Manuscrit de la Bibliothèque de Douai. Guimann n'a pas fait cet extrait d'une manière suivie et continue, mais il a coupé les fragments et réuni les tronçons de manière à former un récit qui se rapportât à son objet. Ainsi le premier fragment : *Sanctissimus igitur Remigius* etc. se trouve à la page 373 de l'édition de M. Dehaisnes, et il est soudé au second fragment : *Sublimioribus virtutum gradibus sublimandum*, lequel se trouve à la page 371 de la même édition.

saverat, secum retinuit, sublimioribus virtutum gradibus sublimandum ; sub quo annis XXXV. in urbe Remorum et morum dignitate et virtutum claruit exemplis et vita. Infra que tempora, in civitate Viennensi maximus fuit terre motus, ubi multe ecclesie et domus concusse atque subverse sunt ; sed et cervorum atque luporum feritas per portas ingressa, per urbem anno integro nichil metuens oberrabat. Advenientibus quoque diebus paschalis solemnitatis, sanctus Mamertus qui in ea urbe erat episcopus, dum missarum sacra in ipsa vigilia celebraret, regale palatium intra murum divino igne succensum est. Pavore omnibus perterritis, et ecclesiam ingressis, verentibus ne hoc incendio aut urbs tota consumeretur, aut disrupta tellure dehisceret, sanctus sacerdos, prostratus ad terram, cum lacrymis Domini misericordiam precabatur. Penetravit celos munda oratio episcopi et mox divinitus ignis extinctus est. Peractis VIII. diebus paschalibus, fraterna vocatione quam plurimos convocat Galliarum episcopos, inter quos sanctissimum Remigium, ut eorum tractaret consilio qualiter iram domini imminentem mitigaret a populo. Et, ut legitur in Remensium gestis pontificum, vir sanctus senio pressus, cum corporis imbecillitate premeretur, beatum Vedastum illuc direxit vicarie sollicitudinis cooperarium. Quorum communi consilio decretum est servari jejunium, quod triduo ante Ascensionem Domini usque nunc per Christianorum ecclesias celebratur ; sicque terrorum portenta quieverunt.

Quod a B. Remigio episcopus consecratus et Atrebatum directus, Cameracensem simul et Belvacensem rexit ecclesias cum Atrebatensi, et quod, post decessum B. Remigii, Romanum in sede archiepiscopali constituit.

Cernens itaque sanctus Remigius beatum Vedastum sancta conversatione (1) virtutum culmina scandere et totum se in miracula celestium rerum transformare, sublimatum gradu pontificali, Attrebatum illum direxit evangelizaturum. Ordinatus est autem anno Justiniani imperatoris V., Lotharii Francorum regis filii Clodovei, id est Ludovici, quem ipse cum beato Remigio sacri baptismatis initiaverat sacramentis, anno XX. consulatu Decii sexies et Paulini quater, anno incarnati Verbi D.XXXI. indictione VIIII. epacta XVIII. concurrente II. ciclo lunari XVI. anno ab urbe condita M.CC. LXXXIII. regie autem urbis CC. IIII.

Qui perveniens ad dirute urbis introitum, duos offendit egentes et debiles terrenarum rerum stipem poscentes, sed, credo, Christi Domini voluntate affuisse presentes. Nam vir sanctus, auro argentoque privatus, pauperis in Christo quod vite est tuta facultas, oratione munda premissa, et sospitate debilibus data non reddita; uterque gratioris votis spem adeptus, recessit ad propria. Quod factum est huic civitati per beatissimum Remigium fuit

(1) Ici commence un troisième fragment : *ex chronico Sancti Vedasti* du Manuscrit de Douai édité par M. Dehaisnes. Il se trouve (moins la modification initiale faite par Guimann pour l'adapter à son récit) à la page 373 et à la page 374 de la susdite édition. Il va jusqu'aux mots : *in Egypto*.

grande remedium, qui divina dispositione talem istis regionibus providens direxit antistitem, cujus predicatione palpantes (1) in meridie radium veri solis ceperunt inspicere, ablutique unda salutaris baptismi ad fontes aquarum, non ut claudi sed virga Dei correcti, baculoque sustentati salierunt ut cervi : visitaverat enim eos oriens ex alto qui respexit miserando filios Israel in Egypto.

Remigius (2) preterea venerabilis memorie presul, plenus etate, plenus etiam virtutum munere, nonagesimum septimum pene complens annum, percepturus laborum premia migravit ad Dominum. Remenses usi consilio prudenti, dominum nostrum pontificem Vedastum adsciscunt ut pote familiarem, unaque cum eis sub sancta archipresulis doctrina inbutum, quatenus ejus tractatu et providentia pastor tante sedi Deo dignus reponeretur. Qui cleri et populi favori assentiens, electione sua electum in sede archiepiscopali Romanum intromittit, ipse vero pastor regressus ad filios novarum olivarum, uti oliva uberrima cujus a Deo sic nomen est inditum, (3) vere dans thus uberrimum sacrificiumque ex se probatissimum,

(1) Le mot *palpantes* se trouve dans le Manuscrit de Douai comme dans les textes de Guimann. Il paraît offrir le sens de : *Marcher à tâtons.*

(2) Ici recommence un extrait de la Chronique de St-Vaast. C'est le quatrième. Il y a, entre le précédent extrait et celui-ci, toute une page que Guimann n'a pas jugé à propos de reproduire et qui, en effet, offre une série d'exclamations et de sentences formant un hors-d'œuvre parfaitement caractérisé (Pages 375 et 376 de l'édition de M. Dehaisnes).

(3) Au lieu du mot *inditum*, le Manuscrit de Douai porte *insignitum.*

fructificans in deserto, vineam educens ex Egypto quorum nomina is jam notaverat vite libro, qui providentia ex eterno presciverat in vite verbo.

Civitates (1) igitur Attrebata atque Cameracum renovate gracia in Christo fuere sorores, tali antistite decorate atque desponsate. Sed ut sanctus sanctificaretur adhuc, clariorque fieret lucerna supra montem posita, utque, quod excellentius his est, veneranda atque gloriosissima Trinitas esset operatrix in patroni nostri operatione, quam dilatabat predicatione, eodem tempore civitas Bellovacorum (2) se subjecit nostri Pastoris regimini. Nam et ipsa, nostri calicis bibitione vidua, per longum tempus sacra mentis Christi episcopique consolatione carebat. Que miraculis et doctrinis illius quantum fuerit augmentata infra ipsius episcopi limina circaque vicina usque hodie ecclesiarum declarant monumenta in Christi nomine et patris nostri nomine pretitulata.

De obitu viri Dei et sepultura ejus et de translatione corporis ipsius et de situ Civitatis, Castri et Abbatie.

Beatus Vedastus predicator egregius, a sancto Remigio Remorum episcopo Attrebate civitati destinatus, Attrebatensem ecclesiam simul et Cameracensem verbo predi-

(1) Ici commence le cinquième et dernier fragment emprunté par Guimann à la Chronique mentionnée plus haut. Guimann a encore négligé de reproduire un passage, composé de dix vers léonins, qui se trouve dans le Manuscrit de Douai entre les mots *vite verbo* et *Civitates igitur*. Ce fragment est à la page 376 de l'édition de M. Dehaisnes.

(2) Le Manuscrit de Douai porte *Belvacorum*.

cationis et exemplo bone operationis per XL. annos strenue gubernavit; sicque, ut verus Israelita, eterna percepturus premia, per columpnam lucis a domino vocatus, de hujus seculi erumnis ad superne repromissionis gaudia, anno imperii Justini Minoris VI. emigravit, sepultusque est in ecclesia beate dei genitricis Marie, non longe a dextro cornu altaris, in quo loco usque hodie fidelium devotio ejus veneratur sepulcrum; ubi, cum centum et octodecim annis jacuisset, beatus Aubertus septimus ab eo predictas rexit ecclesias.

Cepit idem beatus antistes de ejus translatione meditari, indignum quippe judicans, thesauro abscondito in agro, lumineque manente sub modio, fidelium devotionem tanto divitiarum fulgore per tanta temporis spatia privari. Cumque die quadam, illucescente aurora, extra sacrarium ecclesie deambularet, orientem versus intendens, vidit in loco qui est ultra fluviolum Crientionem, ubi nunc sedet Abbatia, juvenem locum basilice arundine metientem, visionemque intelligens angelicam, illuc sanctum Vedasti corpus transferendum spiritu revelante cognovit. Invitato itaque Audomaro Morinorum episcopo, effossum thesaurum felici translatione mutavit, anno dominice incarnationis sex centesimo octogesimo septimo, Justiniani imperatoris tertio, prima die mensis octobris. Cui translationi, ut multorum chronica testantur, Lambertus, tunc Leodicensis episcopus, non multo post martir effectus, nunc vero toto terrarum orbe meritorum gracia conspicuus, interfuit. In eodem igitur loco beatus Aubertus cenobium monachorum propriis sumptibus construxit.

Nec super hoc quisquam ambiguitatis scrupulus subrepat, quod hic locus tunc extra civitatem ad orientalem plagam fuisse, nunc autem in medio civitatis esse probatur, quia, sicut in veteribus chronicis legimus, hec civitas antiquitus in monte, qui Balduini mons dicitur, sedit, sicut ruinarum vestigia et vallorum aggeres, qui contra Julium Cesarem et Romanos constructi sunt, hodieque contestari videntur qui eo tempore apud Strumum fixis tentoriis, civitatem obsidentes dimicabant. Illis vero diebus quibus gens Normannorum, de vagina sue crudelitatis educla, in nostris cervicibus graviter grassata est, beatus Vedastus Bellovacum translatus est; et gens que in modum messis in his partibus uberrime excreverat, ultrici divine ultionis falce miserabiliter demessa, exaruit. Post multum vero temporis, de captivitate ad natale solum, accepta vivendi licentia regressi, ob amorem sancti et loci firmitatem, prioribus relictis mansionibus, circa sui doctoris aulam confluxerunt.

Quod hortatu sancti Vindiciani, Theodoricus rex Abbatiam ampliavit et, ipso petente, juri apostolico mancipavit.

Contigit in diebus illis ut, inter Palatinos de rege constituendo ortis simultatibus, beatus Leodegarius Augustodunensis antistes, qui insignis in palatio habebatur, ab Ebroino majore domus regie multas perpessus insidias, post multos agones multasque patientie coronas, in pago Attrebatensi comprehensus capite plecteretur, quod hactenus apud nos reservatur. Ob hoc igitur tantum et tam grave facinus, generali evocato consilio Galliarum, episcopi ad palatium concurrunt et exquisita ad liquidum veritatis sinceritate, regem Theodoricum, qui in ecclesia beati Vedasti cum uxore sua Doda sepultus quiescit, cujus fiducia hoc malum evenerat, publice penitentem, in arbitrium Vindiciani, Attrebatensis tunc episcopi, injungende penitentie gratia, contradunt. Qua ex re opportunitatem nactus, idem episcopus eidem regi in penitentiam, loci nostri amplificationem injunxit, quatenus rex pastori nostro et doctori beato Vedasto, per hoc regratiaretur beneficium, quia pacem, quam in terram nostram predicando attulerat, violans etiam martiris sanguine fedaverat. Quod rex gratanter suscipiens reminiscensque antecessorum suorum, qui ecclesias sancti Dionisii, sanctique Remigii nec non et Corbeie ampliaverant, huic negotio animum intendit, in tantumque et nobilitate et divitiis insignivit, ut idem locus et multa rerum opulentia exuberaret et civitatis totius firmitas castrumque regis vocaretur et esset.

Postea autem Vindicianus episcopus, sapienti usus consilio, precavens in futurum et de futurorum episcoporum suspectus insolentia, sue devotionis affectu ecclesiam beati Vedasti a proprio sequestrans episcopio, etiam de manu regis, ipso rege annuente, sua sancta calliditate et industria extorsit, et, retenta duntaxat in manu regis advocatia, ob tutiorem libertatis firmitatem, in manus Summi Presulis, ipse super hoc Romam adiens, devote delegavit. Quam felicis memorie Stephanus papa suscipiens, preter hec privilegia, que a Rege et Gallicanis episcopis erant conscripta, proprii sui privilegii gravitate roboravit; et, quecumque vel jam collata vel in futurum eidem loco erant conferenda, sub Dei et beati Petri et Sedis apostolice protectione suscepit. Que quidem privi-

IN NOMINE SANCTAE ET INDIVIDUAE TRINITATIS THEODERICUS DIVINA FAVENTE CLEMENTIA REX. Si decreto largissimi collatam nobis a Deo credimus imperii dignitatem
ut in tutela et augmento sanctae catholicae ecclesiae ipsius piam exequamur voluntatem. Quapropter noverit omnium fidelium nostrorum tam futurorum quam presentium
sollertia, quod adierunt celsitudinem nostram monachi ex monasterio quod vocatur Nobiliacus, ubi pretiosus confessor Christi Vedastus corpore quiescit,
humiliter postulantes, ut regale decretum nostrum super villis que nostra munificentia jam sibi contulerat firmari juberemus, ut quecumque ex inspiratione divina
ipsis contuleramus, imperiali edicto et sigillo ad perpetuitatem statueremus. Igitur pro salute tam successorum quam antecessorum nostrorum, videlicet regum
vel imperatorum, et pro totius statu regni, inspirante rege omnium regum Deo, prefato monasterio et monachis inibi Deo in perpetuum famulantibus,
regali liberalitate confirmamus, que jam eadem liberalitate concessimus, ad matriculam scilicet ecclesie. In Atrebatensi pago: Atheas, Felci, ad portam
ecclesie Berneri villam, Dagilli villam. In pago Virmandensi: Mediolanas, Valles, Siccas aquas. In Batua: Rexnam, Walharam cum capella, Sothem
et aliam Rothem. In pago Hasbanio et Ribuario: Haimbecha, Haltuala, Torona, et inter Athem, Mariolas, Ambron, Musinium, Grossolas, has villas,
mansos dominicales VI, mansos serviles LXXV. In Wavrensi: Cambach cum appendiciis suis et ecclesia. In pago Carbanc: Maxem cum
appendiciis. In Pabula: Montes. De his igitur villis cum omnibus appendiciis et reditibus et mancipiis per imperialem celsitudinem sancimus, ut
nullus mortalium presumat aliquid qualibet violentia vel fraude auferre vel demere, sed sicut a nostra liberalitate roborata sunt,
prefati monasterii fratrum usibus in perpetuum cedant.

legia in scirpeis papiris exarata, et in presenti tum vetustate tum crebris incendiis pene dirupta, pro reliquiis apud nos habentur, et exemplaria illorum que huic subnectimus, quia nobis semper defensionis propugnaculum sunt et fuerunt, in thesauris nostris conservantur.

Privilegium Theodorici regis de primâ fundatione monasterii sancti Vedasti Atrebatensis (1).

In nomine sancte et individue Trinitatis. Theodericus Dei gracia Rex. Idcirco potissimum collatam nobis a Deo credimus Imperii dignitatem, ut in tutela et augmento Sancte Catholice Ecclesie ipsius piam exequamur voluntatem.

Quapropter noverit omnium fidelium nostrorum, tam futurorum quam presentium solertia, quod adierunt Celsitudinem nostram Monachi ex Monasterio quod vocatur Nobiliacus, ubi pretiosus Confessor Christi Vedastus corpore quiescit, humiliter postulantes, ut regale Decretum nostrum super villis, que nostra munificencia jam sibi cesserant, firmari juberemus, ut quecumque ex inspiratione divina ipsis contuleramus, Imperiali Edicto et Sigillo ad perpetuitatem statueremus.

Igitur pro salute tam Successorum quam Antecessorum nostrorum, videlicet Regum vel Imperatorum et pro totius statu regni, inspirante Rege omnium Regum Deo, prefato

(1) Cette pièce manque dans le manuscrit de l'Évêché. Elle a été publiée déjà par Aubert le Mire, *Opera diplomatica*, tom. I, p. 126, édit. in-folio ; mais nous y avons corrigé beaucoup de noms de lieux d'après le manuscrit des Archives du Pas-de-Calais.

Monasterio et Monachis inibi Deo in perpetuum famulantibus regali liberalitate confirmamus, que jam eadem liberalitate concessimus, ad matriculam scilicet Ecclesie, in Atrebato Pago Atheas, Felci, ad portam Ecclesie, Bernivillam, Daginvillam : in Pago Vermandensi Mediolanas, Valles, Putheas aquas : in Batua Rexnam, Wlfaram cum Capella Rothem, et aliam Rothem : in Pago Hansbanio et Ribuario, Haimbecha, Halmala, Thorona, et inter Althem, Maridas, Ambron, Musinium, Groslas, has villas : Mansos dominicales VI. Mansos serviles LXXV : in Watrema, Cambach cum appendentiis suis et Ecclesia : in pago Caribant Maxtin cum appendentiis : in Pabula Montes.

De hiis ergo villis, cum omnibus appendentiis et reditibus et mancipiis, per Imperialem Celsitudinem sancimus, ut nullus mortalium presumat aliquid violentia qualibet vel fraude auferre vel demere, sed sicut a nostra liberalitate roborata sunt, prefati Monasterii Fratrum usibus in perpetuum cedant.

Privilegium sancti Vindiciani episcopi de libertate Monasterii et Castri.

Vindicianus Cameracensium vel Atrebatensium Ecclesie Episcopus, omnibus sancte Dei Ecclesie filiis.

Si locis, que Deo dicantur, nostra Pontificali authoritate aliquid conferimus, quo in meliorem erigantur statum, credimus nos mercedem exinde a Deo recipere, atque ad augmentum vite eterne capiende emolumentum non modicum speramus nobis acquirere.

Quapropter noverint omnes fideles, presentes videlicet atque futuri, quia Dominus noster piissimus Rex Theodoricus in generali placito, habito in Compendio Palatio, in Conventu Venerabilium Episcoporum, videlicet, Audoeni, Austregisili, Audomari, Eligii, Faronis, atque Lamberti, nec non illustrium Abbatum Wandregisili, Philiberti, Bertini atque Scupilionis, suggessit humiliter nostre Pontificali Celsitudini, quatenus Episcopali Privilegio roboraremus, quidquid ipse contulit Nobiliaco Monasterio, ubi S. Vedastus corpore quiescit, quod ab ipso pio Rege mirifice ac decenter regiis construitur sumptibus, in suburbio Attrebatis civitatis; in quem locum nuper fuit translatum corpus dicti Pontificis Christi Vedasti a Beato Autberto Episcopo, nostro videlicet predecessore, ac honorifice humatum.

Denique omnibus notum est, eumdem locum pertinentem fuisse ac subjectum Ecclesie Atrebatensis civitatis; sed a memorato Rege Theodorico, me consentiente, una cum Clero nobis subjecto, est a nostra sequestratum civitate.

Igitur considerantes dignam et humillimam petitionem sepius dicti inclyti Regis, ratum duximus opere perficere quod ipse suggesserat.

Itaque per sanctam et individuam Trinitatem, Pontificali authoritate obtestamur cunctis Sancte Dei Ecclesie filiis, presentibus videlicet et futuris, ut hoc Episcopale Privilegium a nobis pro Dei amore editum, ita ut a nobis constitutum est, inviolabiliter conservetur.

Ab hodierno videlicet die et deinceps, per Pontificalem authoritatem omnes seculares et judiciarias potestates excludimus ab ingressu memorati Monasterii atque Castri, ut liceat Monachis Deo inibi famulantibus ex hoc et in reliquum tempus quiete vivere, ac ab omni mundano strepitu esse sequestratos: et adjuramus per Patrem et Filium et Spiritum Sanctum, ut neque aliquis Episcopus, nostrorum videlicet successorum, neque Comes, nec aliqua Regia vel Judiciaria Potestas presumat illorum ingredi Monasterium sive Castrum, neque ibi convivia exstruere, neque placita, nec aliud quid facere, nisi permissu et voluntate Abbatis, qui Prelatus fuerit loco, unaque cum voluntate Monachorum. Sed sint Monachi Deo servientes in prefato loco, juxta quod Beatus Augustinus docet de opere Monachorum, vel juxta traditionnem S. Basilii, vel secundum Regulam S. Columbani vel sanctissimi Benedicti, et hoc in arbitrio Abbatis constituimus.

Si autem talis exstiterit caussa, ut merito Episcopus accersiri debeat, non aliter veniat, nisi vocatus ab Abbate vel a monachis: aliter (ut diximus) nec ipsi nec alicui liberum ingressum consentimus.

Interdicto etiam anathematis, et Pontificali auctoritate stabilimus, ut ipsum Castrum cum Monasterio et villulis, Filciacum, Tilgidum, Hadas, Hennanicurtem, Saltiacum cum Theobita (1) silva, Theuludum, Liniacum, puteis, aquis et appendentiis ad se pertinentibus, non aliquis presumat in his que diximus, aut in villis inibi pertinentibus, precinctam habentibus, inferre aliquam molestiam, latrones vel bannos accipere, parafredos inquirere; sed liceat Monachis quiete omnia possidere, quo valeant liberius pro pace et vita Regis et conjugis ac filiorum et sancte Dei Ecclesie statu regni, Domini clementiam exorare.

(1) Manuscrit de l'Évêché : Theobra.

Si quis vero observator hujus privilegii a nobis editi exstiterit (1), accipiat mercedem a Domino et benedictionem in presenti vita, et in futura vitam eternam. Qui vero nostram auctoritatem parvi penderint, illudque qualicumque modo temerare presumpserint, per nostram Pontificalem auctoritatem reddantur extranei a liminibus sancte Dei Ecclesie, et a cetu Christianorum, et a regno Dei, et descendant cum Dathan et Abiron in infernum viventes, et cum Juda traditore Domini nostri Jesu Christi, accipiant partem et societatem in die judicii, et cum diabolo damnationem eternam, amen.

Ego Vindicianus Episcopus hoc privilegium a mea parvitate editum, subscripsi.

Ego Audoenus Episcopus, jussu Domni Regis, et rogatu fratris nostri et Coepiscopi Vindiciani, hoc privilegium subscripsi.

Ego Audomarus. Episcopus, absque ocellis subscripsi.

Ego Austregisilus Archiepiscopus subscripsi.

Ego Eligius Episcopus subscripsi.

Ego Faro Episcopus subscripsi.

Ego Lambertus Episcopus subscripsi.

Ego Bertinus Abbas subscripsi.

Ego Philibertus Abbas subscripsi.

Ego Agilus Abbas subscripsi.

Ego Wandregisilus Abbas subscripsi.

Ego Scupilio Abbas Monasterii S. Quintini, jussu Domni Theodorici Regis, et rogatu Vindiciani Episcopi, hoc privilegium scripsi et subscripsi.

(1) Légère inversion dans Aubert le Mire : Privilegii hujas a nobis editi observator.... Nous avons rétabli la leçon des manuscrits.

Data Kal. Marï, anno VII. Domni Theodorici Regis, Indictione II. Actum in Compendio palatio, in Dei nomine, feliciter, amen.

Privilegium Stephani pape de libertate et exemptione Monasterii et Castri.

Stephanus episcopus famulorum Christi famulus, sancte Sedi principis Apostolorum presidens beati Petri, omnibus episcopis ac presbiteris ecclesie Francorum atque fratribus monasterii beati Vedasti, quod vocatur Nobiliacum vel Atrebas.

Egregius Apostolus ait : « Dum tempus habemus, ope- » remur bonum ad omnes ; » et item Scriptura alio loco testatur ; « quam speciosi pedes évangelizantium pacem, » evangelizantium bona ! » Qua de re noverint omnes dei ecclesie fideles quia religiosus et Deo amabilis Vindicianus Cameracensium vel Atrebatensium ecclesie episcopus, adiens limina beatissimorum Apostolorum Petri et Pauli a nobis amabiliter exceptus, non minus devote quam humiliter ipse et Karolomannus venerabilis monachus, germanus filii nostri Pipini majoris domus, a nobis expetierunt ut beati Petri Apostolorum principis simulque nostri apostolatus auctoritate decerneremus privilegium Romane atque Apostolice sedis ad adstipulationem roboratum fratibus jam dicti monasterii confessoris Christi Vedasti, per quod firmum et inconcussum maneret privilegium, quod jussu et rogatu domni Theodorici regis in Compendio palatio una cum clero sibi subjecto in Dei nomine edidit atque suscripsit, ac Gallicanorum episcoporum decreto muniri fecit, quatenus, ita ut ab ipso constitutum est, inviolabiliter conservetur, ut episcopi deinceps nullam molestiam abbati vel monachis predicti monasterii inferre presumant, sed sub perpetua securitate et quiete domino adjuvante, absque ullius gravamine permaneant, et ea que hic habentur inserta, sine perturbatione possideant : Filciacum, Tilgidum, Hadas, Hennanicurtem, Salciacum, cum Theobra silva, Liniacum, cum Puteis Aquis et appendentiis ad se pertinentibus ; villas etiam sitas in pago qui vocatur Batua, quem circumfluit Renus bicornis fluvius, his nominibus Rexnam, Ulfaram una cum capella ibidem posita, Rotheim super fluvium Versiam sitam ; item in altera Rotheim mansos VI ; preterea etiam ultra Renum prelibatum fluvium mansos numero XXXVI. pariter cum suis appendentibus ; deinde in pago Atrebatensi, Maisbodvillam, Bais Senons, Herbotcisternam, Pomerias, Herlincurtem, Maninium, Morselle et Sceldogotheim, Juvenciacum, Dominicamcurtem, Bigartium, Atheias, Stagras, Atramentarias, Mast, Marcheim, Sirigeim, Campanias, Berneiamvillam, Daginvillam, et omne theloneum ex mercato.

Interdicimus igitur in nomine Domini nostri Jesu Christi, et, ex auctoritate beati Petri Apostolorum principis, prohibemus cujus vice huic romane ecclesie auctore deo presidemus, ut nullus episcoporum ultra presumat de redditibus, rebus, vel chartis eorum vel de nominatis villis, quocumque modo, qualibet exquisitione, minuere, nec dolos vel immissiones aliquas facere, nec illorum ingredi monasterium, sive castrum, neque ibi convivia exstruere nec placita nec aliud quid facere ; sed si qua causa forte inter terram venientem ad partem sue ecclesie et monasterii evenerit et pacifice non potuerit ordinari, apud electos abbates et alios patres timentes Deum, sine voluntaria dilatione, mediis sacrosanctis evangeliis, finiantur.

Defuncto vero abbate, non extraneus nisi de eadem congregatione, quem sibi concors fratrum societas elegerit et qui electus fuerit sine dolo vel venalitate aliqua ordinetur.

Pariter autem custodiendum est ut, invito abbate, ad ordinanda alia monasteria aut ad ordines sacros vel clericatus officium tolli exinde monachi non debeant; sed si abundantes fuerint qui ad celebrandas Dei laudes vel utilitates loci complendas sufficiant, de his qui superfuerint offerat abbas coram Deo quos dignos potuerit.

Quisquis autem ex monasterio ad ecclesiasticum ordinem pervenerit, ulterius illic nec potestatem aliquam nec licentiam habeat habitandi.

Descriptiones quoque rerum aut chartarum ab episcopo ecclesiasticas fieri omnino negamus; sed, si quando res exigit, abbas ejusdem loci cum aliis abbatibus rerum inventarium faciat et eorum consilio sive judicio finiatur. Obeunte quoque abbate, episcopus in describendis, pervisendis que adquisitis vel datis, adquirendisve rebus, nulla se occasione permisceat.

Missas quoque publicas ab eo in eodem cenobio fieri omnimodo prohibemus, ne in servorum Dei recessibus ulla popularibus prebeatur occasio conventibus, nec audeat cathedram ibi collocare, nec quamlibet potestatem imperandi, nec aliquam ordinationem quamvis levissimam faciendi habeat, nisi ab abbate ejusdem loci fuerit rogatus, quatenus monachi semper maneant in abbatis sui potestate.

Hanc igitur scriptorum nostrorum paginam omni in futuro tempore ab omnibus episcopis firmam statuinus illibatamque servari, ut, et sue ecclesie, juvante Domino, tantummodo sint jure contenti, et jam dictus abbas monasterii beati Vedasti atque monachi, ecclesiasticis conditionibus seu angariis, vel quibuslibet obsequiis secularibus, nullo modo subjaceant, nullis canonicis viris deserviant, sed remotis vexationibus ac cunctis gravaminibus, divinum opus cum summa animi devotione perficiant.

Quicumque ergo his apostolicis constitutionibus sincera dilectione observator extiterit, benedictionem et misericordiam a Domino percipiat; at, qui ea, que apostolica Sedes stabilivit pro nihilo ducere atque violare temptaverit, beati Petri apostolorum principis nostrique apostolatus auctoritate, anathematis vinculis irretitus, ut sacrilegus a sinu matris ecclesie et participatione corporis et sanguinis Christi separatus, cum diabolo et angelis ejus in dei judicii sententiam dampnationis accipiat. Amen.

Gregorius episcopus subscripsit, Anastasius episcopus subcripsit, Constantinus episcopus subscripsit, Johannes episcopus subscripsit, Bonifacius episcopus subscripsit, Gelasius episcopus subscripsit, Fabianus episcopus subscripsit, Agatho episcopus subscripsit, Honorius episcopus subscripsit, Eugenius episcopus subscripsit, Leo episcopus subscripsit, Agapithus episcopus subscripsit. Data II non. Aprilis per manum Adriani primi scrinii Anno VIII. domni Theuderi (1) Regis, indictione III.

(1) Manuscrit de l'Évêché : Theodorii.

Privilegium Hincmari Remensis archiepiscopi de libertate et exemptione Monasterii et Castri.

Hincmarus Remorum Archiepiscopus ac plebis Dei famulus, omnibus Confratribus nostris Archiepiscopis et Episcopis nunc ad Synodum vocatis, atque mecum Vermeriaco palatio constitutis.

Gaudendum est nobis, Fratres carissimi, ac nimis in Domino Jesu Christo exultandum, pro Senioris nostri, Karoli serenissimi ac gloriosissimi Regis ferventissimo studio, quod ob amorem Dei et salutem anime sue gerit circa Monasteria et loca Sanctorum relevanda, instauranda atque religiose ordinanda.

Ad quod negotium ut ferveret, si forte teperet, nos Episcopos conveniret illum ammonere. Sed ille, Deo gratias, Spiritu sancto plenus, utilitatibus ac necessitatibus servorum animo pauperum Christi consulens, non solum nos ammonet, sed etiam humiliter deprecatur, ut in hac re illi adjutores prompta voluntate existamus; videlicet ut quod ille illis per suum preceptum confirmavit, nos divina auctoritate et nostra Episcopali sententia ita corroboremus, ut in eternum nullus mortalium id audeat temerare atque violare.

Nunc vero maxime de Monasterio sanctissimi Confessoris Christi Vedasti, ejusdemque loci Monachis, quod dicitur Nobiliacus, curam atque ordinationem pre manibus habet : quoniam ipsam Abbatiam, nunc noviter reddente sibi nepote suo Lothario Rege, recepit, quam olim, post bellum Fontanidum, fratri suo Lothario Imperatori ob gratiam firmioris inter se amicitie, prestitit.

Quapropter idem Dominus Rex Senior noster de eadem Abbatia, sicut sibi suisque fidelibus visum est, quasdam res, villas, predia, mancipia, cum omnibus suis appendentiis, Imperiali precepto suo indidit, auctoritate sigilli sui signavit atque confirmavit. Quarum villarum nomina sunt hec ; ad matriculam scilicet Ecclesie, Mainbodvillam (1), Bais, Senous, Herborcisternam, Pomerias, Herbinicurtem, mansos X. cum Longobragio, Mainivium, Morselle, et Scheldogotheim, Juventiacum, et in Dominica curte mansum unum.

Has villas, cum mancipiis et omnibus ad se pertinenti bus, in usus luminariorum, matriculariorum, et ceteris que in Ecclesiis, in prefato Monasterio positis, necessaria fuerint, deputavit, cum omni censu de omnibus precariis Monasterii, co modo, ut quidquid etiam ad medicinam opus fuerit, ex prefatis villis, suppleatur.

Ad necessaria vero Fratrum, victus scilicet et potus, has villas delegavit, medietatem vici qui vocatur Novavilla juxta ipsum Monasterium et tabernam unam : Filciacum villam, Dominicam curtem, Theuludum, Bigartium, Hernanicurtem, et Bernallam : in pago Beluacensi Mediolanas, Puteas aquas, et Inungisicurtem mansum indominicatum unum, et alios mansos XXIV. cum Ecclesia et vineis et ceteris appendentiis : valles super fluvium Sommam cum camba una, et duobus molendinis, et mansum, ad eosdem pertinentibus, Stragas, Saltiacum, Atramentarias, Mast, Marcheim, Sirigotem, precariam Emmonis et Tagengarii. Has omnes villas, cum ceteris

(1) Manuscrit de l'Évêché : Mannibodvillam.... Herlimcurtem.... Mammium.

omnibus, usibus Fratrum eternaliter deservituras deputavit.

Ad Cameram vero Fratrum prefatorum has villas destinavit, Atheas, Saltiacum, Liniacum, Campanias, et in Fontanido mansos III. et mansum I. in Lambras, et alterum in Hadas, cum homine nomine Godone, et tabernam unam in vico Monasterii, cum omnibus appendentiis, familiis et Ecclesiis, et universis ad se pertinentibus. Ad portam vero, Berneiam villam, et in Anzinio mansum unum cum molendino, et in Anez mansos V. cum molendino, et decimam omnis Abbatie.

Ad hospitale vero pauperum in Daginvilla mansos VII. et in Boneia villa et Letsales, mansos III. et quintam partem omnis decime, que ad portam venerit, et de omnibus lignariis omnium villarum, que ad Preposituram, vel ad Cameram pertinent carros X. Ad domum vero infirmorum, omne telonium ex mercato.

Pro remedio namque anime Genitoris ac Genitricis sue, ac pro sua salute et Ermentrudis sue carissime conjugis, dedit has villas Fratribus, Trontellicurtem, Ciliacum, Lutosum montem atque Tilgidum ; ut in eorum anniversariis refectione plenissima eis preparetur.

Unde nos omnes Episcopi, qui Synodali evocatione hic adsumus, Senioris nostri Caroli Regis jussu, ex auctoritate Dei omnipotentis et potestate nobis divinitus collata precipimus atque statuimus, ut nullus Rex, nullus Episcopus, nullaque persona alia de jam fatis rebus, et de nominatis villis, prediis, atque mancipiis, ipsis Monachis deputatis, unquam insequenti tempore aliquid agere presumat, sed illarum ordinatio in Abbate vel Monachis pendeat.

Nulla omnino servitia, nec mansionaticos, nec parafredos, nec carricaturas ab illis villis exigat, nec placita in illorum villis quisquam teneat, ut ipsi Monachi ab omni seculari inquietudine immunes, libere, religiose, et quiete in Monasterio viventes, absque ullius Senioris impedimento, proprias res teneant, dominentur atque possideant, Dominique misericordiam pro Senioris nostri prolisque regie sanitate, et eterna beatitudine, proque totius Sancte Ecclesie statu ac pace illos fideliter exorare delectet.

Monasterium vero ipsum, ejusque custodia atque omnis ordinatio ad ipsos Monachos et ad Abbatem, quem sibi elegerint, pertineant; neque Canonici extra claustrum ad habitandum admittantur ulterius, sicut hactenus omnimodis inhibemus, excepto servitores illorum, quia non modicas dissensiones audivimus propter hoc in illo exortas fuisse Cenobio.

Si quis vero (quod absit) his nostris preceptis atque statutis aliqua levitatis vel avaritie cupiditatis vel malitie presumptione contraire voluerit, vel aliquod impedimentum supradictis Monachis, vel Abbati beatissimi Vedasti inferre tentaverit, quolibet ingenio, qualibet arte, quoquo modo, clam vel manifeste, omnium nostrum sententia damnatus, a Patre et Filio et Spiritu Sancto, Deo omnipotente, cui injuriam facere non timuit, quia ipse dixit: Qui vos audit, me audit, et qui vos spernit, me spernit; anathematis vinculis obligatus, a cetu Sanctorum separatus, in eternum, justo judicio Dei, intereat in infernum, cum his quorum vermis non moritur, et ignis non exstinguitur; nisi publica satisfactione digne penituerit, deposito, si Laicus fuerit, secularis militie cingulo; si Clericus, Ecclesiastici honoris dignitate.

Pax vero et misericordia Dei super illos qui illa custodierint, que in isto divine nostreque auctoritatis privilegio conscripsimus, nostrisque nominibus in Dei nomine firmavimus, amen.

Statuimus denique, ut hoc idem privilegium a nobis editum, divinaque auctoritate roboratum, per omnia Synoda, que in posterum agenda sunt, deferatur, nostrosque oramus humiliter Successores, ut pro Dei amore et S. Vedasti, ipsi quoque subscribendo corroborent, quod a nobis constitutum est.

Hincmarus sancte Metropolis Remorum Archiepiscopus subscripsi.

Egil divino munere Archiepiscopus subscripsi.
Welino Rotomagensis Archiepiscopus subscripsi.
Herardus Turonis Archiepiscopus subscripsi.
Wulfardus Bituricensis Archiepiscopus subscripsi.
Froterius Burdigalensis Archiepiscopus subscripsi.
Ercheuranus Catalaunensis Episcopus subscripsi.
Hildegarius Meldensis Episcopus subscripsi.
Folericus Autricorum Episcopus subscripsi.
Hilmeradus Ambianensis Episcopus subscripsi.
Helias indignus Episcopus subscripsi.
Eneas Parisiacensis Episcopus subscripsi.
Rainelmus Noviomagensis Episcopus subscripsi.
Gunibertus Ebroicensis Episcopus subscripsi.
Ercumbertus gracia Dei Episcopus subscripsi.
Joannes Cameracensis Episcopus subscripsi.
Gualterus Aurelianensis Episcopus subscripsi.
Gislebertus Carnotensis Episcopus subscripsi.
Hincmarus Laudunensis Episcopus subscripsi.
Airardus Luxoviensis Episcopus subscripsi.

Christianus gracia Dei Episcopus subscripsi.
Erminus Silvanectensis Episcopus subscripsi.
Achardus Morinorum Episcopus subscripsi.
Odo Belvacensis Episcopus subscripsi.
Rothardus Suessionis Episcopus subscripsi.
Anselmus Lemovicensis Episcopus subscripsi.
Isaac Lingonice (1) Episcopus subscripsi.
Robertus Nannetis Episcopus subscripsi.
Abbo Nivertensis Episcopus subscripsi.
Siemundus Cenomanensis Episcopus subscripsi.
Hildebrandus Saiensis (2) Episcopus subscripsi.
Bodo Augustodunensis Episcopus subscripsi.
Carolomannus Abbas subscripsi.
Hugo Abbas subscripsi.
Gauslenus Abbas subscripsi.
Hilduinus Abbas subscripsi.
Vulfo Abbas subscripsi.
Berengarius Abbas subscripsi.
Vulfardus Abbas subscripsi.
Hildebertus Abbas subscripsi.
Odo Abbas subscripsi.
Fulco Abbas subscripsi.
Ego Gauslenus Abbas, jussi Domini Hincmari Archiepiscopi, hoc privilegium scripsi, et subscripsi.

(1) Manuscrit de l'Évêché : Lingonicensis.
(2) Ibid. Suavensis.

Privilegium Karoli regis et imperatoris de libertate et possessionibus sancti Vedasti.

In nomine Sancte et Individue Trinitatis Karolus ejusdem Dei Omnipotentis gratia Imperator Augustus.

Divina ordinatione credimus nobis collatam Imperii dignitatem : idcirco gratias superne pietati referentes, quamquam multo minores simus beneficiis ejus, cogitare tamen debemus quemadmodum collati nobis ab ipso Imperii sceptrum juste, secundum ipsius voluntatem, dirigamus, et Ecclesiam illius, pro qua sanguinem fudit proprium, in omnibus, ipso regente, protegamus : credentes quoniam nihil hac oblatione illi gratius umquam offerre valeamus, nihil quod in hac vita nobis salutarius, nihil quod in eterna retributione gloriosius, de ejus benignitate provenire possit.

Unde noverit omnium fidelium, tam presentium quam futurorum solertia, quod adierunt Celsitudinem nostram Monachi ex Monasterio, quod vocatur Nobiliacus, ubi pretiosus Confessor Christi Vedastus corpore quiescit, humillimis precibuspostulantes, ut regale decretum nostrum, quod super jam dicto Monasterio atque villis, necessitatibus eorum profuturis, nostra munificentia, simulque Episcoporum privilegium, quod ex nostra jussione illis confirmatum est, Romani Pontificis auctoritate firmari juberemus, quatenus quod Episcoporum Gallicanorum auctoritas juste pieque decreverat, Summi Pontificis sanctione firmaretur, et liberalitatis nostre clementia perpetuis seculis commendaretur.

Quorum petitioni libenter annuentes, clementer indulsimus, quod juste petere perspeximus, et quam instantiam considerantes confusorum temporum, et in futuro providentes, si quomodo possimus saluti fidelium et Ecclesiarum Christi providere stabilitati, pertimuimus inimicum pietatis, et nostro desiderio quo (1) Christi Ecclesiam cupimus superexaltare, contrarium, nisi perficeremus exorati, quod amore Christi commoniti debueramus ultro offerre.

Itaque vocatione Domni Joannis Apostolici Romani properantes, et voto nostro quod ex longo tempore cupieramus satisfacientes, post collatam a prefato Patre nostro, Summo Pontifice et universali Papa, Christo nobis propitio, Imperii dignitatem humiliter eidem Summo Pontifici supplicavimus, ut secundum prefatorum Fratrum petitionem, edictum tam nostrum, quamque Episcoporum decreta Gallicanorum, sua auctoritate adstipulari dignaretur. Quam reverendus Pontifex benigne nostram suggestionem suscipiens, non minus humiliter quam devote curavit perficere, quod vidit religiose postulari.

Edidit igitur privilegium secundum nostram auctoritatem expetitum, quo priorum statuta decretorum, Apostolice Sedis quoque et B. Petri Apostolorum Principis auctoritate firmarentur.

His ita peractis, cum Domino volente Franciam rediissemus, petierunt prefati Fratres, ut ea que Sedes Apostolica sanciverat, nostro quoque inviolabili roborarentur edicto : ut tam illa que nos, quam illa que venerabilis auctoritas Episcoporum decreverat, nostra Imperiali munificentia statuerentur ad perpetuitatem.

(1) Manuscrit des Archives : qui.

Unde cognoscat fidelium nostrorum numerositas, et Ecclesiarum Christi admirabile consortium, quia statuimus atque Imperiali edicto decernimus, quidquid Reverendus Pater noster, Summus Pontifex, prefatis Fratribus privilegio sue auctoritatis concessit, presentibus et futuris temporibus inviolatum perseveret, neque a quoquam vel Ecclesiastico vel seculari prevaricetur.

Quod si quis Apostolice Sedis decretum contemnere, nostri quoque edicti concessionem parviducere, atque contravenire vel facere conatus fuerit, nulli dubium, quin illa damnatione mulctabitur, quam a Spiritu Sancto credimus prolatam. A nobis vero vel Successoribus nostris, quia infidelis esse dignoscitur (neque enim magis infidelis quisquam nobis potest esse, quam ille qui nostre saluti et presenti et future contrarius exstiterit) secundum voluntatem et potestatem nostram dijudicetur, ut quod ab illis pie et salubriter statutum est, inprevaricabile et inconvulsum perpetuis temporibus permaneat.

Ut autem hec nostri edicti constitutio eternis inviolata temporibus permaneat, manus nostre subscriptione roboravimus, et annuli nostri aurei appensione sigillari jussimus.

Ego Gauzlenus Abba recognovi et subscripsi.

Data III. Kal. Junii, Indictione VIII. anno I. Domni Karoli Serenissimi imperatoris Augusti, regni vero XXXVI.

Actûm Compendio Regio Palatio, in Dei nomine feliciter, amen.

Privilegium Johannis pape de libertate et possessionibus sancti Vedasti.

Johannes Episcopus, Servus Servorum Dei, Fratribus Monasterii Beati Vedasti, quod vocatur Nobiliacus vel Atrebas, ubi ipse Sanctus Vedastus Confessor Christi corpore quiescit, in perpetuum.

Si utilitatibus Servorum Dei pie consulimus, locaque Christo dicata Apostolicis fulcimus Sanctionibus, quo Divini Cultus Servitores, inibi Deo vacantes, a turbinibus et variis tempestatum secularium muniantur incursibus, nihil hoc holocausto gratius Redemptori nostro credimus offerendum.

Qua de re luce clarius patet omnibus Sancte Ecclesie Filiis, quia charissimus Filius noster Carolus Rex adiens limina Beatissimorum Apostolorum Petri et Pauli, honorifice a Nobis susceptus, post quam solemniter vota Regia persolvisset, apud sepulchrum Beati Petri die Nativitatis Domini, in Ecclesia ipsius B. Petri Apostolorum Principis dignitatem Imperialem per impositionem manuum nostrarum adeptus est.

Dehinc non minus devote quam humiliter a nobis expetiit, ut Beati Petri Apostolorum Principis, simulque nostri Apostolatus Auctoritate decerneremus Privilegium Romane atque Apostolice Sedis astipulatione roboratum Fratribus jam dicti Monasterii Confessoris Christi Vedasti, per quod stabili jure, ac sine perturbatione possideant Castrum, atque predictum Monasterium, et omne quod eis per suum Preceptum concesserat, ac Gallicanorum Episcoporum Decreto munirit fecerat.

Hujus rei gratia, quia eumdem Augustum Divino contactum amore id fecisse perspeximus, gratanter ejus petitionibus prebuimus assensum; decernentes Apostolica Auctoritate, ea que hic inserta habentur, inconvulsa manere; ad Matriculam scilicet Ecclesie Maisbod Villam Bais, Senous, Herbodcisternam, Pomerias, Herlincurtem, et Inbonicurtem, Mansos X. cum Longobragio, Maninium, Morsele et Sceldogotheim, Juventiacum, et in Dominica curte mansum V, et in Farreolo mansum I.

Ad necessaria vero Fratrum victus scilicet et potus, medietatem vici qui vocatur Novavilla et tabernum I. Filciacum, Dominicam Curtem, Theuludum, Bigartium, Hernanicurtem, Bernevillam, Mediolanas, Puteas Aquas, Angilicurtem, Valles cum camba I et duobus molendinis, Stragas, Saltiacum, Atramentarias, Mast, Marcheium, Syringenhem, Precariam Emmonis et Tagengarii.

Ad Cameram vero Fratrum Villas sitas in Pago qui vocatur Batua, quem circumfluit Renus bicornis fluvius, hiis nominibus: Rexnam, Vulfaram, una cum Capella ibidem posita, Rotheim mansos VI. Preterea etiam ultra Renum prelibatum fluvium mansos numero XXXVI. pariter cum silvis appendentibus: deinde in Pago Attrebatensi Atheias, Saltiacum, Liniacum, Campanias, et in Fontanido mansos III. et in Lambras mansum I, et alterum in Hadas, et tabernam unam, in Vico Monasterii, ad portam Berneiam Villam, et in Anzinio mansum unum cum molendino, et in Anez mansos V. cum molendino, et decimam omnis Abbatie (1).

(1) Il manque ici une ligne entière dans le Manuscrit de l'Évêché; nous donnons le texte complet d'après celui des Archives.

Ad Hospitale pauperum in Daginvilla mansos VII. et in Boneiam Villam et Lensales mansos III. et quintam partem omnis decime.

Ad domum vero infirmorum omne theloneum ex mercato ; et has Villas quas pro remedio anime sue dedit vel reddidit Sancto Vedasto, Trontellicurtem, Cilliacum, Lutosum montem atque Tilgidum.

Has ergo Villas cum omnibus appenditiis et redditibus et mancipiis, quemadmodum per Precepti paginam ordinata sunt atque tradita, per nostri Apostolatus Auctoritatem sancimus, ut nulli mortalium liceat aliter ordinare, mutare vel aliud quid quoquo modo ex inde vel parum agere : preter quod a sepedicto Filio nostro piissimo Augusto constitutum est, sed hujusmodi ordinatio in abbatis arbitrio pendeat.

Qui ergo ea que Sancta atque Apostolica Sedes stabilivit pro nihilo duxerit, temerarioque ausu avaricie, diabolice que cupiditatis instinctu, qualitercumque violare temptaverit, si ex toto vel in parte transgressor apparuerit, Petri Apostolorum Principis nostrique Apostolatus auctoritate anathematis nexibus ut fur et sacrilegus astrictus, atque ab unitate Matris Ecclesie et participatione Corporis et Sanguinis Christi sequestratus cum Juda traditore Domini nostri Jesu Christi et diabolo ejusque atrocissimis pompis in tremendo die magni examinis sententiam dampnationis accipiat. Et qui hiis Apostolicis sanctionibus sincero amore observator extiterit, benedictionem et misericordiam a Domino Jesu Christo percipiat, et partem et societatem cum eis, quorum nomina scripta sunt in libro vite Agni, a constitutione mundi. Amen.

Data V. Kal. Januarii per manus Anastasii Primiscrinii,

anno primo Imperii Karoli Serenissimi Imperatoris Augusti, et post Consulatum ejus anno I. Indictione VIII.

Privilegium Karoli regis et imperatoris confirmantis subdata et collata a Theodorico augentisque munera.

In nomine sancte et individue Trinitatis, Karolus ejusdem Dei omnipotentis gracia imperator augustus.

Si ea que predecessores nostri superna dispensatione et gratia sublimes et inspirati, ecclesiarum et servorum dei utilitatibus providentes contulerint illis, nostris edictis confirmamus, vel, ipso Deo illuminante, imperiali munificentia cumulamus, hoc nobis procul dubio ad eternam beatitudinem et totius regni nobis a deo commissi tutelam profuturum esse credimus.

Notum sit igitur omnibus sancte Dei ecclesie et nostris fidelibus scilicet tam futuris quam presentibus, quod Rodulphus abbas monasterii sancti Vedasti, quod vocatur Nobiliacus, ubi ipse preciosus confessor Christi corpore quiescit, fratres quoque ejusdem loci suppliciter nobis supplicaverunt ut pro Dei omnipotentis amore et, ne aliqua successorum nostrorum negligentia, futuris temporibus, ordo monasticus in ecclesia ipsa perturbaretur, quasdam villas seu possessiones jam priscis temporibus a regibus per precepta imperialia delegatas, nostra quoque munificentia pro nostra totiusque regni salute et statu collatas, nostre auctoritatis precepto seu sigillo firmari juberemus, quatenus et antecessorum nostrorum et nos-

[…]ris gra imperator augustus.

m ecclesie servitique dei utilitatibus providentes. illis

cumulamus. hoc nobis procul dubio ad aeterna

Igitur omnibus sanctae dei ecclesie nostris fidelibus.

tam nobilis locus. ubi ipse pretiosus confessor

In nomine sanctae et individuae trinitatis. Karolus eiusdem dei omnipotentis favente clementia imperator augustus.
Si ea quae predecessores nostri superna dispensatione regia sublimitate inspirati, ecclesiarum et servorum dei utilitatibus providentes, illis
contulerunt, nostris edictis confirmamus, vel ipso deo illuminante imperiali munificentia cumulamus, hoc nobis procul dubio ad aeternae
beatitudinis et totius regni nobis a deo commissi tutelam profuturum esse credimus. Notum sit igitur omnibus sanctae dei ecclesiae nostrisque fidelibus,
scilicet tam futuris quam presentibus, quod Rodulfus abba monasterii sancti Vedasti, quod vocatur Nobiliacus, ubi ipse pretiosus confessor
Christi corpore quiescit, fratresque eiusdem loci suppliciter nobis supplicaverunt, ut pro dei omnipotentis amore et ne aliqua successorum nostrorum
negligentia futuris temporibus ordo monasticus in ecclesia ipsa perturbaretur, quasdam villas seu possessiones, tam priscis temporibus a
regibus per precepta imperialia sibi delegatas, nostra quoque munificentia pro vita totiusque regni salute et statu collatas, nostre auctoritatis
precepto seu sigillo firmari iuberemus, quatinus et antecessorum nostrorum et nostre liberalitatis munere inrefragabiliter in perpetuum
vigerent. Nos autem petitionis petentium dignitatem et rationem benigne attendentes, aurem celeri accommodavimus assensu, et quae
a predecessore nostro rege Theoderico delegata fuerunt, sicut ab ipso constituta et ordinata fuerunt, in perpetuum permanere decernimus. Ad
matriculam scilicet ecclesiae. In Atrebatensi pago Atheias, Felci, ad portam ecclesiae Bernuillam, Aggnuillam. In pago Virmandensi
Mediolanas, Valles, Puteas, Agi. In Batua Texna, Uulfara cum capella, Rothem et alia Rothem. In pago Halsbanio et Ribuario
Hembet, Halmala, Torona et inter Atheim Marsellas, Ambron, Goslinu, Broslas. Has villas, mansos dominicales VI, mansos
serviles LXXV. In Austreuia Cambac cum appendiciis suis et ecclesia. In pago Caribant Marcin cum appendiciis. In Pabula
montes. Similiter ea quae ipsi suscipientibus omnipotenti deo de suis muneribus regali munere reddimus, cum predictis eos
perenniter possidere sancimus. Videlicet Angilcurt, Trumelcurt, Hendecurt, Tiller, Silencurt. Precipimus igitur regia
auctoritate, ut nemo successorum nostrorum regum sive comitum quod nostro roboratum est edicto subtrahere, commutare vel minuere
audeat, aut ad usus suos retorqueat vel alteri cuiquam hominum in beneficium tribuat, quatinus monachi in cenobio
suprascripto secundum regulam sancti Benedicti libere deo deservire valeant, et fideliter pro nobis omnipotentem dominum
sedule exorent.

tre liberalitatis numine irrefragabiliter in perpetuum uterentur.

Nos autem et petitionis et petentium dignitatem et rationem benigne attendentes aurem celeri accommodamus assensu, et que a predecessore nostro rege Theodorico delegata sunt, sicut ab ipso stabilita et ordinata sunt, in perpetuum manere decernimus : ad matriculam scilicet ecclesie in Attrebato pago Atheas, Felci, ad portam ecclesie Bernivillam, Daginvillam ; in pago Vermandensi Mediolanas, Valles; Puteas Aquas ; in Bathua Rexan, Vulfaram cum cappella, Rothem, et aliam Rothem ; in pago Hansbanio et Ribuario, Hembec, Hammala, Thorona, et inter Athem, Maridas, Ambron, Musium, Groslas. Has villas, mansos dominicales VI. mansos serviles LXXV. in Watrenia Cambach cum appenditiis suis et ecclesia, in pago Carinbaut Maxtin cum appenditiis, in Pabula Montes ; similiter ea que ipsis suscipientibus omnipotenti Deo de suis muneribus regali munere reddimus ; cum predictis eos perhenniter possidere sancimus, videlicet Angicurt, Trenicelcurt, Hendecurt, Tillet, Erlencurt. Precipimus igitur regia auctoritate ut nemo successorum nostrorum, regum vel comitum quod nostro roboratum est edicto, subtrahere, commutare vel imminuere audeat, aut ad usus suos retorqueat vel alteri quidquid horum in beneficium tribuat, quatenus monachi in cenobio supra scripto secundum regulam sancti Benedicti libere deo deservire valeant, et fideliter pro nobis omnipotentem Deum sedule exorent.

La pièce que l'on vient de lire est reproduite fidèlement d'après le Manuscrit des Archives du Pas-de-Calais. La copie ancienne (vers 1100) que nous avons de ce diplôme, ainsi que du diplôme de Thierry III, dans les Archives du Pas-de-Calais, offre quelques variantes assez importantes, surtout dans les noms de lieux. C'est ainsi qu'on lit : Halmala, Torona, Atheias, Mariclas, Musinium, Watrevia, Maxcin, Angilcurt, Truntelcurt. Parmi les variantes relatives à Thierry III nous citerons : Berneri villam (qui est très-remarquable), Atheias, Mariclas, Watrevia et Maxcin. Les autres différences, moins notables, seront facilement remarquées à la lecture de ces deux pièces, dont nous publions des calques lithographiés, et dont nous parlons ailleurs.

Privilegium Caroli Regis, de Possessionibus Ecclesie Sancti Vedasti.

In nomine sancte et individue Trinitatis Carolus Dei gratia rex. Si ea que predecessores nostri divina ordinante providentia prediti, ac superna dignatione illuminati, nec non et sancte Dei ecclesie suorumque fidelium devotis admonitionibus ac precibus, pro statu et utilitate Ecclesiarum ac servorum Dei statuere decreverunt, nostris confirmamus edictis, atque ipsorum devotissimis consentientes affectibus, eadem pia munia Domino annuente exequimur : hec nobis procul dubio ad eternam beatitudinem et totius regni nobis a Deo commissi tutelam profuturum esse credimus, et retributorem Dominum exinde in posterum habere confidimus. Igitur notum sit omnibus fidelibus sancte Dei Ecclesie, ac nostris presentibus scilicet et futuris, quia caterva monachorum ex monasterio quod vocatur Nobiliacus ubi pretiosus confessor Christi Vedastus corpore quiescit humillimis precibus ibidem Deo militantium efflagitati sunt, ut pro Dei omnipotentis amore et futuro ejusdem sancte conversationis augmento, et ne aliqua successorum suorum negligentia, aut parcitate sive diminutione ordo in ea monasticus futuris temporibus perturbaretur, quasdam villas ob multimodas necessitates prefate monachorum congregationi delegatas, propter rei firmitatem, et ipsius sancti Patroni nostri Vedasti reverentiam, authoritatis nostre preceptum fieri juberemus, per quod tam ea que pre manibus habeant, quam et ipsa que a nostra celsitudine humiliter exposcebant, rata et stabilita deinceps permanere possent, Nos vero petitionibus illorum quia necessarie et rationabiles erant, aurem accommodantes, veluti·postulaverunt fieri adjudicavimus, atque has infra scriptas villas, di· versis eorum necessitatibus profuturas, ad eorum usus et necessitates supplendas, perpetuo deservituras delegavimus. Ad matriculam scilicet Maysbotvillam, Bais, Senous, Herbotcisternam, Pomerias, Herlincurtem, et Imbonicurtem, mansos X. cum Longobragio Maninium, Morselle, Sceldogotheim, Juventiacum, et in Dominica curte mansum I. et in Farneolo mansum I. has villas cum mancipiis et omnibus ad se pertinentibus in usus luminariorum matriculariorum, et ceteris que ecclesiis in prefato monasterio positis necessaria fuerint, deputavimus cum omni censu de omnibus precariis monasterii, eo modo ut quidquid etiam ad medicinam opus fuerit, ex prefatis villis suppleatur. Ad necessaria vero fratrum victus scilicet et potus, has villas delegavimus, Medietatem videlicet vici qui vocatur Nova villa juxta monasterium ipsum situm, et Tabernam I. ·Filciacum, villam Dominicamcurtem, Theuludum, Bigartium, Hetnamcurtem, et Bernevillam. In pago Belvacensi, Mediolanas, Puteas aquas, et Angilicurtem, Mansum indominicatum et alios mansos XXIV cum ecclesia ac vineis, et ceteris appenditiis: Valles super fluvium summam, cum camba I. et duabus molendinis, et Mansis ad eosdem pertinentibus qui in dominicatu nostro fuerunt Stagras, Saltiacum, Armentarias, Mast, Marcheim, Sirigoheim. Has omnes cum precariis omnibus et super scriptis villis, post omnium vite decessum, qui eas modo obtinent, cum universis harum villarum pertinentiis et familiis cum ecclesiis et ceteris omnibus usibus fratrum eternaliter deservituras censuimus. Precariam Emmonis et Tagengarii similiter roboravimus. Ad Cameram vero prefatorum fratrum has delegavimus villas : Atheias, Saltiacum, Limacum, Campanias, et in fontanido mansos III. et mansum I. in Lambras et alterum in Hadis ubi homo nomine Odo commanet, et tabernam in vico monasterii cum universis appenditiis et familiis et Ecclesiis et omnibus ad se pertinentibus rebus eo modo, ut silve et lignarii et volatilia cum ovis que ex eisdem villis exeunt, fratrum usibus deserviant. Reliqua vero omnia in usus vestimentorum et calciamentorum et reliquarum necessitatum deputentur. Linum vero omne ex omnibus villis, fratrum usibus deservientibus cum lana, usque ad summam CCCC. librarum ad Cameram venient. Si quid vero superfuerit ex lana non ex lino in ordinatione Prepositi erit : nam linum omne volumus ut ad Cameram veniat. Si autem ex his prefatis villis, que ad Cameram deputate sunt necessitas fratrum suppleri non potuerit, ex his villis que ad prepósituram pertinent, supplebitur, ad portam vero Bernevillam et in Anzino mansum I. cum molendino et in Anez mansos V. cum molendino, et decimam omnis Abbatie, que ut pleniter veniat, Rector ipsius Monasterii, vel cui ipse jusserit, previdebit. Ad Hospitale vero pauperum in Daginivillam mansos VII. in Boneiam villam, et Lensales mansos III. cum Mancipiis utriusque sexus in eisdem manentibus, et quintam partem decime que ad portam venerit, et de omnibus lignariis omnium villarum que ad Prepositura sive ad Cameram pertinent carrum decimum ad prefatum Hospitale detur. Ad domum vero infirmorum omne theloneum ex mercato destinavimus, quod equaliter usibus fratrum infirmorum deserviat, erit in ordinatione et providentia solliciti fratris qui custos infirmorum est. Has ergo villas cum mancipiis et reditibus vel appenditiis omnibus, ad se pertinentibus fratribusque ipsius congregationis eo modo sicuti supra taxatum est, regali authoritate et indulgentia per hoc preceptum confirmationis nostre stabili jure eis concedimus, in perpetuum confirmamus, et mancipia, sicut tempore Adalongi Abbatis, ad prefatas villas legaliter pertinuerunt ita ubicumque sunt absque retractione isti obtineant. Clausura vero monasterii et edificia tamex super dictis villis, quam ex omnibus rebus et prefatum cenobium pertinentibus, sicuti semper consuetudo fuit, ita construantur ac restaurentur ubicumque opus fuerit. Precipientes Regia potestate, ut nemo successorum nostrorum, Regum vel Abbatum, quod nostro roboratum est inviolabili edicto subtrahere vel minuere audeat, aut ad usus suos retorqueat, vel alicui quidquam inde in beneficium tribuat, sed neque servitia ex eis exactet, neque paraveredos aut expensas, aut hospitum susceptiones recipiat, aut ullas in aliqua re exactiones sive mansionaticos inde exigat, preter consuetudinarias operationes, que de sepe dictis villis in monasterii utilitatibus ab antiquo fuerunt constitute, quibus nil addere presumant. Super scripta autem ad centum duodecim monachorum numerum ordinatur, ex quo nil cuiquam licebit subtra here, augere vero si forte voluerit, multiplicatis et augmentatis ad usum eorum opibus accumulantur divini servitii cultores, qualiter in futuris temporibus fratres in cenobio sepe dicto regulam beati Benedicti servantes absque perturbatione libere Deo servire, et pro nobis fideliter orare queant, nobisque pro rata confirmatione, et illis propria et sancta observatione merces in perpetua recompensetur beatitudine. Ad corroborandum etiam amplius quam ad fulciendum nostre celsitudinis preceptum, Privilegium Episcopale per semel a cunctis Ecclesie filiis eternaliter observandum fieri et confirmari decrevimus, et ut hec authoritas quam ob Dei amorem et anime nostre remedium statuimus atque firmavimus firmiorem obtineat vigorem, et deinceps inconvulsa perdurare valeat, manus nostre confirmatione eam subter firmavimus, et de Annulo nostro signari jussimus. Adalgarius notarius ad vicem Gauzleni recognovit. Data III. Kalendas Novembris indictione I. Anno XXVII. regnante Carolo gloriosissimo Rege. Actum in Andreivilla Palatio regio In Dei nomine feliciter.

Quod usque ad tempora Karoli regis, Abbatia S. Vedasti in manu regum semper fuerit.

Itaque a tempore regis Theodorici, et usque ad tempora hujus Karoli, Abbatia sancti Vedasti in manu regum fuit, ita ut ibi Reges natale Domini, Pasca et sanctam Pentecostem frequenter cum magna ambitione celebrarent. Sub quo tempore Balduinus, comes Flandrie filius Odon, vir audax et fortis, ita ut Ferreorum brachiorum vocaretur, filiam ejusdem Karoli Judith nomine, uxorem duxit et ex ea filium Balduinum, qui postea nepos Karoli et comes inclitus dictus est, genuit. Mortuo vero Karolo rege, mortuis etiam filiis ejusdem Karoli Ludovico et Karlomano, pauco tempore altero post alterum regnantibus, Franci, neglecto Karolo filio Ludovici Balbi puero, vix decenni, Odonem comitem sibi regem preficiunt, qui fuit filius Rotberti ducis, quem Rotbertum, sicut cronica testentur, una cum Ranulpho duce Aquitanie peremerant. Eo tempore Abbatia et Castrum in manus Balduini comitis nepotis Karoli, et successorum ejus devenit; qui Balduinus avi sui Karoli memor, qui ecclesiam beati Vedasti multis ornamentis aureis illustraverat, sancti amore ductus, vas preciosissimum ex candido puroque argento fabricari jussit, in quo ejusdem confessoris Christi corpus in loco aureo repositum est, simulque XII. apostolorum et duorum Innocentum reliquie, quas avus ejus Karolus, donante sibi eas Adriano papa, de Roma attulerat.

Quod pro conrodiis regis vel comitis institutum sit gavulum, sive jus gabelli et de caritate comitis.

Postquam vero Balduinus defunctus est, successores ejus comites, quanto nobis viciniores tanto onerosiores esse ceperunt. Quod enim regi in quinque vel etiam decem annis semel impendi solebat, comiti quotiens eum in Atrebatum venire contingeret impendi oportebat. Non solum autem, sed ipse comes Atrebatum veniens ipse quidem in ecclesia hospitabatur, milites vero suos ad villas sancti Vedasti quinquagenos seu centenos hospitationis gratia dirigebat. Qui cum violento tumultu et militari lascivia quasi libere hospitiis abutentes, rusticis importuni essent, idem rustici ad abbatem recurrebant, rerum suarum direptionem, uxorum adulteria, filiarum deflorationem et alia multa intolerabilia cum querela deplorantes. Unde abbas communicato consilio, poscentibus rusticis, annuente comite, capitulo et baronibus, hujusmodi conrodia pro gavuli commutatione redemit, et, hujus modi extinctis conviciis, comes sibi eam, quam usque hodie in ecclesia habet caritatem, quasi in monumentum retinuit, scilicet : quando est Atrebati, II. panes, dimidium sextarium vini, ferculum piscium vel frixurarum semel in die. Et sciendum quod, si regem Francie in Atrebato esse contingat, regi et non comiti caritas ipsa defertur, et quoniam de gavelo locus incidit, ipsius denotande sunt consuetudines.

De consuetudinibus gavuli et de corveis comitis.

In villis igitur sancti Vedasti, que gavelum solvere debent, singula curtilia debent II. mancaldia avene, unum et dimidium denarium ad deductionem, I. panem ad canes et I. galmam ad aves comitis. Carruca debet modium avene ; dimidia carruca, dimidium modium. Terra ad unum jumentum IIII. mancaldia. Feodi liberi sunt. Terre dominicate sancti Vedasti libere sunt a gavelo, et quecumque ad dominicatum ecclesie redeunt libere esse debent. Porro quia he consuetudines, cum gratia pacis et quietis a majoribus institute sunt, in pravos usus quotidie pervertuntur, cetera super cedemus. Quedam tamen que nostris temporibus, venerabilis pater, cui hoc opus dedicamus et vos et nos videre contigit, ad posterorum memoriam dirigimus, quod et vobis et omnibus legentibus gratum fore credimus.

Quod rex Francorum conrodia in ecclesia sancti Vedasti habere voluit et ei negata sunt.

Rex Francorum, Ludovicus filius Ludovici Regis cognomento Grossi, cum in Atrebatum veniret, conrodia sibi in ecclesia sancti Vedasti exstrui mandavit, sed vestra ei vigilantia constanter negavit, et ne nobilitas ecclesie per licentiam ullatenus insolesceret, pessime consuetudinis ortum in ipsa radice amputavit. Quamobrem Rex cum gravi stomacatione missis nuntiis, et propriis dispositis clientibus, bona nostra de Angilcurt inbannivit. Cumque contra ecclesiam rigidus infremeret et implacabilis deteriora minaretur, agentibus comite Flandrie Philippo et baronibus, ei a religiosis ac sapientibus viris suggestum est, quod in ecclesia sancti Vedasti nihil haberet. quippe cujus advocatiam comes Flandrie de ipso in feodum teneret. Nam Karolo, comite Flandrie et regis Danie filio, a primoribus Flandrie apud Brugis occiso, cum scandalo enormi Flandria turbaretur, supra dicti regis Ludovici pater, Ludovicus qui rex Grossus dictus est, in malefactores illos locuturus judicia cum multa ambitione Flandrias intravit, et cum in Atrebato per mensem et eo amplius moraretur, de ecclesia sancti Vedasti, nisi eam que comiti deferri solet caritatem, nichil penitus accepit. Hec igitur cum regi intimarentur regratiatus est, maxime quodam signo sequente turbatus, quod aperte in dominum Deum et sanctum Vedastum factam testabatur injuriam. Nam quidam Bernerus de Claromonte, qui pre ceteris iracundiam principis contra ecclesiam suis consiliis armaverat, in lectum decidit et, jam propinquante exitu, se a sancto Vedasto occidi publice proclamans expiravit. Ex illo regem frequenter Atrebatum venire, et nichil in ecclesia sancti Vedasti nisi supradictam comitis caritatem vel querere vel accipere vidimus. Nam cum, sicut presentes vidimus, aliquando idem rex Atrebatum venisset, ecclesiam sancti Vedasti oraturus intravit, cui venerabilis Henricus Remorum archiepiscopus ipsius germanus, qui in ecclesia nostra ejus operiebatur adventum, occurrit, ipsumque de loco in quo sanctus Dei confessor Vedastus quiescit, facta oratione, egredientem, in choro sancti Vedasti salutavit. Cumque se fraterni amoris astringerent amplexu, ut inter ludendum fieri solet, idem archiepiscopus fratri suo : quid inquit, hodie comedetis ? Illo autem se nescire confesso, consequenter archiepiscopus : ne timeatis, ait ; sanctus Vedastus unam vobis sicut uni monachorum prebendam dabit. Nichil amplius speretis, nec plus habere debetis, nec plus habituri estis. Cui rex arridens : nec ipsam ergo, inquit, abjecturi sumus.

Responsa Henrici Remensis archiepiscopi de libertate monasterii sancti Vedasti.

Et cum rex loci venustatem templique structuram laudaret, quin immo, inquit archiepiscopus, nobilitatis insigne admiramini : Nulla a nostris antecessoribus universis, scilicet regibus Francorum constructa est ecclesia, que huic se conferre audeat. Nichil vobis, nichil michi, nichil ulli mortalium, preter apostolice Sedi eam debere constat. Et inter colloquendum, ipsum regem egredientem de templo ad januam usque conduxit. Ipse autem presul regressus non tantum propriis expensis vixit, verum etiam de suo nonnumquam universo conventui caritatem impendit. Cumque in capitulum invitatus, premissa verbi Dei consolatione, pro se, pro rege fratre suo, regnique statu orari peteret, eique tam abbas quam universum capitulum propter suam erga nos benevolentiam orationes, conrodium atque servitia offerrent; Vestrum, inquit, erga me servitium de caritate totum est; de debito nichil. Presentes erant, Henricus Silvanectensis episcopus, Johannes abbas Lobiensis et alie magni nominis persone quamplures.

In nostra igitur moratus ecclesia archiepiscopus, numquam Andream Atrebatensem episcopum, licet sibi familiarissimum, nisi petita et accepta ab abbate licentia, ad sibi colloquendum vocavit, non ignorans privilegiorum nostrorum tenorem, que episcopum ab introitu Castri arcent, nisi ab abbate vocatus fuerit. Ipsum insuper episcopum, cum, ex cleri sui consilio, quasdam in libertatem nostram contexere calumpnias attemptaret, amica increpatione compescens: ego, inquit, in ecclesia sancti Vedasti nichil habeo; tu frater episcope, quomodo te quicquam asseris? Cum preterea, ingravescente diuturno schismate, Francia domnum papam Alexandrum, ut pote filia patrem, in consolationis sue gremio confoveret, et eodem papa cum universa curia Senonis sedente, necessaria per ecclesiam collecta fieret, universi abbates ab eodem Henrico archiepiscopo, ex parte domni pape summoniti Remis convenerunt. Et cum in celebri conventu abbas quoque sancti Vedasti adesset, intuens eum gratulabundus archiepiscopus : Non erat, inquit, tuum huc ad nostram submonitionem venire, qui domni pape specialiter es abbas et monachus ; a te nichil sumus accepturi, quia domno pape de nostro non de suo, servitium impendere debemus. Querelis nichilominus super abbate sancti Vedasti ad eum venientibus : Censura, inquit, justitie nostre super ipsum non currit, nec nostram, sed romanam curiam querat qui contra ipsum agere intendit.

De controversia que fuit inter Andream episc pum Atreb ensem et abbatem sancti Vedasti pro libertate monasterii et castri.

In ipsa tempestate, inter eundem Andream episcopum et cives Attrebatenses pro quadam causa ortis simultatibus, episcopus civitatem inbannivit, et in hoc banno ab ante Ascensionem usque in vigiliam Pentecostes civitas permansit. Aliis ergo cessantibus ecclesiis, cum ecclesia sancti Vedasti cum suis collateralibus et cum liberis filiabus, id est ecclesia sancti Petri, ecclesia sancte Marie et ecclesia sancti Jacobi, apertis januis et pulsantibus signis, laudes Dei celebraret, graviter indignati clerici, postquam completi sunt dies Pentecostes, statim ascendentes cum suo antistite, curiam domni pape Alexandri, que tunc Senonis sedebat, adierunt, super hoc querelam deposituri, et ut, cessante matre, ecclesia quoque sancti Vedasti cessaret, abbas etiam episcopo obedientiam faceret, elaboraturi. Directi nichilominus a capitulo legationis gratia duo fratres, presente et presidente domno papa Alexandro, et circumsedente universo cardinalium senatu, episcopo et suis in faciem restiterunt. Cumque vehementer causa ingravesceret, domnus papa, mandatis lectisque ac relectis utriusque partis privilegiis, studioseque ac diligenter inspectis : filiam, inquit, non decet ancillari, nec ab ecclesia sancti Vedasti, que nullo mediante specialiter ad jus beati Petri et nostrum spectat, ullam obedientiam vel subjectionem alicui, preterquam romano pontifici exhiberi. Episcopo autem negotium suum non prosequente, domnus papa Alexander litteris et privilegiis, que suis in locis invenies, abbati interdixit ne alicui episcopo, preterquam romano pontifici obedientiam faceret, episcopo prohibuit ne super hoc ecclesiam suam amplius inquietaret.

Hec posteris ad memorami sufficiant ; nos ad proposita redeamus. Odo itaque rex tali ecclesiam nostram privilegio communivit.

Privilegium Odonis regis de libertatibus et possessionibus monasterii sancti Vedasti.

In nomine sancte et individue Trinitatis. Odo gratia Dei rex.

Si ea que predecessores nostri, divina ordinante providentia prediti ac suprema dignatione illuminati, nec non et sancte Dei ecclesie, suorumque fidelium devotis ammonitionibus ac precibus instigati, pro statu et utilitate ecclesiarum Dei decreverunt, nostris confirmamus edictis, atque ipsorum devotissimis consentientes affectibus eadem pia munia Domino annuente exequimur, hoc nobis procui dubio ad eternam beatitudinem et totius regni a Deo nobis commissi tutelam profuturum esse credimus et retributorem Dominum exinde in posteris habere confidimus.

Igitur notum sit omnibus fidelibus sancte Dei ecclesie filiis, presentibus scilicet futurisque, quod carissima conjux nostra Theoderada, nec non venerabilis Rodulphus, abbas monasterii sancti Vedasti, quod vocatur Nobiliacus, ubi ipse preciosus confessor Christi corpore quiescit in perpetuum, humillimis precibus efflagitati sunt ut pro Dei omnipotentis amore et futuro sancte congregationis suffragio, atque in sancto proposito religionis augmento ibidem Deo militantium, et ne aliqua successorum suorum negligentia aut parcitate seu diminutione ordo monasticus futuris temporibus perturbaretur, quasdam villas ob multimodas necessitates prefate monachorum congregationi, jam priscis temporibus a regibus per precepta regalia delegatas, propter rei firmitatem et ipsius sancti patroni Vedasti reverentiam, morem imitantes regum predecessorum nostrorum, auctoritatis nostre preceptum fieri juberemus, per quod tam ea que manibus habuit quam que ipsa que eis dictus abbas contulerat, rata atque stabilita deinceps permanere possent. Nos vero, petitionibus illorum quia necessarie et rationabiles erant, aurem accommodantes, veluti postulaverunt fieri adjudicavimus, atque has infra scriptas villas diversis eorum necessitatibus profuturis, quemadmodum a dive recordationis beate memorie predecessore nostro ac quondam Seniore Karolo, rege piissimo, per precepti paginam stabilita atque ordinata sunt, ad eorum usus et necessitates supplendas perpetuo deservituras delegavimus :

Ad matriculam scilicet Maisbotvillam, Bais, Senous, Herbotcisternam, Pomerias, Erlinicurtem, et in Bonevicurte mansos decem cum Longo Bragio, Maninium. Morsele et Sceldoghotem, Juventiacum, et in Dominicacurte mansum unum, et in Farreolo mansum unum et censum de omnibus precariis monasterii :

Ad necessaria vero fratrum victus scilicet et potus, medietatem vici qui vocatur Novavilla juxta ipsum monasterium situm et tabernam unam, Filciacum, Dominicamcurtem, Theuludum, Bigartium, Hetnancurtem et Bernellam. In pago Belvacensi, Mediolanas, Puteas aquas, Angilicurtem, Valles cum camba I et duobus molendinis et mansos ad eosdem pertinentibus, Stagras, Salciacum, Atramentarias, Mast, Marcheim, Sirengeheim cum omnibus precariis ad easdem villas pertinentibus, precariam Emmonis et Tagengarii :

Ad Cameram vero fratrum, Atheias, Salciacum, Liniacum, Campanias, et in Fontanido mansos tres, et in Lambris mansum unum et alterum in Hadis, et tabernam unam in vico monasterii ; ad portam vero Broneiamvillam, et in Anzino mansum unum cum molendino et in Anez mansos quinque cum molendino et decimam omnis abbatie :

Ad Hospitale pauperum in Daginvilla mansos VII, in Boneinivilla et Lentsales mansos tres et quintam partem omnis decime que ad portam venerit :

Ad Domum vero infirmorum, omne theloneum ex mercato ; villas vero quas eis memoratus rex pro remedio anime sue, patris, matrique ac conjugis dedit vel reddidit, id est Troncellicurtem, Lutosum montem, Tilgidum, Cilliacum deservire usibus fratrum sancimus ut ab ipso institutum est.

Quia dicte res ab incursione Normannica penitus depopulate sunt, memoratus illustris Rodulphus abbas, miseratus inopie et paupertatis fratrum, quandam villam, Hadis vocabulo, ab antiquis temporibus ab ipsis monachis possessam sed a sepe dicto rege concambiatam, in justam dominationem eorum revocando restituit; insuper dedit eis commutationem, quam Sycherus et Walterus vasalli ipsius pro Lavinio dederunt et mancipium unum ex Fixeo Aplinio nomine Teubernam cum infantibus suis, atque villulam Morcurtem ecclesie beate Marie in eodem monasterio site deservituram delegavit, expetens humiliter celsitudinis nostre clementiam, ut, quod ab ipso pro divino amore actum est, nostro inviolabili roboraretur edicto.

Has igitur supra scriptas villas, cum omnibus appenditiis et precariis et redditibus vel mancipiis ad se pertinentibus, fratribus supra dicti monasterii, eo modo sicuti taxatum est, quemadmodum eis sepius dictus rex Karolus per suum preceptum delegavit, ordinavit ac Gallicanorum episcoporum auctoritate constabilire fecit, insuper creatus imperator per semet a romana et sancta atque apostolica sede, sub anathemathis interdicto, quod nulli mortalium violare liceret, roborari petierat, regali auctoritate et indulgentia per hoc preceptum confirmationis nostre stabiliri jure eis in perpetuum concedimus, atque confirmamus, et mancipia sicut tempore Adalongi abbatis ad prefatas villas pertinuerunt vel quemadmodum a supra scripto inclito rege contradita ubicumque fuerint, absque inquietudine aliqua possideant.

Quia vero proh dolor! ob nimiam paganorum infestationem ac depredationem, castrum, propter munimentum loci, Karolo imperatore petentibus monachis consentiente et permittente, in ipso monasterio ab eis constructum est, ideo de antiqua monasterii clausura reticemus; edificia vero, sicuti sepius dictus rex Karolus constituit et semper consuetudo fuit, ita construantur et reparentur, ubicumque necesse fuerit.

Denique, sub occasione Castelli, nolumus nomen monasterii deperire, ne ordo monasticus in eo a secularibus perturbetur, sed pristinus honor eis servetur ac potestas in omnibus, atque loci immunitas, quemadmodum a sancta atque apostolica Sede romana, ac Gallicanorum episcoporum auctoritate, atque regalium indulgentia constitutum est, atque officinas quod ipsum castrum capere prevaleat, secundum regulam sancti Benedicti, in eo habentes, non sit eis necessitas foris vagare, ut idem pater docet, quia non expedit animabus eorum. Precipimus regia auctoritate ut nemo successorum nostrorum, regum vel comitum, quod nostro inviolabili roboratum est edicto subtrahere, commutare, vel minuere audeat, aut ad usus suos ea retorqueat, vel alicui quidquam in beneficium tribuat, sed neque servitia ab eis exaltet, neque paraveredos aut expensas aut hospitum susceptiones requirat, aut carricaturas aut ullas in aliqua re actiones sive mansionaticos inde exigat, preter quod eis ab antiquis temporibus in utilitatibus monasterii constitutum est, quibus nihil addere presumat quatenus monachi in monasterio suprascripto, Deo secundum regulam sancti Benedicti libere deservire valeant et fideliter pro nobis orare queant, nobisque pro rata confirmatione et illis pro pia et sancta observatione merces in perpetua recompensetur beatitudine.

Et, ut hec auctoritas, quam ob Dei amorem et anime nostre remedium statuimus atque roboravimus, firmiorem obtineat vigorem et deinceps inconvulsa perdurare valeat, manu nostra eam subterfirmavimus et de annulo nostro eam sigillari jussimus.

Troamnus notarius ad vicem Ebuli recognovit et subscripsit. Data XII kalend. Junii, indictione octava, Anno tertio regnante Odone gloriosissimo rege. Actum Vermeria palatio in Dei nomine feliciter. Amen.

Privilegium Benedicti pape confirmantis bona ecclesie (1).

Benedictus episcopus, servus servorum Dei, Richardo venerabili monasterii sancti Vedasti successoribusque suis perpetuam in Domino salutem.

Convenit apostolico moderamini, pia relligione pollentibus benevola compassione succurrere et poscentium animis alacri devotione impertiri assensum ; ex hoc enim lucri potissimum premium a conditore omnium Deo veniam promeremur, si venerabilia loca sanctorum ordinata ad meliorem fuerint sine dubio statum perducta. Igitur quia postulantes a nobis quatenus concederemus et confirmaremus vobis in Atheiis molendina quatuor, que de manu violentium recepta in melius a te recuperata sunt, in ministerio camere hec deputans, vivarium etiam unum,

(1) Manuscrit de l'Evêché : ad Richardum Abbatem Ecclesie Sancti Vedasti.

in eadem villa constans, ad usus preposilure similiter a te destinatum est, in Blangeio molendina qualuor que ex novo construxisti cum vivario uno, que preposituro dedens in usus fratrum deputasti; sed et in villa que dicitur Medens molendina quatuor cum sibi adjacenti vivario construens in ministerio prepositure ponenda decrevisti; in Dominica autem Curte molendina tria statuisti que ad matriculam ecclesie pertinere sanxisti; vivarium autem sibi appendens prefecture ministerio concessisti; in Anzinio autem molendina duo que in usus pauperum hospitalitati deputasti. Multimoda autem deposcens, ut nostra apostolica auctoritate, veluti sunt suprascripta atque divisa firmentur, eo tenore ut nulli in posterum, regum videlicet comitumve, aut advocatorum vel abbatum prepositorumque, nec cuiquam omnino monachorum liceat de prefatis molendinis aliqua subtrahere, vel minuere aut immutare, nec ad proprios usus inflectere, nec dare in beneficium aut commutationem aliquam, sed quotquot statuisti in unaquaque villa totidem et sic permaneant sicut supra a nobis decretum est.

Villam quoque que dicitur Gernicurtis cum duobus molendinis et vivario uno sibi adjacenti, quem filius noster, comes scilicet Balduinus, ecclesie vestre pro remedio anime sue tradidit, ordinavimus ad usus hospitalitatis; villam preterea, que dicitur Peula matricule ecclesie concessisti, quam a predicto comite Balduino alterna mutuatione accipiendo, pro eadem villas duas, Masbodvillam scilicet cum Salteio dedisti; villam etiam Yser nomine nuncupatam cum manso indominicato et ecclesiam que post mortem Sycheri ad vestram ecclesiam rediit, huic inseruimus inscriptioni; terram preter hec illam quam sepedictus comes Balduinus in Furnensi pago, pro remedio anime sue ad trecentas oves depascendas, vestre dedit ecclesie nequaquam volumus pretermittere; Addimus autem et villam, Montem dictam de nomine, sitam in silva que vocatur Peula, datam a memorato principe Balduino vestro cenobio. Dignum quoque duximus huic opusculo inserere medietatem unius Villule, que Mares vocatur, sitam in pago Attrebatensi, nec non medietatem ville alterius, cui indidit antiquitas vocabulum Geudeuls nomine; et ipsa sita est in pago Haymon, quas vir inluster nomine Lantumus beato Vedasto tradidit ad hospitalitatis usus; ipse quidem postea, soluto cingulo militie secularis, monachus effectus regulariter adjunctus est vestre societati. Statuentes apostolica censura ut nulli unquam Christianorum, cujuscumque sit dignitatis vel potentie, liceat aliquo modo vel aliquo ingenio de rebus vestri monasterii invadere vel usurpare, neque vos aut successores vestros exinde inquietare.

Si quis temerario ausu, contra hanc preceptionem, venire temptaverit, sciat se anathematis vinculo innodatum et cum Juda traditore domini nostri Jesu Christi eterno igne concremandum.

Scriptum per manus Stephani notarii et primi scrinii sancte Romane ecclesie, in mense novembri et in die quinta.

Data V. Kalend. decembris per manus Petri, episcopi Hostiensis et bibliothecarii sancte apostolice sedis; temporibus domni Benedicti VIII pape, sedente anno decimo imperante domno Henrico anno octavo et indictione stante quinta.

Privilegium ejusdem Benedicti pape confirmantis iterum bona Ecclesie (1).

Benedictus episcopus, servus servorum Dei omnibus sancte Matris Ecclesie filiis longe lateque diffusis, presentibus et futuris perpetuam in Domino salutem.

Debita exigit ratio sancte Sedis principis Apostolorum, beati videlicet Petri, qua residemus quamvis indigni, ut bona in locis sanctorum data vel empta seu etiam in melius commutata, nostra firmentur et muniantur auctoritate, quatenus participes mereamur orationum bonorum vivorum deo militantium. Unde noverint omnes filii ecclesie adiisse nostram sedem venerabilem abbatem ecclesie pretiosissimi confessoris Christi Vedasti, Leduinum, dilecti filii nostri Richardi successorem, et humiliter petiisse ut bona atque hereditatem ejusdem ecclesie que antecessores nostri corroboraverunt sua auctoritate, seu etiam ea que idem relligiosus abbas postmodum acquisivit vel in melius commutavit suo ingenio suaque sollicitudine, nos quoque confirmaremus nostro inviolabili privilegio pro salute nostra; quod nobis visum optimum fuisse.

Roboramus (igitur) nostra principali auctoritate, sub interminatione perpetui anathematis cuncta que hic indita videntur esse : Mansus dominicatus cum horto, Filciacum, Hadas, Dominicam Curtem cum molendinis et vivario, Daginvillam, Berneiamvillam, Mauricurt, Peulam, Bigartium, Fraisne, Yser, Montes in Peula, Gaverellam, Atheias, Harvinium, Roclencurt, Theuludum, Novamvillam, Mon-

(1) Manuscrit de l'Evêché : ad Leduinum Abbatem.

tes, Anzinium cum molendinis et vivario, Blanginium cum molendinis et vivario, Stratas cum molendino, Fontenellas, Tilgidum, Vis, Hendencurt, Buhericurt, Ascinium, Radincurt, Bertricurt, Bairiacum, Büinvillare, Juventiacum, terram de Johannis Baluin, Gerincurt, Stagras, Saliacum, Florbais, Leventeis, Sarchingehem cum ecclesia et familia, Foschieres, Billiacum, Vals, Puteasaquas, Mediolanum, Breni, Senous, in pago Batuano, Wulfaram, Rexne; il villa que dicitur Rothem mansos VI, ultra rhenum fluvium mansos numero XXXVI, pariter cum silvis appendentibus, in Flandris unam berberiam, et unam dimidiam in Testereph, Teloneum de Mercato.

Est preterea quidam locus in episcopio Cameracensi qui vocatur Hasprea, quem commutatum ab abbate Theoderico et fratribus Gemmeticensis ecclesie pro quadam villa que vocatur Angilcurt, cum consensu comitis Normanorum Richardi et archiepiscopi Rothomagensis Rotberti, nec non et Marchionis Flandrorum Balduini; hunc itaque locum secundum petitionem jam dicti abbatis constituimus semper subjectum fore abbati monasterii beati Vedasti, propriumque abbatem nisi ipsum nullo modo habere, sed per prepositos suos omni tempore locum ipsum administrari.

Hec et omnia que sunt superius adnotata sancimus ex auctoritate beati Petri apostolorum principis, et interdicimus ne quis violare vel infringere presumat. Si quis vero, quod absit, his nostris statutis ac preceptis aliqua levitatis vel cupiditatis vel aliqua presumptione contra ire voluerit, quolibet ingenio, qualibet arte, quoquomodo, clam vel manifeste, apostolica auctoritate damnatus a Patre et Filio et Spiritu Sancto, omnipotente Deo cui injuriam facere non timuerit, vinculis anathematis obligatus, atque a liminibus sancte Matris Ecclesie exclusus, justo Dei judicio in eternum intereat in infernum cum diabolo et angelis ejus. Pax Dei vero, que exsuperat omnem sensum, veniat super illos qui inviolatum conservaverint hoc divine nostreque constitutionis privilegium.

Scriptum per manus Stephani notarii et primi scrinii sancte Romane Ecclesie in mense Martio et in die mensis ejus XVI. Data XI. Kalend. aprilis per manus Petri Hostiensis episcopi et bibliothecarii Apostolice Sedis, temporibus domni Benedicti pape, imperante domno Henrico imperatore anno XII. indictione IIII.

Privilegium Gerardi Cameracensis et Atrebatensis episcopi pro libertate monasterii sancti Vedasti.

Notum sit omnibus fidelibus Christi, quia ego Gerardus Cameracensium seu Atrebatensium ecclesie nomine non merito episcopus, novum opus ecclesie sancti Vedasti quod a Leduino abbate venerabili constructum est, in cenobio quod Nobiliacum dicitur situm, in suburbio Atrebatensis civitatis, in honore ac veneratione Sancte et individue Trinitatis et sancti Vedasti et omnium sanctorum, abbatis ipsius et fratrum supplicatione dedicavimus ; ubi inter ipsa missarum solempnia, facto sermone ad populum, quoddam nobis ab abbate et fratribus oblatum est libellum quod a beato Vindiciano ejusdem sedis episcopo, de munitione ipsius loci fuerat compositum. In quo quidem scriptum reperimus qualiter beatus Aubertus episcopis eumdem locum, angelo dictante, construxerat, ob honorem ac reverentiam sancti Patris nostri Vedasti, cujus corpus inibi decenter et religiose tumulaverat; scriptum etiam ibi erat quomodo postea beatus Vindicianus episcopus ob honorem tantorum patrum, videlicet Vedasti qui presentialiter ibi requiescit et Auberti, qui eumdem locum IX Kal. Martii, quem et nos quoque consecravimus, dedicavit per interventum regis Theodorici episcopali auctoritate ab omni seculari strepitu sequestravit. Notum est enim cunctis et scriptum est ibi, eumdem locum pertinentem fuisse ecclesie Atrebatensis civitatis, sed quibusdam exigentibus causis regi Theodorico reddidit; et ut liceret monachis ejusdem loci quiete vivere, secundum quod beatus Augustinus docet in libris de opere monachorum, vel juxta traditionem sancti Basilii vel secundum regulam Columbani, vel Benedicti, statuit memoratus episcopus ut essent seclusi ab omni mundano strepitu, et per episcopalem auctoritatem omnes judiciarias et seculares potestates in conventu venerabilium episcoporum Audoeni, Austregisili, Audomari, Eligii, Pharonis atque Lamberti, nec non et illustrium abbatum Agili, Wandregisili, Philiberti atque Scupilionis, coram ipso rege interdixit, ut nullus successorum, neque comes nec aliqua regia potestas vel judiciaria presumat cum vi et fortitudine illorum ingredi monasterium sive castrum, neque ibi extruere convivia aut placita exercere, nec aliquam inquietudinem facere. Si autem extiterit causa ut merito episcopus accersiri debeat, vocatus ab abbate veniat. Hec autem omnia considerantes a beatissimo predecessore nostro Vindiciano episcopo devote statuta esse, rata duximus, pro Dei amore et sancti patris nostri Vedasti, pro quo ipsi laboraverunt, nos quoque laborare, ut ipsi fratres seclusi maneant ab omni seculari inquietudine et mundana potestate, quo possint quiete vivere secundum traditionem patrum. Igitur per sanctam et individuam Trinitatem, pontificali auctoritate obtestamur cunctis ecclesie filiis presentibus videlicet atque futuris ut hoc episcopale privilegium, a beato Vindiciano statutum, nec non a nobis postmodum renovatum, eis stabile permaneat et inconvulsum, quatenus ad laudem et reverentiam Dei et sancti patris nostri Vedasti conventus monachorum inibi degentium quiete ac salubriter deo vivere valeat secundum canonicam et apostolicam auctoritatem.

Ego Gerardus episcopus hoc privilegium a mea parvitate editum subscripsi. Signum Leduini abbatis, signum Herberti archidiaconi.

Actum Cameraci XV Kal. aprilis. Datum anno ab Incarnatione domini M. XXXI. indictione XIIII. regnante rege nostro Conrado anno VII. imperii autem VI. et Rotberto rege Francorum XXXIIII.

Carta Gerardi Cameracensis et Atrebatensis episcopi de donatione quatuor altarium in Bigartio, Gaverella, Thelu et Daginvilla.

Ecclesiarum res posse disponi cum tranquillitate, honoris est et virtutis egregie. Unde ego Gerardus Cameracensis sedis et Atrebatensis episcopus notum facio descriptione hujus cartule presentibus fratribus et nostris fidelibus, quatenus futuris fratribus ecclesie beati Vedasti deo auctore servientibus sit notitia sua possidere absque alicujus erroris impedimendo. Damus ergo eis in augmento boni tres personas ad hec tria altaria, unum scilicet ad altare Bigartii nomine Desiderium, alium ad altare Gaverelle Rotgerum, tertium vero ad Teuludum, cognomento Walterum, tali ratione, ut si aliquem horum trium mors prevenerit, priori persone ego eum restauro pro remedio anime nostre; quartum autem altare in Daginvilla, post cursum vite Theubaldi clerici, damus Sancto Vedasto ad usus fratrum sibi servientium. Quod si michi priori finis temporalis vite, Christo deo vocante, advenerit, nostrum precor successorem et admoneo nomine sancte charitatis, que vinculum nectit perfectionis, annuere atque perficere votum nostre donationis, ut Christum protectorem habeat in celis. Precor etiam nostros carissimos archidiaconos domnum Waltelinum atque Leyvulfum, necnon fratrem Lietbertum ut, si superstites fuerint, quod opto, vite nostre, deo donante, sint fratribus cenobii sancti Vedasti testes quemadmodum hujus cartule sunt assertores.

Signum Rotberti vice domini, signum Anselmi decani, signum Fulconis capellani, signum Hugonis custodis, signum Bertulphi, signum Drieculphi, signum Gisleberti.

Privilegium Lamberti Atrebatensis episcopi de libertate altarium

In nomine Patris et Filii et Spiritus Sancti, unius veri ac summi Dei, amen.

Cum inter cetera preceptorum christiane religionis summopere commendetur ramus uterque charitatis, Dei videlicet amor et proximi, nisi proximum erigamus iu-

·mento salutis, circumferamus ad exemplum illius Samaritani, non promerebitur gratiam hujus sancte dilectionis. Merito siquidem charitas debet amplecti quod divina providentia tantopere commendare studuit. Hec namque per legem, per prophetas mundo prius innotuit, quam ut altius Dei Filius commendaret, in tempore gratie visibilis apparens in sole tabernaculum suum posuit : et quoniam caritas loquitur : omni petenti te da, et viscera caritatis semper carent inopia, nos oportet elaborare petentibus hilariter administrare prout ratio dictabit et equitas.

Quare ego Lambertus Dei miseratione Atrebatensis episcopus, sepe et multum imploratus, satisfacere volui dulcissimis precibus domni Aloldi venerabilis abbatis Atrebatensis cenobii, de titulo gloriosi confessoris Christi Vedasti, ceterorumque fratrum ejusdem ecclesie, ut altaria, que personaliter tenuerant, firmaremus, liberaliter possidenda predicte congregationi; unde cum fratribus nostris communicato consilio, tibi, reverendissime frater et abba (fili), Alolde, tuisque successoribus legitimis pro peccatorum nostrorum redemptione, sine aliqua turpis lucri exactione, ipsa altaria non solum concedimus, verum etiam qua presidemus auctoritate liberaliter in perpetuum possidenda confirmamus, ea tamen conditione ut, defunctis presbiteris locorum illorum, alii idonei ab abbate deducantur ad episcopum eisque animarum cura ab episcopo gratis impendatur, salvo in omnibus jure, tam Atrebatensis episcopi et redditibus ejus quam archidiaconi ministrorumque ejus. Ea autem sunt nomina altarium : Salgi, Amesels, Hamblain, Florebais, Columnum, Fraisnes, Leventeis, Dainville, Noveville, Felci, Novevillulele, Mooville, Vici, Berneville, Yser, Contehem, Warlus,

Theulut, Remi, Fissau, Farbu, Hendencurt, Moflanas, Ascehel, Fontenelle, Imercurt, Hadas, Atheias, Merlecastel, Mons, Ballol, Huluz, Noveville, Gaverelle, Billy, Pabula, Foscarias, Doverin, Basilice, Bertricurt, Illys, Buinviller, Bigartii, Marchelliis.

Si quis autem, post nostram hanc definitionem, manu sacrilega ab ecclesia cui Deo disponente annuimus, auferre vel pecuniam exigere presumpserit, dator et acceptor cum Simone heretico anathema sit. Cujus rei gratia pignus hoc caritatis vobis recompensandum reduci volumus ad memoriam, quatenus audito obitu nostro exequias et (trigesimum nostrum) nec non et anniversarium tam presentes fratres (et abbates eorum quam succedentes fratres) et abbates eorum perpetualiter celebrare procurent. Et quoniam sancta et salubris est cogitatio pro defunctis exorare ut a peccatis solvantur, rogamus te, dilectissime fili et venerabilis abba Alolde, omnesque successores tuos in eo quo es loco et ordine futuros abbates, quatenus in caritate Sancti Spiritus, in quo est remissio omnium peccatorum, quod nobis statuimus fieri, hoc idem fiat successoribus nostris in Atrebatensi sede futuris episcopis. Sane (quoniam) in deterius defluunt tempora, nec actiones humane possunt memorari nisi per litteras, hoc libertatis donativum consignari libuit presente pagina. Quod ut inconvulsum et sine refragatione permaneat in augmentum firmitatis presentium testium subscripsimus nomina :

Signum Clarebaldi Atrebatensis archidiaconi, S. Johannis abbatis de Monte Sancti Eligii, S. Alberti abbatis Hasnoniensis, S. Haymerici abbatis Acquicinensis, S. Ranieri abbatis de Cameraco, S. Gaufredi abbatis de Castello, S. Adam abbatis de Sancto Auberto, S. Odonis prepositi Sancte Marie, S. Johannis decani de Duaco, S. Drogonis prepositi de Albiniaco, S. Arnulphi prepositi de Lens, S. Achardi, S. Magistri Rotberti, S. Cononis de Arida Gamantia, S. Marcellini archipresbiteri, S. Guiberti, S. Gualteri custodis, S. Gualteri prepositi, S. Johannis decani, S. Anastasii cantoris, S. Wagonis decani, S. Warneri decani, S. Balduini decani, S. Rodulphi decani, S. Atsonis decani.

Ego Lambertus Dei miseratione Atrebatensis episcopus hoc libertatis donativum relegi, subscripsi et in nomine Patris et Filii et Spiritus Sancti propria manu confirmavi.

Actum Atrebati (in Synodo) in basilica beate Dei genitricis Marie semper Virginis (Domine nostre), anno Dei Christi M.XC.VIII. indictione V, III idus octobris. Anno autem pontificatus domni Lamberti, Atrebatensis episcopi V.

Le privilége de Lambert, premier évêque d'Arras depuis le rétablissement de ce siége, a été collationné sur quatre Manuscrits : les deux Manuscrits de Guimann souvent cités et les deux *Codex Lamberti*, de la Bibliothèque d'Arras. Nous avons en effet sous ce nom, deux exemplaires du même Codex, l'un sur parchemin et l'autre sur papier, tous deux du XVIIe siècle, et renfermant les actes du rétablissement de l'Evêché d'Arras et les principaux actes de l'évêque Lambert. Le Codex sur parchemin porte en propres termes : *Extractum ex autographo quod habetur in Bibliotheca Capituli B. Marie Atrebatensis.* C'est donc une copie faite sur l'original de la fin du XIe siècle et du XIIe. L'autre Codex ressemble beaucoup à celui-ci, mais offre des variantes. Aussi avons-nous puisé dans ces sources authentiques plusieurs leçons qui modifient en quelques endroits le texte des Manuscrits de Guimann. Ces variantes sont indiquées par des parenthèses.

Il est deux points, toutefois, auxquels nous n'avons pas voulu toucher : la nomenclature des autels et celle des signatures de l'acte. Comme il y a sur ces deux points des divergences notables, nous allons ici produire les leçons nouvelles *in-extenso.*

1o La nomenclature des autels se lit ainsi qu'il suit dans le Manuscrit de l'Evêché, peu différent de celui des Archives. Les noms sont disposés trois par trois pour chaque ligne, et les points égalisent les lignes en remplissant les vides, exactement comme nous le mettons ici :

Salgi	Hamesels	Hamblem . . .
Florbaiz.	Colomvinc. . . .	Fraisne . . . .
Leventeis	Dainville	Noveville . . .
Felci.	Novevillule . . .	Mooville . . .
Vici	Berneville. . . .	Yser . . . . .
Contehem	Warlus	Theulut. . . . .
Remmi	Fissau.	Farbu. . . . .
Hendencurt . .	item Hendencurt . . .	Moflanas . . .
Ascehel	Fontenellis . . .	Imeircurt. . .
Hadas.	Atheias	Merlecastel . .
Mons	Bayllol	Hulut. . . . .
Noveville	Gaverelle	Billi. . . . . .
Pabule.	Foscarias	Douerin. . . .
Basilice	Berticurt	Illijs . . . . .
Buinvileir. . . .	Bigartii	Marchellijs . .

Dans les *Codices Lamberti* de la Bibliothèque, au contraire, ces noms de lieux sont écrits tous à la suite les uns des autres, avec de simples virgules pour les séparer. Voici cette nomenclature, d'après le Codex sur parchemin, le no 1051 du catalogue de 1860 :

Salgi, Florbaes, Leventies, Felci, Vi, Contehan, Remhendecourt (*sic*), Asecel, Hadas, Mons, Novilelle, Pabule, Basilice, Bonivillet, Haraselt, Daginvilla, Novilelle, Berniville, Guarluse, Fiseau, Boiri, Fontanalis, Ateias, Baliul, Gaurerle, Fuscariis, Bertricourt, Bigartu, Hambleng, Frasne, Noveville, Iser, Teuluz, Mofflancs, Ymercurt.

A première vue, donc, il est évident que le copiste du XVIIe siècle a lu les lignes *verticalement*, au lieu de les lire *horizontalement* : Salgi, Florbaiz, Leventeis, etc. au lieu de : Salgi, Hamesels, Hamblem, etc. En outre, plusieurs noms sont omis, notamment celui qui se trouve répété avec un *item* qui a sa raison d'être et montre qu'il n'y avait pas là de distraction. L'orthographe est aussi assez différente, et elle l'est encore dans l'autre Codex, le n° 1,062 du même catalogue, où nous lisons les leçons suivantes :

Contihan, Ascel, Nouillette, Bonvillet, Hanreselt, Dagenvilla, Novilette, Bernioille, Guarlusé, Bairy, Fontenelles, Basleuille, Gaverelle, Bertincourt, Noeuville, Teulus, Ymercurt.

Voici maintenant les signatures de l'acte d'après les *Codices Lamberti*. Cette nomenclature diffère assez de celle de nos deux Manuscrits ordinaires de Guimann pour être aussi reproduite ici *in-extenso*.

Signum Domni Claremboldi Atrebatensis Archidiaconi. — S. Donni Joannis Abbatis de Monte S^{ti} Eligii. — S. Donni Alberti Abbatis Hasnoniensis. — S. Donni Hamerici Abbatis Aquicinensis. — S. D. Raineri Abbatis de Cameraco. — S. Donni Gauffridi Abbatis de novo Castello. — S. D. Adam Abb. de S^{to} Auberto. — S. D. Odonis Sanctæ Mariæ præpositi. — S. D. Guiberti decani. — S. D. Anastasii cantoris. — S. Roberti magistri. — S. Gualteri custodis. — S. Mascelini archipresbiteri. — S. Joannis decani Daginville. — S. Radulfi decani. — S. Asconis de Betunia. — S. Guarneri decani. — S. Balduini decani de Bapalmis. — S. Guagonis decani. — S. Johannis decani de Duaco. — S. Gualteri P. P. — S. Arnulfi de Lens P. P. — S. Bernardi. — S. Donni Conònis de Aridâ Gamantiâ de titulo Sanctæ Trinitatis. — S. D. Achardi. — S. Donni Dragonis.

On a remarqué le *Domni* qui précède les noms de certains dignitaires et qui est presque toujours écrit *Donni*. Dans le Codex nº 1,062, ce mot est remplacé par un D. Nous avons ici suivi les deux usages, pour donner une idée parfaitement exacte de nos sources.

La liste des autels va se retrouver quatre fois dans les pièces qui suivront ce privilége important de l'évêque Lambert. Dans trois de ces pièces, elle est la reproduction exacte de la leçon des Manuscrits de Guimann, et ces trois pièces sont des papes Paschal II, Innocent II, et Eugène III. La lecture est toujours dans le sens *horizontal* et les autels sont au nombre de 45, 3 par ligne sur 15 lignes. Dans la quatrième pièce, la dernière de cette première partie du Cartulaire de Guimann, les noms sont intervertis sans ordre explicable, et diminués de huit. Il n'en reste plus en effet que 37 sur 45.

Privilegium Paschalis pape pro libertate monasterii, castri et altarium.

Paschalis episcopus, servus servorum Dei, dilecto filio Aloldo abbati Atrebatensis monasterii ejusque successoribus regulariter substituendis in perpetuum.

Ad hoc nos disponente Domino in apostolice sedis servitium promotos agnoscimus, ut ejus filiis auxilium implorantibus efficaciter subvenire et ei obedientes adjuvare, prout dominus dederit, debeamus. Unde oportet nos venerabilibus locis manum protectionis extendere et servorum Dei quieti attentius providere. Igitur cum pro beati Vedasti reverentia, tum pro dilecti filii Rotberti Flandrensis comitis petitione, juxta predecessorum nostrorum exemplar, monasterium vestrum decreti presentis auctoritate munimus.

Statuimus enim ut quecumque predia, quecumque bona cenobio vestro, a viris quondam fidelibus oblata et predecessorum nostrorum privilegio confirmata, queque postmodum legitime adquisita, impresentiarum possidere videmini, et quecumque in futurum concessione pontificum, liberalitate principum vel oblatione fidelium, juste atque canonice poteritis adipisci, firma vobis vestrisque successoribus et illibata permaneant.

Porro de altaribus que monasterium vestrum personaliter hactenus tenere consueverat id tenendum perpetuo, servandumque sancimus, quod inter venerabilem fratrem nostrum Lambertum Attrebatensem episcopum et te dilecte fili, Alolde abba, nuper mutua concordia constitutum et chyrographo confirmatum, utroque vestrum presente, cognovimus, ea nimirum conditione ut, defunctis presbiteris illorum locorum, alii idonei ab abbate deducantur ad episcopum, eisque cura animarum ab episcopo gratis impendatur, salvo in omnibus jure Atrebatensis episcopi et redditibus ejus et archidiaconi ministrorumque ejus ; quorum videlicet altarium nomina sunt hec : Salgi, Hamesels, Hamblen, Florbais, Colummunt, Fraisnes, Leventie, Dainville, Novevile, Felci, Novevillule, Mooville, Vici, Berneville, Yser, Contehem, Warlus, Theulut, Remit, Fissau, Farbu, Hendencurt, item Hendencurt, Moflanas, Ascehel, Fontenelles, Ymercurt, Hadas, Atheias, Merlecastel, Mons, Baillol, Huluz, Noveville, Gaverelle, Billi, Pabule, Foscarias, Doverin, Basilice, Bertricurt, Illiis, Buinviller, Bigartii, Marchelliis.

Ad hec decernimus ut nulli omnino hominum liceat idem monasterium temere perturbare aut ejus possessiones auferre vel ablatas retinere, minuere, vel temerariis vexationibus fatigare, sed omnia integra conserventur eorum, pro quorum sustentatione et gubernatione concessa sunt usibus omnimodis profutura.

Obeunte te, nunc ejusdem loci abbate, vel tuorum quolibet successorum, nullus ibi qualibet subreptionis astutia seu violentia preponatur nisi quem fratres communi consensu, vel fratrum pars consilii sanioris secundum Dei timorem et beati Benedicti regulam elegerint, ab episcopo Atrebatensi sine pravitate aliqua benedicendus.

Missas sane publicas in eodem cenobio proter voluntatem abbatis ab episcopo celebrari, aut stationes fieri omnimodo prohibemus, ne in servorum Dei recessibus, popularibus ulla occasio prebeatur conventibus.

Cui etiam omnino non liceat gravamen aliquod vel exactionem que fratrum quieti noceat irrogare, quatenus illic deo servientes in sancte religionis observatione seduli quietique permaneant. Si qua sane ecclesiastica secularisve persona, hanc nostre constitutionis paginam sciens, contra eam temere venire attemptaverit, secundo tertiove commonita si non satisfecerit congrua emendatione, potestatis honorisque sui dignitate careat, reamque se divino judicio existere de perpetrata iniquitate agnoscat et a sacratissimo corpore et sanguine Dei et domini redemptoris nostri Jhesu Christi aliena fiat, atque in extremo examine districte ultioni subjaceat. Cunctis autem eidem loco justa servantibus sit pax domini nostri Jhesu Christi, quatenus et hii fructum bone actionis percipiant et apud districtum judicem premia eterne pacis inveniant.

Scriptum per manum Petri notarii regionarii sacri palatii apostolici.

Ego Paschalis catholice ecclesie episcopus subscripsi. Datum Laterani per manum Johannis sancte romane Ecclesie diaconi cardinalis, non. Martii, indictione X. Anno dominice incarnationis M.C.II. Pontificatus autem domni Paschalis secundi pape III°.

Aliud ejusdem Paschalis pape privilegium de eodem monasterio et de prepositturis.

Paschalis episcopus, servus servorum Dei, dilecto in Christo filio Henrico abbati monasterii Sancti Vedasti, ejusque successoribus regulariter provehendis in perpetuum.

Desiderium quod ad religiosum propositum et etiam ad salutem pertinere dignoscitur auctore Deo sine aliqua est dilatione complendum. Tuis ergo, fili in Christo venerabilis Henrice, tuorumque fratrum desideriis, et precibus annuentes, juxta predecessorum nostrorum institutionem monasterium vestrum decreti presentis auctoritate communimus.

Statuimus enim ut Hasprensis ecclesia Sancti Aychardi et Bercloensis Sancti Salvatoris et Gorrensis sancti Petri cum omnibus altaribus et appenditiis suis, et quecumque predia, quecumque bona cenobio vestro, a viris quondam fidelibus oblata predecessorum nostrorum privilegiis confirmata sunt, quecunque postmodum legitime adquisita in presentiarum possidere videmini et quecunque in posterum concesione pontificum, liberalitate principum vel oblatione fidelium juste et canonice poteritis adipisci, firma vobis vestrisque successoribus et illibata permaneant.

Porro quecunque altaria vel decimas ab annis triginta et supra monasterium vestrum possedisse cognoscitur vel in posterum possidebit, concessione pontificum quiete dienceps et sine molestia qualibet, vobis firma permaneant, idque perpetuo tenendum et servandum de eisdem altaribus sancimus quod inter venerabilem fratrem nostrum Lambertum Atrebatensem episcopum et bone memorie Aloldum monasterii vestri abbatem mutua concordia constitutum et chyrographo confirmatum utroque quondam presente cognovimus, ut videlicet, defunctis presbiteris locorum illorum, alii idonei deducantur ab abbate vel mittantur ad episcopum, eisque cura animarum ab episcopo gratis impendatur, salvo in omnibus jure Atrebatensis episcopi et redditibus ejus et archidiaconi ministrorumque ejus.

Ad hec decernimus ut nulli omnino mortalium liceat idem monasterium temere perturbare aut ejus possessiones auferre, minuere vel temerariis vexationibus fatigare, sed omnia integra conserventur eorum, pro quorum sustentatione et gubernatione concessa sunt usibus omnimodis profutura.

Obeunte te nunc ejusdem loci abbate vel tuorum quolibet successorum, nullus ibi qualibet subreptionis astutia seu violentia preponatur nisi, etc. (*Reliqua ut in charta precedente*).

.... Datum in villa Sesanne per manum Johannis sancte Romane Ecclesie diaconi cardinalis ac bibliothecarii, III. idus maii, indictione XV, anno dominice incarnationis millesimo centesimo septimo.

Aliud ejusdem Paschalis pape privilegium de sepultura servientium.

Paschalis episcopus, servus servorum Dei, dilecto filio Henrico abbati Sancti Vedasti salutem et apostolicam benedictionem. Nostri nos cogit officii debitum quieti venerabilium locorum providere. Idcirco petitioni tue clementer annuimus ut, repulsis omnimodis molestiis, litterarum presentium auctoritate statuimus ut vestri monasterii servientibus qui quotidiano monasterii sumptu aluntur et quotidianis monasteris servitiis imminent, cum eos obiisse contigerit, sepultura in monasterio ipso libere concedatur. Data Laterani XII kalend. aprilis.

Privilegium Innocentii pape de libertate monasterii castri, et altarium.

Innocentius episcopus, servus servorum Dei dilecto filio Gualtero abbati Nobiliaci monasterii, ejusque successoribus regulariter substituendis in perpetuum.

Predecessorum statuta irrationabilia sicut successorem convenit ecclesiastice discipline moderamine corrigere, ita nichilominus eum decet bene acta firmare. Ex gestis siquidem recolende memorie Stephani pape cognovimus quod, quum olim Vindicianus Cameracensium vel Atrebatensium episcopus, et Karlomannus monachus beatorum apostolorum Petri et Pauli limina visitassent, ab eodem Romano pontifice suppliciter postulaverunt ut monasterium beati confessoris Christi Vedasti apostolico privilegio communiret. Idem itaque predecessor noster ipsorum petitionibus adquiescens, quod postulabant indulsit et prefatum locum scripti sui pagina roboravit. Per quod nimirum apostolica auctoritas te constituit, ut episcopi deinceps nullam molestiam abbati vel fratribus ipsius monasterii inferre presumant, sed potius perpetua securitate et quiete gaudentes tam ipsi, quam ea que ad monasterium pertinent, absque alicujus gravamine seu perturbatione illibata persistant. Successorque ejus apostolice memorie Paschalis papa eumdem locum apostolice Sedis privilegio noscitur decorasse et ei suum suffragium contulisse. Nos itaque eorum inherentes vestigiis, tuas petitiones, dilecte in Domino filii Gualtere abba, clementer admittimus et, quod ab eisdem predecessoribus nostris factum est, confirmantes, presenti decreto statuimus :

Ut quecunque predia, quecunque bona cenobio vestro a viris quondam fidelibus oblata et predecessorum privilegiis confirmata sunt et quecunque postmodum legitime adquisita in presentiarum juste et canonice possidetis, quecunque etiam in futurum concessione pontificum, liberalitate principum vel oblatione fidelium, seu aliis justis modis prestante domino poteritis adipisci, firma vobis, vestrisque successoribus et illibata permaneant.

In quibus his propriis nominibus annotanda subjunximus, ecclesiam videlicet et villam Hasprensem, ecclesiam Bercloensem, ecclesiam de Gorea cum appendentiis earum tibi confirmamus, et terram juxta mare sitam, quam Guillelmus Bethuniensis advocatus, concedente Comite Flandrensi Theoderico, pro commutatione Reschesburch eidem ecclesie dedit.

Sane altaria infra scripta vestro monasterio pertinentia,

juxta constitutionem predecessoris nostri bone memorie pape Urbani, ab omni personatu libera fore decernimus, vobisque possidenta firmamus. Verum tamen defunctis presbiteris eorumdem locorum alii idonei a vobis episcopo presententur qui nimirum ab eo curam animarum gratis sine aliqua exactione suscipiant, salvo jure Atrebatensis episcopi et redditibus tam ipsius quam archidiaconi ministrorumque ejus, quorum videlicet altarium nomina hec sunt : Salgi, Hamesels, Hamblen, Florbaiz, Columnunt, Fraisne, Leventeis, Dainville, Novevillele, Felci, Novevillule, Mooville, Vici, Berneville, Yser, Comtehem, Vuarlus, Theulut, Fissau, Remmi, Farhu, Hendencurt, item Hendencurt, Mofflanas, Asceel, Fontenellis, Ymeircurt, Hadas, Atheias, Merlecastel, Monz, Bailol, Hulut, Noveville, Gaverelle, Billi, Pabule, Foscarias, Doverin, Basilice, Betricurt, Illijs, Buinvileir, Bigartii, Marchellijs.

Interdicimus quoque in nomine Domini nostri Jhesu Christi et ex auctoritate beati Petri apostolorum principis prohibemus, cujus vice huic Ecclesie Romane auctore Deo presidemus, ut nullus episcoporum ultra presumat de redditibus, rebus vel chartis eorum vel villis, quocunque modo vel qualibet exquisitione minuere nec dolos, nec immissiones aliquas facere, nec illorum ingredi monasterium sive castrum, neque ibidem convivia extruere neque placita nec aliud quid facere.

Obeunte te (Ut supra (1)...).

(1) Ces privilèges étant des actes *confirmatifs* d'un premier acte, il nous a semblé superflu de répéter *in-extenso* des clauses qui sont la reproduction exacte de clauses déjà données. Nous répétons néanmoins les passages essentiels, ceux où il y a des variantes.

Episcopus autem in describendis providendisque adquisitis vel datis, acquirendisve rebus monasterii nulla se occasione permisceat.

Missas quoque publicas ab eo in eodem cenobio fieri omnimode prohibemus, ne in servorum Dei recessibus et eorum receptaculis popularibus ulla occasio prebeatur conventibus.

Nec audeat ibi cathedram collocare nec quamlibet potestatem imperandi vel aliquam ordinationem quamvis levissimam faciendi habeat, nisi ab abbate ejusdem loci fuerit rogatus, quatenus monachi semper maneant in abbatis sui potestate.

Decernimus ergo ut nulli omnino hominum fas sit prefatum monasterium temere perturbare aut ejus possessiones, etc.

Ego Innocentius catholice ecclesie episcopus subscripsi; ego Guillelmus Prenestinus episcopus subscripsi ; ego Matheus Albanensis episcopus subscripsi ; ego Gerardus presbyter cardinalis tituli Sancte Crucis in Jherusalem subscripsi ; ego Lucas presbyter cardinalis tituli Sanctorum Johannis et Pauli subscripsi ; ego Guido indignus sacerdos subscripsi.

Data Pisis per manum Almerici sancte Romane ecclesie diaconi cardinalis et cancellarii. IIII. nonas junii, indictione XIII. Incarnationis dominice anno M. C. XXXVI. Pontificatus domni Innocentii pape II. anno VI.

Privilegium Innocentii pape de possessionibus non alienandis et de parochialibus ecclesiis

Innocentius episcopus, servus servorum Dei, dilecto filio Gualtero abbati sancti Vedasti, ejusque successoribus regulariter substituendis in perpetuum.

Quotiens illud a nobis petitur quod rationi et honestati convenire dignoscitur, animo nos decet libenti concedere et petentium desideriis congruum impertiri suffragium. Ea propter, dilecte in domino fili Gualtere abba, justis petitionibus tuis debita benignitate gratum impertientes assensum, prefatum beati Vedasti Atrebatensis monasterium, cui Deo preesse dignosceris, sub beati Petri et nostra protectione volumus confovere ; et ne jura ipsius ab aliquo pervadantur vel minuantur paterna sollicitudine providere. Prohibemus itaque ut nullus terras vel possessiones quas a vestro teneat monasterio, aliis ecclesiis vel monasteriis in vita seu in morte conferre vel ab ipso alienare absque licentia vel assensu vestro presumat. Preterea in ecclesiis quas tenetis secundum predecessoris nostri bone memorie Urbani pape secundi decretum, presbyteros eligatis et episcopis in quorum provinciis ecclesie vestre site sunt presentetis, et si quos ad eos presentatis qui ab eis canonice reprobari non poterunt, animarum curam ab eis suscipiant et de cura plebis ipsis respondeant ; vobis autem pro rebus temporalibus debitam subjectionem exhibeant.

Si qua igitur in futurum ecclesiastica secularisve persona, hujus nostre constitutionis paginam sciens, contra eam temere venire temptaverit, secundo, tertiove commonita, si non satisfactione congrua emendaverit, indignationem omnipotentis Dei et beatorum Petri et Pauli apostolorum ejus se noverit incursurum.

Ego Innocentius catholice ecclesie episcopus subscripsi ; ego Albericus Hostiensis episcopus subscripsi ; ego Stephanus Prenestinus episcopus subscripsi ; ego Guido sancte Romane ecclesie indignus sacerdos subscripsi ;

ego Goyzo presbiter cardinalis tituli sancte Cecilie subscripsi; ego Hucbaldus presbiter cardinalis tituli sanctorum Johannis et Pauli subscripsi; ego Gregorius diaconus cardinalis tituli sanctorum Sergii et Bachi subscripsi; ego Otto diaconus cardinalis sancti Georgii ad velum aureum subscripsi; ego Guido diaconus cardinalis sanctorum Cosme et Damiani subscripsi; ego Gerardus diaconus cardinalis sancte Marie in Dominica subscripsi.

Data per manum Gerardi sancte Romane ecclesie presbiteri cardinalis et cancellarii, III. nonas Martii, indictione VI. anno Incarnationis dominice M.C.XLI. Pontificatus vero domni Innocentii pape secundi anno XIII.

Privilegium Innocentii pape, quo abbas sancti Vedasti malefactores suos excommunicare potest.

Innocentius episcopus, servus servorum Dei, dilecto filio Gualtero abbati sancti Vedasti salutem et apostolicam benedictionem.

Cum universis sancte ecclesie filiis ex apostolice Sedis auctoritate ac benevolentia debitores existamus, illis tamen locis atque personis que specialius ad proprietatem et defensionem Sedis apostolice pertinere noscuntur, propensiori nos convenit caritatis studio imminere, et, ne pravorum hominum agitentur molestiis paterna sollicitudine providere. Quia igitur episcoporum negligentia de malefactoribus tuis et bonorum ac possessionum commissi tibi monasterii debitam non potes obtinere justiciam, si episcopi, in quorum parochia malefactores ipsi permanserint, infra duos menses tertio per te vel fratres tuos commoniti, de ipsis justiciam facere neglexerint, canonicam in eos proferendi sententiam facultatem tibi concedimus, ita tamen ut eosdem malefactores satisfacere primo canonice moneas, nec alicui, donec tibi et monasterio tuo satisfaciant, ab eadem sententia eos absolvere liceat. Data Laterani, III. nonas Martii.

Privilegium Eugenii pape de libertate monasterii et castri et de confirmatione ecclesie ac prepositurarum.

Eugenius episcopus, servus servorum Dei, dilectis filiis Guerrico abbati Nobiliaci monasterii ejusque fratribus tam presentibus quam futuris regularem vitam professis in perpetuum.

Quotiens illud a nobis petitur quod rationi et honestati convenire dignoscitur, animo nos decet libenti concedere et petentium desideriis congruum impertiri suffragium. Ea propter, dilecti in domino filii, vestris justis postulationibus clementer annuimus et predecessoris nostri felicis memorie pape Innocentii vestigiis inherentes, prefatum monasterium in quo divino mancipati estis obsequio, sub beati Petri et nostra protectione suscipimus et presentis scripti privilegio communimus, statuentes :

Ut quascumque possessiones, quecumque bona idem monasterium in presenti juste et canonice possidet, aut in futurum concessione pontificum, etc. ;

In quibus his propriis duximus vocabulis exprimenda : ecclesiam videlicet et villam Asprensem, etc. (Ut supra) ;

Sane altaria infra scripta :

Salgi, Hamesels, Hamblen, Florbaiz, Colummunt, Fraisne, Leventeis, Dainville, Novevillele, Felci, Novevillule,

Mooville, Vici, Berneville, Yser, Contehem, Vuarlus, Theulut, Remmi, Fissau, Farbu, Hendencurt, item Hendencurt, Mofflanas, Ascehel, Fontenellis, Ymeircurt, Hadas, Atheias, Merlecastel, Mons, Bailol, Huluz, Noveville, Gaverelle, Billi, Pabule, Foscarias, Doverin, Basilice, Bertricurt, Illijs, Buinviller, Bigartii, Marchelliis.

Interdicimus quoque, etc. (Ut supra);

Obeunte vero te (Ut supra);

Episcopus autem (Ut supra);

Missas quoque publicas (Ut supra);

Nec audeat (Ut supra);

Decernimus ergo ut nulli omnino hominum liceat prefatum monasterium, etc.

Ego Eugenius catholice ecclesie episcopus subscripsi; ego Hincmarus Tusculanus episcopus subscripsi; ego Hugo Hostiensis episcopus subscripsi; ego Hucbaldus presbiter cardinalis tituli sancte Praxedis subscripsi: ego Johannes Paparo sancti Laurentii in Damaso presbiter cardinalis subscripsi; ego Cencius presbiter cardinalis sancti Laurentii in Lucina subscripsi; ego Otto diaconus cardinalis sancti Georgii ad velum aureum subscripsi; ego Hyacinthus diaconus cardinalis sancte Marie in Cosmedyn subscripsi; ego Gerardus diaconus cardinalis sancte Marie in via lata subscripsi; ego Bernardus diaconus cardinalis sanctorum Cosme et Damiani subscripsi.

Datum Rome ad sanctum Petrum per manum Bosonis sancte Romane ecclesie scriptoris, III. idus februarii, indictione XV., Incarnationis dominice anno M. C. L. II. Pontificatus autem domni Eugenii pape, III. anno VIII.

Commonitorium Adriani pape ad abbatem et conventum sancti Vedasti.

Adrianus episcopus, servus servorum Dei, Martino abbati sancti Vedasti et universo conventui salutem et apostolicam benedictionem.

Vos qui Egyptum reliquistis et sicco pede mare rubrum jam videmini pertransisse, ad anteriora debetis oculos mentis vestre semper erigere et ad terram promissionis tanto attentius hanelare quanto plures in Egypto positos conspicitis cum Pharaone submergi et Egyptiorum deliciis citius quam estiment defraudari. Defraudantur enim desiderio suo qui super ollas carnium in Egypto remanere desiderant quoniam in puncto ad inferna descendunt, licet bonis videantur temporalibus et carnis voluptatibus abundare. Transivi quidem et ecce non erat, quia, licet firma videatur stultus radice consistere, percepta tamen maledictionis sententia statim arescit et a gloria Domini penitus elongatur. Porro vos, dilecti in Domino filii, qui voluntates etiam proprias pro Domino reliquistis, ad Egyptiorum opera mentes vestras nullatenus convertatis nec affectetis redire in Egyptum animo ubi Pharaoni deservitur in luto et latere, qui corporis habitu ab ipso videmini separati. Vestium siquidem qualitas videtur innuere et opera que tacitis caritatis quod ad celestem patriam tenditis et ad ipsam festinantes secundum propositam vobis regulam curritis et premium superne vocationis largiente Domino contenditis obtinere. Verum quia in via mandatorum Dei currentibus humani generis inimicus consuevit juxta iter offendicula ponere, cavendum est vobis, filii, attentius et agendum, ut ita circumspecte et provide iter quod cepistis peragere studeatis, quatenus ad palmam felicitatis eterne possitis pertingere et cum beato Benedicto in celesti gloria coronari. Nos vero commissam vobis ecclesiam et personas vestras tanquam beati Petri speciales filios paterna caritate diligimus et grata semper cupimus subsidia ministrare. Datum Laterani X. kalendas Januarii.

Mandatum Alexandri pape ut abbas sancti Vedasti non exibeat obedientiam vel subjectionem episcopo Atrebatensi.

Alexander episcopus, servus servorum Dei, dilecto filio Martino abbati sancti Vedasti salutem et apostolicam benedictionem. Licet venerabilis frater noster Atrebatensis episcopus, dum olim esset in presentia nostra constitutus, quibusdam de fratribus tuis presentibus super obedientia ab ecclesia tua sibi exhibenda questionem nobis movisset, ex inspectione tamen privilegiorum ecclesie tue perpendere nequaquam potuimus quod alicui teneatur, nisi Romane ecclesie obedientiam exhibere, nec ipse episcopus questionem suam postea est exsecutus. Et ideo discretioni tue per apostolica scripta precipiendo mandamus quatenus predicto episcopo nullam obedientiam vel subjectionem promittas. Datum Senonis... Idus Novembris.

Ejusdem pape aliud mandatum de eodem monasterio et ne monachi eligant abbatem alterius congregationis.

Alexander episcopus, servus servorum Dei, dilectis

filiis, Martino abbati et fratribus ecclesie sancti Vedasti salutem et apostolicam benedictionem.

Congruam officii nostri exsequimur actionem, si sacrosanctis ecclesiis, quarum cura et sollicitudo nos respicit, promptam diligentiam dependimus, et eis a nocituris in posterum precavemus. Quia vero in substitutione pastoris multa est consideratio et prudentia adhibenda, volumus atque mandamus ut vacante in ecclesia vestra pastoris sede, donec, inter vos, aliqua persona extiterit que honestate ac prudentia preemineat et ad regimem et gubernationem ipsius monasterii noscatur idonea, eam in pastorem et abbatem vestrum pari voto assumere studeatis, nec extraneam eligatis dummodo in ipsam communiter concordetis; porro vobis apostolica auctoritate indulgemus, ut feuda et possessiones et decimas ecclesie vestre, ne ipsi ecclesie culpa possint detinentium deperire, liberam habeatis recipiendi in pignore potestatem. Sane, quum Romana ecclesia nostra que in aliis ecclesiis habebat incuria prelatorum sepe amittere consuevit, tam tibi, fili abba, quam successoribus tuis presentium auctoritate precipimus et vobis omnibus inhibemus ne alicui archiepiscopo absque conscientia et licentia Romani pontificis ullam subjectionem vel obedientiam promittere attemptetis.

Privilegium ejusdem Alexandri quo interdicit archiepiscopis et episcopis ne cogant abbatem sancti Vedasti suis synodis personaliter interesse.

Alexander episcopus, servus servorum Dei, venerabilibus fratribus archiepiscopis et episcopis in quorum episcopatibus ecclesie monasterii beati Vedasti constitute sunt, salutem et apostolicam benedictionem.

Suggestum est nobis quod quidam nostrum dilectum filium Martinum ejusdem monasterii abbatem respectu altarium et ecclesiarum quas in eorum episcopatibus possidet, ad suas synodos vocant, et si quando ab eis vocatum synodis suis cum aliquo casu non interesse contigerit, ecclesias ejus nimis indebite gravare presumunt. Unde quoniam omnes vestras synodos in persona propria visitare intolerabile sibi existeret et penitus onerosum, fraternitati vestre per apostolica scripta mandamus quatenus, si aliqua causa interveniente predictus abbas synodis vestris vocatus interesse non poterit, ecclesiis suis vel altaribus nullum propter ea gravamen vel molestiam inferatis, dummodo majores persone, que in ecclesiis illis consistunt ad synodos vestras accesserint; indignum esset enim quod, quum persone ille presentes existant, predicti abbatis altaria vel ecclesie occasione ista interdicto supponi debeant. Datum Senonis, III. kalendas Aprilis.

Aliud ejusdem Alexandri privilegium quo interdicit ecclesias edificari in fundo sancti Vedasti invito abbate et de presbiteris parochiarum.

Alexander episcopus, servus servorum Dei, dilectis filiis abbati et fratribus sancti Vedasti Atrebatensis salutem et apostolicam benedictionem.

Ad commodum et incrementum vestrum tanto libentius tenemur intendere quanto monasterium in quo deservitis ad jus beati Petri et nostrum nullo mediante specialius noscitur pertinere. Inde siquidem est quod commissi nobis officii debito provocati et illius devotionis puritate quam circa nos et ecclesiam Romanam multipliciter geritis, nichilominus inclinati, auctoritate apostolica duximus statuendum ut nullus in proprio fundo monasterii vestri absque consensu et voluntate vestra ecclesiam construere audeat. Adjicimus etiam ut capellanos qui in propriis ecclesiis morantur et servitio illarum insistunt nemo nisi rationabili causa interveniente interdicere possit. Decernimus ergo ut nulli omnino hominum liceat hanc nostre constitutionis paginam temerario ausu infringere, vel ei aliquatenus contra ire. Si quis autem hoc attemptaverit indignationem omnipotentis Dei et beatorum Petri et Pauli apostolorum ejus se noverit incursurum. Datum Beneventi III. idus Maii.

Aliud ejusdem privilegium de exemptione monasterii et confirmatione bonorum ejus et de presbyteris ecclesiarum.

Alexander episcopus, servus servorum Dei, dilecto filio Martino abbati sancti Vedasti, ejusque successoribus regulariter substituendis in perpetuum.

Quotiens illud a nobis petitur quod rationi et honestati convenire dignoscitur, animo nos decet libenti concedere et petentium desideriis congruum impertiri suffragium. Ea propter, dilecte in domino fili Martine abba, postulationibus tuis debita benignitate gratum impertientes assensum, prefatum beati Vedasti Atrebatensis monasterium, cui Deo auctore preesse dignosceris, ad exemplar predecessoris nostri bone memorie Innocentii pape sub beati Petri et nostra protectione suscipimus et presentis scripti privilegio communimus, statuentes ut quascumque possessiones, quecumque bona idem monasterium in presentiarum juste et canonice possidet, aut in futurum concessione pontificum, largitione regum vel principum, oblatione fidelium seu aliis justis modis, prestante domino, poterit adipisci, firma vobis vestrisque successoribus et illibata permaneant. Prohibemus quoque ut nullus terras vel possessiones quas a vestro tenet monasterio, aliis ecclesiis vel monasteriis in vita seu in morte conferre vel ab ipso alienare absque licentia vel assensu vestro presumat. Preterea in ecclesiis quas tenetis, secundum predecessoris nostri bone memorie Urbani pape. II. decretum, presbiteros eligatis ut episcopis in quorum parochiis ecclesie vestre site sunt presentetis, qui si ab ipsis canonice reprobari non potuerint, animarum curam ab eis suscipiant, et de cura plebis eis respondeant, vobis autem pro rebus temporalibus debitam subjectionem exhibeant. Decernimus ut nulli omnino hominum liceat prefatum monasterium temere perturbare, aut ejus possessiones auferre, vel ablatas retinere, minuere aut aliquibus vexationibus fatigare; sed omnia integra conserventur eorum pro quorum gubernatione et sustentatione concessa sunt usibus omnimodis profutura, salva in omnibus apostolice Sedis auctoritate et dioecesani episcopi canonica justicia. Si qua ergo in futurum ecclesiastica secularisve persona, hanc nostre constitutionis paginam sciens, contra eam temere venire temptaverit, secundo tertiove commonita, si non satisfactione congrua emendaverit, potestatis honorisque dignitate careat, reamque se divino judicio existere de perpetrata iniquitate cognoscat et a sanctissimo corpore et sanguine Dei et Domini redemptoris nostri Jesu Christi aliena fiat atque in extremo examine divine ultioni subjaceat. Cunctis autem eidem loco sua jura servantibus sit pax Domini nostri Jesu Christi, quatenus et hic fructum bone actionis percipiant et apud districtum judicem premia eterne pacis inveniant.

Ego Alexander catholice ecclesie episcopus subscripsi; ego Hucbaldus Hostiensis episcopus subscripsi; ego Bernardus Portuensis et sancte Rufine episcopus subscripsi; ego Gualterus Albanensis episcopus subscripsi; ego Hucbaldus presbyter cardinalis tituli sancte Crucis in Jherusalem subscripsi; ego Otto diaconus cardinalis sancti Georgii ad velum aureum subscripsi; ego Hyacinthus diaconus cardinalis sancte Marie in Cosmedyn subscripsi; ego Johannes diaconus cardinalis sancte Marie in Porticu subscripsi.

Datum Anagnie per manum Hermanni sancte Romane ecclesie subdiaconi et notarii. II. non. Augusti, indictione VIII., Incarnationis dominice anno M. C. L. XI. Pontificatus domni Alexandri pape III. anno II.

Aliud ejusdem mandatum ut abbas sancti Vedasti nulli preterquam Romano pontifici subjectionem vel obedientiam promittat.

Alexander episcopus, servus servorum Dei, dilectis filiis Martino abbati et fratribus sancti Vedasti Atrebatensis salutem et apostolicam benedictionem.

A memoria nostra non excidit quod frater noster Andreas episcopus Atrebatensis, cum in nostra olim esset presentia constitutus, quibusdam de fratribus vestris presentibus, super obedientia sibi ab ecclesia vestra prestanda questionem movit; sed nos privilegiis ecclesie vestre diligenter ac studiose inspectis, ex eorum tenore perpendere nullatenus potuimus quod tu, fili abba, alicui preterquam Romane ecclesie obedientiam debeas exhibere. Unde quoniam prefatus episcopus questionem suam non est postea prosecutus et indignum est quod, cum alii abbates extra dioecesim Atrebatensem morantes quorum ecclesie ad Romanum specialiter non spectant pontificem episcopo Atrebatensi pro ecclesiis quas in parochia illius habent obedientiam nullam promittant. tu, fili abba, ei alicujus debeas obedientie promissione teneri, per apostolica tibi scripta precipiendo mandamus et districtius inhibemus ut nulli archiepiscopo vel episcopo preterquam Romano pontifici obedientiam vel subjectionem aliqua ulla ratione promittas vel exhibere attemptes. Vobis autem, filii monachi, firmiter et districte presentium auctoritate injungimus ut abbatem vestrum qui pro tempore fuerit nulli unquam archiepiscopo vel episcopo preterquam Romano pontifici obedientiam vel subjectionem aliquando promittere sustineatis, presertim cum ecclesia vestra ad Romanam solummodo spectet ecclesiam et nulli alii jure parochiali subsistat. Data Beneventi XIIII. kalendas Februarii.

Aliud ejusdem mandatum ad Andream Atrebatensem episcopum quo interdicit ei ne obedientiam ab abbate sancti Vedasti episcopus requirat.

Alexander episcopus, servus servorum Dei, dilecto filio Andree Atrebatensis ecclesie episcopo salutem et apostolicam benedictionem.

Quanto majori officio et dignitate dignosceris preeminere, tanto beato Petro et nobis magis teneris obediens et devotus existere, et ea que ad jus et proprietatem sacrosancte Romane ecclesie specialiter pertinent studiosius conservare. Inde est quod fraternitatem tuam monemus atque mandamus quatenus honores et libertates et jura monasterii sancti Vedasti quod nullo mediante, ad jurisdictionem beati Petri et nostram proprie ac specialiter pertinet, nulla ratione minuere vel disturbare presumas, nec in eodem monasterio subjectionem vel obedientiam exigere audeas, sed potius jura ipsius conserves, sicut vis quod nos jura ecclesie tue conservemus. Si enim secus ageres et monasterium ipsum perturbares, id nulla ratione possemus incorrectum relinquere, cum etiam tibi non sit licitum nec debeas aliquam ecclesiam vel clericum vicini episcopi nedum Romani pontificis ulla obedientia vel subjectione arcere. Data Beneventi, XIII. kalendas Februarii.

Aliud ejusdem privilegium de libertate monasterii, castri et possessionum sancti Vedasti.

Alexander episcopus, servus servorum Dei, dilectis filiis Martino abbati monasterii sancti Vedasti Atrebatensis, ejusque fratribus tam presentibus quam futuris regularem vitam professis in perpetuum.

Sicut irrationabilia predecessorum statuta successoribus convenit ecclesiastice discipline moderamine corrigere, ita nichilominus eos decet bene acta firmare. Ex gestis siquidem recolende memorie Stephani pape cognovimus quod cum religiosus et Deo amabilis beatus Vindicianus,

Atrebatensium et Cameracensium episcopus, et Karlomannus monachus Pipini frater beatorum apostolorum Petri et Pauli limina visitarent, ab eodem Romano pontifice postularunt quatenus monasterium beati confessoris Christi Vedasti apostolico privilegio communiret, contigit siquidem quod rex Francorum Theodericus, qui pro remedio anime sue et antecessorum suorum regum eidem monasterio beati Vedasti multa et magna regali munificentia contulerat, prefatum Vindicianum episcopum una cum episcopis et abbatibus ad generale placitum Compendii in palatio regio habitum convocaret, quatenus quecunque idem rex beato Vedasto regio munere contulerat, prius suo episcopali deinde apostolico privilegio satagerent communiri; ipse vero Vindicianus episcopus petitioni regis libenter annuens postulata concessit et scripto sub testibus roboravit. Insuper ipsum locum Nobiliacum appellatum, sicut ipse in privilegio suo confitetur, hactenus ad se pertinentem et sibi subjectum a civitate et episcopio suo jure apostolico mancipandum sequestravit. Hac igitur de causa clementiam apostolice memorie predecessoris nostri Stephani pape adiens, quoniam justa et rationabilia postulabat facile impetravit.

Unde et nos, dilecti in Domino filii, vestris justis postulationibus clementer annuimus et predecessorum nostrorum felicis memorie Paschalis, Innocentii, Eugenii Romanorum pontificum, atque memorati Stephani, qui primus monasterium vestrum de manu sancti Vindiciani episcopi in jus beati Petri assumpsit, vestigiis inherentes, nos quoque prefatum monasterium, in quo divino mancipati estis servitio, sub beati Petri et nostra protectione et jure suscipimus, auctoritate apostolica decernentes ut episcopi deinceps nullam molestiam abbati vel fratribus ipsius cenobii inferre presumant, sed potius perpetua securitate et quiete gaudentes, tam ipsi quam ea que ad idem monasterium pertinent, absque alicujus gravamine seu perturbatione illibata persistant.

Statuentes etiam ut quascunque possessiones, quecunque bona idem monasterium in presentiarum juste et canonice possidet, aut in futurum concessione pontificum, largitione regum vel principum, oblatione fidelium, seu aliis justis modis, prestante domino, poterit adipisci, firma vobis vestrisque successoribus et illibata permaneant; in quibus hec propriis duximus exprimenda vocabulis: ecclesiam videlicet et villam Hasprensem cum altaribus et ejusdem ecclesie appenditiis, videlicet altare de Moncellis, altare de Alci de Monsterelli curia, altare de Giseniis, duas garbas decimales cum decima de Fossis, altare de Lomnis, altare de Oneliis et de Ouysel, altare de Nuilli, altare de Haysmocaisnoit, altare de Haumala, decimam de Ilbrie in Rotberti cultura et in Gualteri cultura :

Theloneum vero de omni negotiatione in Atrebatensi civitate facta, et hostagia domorum unusquisque secundum antiquam consuetudinem ecclesie exsolvat:

In Anzinio duo molendina, in Dominicacurte tria molendina cum vivario; in Meaullens quatuor molendina cum vivario; in Blangy quatuor molendina cum vivario; in Atheiis quatuor molendina cum vivario. Apud Pabulam unum molendinum cum vivario, in Biarce duo molendina cum vivario, duo quoque molendina infra muros Atrebate civitatis supra flumen Crientionis; ecclesiam Bercloensem cum altaribus suis, videlicet Dovrin, Billi, Baluin, Prouvy,

Marchellies, Merenies, Serchinguehem cum Berberia; ecclesiam de Gorea cum appenditiis suis, capellam sancti Mauritii, altaria duo in Morinensi episcopio sita, Leghem videlicet et Rumbli cum aliis possessionibus confirmamus.

Et has villas cum appenditiis suis, Montes in Pabula, Ransart, Puteasaquas, Anolinum, Buhircurt, Berny, Meurchin, Moylens, Valles, super Summam fluvium, Sernin, Harnem, Campaniolas, Mares, Angilcurt, Tilloy, Ponz, medietatem vinee in suburbio Atrebate civitatis, cambas et ecclesiam de Wulfara in Batua cum appenditiis suis, medietatem de Rischesburch et terram juxta mare sitam, quam Guillelmus Bethuniensis advocatus, concedente comite Flandrensi Theoderico, pro commutatione relique medietatis de Richesburch, vobis dedit, et curtem, quam apud Sentines juxta mare noviter edificastis, cum appenditiis suis vobis auctoritate apostolica nichilominus confirmamus.

Preterea omnes terras monasterii vestri, quamdiu propriis sumptibus eas excolitis, liberas a gavelo secundum antiquam et rationabilem consuetudinem esse censemus.

Sane de nutrimentis animalium vestrorum nullus a vobis decimas exigere presumat. Decimas quoque, quas a quadraginta retro annis usque nunc pacifice possedistis, vobis auctoritate apostolica confirmamus.

Duas quoque ecclesias beati Petri et beate Marie, infra castrum sitas, in eadem libertate quam et monasterium vestrum esse censemus. Et capellas duas in Atrebato, videlicet sancte Crucis et sancte Marie in horto, vobis confirmamus.

Sane altaria infra scripta de episcopo Atrebatensi, monasterio vestro pertinentia, juxta constitutionem predecessoris nostri bone memorie Urbani pape et pacificam compositionem venerabilis Lamberti Atrebatensis episcopi et insignis Aloldi vestri quondam abbatis, de omni personatu libera fore decernimus ; vobis possidenda firmamus Salgi, Farbu, Basilice, Florbais, Hendencurt, Boinvileirs, Leventies, Asceel, Hamesaez, Felci. Hadas, Columnum, Vis, Mons, Dainville, Contehem, Noveville, Warlus, Remmy, Pabule, Fissau, Fontenelles, Betricourt, Yser, Baillol, Bigartii, Thelut, Atheias, Hamblen, Mofflanas, Gaverelle, Frasne, Ymercurt, Illies, Foscarias, Novevillule, Berniville (1).

In eisdem et in aliis parochialibus ecclesiis, quas tenetis, liceat vobis secundum decretum bone memorie Urbani pape II sacerdotes eligere et episcopis de quorum parochiis ecclesie fuerint presentare. Qui si ab illis canonice reprobari non poterunt, curam ab eisdem animarum suscipiant, ita quidem quod episcopis de jure parochiali respondeant, vobis autem pro rebus temporalibus debitam subjectionem exhibeant.

(1) Les noms de ces autels sont assez différents de ceux du privilége de Lambert. Ils sont mal copiés, et il n'est pas impossible de restituer les vraies leçons d'après les quatre nomenclatures précédentes et les autres documents dont nous parlerons plus loin, surtout le Polyptique de Guimann. Baluze a publié des extraits du Codex Lamberti et a encore dénaturé davantage ces noms de lieux. C'est ainsi qu'il écrit Florbacs, Remchendencourt, Basiliere, Bomvillers, Gaurerle, Bigartu, Tenluz. En outre il ne donne plus que 30 noms. Il est d'ailleurs excessivement difficile de bien écrire ces noms de lieux quand on ne connaît pas le pays : et même quand on l'habite dès l'enfance on se trompe encore quelquefois.

Statuimus etiam et presentis privilegii pagina prohibemus ut nullus, qui terras vel possessiones quaslibet a monasterio vestro teneat, aliis ecclesiis aut locis religiosis eas possit sine assensu vestro in vita vel in morte conferre, sive a vestro dominio quomodolibet alienare.

Vobis autem auctoritate apostolica indulgemus ut feuda, possessiones et decimas ad vestrum monasterium spectantes ne ipsi monasterio culpa possint detinentium deperire, nomine pignoris recipiendi liberam facultatem habeatis.

Interdicimus quoque ut nullus Atrebatensium episcoporum monasterium vestrum vel castrum monasterii, contra privilegia vobis ab apostolica Sede indulta et contra voluntatem abbatis vestri, presumat intrare.

Obeunte vero te nunc ejusdem loci abbate, vel tuorum quolibet successorum, nullus ibi qualibet subreptionis astutia seu violentia preponatur, nisi quem fratres communi consensu, vel fratrum pars consilii sanioris secundum Dei timorem et beati Benedicti regulam providerint eligendum; qui, ab episcopo Atrebatensi, si eum gratis et absque pravitate aliqua nec non et sine alicujus subjectionis vel obedientie exactione et receptione, exinde requisitus benedicere voluerit, munus benedictionis suscipiat, dummodo catholicus fuerit et gratiam apostolice Sedis habuerit. Alioquin liceat vobis quem malueritis adire catholicum antistitem qui electo vestra fultus auctoritate benedictionem sine alicujus obedientie subjectionis vel reverentie exhibitione atque receptione, prompta voluntate impendat, ut in omnibus apostolice Sedis integritas conservetur.

Ordinatus autem secundum regulam irreprehensibiliter incedat et sibi subjectos incedere faciat.

Decernimus ergo ut nulli omnino hominum liceat prefatum monasterium temere perturbare aut ejus possessiones auferre vel ablatas retinere, imminuere seu quibuslibet vexationibus fatigare, sed illibata omnia et integra conserventur, eorum, pro quorum gubernatione et sustentatione concessa sunt, omnimodis usibus profutura, salva Sedis apostolice auctoritate et in suprascriptis ecclesiis parochialibus dioecesanorum episcoporum canonica justicia.

Si qua igitur in futurum ecclesiastica secularisve persona, hanc nostre constitutionis paginam sciens, contra eam temere venire temptaverit, secundo tertiove commonita, nisi presumptionem suam digna satisfactione correxerit, potestatis honorisve sui dignitate careat, reamque se divino judicio existere de perpetrata iniquitate cognoscat et a sacratissimo corpore et sanguine Dei et Domini nostri Jhesu Christi aliena fiat atque in extremo examine districte ultioni subjaceat. Cunctis autem eidem loco sua jura servantibus sit pax Domini nostri Jhesu Christi, quatenus et hii fructum bone actionis percipiant et apud districtum judicem premia eterne pacis inveniant.

Ego Alexander catholice ecclesie episcopus subscripsi; ego Hucbaldus Hostiensis episcopus subscripsi; ego Bernardus Portuensis et sancte Rufine episcopus subscripsi; ego Gualterus Albanensis episcopus subscripsi; ego Hucbaldus presbiter cardinalis tituli sancte Crucis in Jherusalem subscripsi; ego Johannes presbiter cardinalis tituli sanctorum Johannis et Pauli subscripsi; ego Hildebrandus Basilice duodecim apostolorum presbiter cardinalis subscripsi; ego Johannes presbiter cardinalis tituli sancte Anastasie subscripsi; ego Albertus presbiter cardinalis tituli sancti Laurentii in Lucina subscripsi; ego Willelmus presbiter cardinalis tituli sancti Petri ad Vincula subscripsi; ego Bozo presbiter cardinalis sancte Pudentiane tituli pastoris subscripsi; ego Petrus presbiter cardinalis tituli sancti Laurentii in Damaso subscripsi; ego Johannes presbiter cardinalis tituli sancti Marci subscripsi; ego Theodinus presbiter cardinalis sancti Vitalis tituli Vestine subscripsi; ego Jacinthus diaconus sancte Marie in Cosmedyn subscripsi; ego Odo diaconus cardinalis sancti Nicholai in carcere Tulliano subscripsi; ego Arditio diaconus cardinalis sancti Theodori subscripsi; ego Macfredus diaconus cardinalis sancti Georgii ad velum subscripsi; ego Hugo diaconus cardinalis sancti Eustathii juxta templum Agrippe subscripsi; ego Petrus diaconus cardinalis sancte Marie in Aquiro subscripsi.

Data Beneventi per manum Gratiani sancte Romane ecclesie subdiaconi et notarii, tertio idus Januarii, indictione tertia, Incarnationis dominice anno millesimo centesimo sexagesimo nono, Pontificatus vero domni Alexandri pape III. anno XI.

Explicit tractatus Guimanni de Privilegiis et Immunitatibus.

CARTULAIRE DE GUIMANN

SECONDE PARTIE

De Bonis mobilibus et immobilibus, de Hostagiis et de Diversitate Districtorum.

PRÉFACE DE CETTE SECONDE PARTIE

PAR

GUIMANN

Sanctis ac dilectis fratribus et dominis universis Ecclesie beati Vedasti filiis : frater Guimannus salutem et obedientiam.

Tutius est silere quam loqui, et doceri quam docere utilius. Unde ille magnus homo secundum cor Dei electus, licet Dominum in se habitantem haberet, licet spiritus sanctus os et linguam ejus dirigeret, tamen ori suo custodiam et ostium circumstantie labiis suis poni exorat, et non solum a malis, verum etiam a bonis silere festinat. Ego igitur quippe cum non sit sermo in lingua mea, digito ori superposito tacere proposui, sed vos intuens circa meum studium suspectos, et cur nocte et die revolvendis carthulis incumbam enixius tacito susurro ruminantes, quin vobis humili ac devota responsione satisfaciam ulterius dissimulare non potui. Cur igitur vel loquar vel scribam id cause est.

Exiit edictum a domno abbate ut a me describatur universum ecclesie corpus, omnes census et reditus, universe possessionum distributiones, et ut complexive dicam, quidquid sanctus vel in hac civitate vel alibi habere dignoscitur. Cujus rei difficultatem simul et utilitatem considerans incertus revera feror et dubius, quia et operis utilitas et domni jussio cui non tarde nec tepide obediendum est compellunt ut scribam, et materie difficultas penitus deterret ne sermone simul et scientia imperitus, opus tam arduum attingere presumam. Vestris igitur orationibus juvari, vestro consilio et auxilio doceri exopto, quatenus digne et veraciter distinguere queam, quibus sanctorum pignoribus atque reliquiis, quibus vasorum, thesaurorum et ornamentorum differentiis, ecclesia nostra sit insignis ; feodos nichilominus et eorum diversitates, villas, terras, census et consuetudines, et omnia jura ad ecclesiam beati Vedasti pertinentia.

Porro privilegia suis locis, scilicet in eis redditibus de quibus et pro quibus scripta sunt et contradita, inserere non omittam, quia licet sanctus Vedastus ea que tenet ex diuturna possessione libera in tantum et quieta teneat, ut ea quisquam nec clamare presumat, majori tamen atque digniori firmitate stabilitur quidquid longa etate obduratum majorum nichilominus authoritati imititur.

De hostagiis autem, id est censibus domorum, quoniam inolevit nequitia ut plerumque post longos temporum decursus et generationum permutationes hi qui hostagia debent ea ab Ecclesia abalienare et sciscitantes unde ea debeant, libertatem quam nec habent nec habere debent, sibi usurpare contendunt, dignum ac necessarium duxi, loca ipsa in quibus et de quibus debentur. eos quoque qui debent nominatim discernere, obsecrans quatenus hec nomina que scribuntur modo nequaquam eradantur, ut futuris temporibus idem redditus quantum detrimenti vel crementi susceperint edoceant. Porro qui breves habeat secundum generationum discessiones vel successiones debentium nomina in suis carthulis permutent ut quidquid de habitatoribus vel per decessionem, vel per venditionem, vel per transmutationem seu divisionem contigerit cartha presens in omnibus consulta loca ipsa denominet et distinguat, nullusque de cetero errori vel fraudulentie locus remaneat.

Hec igitur et alia que in sequentibus palam sunt sicut proposui ordinare intendo, et pro tam laborioso opere et vestras orationes et copiosam Dei remunerationem fideliter expecto.

LIBER PRIMUS

DE BONIS MOBILIBUS ET IMMOBILIBUS.

De situ et sanctuario et thesauris ecclesie sancti Vedasti.

Ecclesia igitur beati Vedasti in ipsa civitatis arce fundata totam sue majestatis eminentia illuminat urbem, admirabili constructa edificiorum venustate, in se et de se omnibus prebens exemplar et formam artificibus. In hoc igitur loco, beati Vedasti corpus, in scrinio, quod ex auro, argento, et lapidibus pretiosis operose constructum est, decenter collocatum, in templo quod ei fieri ab Angelis jussum est hominibus, sub ipsa principalis Altaris mensa quiescit, quod seris et vectibus obseratum, utpote thesaurus incomparabilis, assiduis filiorum excubiis et pia devotione recolitur. In hoc scrinio, sicut a majorum veritate didicimus, duo sunt minores quantitatis scriniola, in quorum altero aureo, corpus beati Vedasti, in altero eburneo, duo innocentes et reliquie XII Apostolorum. Sunt etiam in eadem beati Vedasti ecclesia ea que subscripta sunt sanctorum patronicia :

Caput beati Jacobi apostoli, fratris sancti Joannis ;

Caput beati Nicasii, Remensis archiepiscopi ;

Corpus beati Ranulphi martyris ;

Caput beati Leodegarii, Augustodunensis episcopi ;

Corpus beati Hadulphi, Atrebatensis episcopi ;

Cineres corporis beati Pionii martyris ;

Brachium sancti Aychadri in feretro argenteo... Item feretrum quod tempore beati Auberti dicitur factum in quo multas credimus reliquias ;

Brachium sancti Vindiciani in cornu eburneo ;

Brachium sancti Vigoris in cornu eburneo ;

Capsa de eboie pretiosa, que dicitur sancti Stephani, quam tempore hujus descriptionis aperientes has inter reliquias reperimus :

De clavo Domini ;
De ligno Domini ;
De sepulchro Domini ;
De presepio Domini ;
De ligno Paradisi ;
De Manna ;
De capillis sancte Marie Virginis ;
De vestimentis ejus ;
De sepulchro ejus ;
De sancto Moyse ;
Dens sancti Simeonis qui portavit dominum ;
De barba sancti Petri ;
De sancto Bartholomeo ;
De sanguine et vestimentis Sancti Stephani protomartyris ;
De vestibus sancti Laurentii ;
Junctura sancti Hermetis ;
De sancto Georgio ;
De sancto Christophoro ;
De sancto Juliano ;
De sancto Florentio ;
De pulvere sancti Lamberti ;
Dens sancti Leodegarii et brachium ipsius ;
De sancto Firmino, martyre ;
De sancto Calixto Papa ;
De sancto Fusciano ;
De sancto Nicasio ;
De ossibus et pulvere sanctorum Dyonisii, Rustici et Eleutherii ;
De lapide unde Dominus panem fecit ;

De pelvi in quo lavit Dominus pedes discipulorum;
De dente sancti Salvii;
Junctura sancti Exuperii;
De vestibus et calciamentis sancti Crispini et Crispiniani;
Junctura sancti Maxentii;
De pulvere et vestimentis beati Vedasti;
De vestimentis sancti Martini;
Os de sancto Remigio;
De capillis sancti Germani;
De sancto Hadulpho;
Junctura sancti Maximi;
De sancto Amato;
De capite sancti Severini;
De capite sancti Killiani;
Dens et digitus sancti Macuti;
De sancto Medardo;
De sancto Eligio;
De sancto Vigore;
Junctura sancti Benedicti;
De sancto Aychadro;
De sancto Mauronto;
De sancto Walarico;
De sancto Theodorico;
De sancto Vuillebrodo;
De sancto Bertino;
De sudario ejus;
De sancta Maria Magdalena;
De sancta Martha;
De casula et dalmatica S^ti^ Dyonisii;
De linteis in quo fuit involutum corpus ejus;
De sanctis Felice et Adaucto;
De sanctis Timotheo et Caio papa;
De sancta Adelia;
De sancta Anastasia;
De sancta Agatha;
De sancta Benedicta;
De sancta Pharailde;
De sancta Waldetrude;
De sancta Freniberta;

Has omnes sanctas sanctorum reliquias in predicta sancti Stephani protomartyris capsa, et oculis nostris vidimus et manibus tractavimus. Item sunt alie septem minores capse eburnee in quibus multe sunt sanctorum reliquie.

Sunt etiam in ipsa ecclesia Philacteria, et in quibusdam eorum tales legimus titulos :

De ligno Domini;
De sepulchro Domini;
De presepio Domini;
De petra ubi Dominus sedit;
De cruce sancti Petri;
De sancto Paulo apostolo;
De sancto Thadeo;
De sancto Joanne Baptista;
De sancto Isaac Patriarcha;
De sancto Laurentio;
De sancto Georgio;
De sancto Christophoro;
De sancto Nicasio;
De sancto Dyonisio;
De sancto Bartholomeo;
De sancto Lamberto;
De sancto Timotheo;
De sancto Chrysogono;
Quatuor coronatorum;
De sancto Martino;
De sancto Nicolao;
Dens sancti Amati;
De sancto Aycadro;
De vestimentis Sancte Marie;
De sancta Maria Magdalena;
De sancta Margareta;
De sancta Eutropia;
De sancta Rictrude.

Inter ipsa Philacteria sunt forcipes sancti Vedasti et crucicula aurea que de collo ejus aliquando dependisse dicitur, super quam quia periculosum est jurare, homines sancti Vedasti jubentur abbati et ecclesie securitatem facere, et sciendum quia Philacteriis ecclesie nostre maximam impendit operam Balduinus cellerarius vir in ornamentorum ecclesiasticorum augmento studiosus, et Evrardus thesaurarius qui, inter cetera devotionis sue ornamenta, auream pixidem ad dominici corporis repositionem super altare appendit.

Cambuca sancti Vedasti auro et lapidibus ornata;

Cambuca sancti Hadulphi argento decorata;

Dextera argentea quam dedit Godefridus inclusus;

Dedit et capsam parvam argento opertam que tales sanctorum continet reliquias :

De ligno Domini;
De tribus regibus;
De sancto Adriano;
De sancto Pancratio;
De sancto Leodegario;
De sancto Salvio;
De sancto Amato;
De sancto Auberto;
De sancto Furseo;
De sancto Mauronto;

Crucicula de auro, lapidibus et margaritis, quam Abbas Martinus fecit fieri et has inter reliquias posuit:

De ligno Domini;
De tribus Regibus;
Dentem sancti Martini;
De sancto Laurentio:

Item, Reliquie in diversis Philacteriis invente:

De vestimentis Domini;
De loco ubi natus est;
De petra ubi presentatus est;
De cunabulo ejus;
De petra sub capite ejus;
De loco transfigurationis;
De baculo ejus;
De columna ubi flagellatus;
De monte Calvarie;
De spongia;
De revoluto lapide:
De sanctis Petro et Paulo;
De sancto Jacobo;
De sancto Andrea;
De sancto Matheo;
De sancto Simeone;
De sancto Philippo;
De sancto Marco;
De mensa apostolorum;
De manna sepulchri sancti Joannis Evangeliste;
De corpore sancti Stephani;
De petra unde ascendit.
De quinque panibus;
De luto unde unxit oculos ceci nati;
De pallio sancte Marie;
De tribus Virginibus que eam custodierunt;
De virga Aaron;
De sancto Jona propheta;
De Zacharia et Elisabeth;
De sepulchro Joannis Baptiste et vestimentis ejus;
De sanctis Cornelio et Cypriano;
De sancto Desiderio lectore;
De sancto Gregorio;
De sancto Nicolao;

De S[to] Berchario, martyre;
De sancto Aytropio;
De sancto Severo;
De sancto Paulino;
De sancto Audomaro;
De capillis sancti Desiderii;
De sancto Maurilione;
De sancto Brictio;
De sancto Hilario;
De sancto Servatio;
Dens sancti Bavonis;
De sancto Lupo;
De sancto Supplicio;
De sancto Florentiano;
De sancto Hieronymo;
De sancto Furseo;
De sancto Firmato;
De Lapidibus ejus;
De sanguine S[ti] Laurentii;
Dens sancti Marcelli Pape;
Dens sancti Mauritii;
De sancto Clemente Papa;
De sancto Sebastiano;
De sancto Quintino;
De sancto Cosma;
De sancto Apollinare;
De sancto Longino, mart.;
Brachia duorum fratrum Julii episcopi et Juliani abbatis;
De sanguine sancti Thome Cantuarie archiepiscopi;
De cilicio ejus;
De staminia ejus;
De cuculla ejus;
De cappa ejus;
De corio lecti ejus;
De sancta Maria Egyptiaca;
De sancta Petronilla;
Brachium sancte Regine;
De capillis sancte Brigide;
De capillis sancte Margarete;
De capillis sancte Aldegunde;
De cingulo et tunica et cilicio ejus;
De sancta Radegunde;
De sancta Felicitate;
De mamilla Agathe;
De sanguine sancte Cecilie;
De sancto Flotio;
De sancto Eraclio;
De sancta Euphrosina et Ordianella et Sardamilla;
Brachium sancti Antidii;
De sancto Paulo heremita.

Est nichilominus in ecclesia sancti Vedasti crux auro, argento et lapidibus insignis que propter Dominici ligni portionem, crux Domini dicitur...

Item tres alie Cruces, quarum unam que est de auro et lapidibus dicitur fecisse sanctus Eligius.

Calices duo de auro et lapidibus quos dedit Carolus rex. Corona ipsius gemmis illustrata. Tabula ipsius de auro et lapidibus ante majus altare.

Item alia corona. Crucifixus argenteus. Tabula argentea supra altare sancte Trinitatis. Tabula argentea ante altare sancti Remigii.

Textus Evangeliorum aurei vel argentei sex. Horum tres et duo pallia aurea et facisterculum aureum et quinque stolas aureas, cum manipulis dedit Ermetrudis uxor Caroli. Item alie tres stole auree cum manipulis.

Calices	xiiij	Ad majorem et matutinalem et privatas missas	x
Turibula	iij		
Acerre	ij		
Bacini	ij	Candelabra	iiij
Ampulle	ij	Urceolus	i
Dalmatice	viiij	Tunice subdiaconi, Cambuce idem. . .	xi
Subdiaconi	xj		
Pastorales Baculi . . .	vij	Cappe, Facistercula tria, pallia et duo offertoria, vexilla opere plumario facta	
Casule in precipuis . .	vij		
In sub precipuis. . . .	v		
Privatis Festis	iij		

Et ut omnia compleamus, multa quidem et alia sunt ibi sanctorum pignora que in libro vite scripta solius Dei scientia comprehendit; ornamenta quoque plurima, in ciboriis, coronis, libris, crucibus, candelabris, cortinis, tapetibus, quibus ad honorem Dei et sanctorum ejus, locus est insignis. Qui etiam operis Dei assiduitate et religione, prediis et possessionibus, claustri et officinarum decore, hospitum et pauperum susceptione, et totius charitatis plenitudine, adeo insignis habetur, ut inter ceteras, immo pre omnibus ecclesiis Flandrie, hec ecclesia divitiis et nobilitate precellere certissime sciatur.

Sed de his hac tenus. Porro de capite Beati Jacobi apostoli, qualiter in nostram ecclesiam venerit, et quid de eo in diebus nostris actum sit, sicut audivimus et vidimus, ad posterorum notitiam historie texamus veritatem.

De capite sancti Jacobi Apostoli fratris S^ti Johannis Evangeliste (1).

Gaudeamus in Domino, fratres charissimi, et ad laudem et gloriam Domini nostri Jesu-Christi spirituali jucunditate gratulemur, qui potenti manu sua lamentorum nostrorum detersa caligine, cordium nostrorum sua bonitate serenavit obtutus, et desideratum atque desiderabilem thesaurum, caput scilicet sancti Jacobi fratris Johannis Evangeliste, quod nobis ablatum jamdudum deplorabamus, longe gloriosius quam nostra spes presumeret, nobis reconsignavit. De cujus capitis inventione, raptu, atque relatione, quoniam mee exiguitati injungitis, ut ea que

(1) Cette narration de Guimann est un des morceaux les plus curieux de son livre. Nous l'éditons sur quatre Manuscrits comparés : 1° le Manuscrit n° 573 de la Bibliothèque d'Arras, XIIIe siècle ; 2° le Manuscrit des Archives ; 3° le Manuscrit de l'Evêché ; 4° le Manuscrit de Guiard des Moulins, des Archives de l'ancienne Collégiale d'Aire. Ce dernier renferme un récit qui diffère en plusieurs points de celui de Guimann, précisément à cause du différend grave qui exista entre Aire et Arras : nous noterons ces variantes à mesure qu'elles se présenteront.

propriis oculis universi conspeximus, ad laudem Dei et posterorum notitiam, qui nobis in presenti ecclesia sancti Vedasti in Dei servitio successuri sunt litterarum apicibus mandare debeam, licet paulo altius ordiri, et de tanti Apostoli meritis et excellentia aliquid dicere, quanquam ridiculum videatur post quatuor evangélia et actus Apostolorum, in quibus hec luce clarius patent, quidquam velle addere, sed utinam atque utinam, non alia scriptitando, sed eadem secundum vestigia sanctorum patrum frequentius revolvendo, eum qui semper laudandus est in sanctis suis, et nos digne laudare possimus.

Hic itaque beatus Apostolus et Domini nostri Jesu-Christi non tantum ejus faciendo voluntatem, verum etiam secundum assumptam pro nobis servi formam propinquus, ab ipso de navi una cum clarissimo fratre suo Joanne vocatus est, et in tantum honoris ac familiaritatis adscitus ut eumdem idem Dei filius, post duos Petrum dico et Joannem, vel potius cum iisdem duobus Apostolis singularis sui amoris privilegio donaret, et in omnibus que operando salutem nostram in medio terre vel mirabilius vel secretius gessit aut dixit testem et socium assumeret. Verum Domino nostro Jesu-Christo ad celos ascendente, et peracto sue dispensationis et nostre salutis ministerio, in dextera sedis magnitudinis considente, hic (1) insignis Dei athleta paraclyti presentia cum ceteris illustratus, et

(1) La narration de Guiard des Moulins commence ici seulement, par une phrase qui résume le sujet : Beatus Jacobus apostolus, frater Beati Joannis evangeliste, insignis Dei athleta, paracliti....... etc....., et in omni veritate edoctus...... ab Herode Agrippa comprehensus...... celeberrima populi veneratione excoluntur.

Le reste du paragraphe est supprimé.

in omnem ab ipso veritatem edoctus verbo predicationis institit, quam ob causam non longe post eamdem Dominicam ascensionem ab Herode comprehensus et gladio occisus pretiosum diuque desideratum passionis calicem bibit, et felici martyrio coronatus apostolorum prothomartyr in gaudium Domini sui jam regnantis conregnaturus et perpetuo confessurus intravit. Cujus sacratissima ossa ab Iherosolimis ad Hyspanias translata, et in ultimis earum finibus condita, celeberrima illarum gentium veneratione excoluntur, de cujus translationis serie, et apud vulgares frequentissimus sermo est, et paginula quedam quam nos huic opusculo subjecimus incertum cujus authoris simplici stilo dictata potenter edocet.

Porro sanctum et venerabile ipsius caput, quod apud nos est, qualiter vel quo authore nostra obtineat ecclesia (1), quoniam id vestra potissimum requirit intentio, illud a majorum concordi relatione didicimus, quod Francorum reges qui hunc locum successiva devotione semper amplexati sunt, et regiis insignibus, multisque possessionibus ac privilegiis, insuper et duodecim Apostolorum, et duorum innocentium, et multorum, sanctorum circumquaque collectis reliquiis sublimarunt. Hoc nichilominus super aurum et topazion nobile et preciosum ecclesie nostre de suis thesauris donarium addiderunt. Quod nimirum huic loco tantorum principum magnifica liberalitate collatum, et in secretis atque penitioribus ecclesie sancti Vedasti Thesauris, predecessorum nostrorum dili-

(1) Légères modifications, en plusieurs endroits, surtout lorsqu'il est parlé de l'Eglise de Saint-Vaast, qui, pour Guiard des Moulins, n'était pas *ecclesia nostra*. Nous croyons inutile de noter en détail ces variantes.

genti cautela signatum, per multos annorum decursus, et monachorum famulatu et populorum devotione, in multo honore ac reverentia, usque ad tempora felicis memorie domni Abbatis Lethduini est habitum.

Qui vir venerabilis, cum magnum inter primores Flandrie, et fame et potentie obtineret locum, deposito militie baltheo, jugum Christi suave et onus ejus leve in ecclesia sancti Vedasti suscepit : et in tantum monastice religionis in brevi arripuit perfectionem, ut merito sanctitatis et innocentie, ad pastoralis dignitatis proveheretur apicem. Eo itaque prosperis successibus ad vota pollente, cum in diebus ipsius ecclesia sancti Vedasti, et magnificentia liberalitatis et rerum affluentiis incredibiliter accresceret (1), incidit ejus animo, ut in fondo Allodii sui, nomine Berclau, cujus ipse commissam ecclesiam heredem fecerat, cellam monachorum ad sui nominis memoriam et anime remedium construeret. Quamobrem in eodem Allodio Ecclesiam in honorem Salvatoris erigens, cellam esse instituit, et thesauros sancti Vedasti, quadam potestatis licentia, cum paucis ingressus, de arcanis atque secretioribus Scriniis beati Jacobi Caput ejecit, et ad predicte ecclesie dedicationem transferens, in Altari reposuit; occulte tamen et ignorante capitulo, quia super hoc in publico vel tenuem facere mentionem, nulla dabatur fiducia. Verum processu temporis res latere non potuit, sed circumquaque fama ventilante cognitum est, in Ecclesia Bercloensi Caput sancti Jacobi esse repositum, et in ejusdem ecclesie altari tantum latere thesaurum ; ita ut plurimi, in illa commanentes vicinia, ibi in honore

(1) Ces trois lignes sont omises dans le récit de Guiard des Moulins.

ejusdem Apostoli sollempnes celebrarent vigilias, et sue devotionis oblationes deferrent.

Qui rumor cum per centum fere et quadraginta annos usque ad nostras invaluisset etates, et multa diuturnitate temporis meruisset fidem, venerabilis vir Martinus, abbas sancti Vedasti, huc animum intendit, et cum esset religionis amator et divini studiosus operis, illud sanctum et venerabile caput, ad locum unde ejectum fuerat ob multorum salutem retransferre disposuit, quatenus in celebri civitate et nobili ecclesia reconditum, filiorum assidua devotione et populorum ambiretur frequentia. Opportuno igitur die, invitato Andrea Atrebatensi Episcopo, cum monachorum atque clericorum copiosa multitudine, Bercloensis ecclesie Altare confecit, illud sanctuarium quesiturus. Sed prima vice, tam ipsius quam universorum pendulam expectationem, quesiti et non inventi capitis elusit eventus. Unde orta est grandis questio ; quia et certum erat illud ibi fuisse, cum id semper majorum promulgasset auctoritas, et intolerabile sacrilegium videbatur, si quis hoc ulla presumptionis audacia vel furti intentione asportasset. Porro, attonitis omnibus, et plurimo merore confectis, monachus quidam, ibidem a puero nutritus, cum se musitando jactaret rei hujus habere noticiam, ab Abbate angariatus, et quod in angulis dixerat in lumine professus, se illud Abbati ostensurum repromisit, et diem quo sue sponsioni satisfaceret statuit. Quo die illud abbate cum multo comitatu, invitato rursum episcopo, properante, et ad hoc spectaculum confluentibus universis, monachus ille, clausis et obseratis januis, et omnibus ad breve foras fieri jussis, se solum sub querendi capitis occasione infra templi ambitum conclusit. Ubi cum aliquandiu moraretur, sapientes viri quos secum abbas deduxerat, suspecti ne quid sinistrum machinaretur, callida et impatienti devotione per occultos aditus inopinate irruerunt, et ipsum illas reliquias tractantem et in terram reponere satagentem invenientes, eique(1) de manibus rapientes, publica et alacri voce inventum thesaurum proclamaverunt; statimque, disjectis seris atque pessulis, omnibus irrumpentibus, facta est letitia magna in populo.

Animadversum est autem postea et pro certo cognitum, eumdem miserabilem monachum cum in ecclesia ex consuetudine pernoctaret, quibusdam luminarium indiciis que circa altare frequenter apparuisse narrantur, sanctuarii comperisse locum, et illud, ut in alienas terras procul deportatum in aliquam venderet ecclesiarum, temerario ausu de altari, ante paucos annos, ejecisse. Sed illius detestabile propositum, ne effectui manciparetur, Dei misericordia clementer avertit, que et suam gloriam, et sancti honorem, et totius patrie salutem providebat.

(2) Igitur voti compos et plurimum exultans in Domino venerabilis Abbas cum jam regredi et inventum caput cum debita transferre reverentia disponeret, collecti repente in unum primores patrie cum infinita multitudine populi, reniti et contradicere ceperunt, asserentes tantum sanctuarium nusquam debere mutari, sed in eo loco ubi per Dei gratiam revelatum erat perpetuo honorari. Cujus dissentionis adeo fomes invaluit, ut cum gladiis et

(1) Easque, G. des Moulins

(2) Le récit de Guiard des Moulins est désormais plutôt un abrégé qu'une reproduction de celui de Guimann. Il contient d'ailleurs tous les passages les plus énergiques, mais omet beaucoup de détails.

fustibus sanctuarium detinere attemptaverint; eratque videre miserabile spectaculum, cum utraque pars, ob vindicandi capitis desiderium decertaret, et utramque partem fidei ac devotionis pietas ad certamen armaret. Et cum paulatim malum ingravesceret, et deteriora minari videretur, vir sapiens, altiori usus consilio, ad tempus cessit, et cum suis Lensense castrum adiens, Rogerum dapiferum Flandrie, qui ibi ob tractanda Comitis negotia morabatur, ut sevientis populi manum suo terrore compesceret, adduxit. Qui vir prudens et magni nominis, audito eventu et viso sanctuario, magnifice exultavit, et quia antecessores ejus ecclesie Bercloensi multa contulerant, populi statim cepit vocibus acclamare, et Abbatem, ut eorum petitioni assentiret, multis precibus ambire. At ubi domni abbatis immobilem persensit animum, Domini sui, Cujus erat homo-legius, voluntati contra ire nec potuit nec debuit. Quin immo, ex una parte propriis manibus apprehendens sanctuarium, sedato plebis tumultu, de ecclesia reverenter et honeste conduxit.

Egressi itaque de pago Bercloensi, incredibili nos de castris et viculis plebis copia prosequente, in villa sancti Vedasti que Thyluz vocatur, prime noctis vigilias peregimus, et postero die, cum jam Attrebatum essemus ingressuri, domnus abbas sanctum pignus in ecclesia sancti Michaelis, non longe a porta civitatis orientali, que ab eodem denominatur archangelo, interim jussit servari; hoc ex consilii sententia deliberans ut religiosos et nominatos viros accerseret, et venerandas reliquias, prout decens et debitum erat, in ecclesiam sancti Vedasti cum generali et sollempni processione induceret. Et dum circumquaque nuntiis atque litteris discurrentibus id acceleratur negotium, ad comitem Phylippum, qui cum patre Theoderico, et Flandrie, et Virmandorum obtinebat principatum, fama rei devolavit. Qui suorum consiliis credulus, statim de Bergis ascendens, tota nocte et cum festinatione urgens iter, Attrebatum mane ingressus est; suique animi propositum callide dissimulans, Ecclesiam sancti Michaelis, sanctuarium illud visurus adiit. Quo viso et adorato : « Caput illud meum est, et in mea terra inventum, meo erit arbitrio disponendum. » Cui domnus abbas et nonnulle que aderant de capitulo persone in faciem restiterunt, et ne ulla temeritate tantum scelus aggrederetur, constanter interdixerunt. Ceterum ille, sinistris depravatus consiliis et audire contempnens, suos ibi custodes cum sigilli sui impressione ad capitis tutelam ordinavit, et in aulam suam, que in castro sancti Vedasti ante januas ecclesie sita est, pransurus ascendit. Illuc quoque eum seniores capituli prosequuti sunt, deprecantes ne nobilem ecclesiam sue dignitatis exueret privilegio, et eam que domno Pape soli et preter ipsum nulli erat subjecta, sue libertatis molestaret detrimento; ipsum esse populorum non sacerdotum principem; debere eum Dei judicium vereri; injustum esse, et omnibus seculis inauditum, ea que ecclesiastici juris sunt, ab illa seculari potestate insolenter usurpari. Verum, hec et alia multa a monachis rationabiliter et strenue perorata induratum cor principis cum grandi stomachatione respuit, nullaque precum instantia flecti, nullis potuit frangi rationum argumentis.

Tunc vero in ecclesia sancti Vedasti omnia luctu personabant, ubique dolor et tribulatio, ira et indignatio, dolentibus universis tantum sibi pignus auferri, et Ecclesiam sancti Vedasti, de alto sue nobilitatis gradu, in miserabilem ruinam et sempiternum opprobrium devolvi. Et cum imminente doloris articulo nulla esset tractandi consilii mora, arripiunt subito consilium quod in tanta confusione potuit honestius inveniri, scilicet audacter resistere, et matris ecclesie libertatem constanter tueri. Moxque in unum conglobati senes cum junioribus, universus ecclesie conventus, ut filii potentes sue memores dignitatis, de claustro viriliter irrumpunt, et per mediam civitatem rapidis passibus properantes, ecclesiam sancti Michaelis occupant, atque altare majus super quod ante Beate Dei Genitricis imaginem sanctuarium in lapide signatum jacebat, circumdant.

Interea, de porta sancti Michaelis, quasi de magno qualibet alveari, catervatim ebulliunt civium examina, et camporum virentia sicut aque maris operientis sua densitate sepeliunt : triste quidem spectaculum, cum multa compassione et lacrymis intuentes, sed ob terrorem comitis nullum ferre presumentes auxilium. Que monachorum constantia cum in aula comitis celebri esset sermone vulgata, tyrannus infremuit, et cum magna iracundia de mensis exiliens, cum militari manu et grandi strepitu, ecclesiam sancti Michaelis, quasi aquila cum impetu volans ad escam, irrupit, ubi rejecta clamide, et fuste arrepto, obstantes circumquaque discutiens raptum cum violentia de ipsi Dominici corporis mensa reverendum caput, instaurato protinus itinere Ariam deportavit. Erat autem feria sexta que XIII. Kalendas junii in crastinum Dominice Ascensionis illuxerat, annus incarnati verbi millesimus centesimus sexagesimus sextus, hora diei quasi septima.

Perdite sunt etiam quedam Sanctorum martyrum reliquie, que, ob honorem beati Apostoli, ibi erant appense et, dum fieret violenta predatio cum tumultu, excusse de hasta bajula inveniri ultra non potuerunt. Merentibus itaque monachis et universa civitate sub enormi injustitia laborante, Domnus Abbas comitem festinus insequitur, et Ariam ingressus, sub totius curie frequentia, ante utrumque Comitem, de raptu sanctuarii, de violatione ecclesie, de sue libertatis jactura, depromit querelam ; sed nullum inveniens misericordie rorem, Teruanniam secedit, et Miloni episcopo Morinorum benedictionem quam Arie celebraturus erat, ex Apostolica authoritate interdicit.

Occurrunt Arienses canonici, qui illuc ad suum venerant Antistitem, et Abbatem ne id faciat, multis et importunis precibus pulsant. Verum illo recusante recurrunt ad comitem, de abbate querimoniam faciunt, interdictam causantur ecclesie sue dedicationem. Recanduit ira principis qui mox efferatus Teruanniam advolat, episcopum rogat et hortatur ne a benedictionis proposito resiliat. Ceterum episcopo ob timorem et reverentiam Apostolice sedis nullatenus acquiescente, graviter indignatus comes, se loco et tempori cessurum, et Sanctum caput alias delaturum interminatur, et sic inactus Ariam revertitur. Tunc episcopus abbatem qui necdum longe processerat revocans, cum ipso Ariam pergit, eique apud utrumque comitem collaborabat. Sed illis in sua obstinatione perdurantibus adsunt denuo clerici et multas abbati ostendunt rationes, non debere eum opus dei perturbare, non ulciscendam in eos comitis feritatem, nihil sua interesse de ipsius contumacia, quippe qui sanctuarium inviti et coacti suscepissent et a principis consilio et opere penitus essent immunes. Quibus insistentibus abbas cum consilio loquutus, ne filios Dei contristaret, benedictionem fieri indulsit, veritus precipue ne comes in deterius laberetur et sanctuarium nostrum in remotiores ecclesias deferret et sic recuperandi ulterius spes nulla remaneret. Ab illo ergo die sanctuarium Arie in templo sancti Petri ipso comite, et non alio quoquam scrinii clavem deferente servabatur.

Oratio autem fiebat sine intermissione ab ecclesia nostra ad Deum pro eo ut nobis illud Deus redderet, et civitatem nostram nequaquam tanto pignore in sempiternum orbari permitteret. Porro Ariensis ecclesie canonici cum multo honore ac diligentia festum beati Apostoli solemne instituunt, et de tota Flandria multi illum requirentes sue ibi peregrinationis vota persolvunt. Ceterum hec nutu illius qui omnia operatur secundum consilium voluntatis sue ad laudem et gloriam beati Apostoli sic evenisse quis discredere vel diffiteri presumat, ut hac occasione thesaurus die occultatus terris omnibus competenter innotesceret, et in fines orbis terre permotis circumquaque nationibus hujus rei sonus exiret? Repente siquidem in populis, tribubus et in insulis que procul sunt hec fama personuit, et tam casas pauperum quam et palatia regum sua novitate concussit.

Quamobrem comes multorum pulsatur consiliis, Apostolicis corripitur epistolis, celesti insuper judicio et divinis urgetur portentis, que illo tempore circa Ariam insolito terrore discurrentia, manifestam in deum et sanctos ejus testari et exquirere videbantur injuriam. Quibus omnibus deterritus Princeps, maxime quia cum suo atque suorum periculo interiores insulas navali exercitu properans, comiti de Hotlanda nuper diffidutiato bellum indixerat; cum nec sanctuarium vellet reddere, nec ulterius auderet cum calumnia retinere, illud a nobis mutuare conatus est, et hujus commutationis gratia, multa nobis obtulit predia et possessiones. Quod cum a venerabili abbate sancti Amandi Hugone, qui hanc a comite legationem susceperat, in capitulo proponeretur, hoc ab omnibus irrisa dementia est; tale mercatum universi horruerunt, dicentes nec tantum sanctuarium debere vendi, nec uberes sancti Vedasti divitias ullo turpi lucro vel infami questu fedari. Quamobrem ei rescripsimus in hunc modum :

Philippo Flandriarum Comiti illustri et magnifico Martinus, ecclesie beati Vedasti indignus minister et universum Capitulum dignos agere penitentiae fructus.

« Venerabilem Abbatem Sancti Amandi et quosdam potentes in conciliis vestris nobis a latere vestro direxistis, obsecrantes ex parte vestra ut injuriam quam Deo et ecclesie nostre irrogastis, patienter ferremus, nullamque super hoc querelam vel in Domni Pape vel in Domni Archiepiscopi curia faceremus, insuper et quod ecclesie nostre non tam rationis instinctu quam potestatis violentia rapuistis vobis concederemus. Et injuriam quidem quam patienter tulerimus satis vobis notum est : quomodo scilicet sine ulla ecclesiastice censure reclamatione clementie vestre bonitatem exspectaverimus. Sed et nunc quoque sicut hactenus quamvis cum multa animorum gravitate et molestia nobilitatis vestre respectum ad tempus sustinebimus, et insuper ut vos Deus de expeditione quam aggressuri estis sanum et incolumem humiliatis hostibus cum triumphi gloria reducat, et ad honorem sancte ecclesie cor vobis penitens indulgeat orabimus. Porro eumdem Thesaurum vobis concedere nostre facultatis non est, utpote qui Deo et sancto Vedasto magnifica regum liberalitate collatus est. Si igitur eas reliquias alii ecclesie conferre, vel de ipsis ecclesiam quasi sub obtentu religionis instaurare disponitis, neque inter nos et vos neque inter nos et ecclesiam, que eas contra Deum detentura est, pacem ullam ullo pacto futuram certissime et indubitanter sciatis. Spiritus consilii vobiscum. »

Cum igitur inter nos et comitem nulla posset formari concordia, Henricus Remorum Archiepiscopus, et illustris Regis Francie Ludovici germanus, Eustachius quoque magister fratrum militie templi, multique quos enumerare longum est, tam seculares quam ecclesiastici sapientes, salubria comiti ne contra ecclesiam bellare videretur ingerebant consilia, et Apostolicarum nichilominus litterarum frequens auribus principis intonabat procella. Siquidem felicis memorie domnus Alexander Papa querela rapti capitis accepta magnam ut sue restitueretur ecclesie impendit operam et super hoc nunc ipsi comiti scripta destinans, modo blanditiis, modo terroribus, moliebatur juvenis frangere pertinaciam. (1) Sicque factum est ut tan·

(1) Ici se trouve une différence radicale entre le récit de Guimann et celui de Guiard des Moulins. Voici la version de ce dernier auteur : « Post vero non minimum temporis intervallum, sexto scilicet ablationis anno, abbate et conventu Sancti Vedasti quasi spem nullam habentibus ipsum sanctuarium de cetero rehabendi, fatiguatus tamen comes tot litteris, blanditiis, terroribus domni pape predicti, totque

torum virorum increpationibus et monitis fatigatus Comes, nilque se acturum intuens, post longum intervallum, sexto scilicet ablationis anno, jam defuncto patre, emendatiorem erga nos animum indueret, Deoque et sancto Vedasto cervicem cordie sero licet inclinans, illud sanctuarium in nulla decentius quam in ecclesia sancti Vedasti que divitiis et nobilitate ceteris antecelleret reponendum esse publice testaretur. Quam sententiam statim rapuerunt ex ore ejus magnis vocibus ut redderetur; nec prius abstiterunt quam prefixo restituendi Capitis die, Comes Ariam deveniret, et thesauros sancti Petri cum religiosis ingressus, domno abbati illuc cum suis occurrenti suum sanctuarium cum multa devotione reconsignaret.

Flebant canonici, populi per Ariam magna erant confusione turbati, et nisi potentia Principis et Baronum, quorum copia grandis aderat, obstitisset authoritas, vix, ut videbatur, a sanctuarii defensione continuissent manus. Relatum itaque venerabile caput in ecclesia sancti Michae-

portentis insolitis circa Ariam contingentibus, timens se, tanto Sanctuario per violentiam retinente, contra comitem de Hollandia ad bellum procedere, procuravit per viros authenticos, videlicet per predictos archiepiscopum, abbatem Sancti Amandi et Eustachium magistrum templi, pacem inter predictos abbatem et conventum Sancti Vedasti et ipsum comitem super dicto sanctuario reformari, in hunc modum, quod caput Sancti Jacobi debebat *per medium secari*, et dictus comes illam partem, *quam vellet*, sibi poterat retinere. »

Ceci fut exécuté sur le grand autel de l'église collégiale de Saint-Pierre d'Aire. Le comte choisit la partie antérieure, *vultum*, et il ne resta à Arras que la partie postérieure de la tête. On peut voir la suite de ce curieux récit dans la publication de M. Morand, pour ce qui concerne l'église d'Aire (*Revue des Sociétés savantes,* deuxième série, tome v, avril 1861).

lis repositum est, et ibidem monachorum excubiis interim conservatum, quatenus inde cum debito honore transferretur, unde cum injusta fuerat raptum violentia. Mandantur per totum episcopatum et nostram viciniam nominate persone et ecclesiam sancti Vedasti confluentes, Comitis prestolantur adventum qui se in Dominica proxima scilicet in octavis Stephani promiserat affuturum. Verum magnis impedientibus curis omnium frustrata expectatione in sequentem feriam secundam suam protelavit presentiam, simplicioribus populi, id a Deo provide ordinatum interpretantibus, ut tanti meriti Apostolus non alio die quam in octavis fratris sui Joannis Evangeliste civitatem intraret, ut eadem dies tantorum fratrum memoria haberetur insignis. Quod nos postea sic contigisse vidimus, quia nimirum rogante capitulo domnus abbas diem illum omnibus annis in ecclesia nostra celebrem atque solemnem agi instituit, quia eidem ecclesie evenisset gaudium, quantum prius evenisse nulla etas meminerit. Nam comite civitatem ingresso cum celeberrimo personarum conventu et Baronum ambitione, plebisque frequentia ordinata tam monachorum quam totius cleri processione, cum universo populo et civitatis capitaneis, sanctas reliquias suscepimus et cum inenarrabili letantium atque laudantium Deum vociferatione in ecclesiam sancti Vedasti, III. Nonas Januarii, cum festiva devotione retulimus.

Eadem quoque hora comes in capitulum procedens cum multa humilitate locutus est petens sub oculis omnium ut sue transgressionis absolutionem acciperet, modicam sanctuarii partem (1) quam presente et annuente ab-

(1) Cette expression est certainement inexacte ; je puis l'affirmer, et *de visu*, puisque c'est moi qui ai transféré la relique de son ancienne châsse dans la châsse actuelle, en 1858. J'ai donné la description

bate a capite desectam sibi retinuerat, cum assensu et benevolentia capituli haberet. Non erat apud nos labor iste difficilis, vel indulgere penitenti vel justa petenti citius assentire. Quamobrem multas agens gratias multumque de cetero ecclesie obnoxium se fore pollicens, cum amoris nostri plenitudine de capitulo regratiatus et absolutus exivit. Et quid exprimendum diei illius jucunditatem et sermo succumbit et animus; miracula tamen que Deo propitiante, in sancti capitis relatione ostensa sunt minime tacemus que Deus in sancto suo demonstravit ad eliminandam totius incredulitatis et diffidentie caliginem, et confirmandam fidem illorum, qui nisi signa et prodigia viderint non credent.

Miraculum de paralytico sanato.

Mulieris cujusdam parvulus filius morbo paralytico membris omnibus in globum collectis diriguit, sed cum mater merens et clamans universa prosequente vicinia sanctum Michaelem ubi adhuc sanctuarium servabatur

très-exacte de cette relique dans le *Trésor sacré de la Cathédrale d'Arras*, et j'y ai déclaré, comme je le fais encore ici, que c'est la version de Guiard des Moulins qui est la vraie. Arras n'a plus que la moitié du chef, et ce qui était resté à Aire, avec plus ou moins de justice (là est la question), ne peut pas être appelé *modica pars.* Au reste, la décision réelle, que nous fait connaître Guiard des Moulins et que constate la translation de 1858, était très-dure pour Arras. On conçoit les adoucissements qu'a voulu y apporter l'historien de Saint-Vaast, qui sans doute n'était pas à Aire lors de la division du chef de saint Jacques, et a pu, sur le bruit public, raconter ce qu'il dit de très-bonne foi.

adiisset, et in ipsis foribus Ecclesie Dei et sancti Jacobi patrocinium lachrimabiliter inclamasset, repente puer convaluit. Quod miraculum meritis beati Apostoli gestum esse nullus ambigat cum apud Deum et sanctos ejus magna fides mulieris id obtinuerit, et parvulorum innocentium qualium est regnum celorum in conspectu Domini plurimum possit. Puerum postea in Ecclesia nostra frequenter vidimus, et multos eum quasi testem et materiam miraculi amplectentes atque deosculantes aspeximus.

Aliud miraculum.

Frumoldus canonicus sancte Marie Atrebatensis et Ostrevadensis Archidiaconus vir magna gravitatis et prudentie in lectum egritudinis lapsus est, et in tantum vexatus ut de vita quoque desperaret. Cui cum aqua in qua caput sancti Jacobi fuerat intinctum propinaretur, eamque eger hausisset, melius habuit, et post paucos dies recepta ad integrum sanitate, se beati apostoli meritis convaluisse nobis presentibus asseruit, eique vovit votum, quod eum omni vita sua tenere vidimus.

Aliud miraculum.

Eustachius abbas sancti Vindiciani de monte sancti Eligii, vir potens in scripturis et arte medicine, ea die qua receptum est sanctuarium invitatus ad nos veniebat et hora matutina juxta aquas de anzanio agens iter, super ecclesiam sancti Michaelis mire claritatis lucem radiare intuens suis canonicis ostendit. Quod cum nobis retulisset, ipsam horam fuisse comperimus qua nostri seniores abbati in Ecclesiam sancti Michaelis venerant, et sanctas reliquias ad nos delaturi, de eadem ecclesia reverenter emiserant. Mirati sunt super hoc universi, maxime cum sol suum jubar adeo mortalibus inviderit, ut tota die illa nebulis et caligine sepulta, nullum radiorum ejus in aere apparuerit vestigium. Ubi illud etiam in magna est admiratione habitum, quod secundum preces et vota multorum, illa die quasi in obsequium processuri populi a mane usque ad horam decimam insolito gelu terre facies diriguit cum et ante et postea per totam fere hyemem vel nullum vel rarissimum gelu senserimus, et hyemale tempus ita preter morem a naturalis frigoris jure depropriatum non nunquam expaverimus.

Aliud miraculum.

Matrona quedam manens in castello sancti Vedasti ante circiter octo dies quam ulla reddendi capitis fieret mentio, somnium vidit, quod ecclesie nostre et totius civitatis nude et aperte portendebat letitiam : monasterium sancti Vedasti suis ex integro decoratum insignibus, domnum Abbatem in sublimi assistentem loco, et columnam eximii splendoris quam tenebat in manibus populis ostendentem. Que omnia postmodum exacte compleri vidimus, ecclesiam ornari, structuram ligneam ante altare sancte Crucis erigi, et super ipsam precone vehementer intonante relatum caput populo presentari. His igitur atque aliis que studio brevitatis omittimus miraculorum testimoniis, honori atque reverentie sancti capitis populorum assuevit devotio, et ex illa jam die celebri plebis concursu et oblationum copiis cepit honorari. Non negligens itaque venerabilis abbas ad honorem Dei qui tanto thesauro ejus honoravit tempora, larga manu et liberalibus expensis vas insigne jussit fabricari, in quo sanctas reliquias decenter aptatas, in ecclesia sancti Vedasti sibi commissa perpetuo servandas reposuit, ubi usque in hodiernum diem multi potenti fide et alacri devotione beati Apostoli memoriam adeunt; et ipsius meritis per sancti spiritus gratiam peccatorum remissionem accipiunt, prestante Domino nostro Jesu-Christo, qui cum Patre et eodem spiritu sancto vivit et regnat, per omnia secula seculorum. Amen (1).

Quomodo corpus beati Jacobi Apostoli fratris Johannis Evangeliste de Jherosolimis ad Hispaniam translatum sit.

Nonnulli dubitare solent quo tempore beatus Jacobus frater sancti Johannis evangeliste, apud Hispanias predicaverit, quo etiam tempore ante an post dispersionem Apostolorum ab Herode decollatus sit, et qualiter nichilominus sanctum ejus corpus ad Hispanias relatum sit. Que questio quum diu inter nos versaretur, nec ex actibus apostolorum hujus rei posset haberi notitia, venit nobis in manus libellus quidam in antiquis vicinarum ecclesiarum inventus archivis, qui brevi ac simplici stylo exaratus, hanc habebat continentiam. Jacobus frater

(1) Ce passage, à partir des mots : non negligens..., est évidemment tiré du fragment que nous donnons plus loin, d'après un Manuscrit du XIIIe siècle de la Bibliothèque d'Arras.

Joannis Evangeliste traditur in Hispania predicasse, de qua cum reverteretur circa diem Paschalem Jerosolimam visitare ecclesiam invenit eam a duobus magis Hermogene et Phileto graviter infestari. Quorum fallaciam signis et predicationibus detexit, et gregem Domini a lupis invasum ad verum Pastorem reduxit.

Insuper ipsos magos magistros erroris cum multis ad veram fidem convertit et nobiles doctores Ecclesie fecit. Unde judei zelo accensi seditionem concitant. Jacobum furibundi rapiunt, ad pretorium Herodis filii Aristoboli ducunt, dataque ab Herode sententia damnationis, ad locum quo decollandus erat protrahunt. Qui in itinere paralyticum sanavit, et scribam cum fune ad martyrium se trahentem convertit. Is enim qui obtulerat eum ad martyrium, Jacobum scilicet, motus penitentia, etiam ipse confessus est se esse Christianum. Quamobrem missa relatione ad Herodem ducti sunt ambo ad supplicium, et cum ducerentur in via, rogavit Jacobum dare sibi remissionem. At ille parumper deliberans, pax tibi, inquit, et osculatus est eum. Deinde rogavit afferri sibi aquam, et baptizavit eum, et ita simul cum eo capite plexus est. Cujus corpus ab Hermogene et Phileto aliisque discipulis suis rapitur, navi imponitur, ut aliquo in loco abscondatur, donec largiente Domino condigne sepeliatur. Qui navim ingressi obdormierunt, et in crastino evigilantes invenerunt se in Hispania, ubi primum predicaverat. Corpus itaque efferentes super lapidem ponunt, quod mox in eumdem lapidem mergi conspiciunt, velut liquidum elementum. Erat eo tempore in illis partibus prepotens femina et nomine et actione lupa, totius provincie primatum tenens. Quibusdam igitur cum corpore relictis, alii ad dominam pergunt, rogantes ut sibi locus sepulture tradatur, et cujus doctrinam suscipere recusaverat, saltem mortui corpus a Deo sibi missum recipiat. Tunc illa comprehensos homines misit crudelissimo Regi puniendos. Rex vero jussit eos in ima carceris recipi donec cogitaret qua morte justificarentur. Post hec Rege ad convivium discumbente, ab Angelo de carcere producuntur, et populo inspectante, civitatem egrediuntur. Sublata autem mensa rex ad carcerem ministros misit, inclusos produci jussit. Ministri vero carcerem aperientes, neminem invenerunt. Cumque jussu regis ubique perquirerentur, et aliqui dicerent se peregrinos vidisse per civitatem transire, mittuntur velociter qui eos insequantur, sed rupto ponte quem transibant, gurgiti immerguntur. Unde Rex et sui pavore perterriti, vivos cum honore revocant, fidem Christi et baptisma suscipiunt. Deinde ad Lupam reversi petunt locum sibi dare sepulture. Illa vero dolens eos non solum evadisse sevitiam regis, sed et ipsum cum suis omnibus Christo acquisisse, temptat eos aliquo ingenio perdere; habebat tunc ingentes boves sylvestres nimis feroces atque indomitos. Precepit itaque, ut hos boves sub jugum mitterent corpus magistri plaustro impositum veherent, cogitans quod a bobus discerperentur. Ipsi autem facto signo Crucis boves ut agnos jungunt, corpus magistri plaustro imponunt. Boves autem indomiti còrpus apostoli recto itinere duxerunt in palatium Lupe, longe inde posite. Quod illa videns Christo credidit, palatium suum in ecclesiam consecrari fecit, in qua sanctum apostolum sepelivit, cui etiam multos possessiones et ornamenta contulit. Hic miracula multa facta sunt, et multi ad fidem conversi. Passus vero idem apostolus est sub Herode Agripa tempore paschali, sed ejus memoria solemnisatur VIII. kalendas Augusti quando translatus est, et sepultus celestibus signis glorificatur.

Littere Alexandri Pape ad Philippum comitem Flandrie pro capite Beati Jacobi Apostoli (1).

Alexander episcopus, servus servorum Dei, dilecto filio nobili viro comiti Flandrie Philippo, salutem et Apostolicam benedictionem.

Quanto majori potentia et nobilitate prefulges, tanto tibi debes studio attentiori (2) ab omnibus precavere que famam tui nominis noscantur offendere vel salutem

(1) M. Morand, qui nous a donné en 1861 le récit de Guiard des Moulins à l'aide duquel nous avons contrôlé celui de Guimann, vient de publier (Mai-Juin 1874, de la *Revue des Sociétés savantes du Ministère de l'Instruction publique*) les lettres d'Alexandre III que donne ici Guimann. L'édition de M. Morand est d'autant plus précieuse, qu'elle est faite sur une copie authentiquée, de 1506 (Archives de Saint-Pierre d'Aire), et que cette copie a été alors exécutée à Arras...
« In et a quodam libro veteri et auctentico, sano quidem et integro,
» non viciato nec in aliqua sui parte suspecto, sed omni prorsus vicio
» et suspectione carente, in pergamine descripto, coreo albo cum
» asseribus ligneis cooperto, privilegia, libertates, jura, redditus, pro-
» ventus et emolumenta ecclesie seu Monasterii Sancti Vedasti Attre-
» batensis, ordinis Sancti Benedicti, Romane ecclesie immediate sub-
» jecti, continente, eidem monasterio pertinente, et in eodem exis-
» tente et reposito... »

Voilà sans doute un exemplaire du Cartulaire de Guimann plus ancien que les nôtres : Etait-ce le Manuscrit original ?

(2) Attenciori studio, *édition de M. Morand*.

tuam aliquatenus prepedire. Pervenit autem ad audientiam nostram quod tu reliquias sancti Jacobi ab Ecclesia sancti Vedásti pro tua voluntate suscipere, et eas exinde non es veritus asportare. Ne igitur exinde alicujus peccati maculam contrahas, aut in conspectu hominum valeas reprehensibilis apparere, magnitudinem tuam rogamus attentius et monemus, quatenus prescriptas reliquias eidem monasterio sine molestia et difficultate restituas, ita quod apud Deum vel homines nullius reprehensionis notam possis incurrere aut alicujus peccati contagio maculari.

Item unde supra ad Robertum Ariensis Ecclesie Prepositum.

Alexander episcopus, servus servorum Dei, dilecto filio Roberto Ariensis ecclesie preposito, salutem et apostolicam benedictionem.

Quoniam dilectum filium nostrum nobilem virum Flandrie comitem tuis novimus monitis et exhortationibus (1) acquiescere nec dubitamus te sibi velle consulere, que ad suam temporalem vel eternam noscuntur pertinere salutem, confidenter tibi suggerimus que fame sui nominis expediant et saluti. Rogamus itaque discretionem tuam, monemus atque mandamus (2) quatenus apud eumdem comitem crebris monitis et exhortationibus (3) efficere valeas, ut reliquias sancti Jacobi, quas monasterio sancti Vedasti dicitur abstulisse eidem monasterio

(1) *Edition de M. Morand :* Exhortacionibus.
(2) *Ibidem :* Quatinus.
(3) *Ibidem :* Exhortacionibus.

restituat, ita quod integritas fame sue propter hoc nullatenus violetur, et studium et diligentia tua possit in hac parte merito commendari.

Item unde supra ad Philippum Flandrie comitem.

Alexander episcopus, servus servorum Dei, nobili viro Philippo comiti Flandrie, salutem et apostolicam benedictionem.

Quanto personam tuam arctiori (1) charitate diligimus, et honori tuo et exaltationi ferventius aspiramus, tanto ea que ad nos specialiter pertinent, chariora tibi debent, et magis accepta existere, et ipsa te decet studiosius conservare. Quia igitur monasterium sancti Vedasti (2) ac principaliter ad jurisdictionem beati Petri pertinet, ipsum et jura ejus manu tenere debemus, et attente sollicitudinis studio confovere. Quapropter nobilitatem tuam rogamus, et in remissionem tibi peccatorum injungimus, ut caput sancti Jacobi et alias reliquias quas eidem monasterio abstulisti, postposita mora et occasione restituas, et ipsius monasterii jura manu teneas studiosius et conserves, ita quod a superno remuneratore premium indeficiens recipias, et nos ad honorem tuum et incrementum ferventius debeamus induci (3) et amplius respirare.

(1) *Edition de M. Morand :* Artiori, et, plus loin, cariora.

(2) Un mot est omis probablement, mais tel est le texte de nos sources diverses.

(3) *Ibidem :* Indici.

Item unde supra ad Ariensis Ecclesie Prepositum.

Alexander episcopus, servus servorum Dei, dilecto filio Roberto Ariensis ecclesie preposito, salutem et apostolicam benedictionem.

Quanto tua devotio magis circa nos diligens comprobatur, tanto ea que ad honorem et augmentum Ecclesie pertinent promovere studiosius debes et promptam his diligentiam et sollicitudinem (1) adhibere, ut gratiam beati Petri ac nostram tibi valeas propter hoc plenius confovere. Quapropter hortamur prudentiam tuam atque monemus, quatenus dilectum filium nostrum nobilem virum Philippum comitem Flandrie, cujus te gratiam et familiaritatem habere accipimus, diligenter moneas, horteris propensius et inducas quod Ecclesie sancti Vedasti reliquias quas abstulit sine mora restituat, et jura ipsius nulla ratione imminuat, sed potius protegat et conservet, ita quod ex hoc studium et diligentiam tuam possimus non immerito collaudare et multiplices super hoc gratiarum actiones referre.

Item unde supra ad Henricum Rhemensem Archiepiscopum.

Alexander episcopus, servus servorum Dei, venerabili Fratri Henrico Rhemensi archiepiscopo, salutem et apostolicam benedictionem.

Perlatum est ad audientiam nostram quod nobilis vir

(1) *Edition de M. Morand:* Solicitudinem.

comes Flandrie caput beati Jacobi ab Ecclesia sancti Vedasti per violentiam asportavit, et illud in Ariensi Ecclesia dicitur posuisse. Unde quoniam jam dictam Ecclesiam sancti Vedasti que nullum episcopum preter Romanum Pontificem habet, reliquiis vel aliis suis nolumus sine rationabili causa privari, per Apostolica scripta fraternitati tue mandamus, quatenus (1) prepositum et Canonicos prefate Ecclesie instanter moneas et districte compellas, ut prescriptum caput cum aliis reliquiis Ecclesie sancti Vedasti omni occasione et appellatione cessante restituant. Quod si juxta commonitionem tuam prefatum caput cum reliquiis reddere forte noluerint, prefatam Ariensem Ecclesiam, dilatione (2) et appellatione remota subjicias interdicto et in alia ad quamcumque pretaxate reliquie delate fuerint, quamdiu presentes extiterint divina prohibeas officia celebrari. Datum Beneventi, IV. Idus Julii.

Item unde supra ad prepositum Arie et Canonices.

Alexander episcopus, servus servorum Dei, dilectis Roberto Preposito et canonicis Ariensis Ecclesie, salutem et apostolicam benedictionem.

Perlatum est ad audientiam (nostram) quod vir nobilis Philippus comes Flandrie caput beati Jacobi ab Ecclesia sancti Vedasti violenter asportavit et illud in Ecclesia vestra dicitur posuisse. Unde quoniam jam dictam Ecclesiam sancti Vedasti que nullum Episcopum preter Roma-

(1) *Edition de M. Morand :* Quatinus.
(2) *Ibidem :* Dillatione.

num Pontificem habet, reliquiis vel aliis bonis suis nolumus sine rationabili causa privari, per apostolica scripta vobis precipiendo mandamus quatenus (1) prescriptum caput cum reliquiis sancti Vedasti, quas penes vos habetis, abbati et fratribus ejusdem loci omni contradictione et appellatione cessante, cum ab eis exinde fueritis requisiti reddatis; nec eas presumatis ulterius detinere. Quod si facere temperaveritis (2) noveritis nos venerabili fratri nostro Henrico Rhemensi archiepiscopo in mandatio dedisse, ut ecclesiam vestram dilatione (3) et appellatione remota subjiciat interdicto, et in alia Ecclesia ad quamcumque prefata reliquie delate fuerint quamdiu presentes extiterint, divina prohibeat officia celebrari.

Data Beneventi, III. Idus Julii.

Item unde supra ad Comitem Flandrie.

Alexander episcopus, servus servorum Dei, dilecto filio nobili viro Philippo comiti Flandrie, salutem et apostolicam benedictionem.

Pervenit ad nos, quod cum dilectus filius noster Martinus abbas sancti Vedasti, reliquias beati Jacobi que furtive de monasterio ejus subrepte (4) fuerant, ad idem monasterium referret, tu ei prescriptas reliquias auferri fecisti et in quamdam villam tuam transferri. Unde licet

(1) *Edition de M. Morand:* Quatinus.
(2) *Ibidem:* Temptaveritis.
(3) *Ibidem:* Dillatione.
(4) *Ibidem:* Surrepte.

hoc ex devotione feceris, quia tamen prefatum monasterium eisdem reliquiis quibus erat decoratum, non debuisti aliquatenus spoliare : magnificentiam tuam per Apostolica scripta rogamus atque monemus, quatenus (1) prescripto monasterio quod ad jus et proprietatem beati Petri principaliter pertinet, prelibatas reliquias sine mora et difficultate restituas, nec eas amplius detinere contendas, quoniam nullum Deo exhibes officium sed potius offendis ubi jus alterius violenter auferre presumis. Quod nisi feceris, nos venerabili fratri nostro Henrico Remensi archiepiscopo dedimus in mandatis, ut in ecclesia in qua reliquie ille recondite sunt usque ad dignam satisfactionem divina officia interdicat.

Data Beneventi.... Idus Julii.

Le récit suivant a été copié par nous dans le Manuscrit du XIIIe siècle qui renferme un long fragment de Guimann, et dont nous avons parlé plus haut *(Page 112, en note)*. C'est la fin de ce fragment, et comme probablement il est de la même main que le reste, nous croyons bien faire en l'insérant ici. Nous y sommes d'autant plus autorisé, que nous retrouverons une partie de ce récit reproduite textuellement dans une Lettre de Martin, abbé de Saint-Vaast, qui se trouve vers la fin du Cartulaire, passage sur lequel nous avons pu rectifier les neuf mots que nous avons mis entre parenthèses. On lira cette lettre à la place que lui a assignée l'auteur de cette partie du Cartulaire, à la fin de notre second volume.

(Eodem..... anno quo nobis predictus nobilis comes) ipsum venerabile caput beati Jacobi restituit, ad Hyspanias, orationis gratia et ipsius capitis veritatem inquirendi desiderio accensus, sanctum Jacobum adivit. Qui eo perveniens cepit pius explorator curiosius inquirere

(1) *Edition de M. Morand:* Quatinus.

an ibi sanctissimum ejusdem caput haberetur, quatenus an apud nos an illic verissime haberetur certior redderetur. Facta inquisitione, quoddam argenteum ei allatum est, in quo a quibusdam esse dicebatur caput (a quibusdam), non ipsius Jacobi fratris Johannis, sed Jacobi minoris ibi repositum ferebatur. Verum cum comes illud sibi aperire summopere postulasset, nec ullo modo impetrare potuisset, a senioribus quibusdam omnino illic non haberi, sed olim in Flandrias translatum fuisse ipsi intimatum est. Quod audiens cum gaudio repatriavit, et in ipsa nocte festivitatis beati Jacobi Atrebatum veniens, nos super his certiores et alacriores reddidit. Non negligens itaque venerabilis abbas, ad honorem Dei qui tanto thesauro ejus honoravit tempora, larga manu et liberalibus expensis vas insigne jussit fabricari, in quod non multo post reliquias illas domnus Petrus, tytuli sancti Crisogoni presbiter cardinalis, qui illo tempore a latere domni Pape Alexandri in gallias destinatus in regno Francorum apostolica legatione fungebatur, presente et inspiciente innumerabili populorum multitudine, astante etiam Frumoldo Atrebatensi Episcopo, qui illuc ab abbate vocatus aderat, XII. kalend. maij, in octavis pasche, sollempniter et devote reposuit, et data omnibus benedictione et peccatorum indulgentia, eas in ecclesia sancti Vedasti perpetuo honorandas apostolica auctoritate firmavit, ubi usque in hodiernum diem multi potenti fide et alacri devotione beati apostoli memoriam adeunt, et ipsius meritis per Sancti Spiritus gratiam peccatorum remissionem accipiunt, prestante Domino nostro Jhesu Christo, qui cum patre et eodem Spiritu Sancto vivit et regnat per omnia secula seculorum. Amen.

De ecclesiis infra castrum sitis.

In latere dextro monasterii beati Vedasti, vicine et pene adherentes due ecclesie, scilicet beati Petri et beate Marie site sunt; a sinistro autem infra ambitum abbatie, capella sancti Jacobi; ipsa nichilominus opere Dei et concursu populi venerabilis; que quasi tres filie in gremio matris positi et ab uberibus consolationis ejus refecte, integram atque perfectam materne libertatis sortiuntur hereditatem. Porro ad ecclesiam sancti Petri, que quasi primogenita secundum a matre et dignitatis et positionis obtinet locum, pauci pertinent redditus et census, quos homo fidelis, qui providentia parochianorum et Abbatis precepto constituendus est, colligere debet et in ecclesie operibus expendere.

Gualterus de Atrebato. ij. mancalda frumenti droival.

Guibertus Caboz. iij. Solidos, de terra Bodonis.

Fratres templi. j. mancaldum frumenti.

Terragium in campo Lamberti et sancti Lazari.

Gerardus stultus . . .	ijd.	Baldus Guido	ijd.
Uxor ejus	ijd.	Magister hugo	ijd.
Petrus	ijd.	Frater ejus.	ijd.
Robertus Marchais . .	ijd.	Soror ejus	ijd.
Uxor ejus	ijd.	Uxor ejus	ijd.
Emma Casiers	ijd.	Mater ejus	ijd.
Avicina filia ejus. . .	ijd.	Ellius de Alloz. . . .	ijd.
Item Biza filia ejus. .	ijd.	Soror ejus	ijd.
Uxor Guiberti	ijd.	Guerinus acuar . . .	ijd.
Guido	ijd.	Geraldus frater ejus .	ijd.
Eremburgis	ijd.	Ava mater eorum . .	ijd.
Baldus Barizeas . . .	ijd.		

Isti et alii censuales sancti Petri a theloneo liberi sunt, sicut et censuales sancti Vedasti et sancte Marie Atrebatensis.

De ecclesia et canonicis sancti Petri in castro.

In hac ecclesia sancti Petri, XII. ex antiquorum institutione canonici deserviebant, qui de mensa monachorum prebendam accipientes, ea contenti, opus Dei solempniter implebant. Verum postquam pessimus hostis in Atrebatum se intrusit superbia, et refrigescente caritate abundavit iniquitas, clerici non militie Dei sed secularibus negotiis intenti, curamque carnis in desideriis facientes, prebendam monachorum contemptui habebant et eam in plateis et vicis civitatis pro spectaculo ostentantes se pro tali stipendio in ecclesia deservire indignum ducebant. Quod monachi egre ferentes pie memorie domnum papam Eugenium adierunt et suffragante ratione obtinuerunt ut decedentibus canonicis ad usus monachorum prebende remanerent, ita tamen ut in ecclesia sancti Petri opus Dei, ea qua prius celebritate fieri monachi providerent. Super hoc domnus papa hujusmodi litteras direxit.

Eugenius Papa de supra dictis Prebendis.

Eugenius episcopus, servus servorum Dei, dilectis filiis Guerrico abbati et fratribus sancti Vedasti, salutem et apostolicam benedictionem.

Quanto religiosi viri ad conservationem sui propositi

majori secessu indigent et quiete, tanto secularibus viris omnis occasio qua eorum pacem impedire valeant est amputanda. Ea propter, dilecti in Domino filii, paci et tranquillitati vestre, juxta commissi nobis a Deo apostolatus officium providere optantes, authoritate apostolica prohibemus, ut prebendas illas quas canonicis secularibus in ecclesia beati Petri de mensa vestra, ex consuetudine antiqua concedatis, decedente aliquo eorum qui modo eas habere noscuntur nulli alii concedatis, sed ad usus fratrum ecclesie vestre, sine exactione aliqua revertantur, sic tamen ut ipsa ecclesia divinorum celebratione non debeat sub ista occasione carere. Taliter enim et honori domus Dei et vestre nos convenit tranquillitati prospicere, ut nec ipse locus a divinis officiis vacare compellatur, nec secularibus viris ad infestationem vestram aliquis paretur accessus. Decernimus ergo, ut nulli omnino hominum in futurum liceat hanc paginam nostre prohibitionis infringere, vel ei ausu temerario contraire. Si quis autem sciens nostre constitutioni temere decreverit obviandum, indignationem omnipotentis Dei et beatorum Petri et Pauli apostolorum ejus se noverit incursurum.

Datum Signie. xiij. kalendas Januarii.

Alexander Papa unde supra.

Alexander episcopus, servus servorum Dei, dilectis filiis Martino Abbati et fratribus sancti Vedasti, salutem et apostolicam benedictionem.

Quanto religiosi viri... etc. *reproduction littérale de*

l'acte précédent, sauf ces mots: Patris et predecessoris nostri sancte recordationis Eugenii pape vestigiis inherentes, *intercalés entre* optantes *et* authoritate apostolita.

Datum Parisius, iij. Idus Aprilis.

Mandatum Alexandri pape pro parocho sancti Petri

Alexander episcopus, servus servorum Dei, dilecto filio Martino abbati sancti Vedasti, salutem et apostolicam benedictionem.

Pervenit ad nos quod presbiter ecclesie sancti Petri de castello sancti Vedasti, qui ad jus monasterii proprie et specialiter spectat, contumax tibi et rebellis existat et respondere tibi contradicat. Quia igitur devotioni tue jura omnia, que ad te pertinent, illibata volumus et integra conservari, presentium auctoritate statuimus ut, si predictus sacerdos debitam tibi subjectionem ac reverentiam exhibere noluerit, subtrahendi ei ea, que a te possidet, liberam habeas facultatem. Datum Anagnie, II. kal. Decembris.

De schola Castri.

Ad ecclesiam sancti Petri pertinet schola que dicitur in castello, quam abbas cui voluerit clerico personaliter in vita sua tenendam contradit. Nulla, preter hanc et eam que dicitur ad sanctam Mariam in civitate, schola infantium masculini sexus in Atrebato esse potest vel debet, nisi inter duos magistros ita conveniat. Non nunquam vidimus quod magister de civitate, quia propter sedem episcopatus dignior sibi videbatur, scholas adulterinas ad commodum suum per civitatem suo consensu teneri permisit. Sed magistro de castello per easdem scholas universos liberos sibi accipiente, magister de civitate ab hac inquietudinis ratione et usu urgente etiam invitus cessavit. Nulla enim, ut dictum est, preter has duas, in hac Urbe schola teneri potest, nisi duorum magistrorum pari et voluntario consensu.

Mandatum Paschalis pape pro capellis sancte Crucis et sancti Mauritii (1).

Paschalis episcopus, servus servorum Dei, dilectis filiis et fratribus Lamberto Atrebatensi episcopo, ejusque canonicis salutem et apostolicam benedictionem.

Dissensio que tam diu inter vos et sancti Vedasti monachos agitatur nos vehementer gravat. Et vos enim et illos diligimus et inter vos concordiam et dilectionem haberi optamus. Nuper autem frivolam inter vos questionem ortam audivimus, de populo scilicet capella sancti Mauritii quod in precipuis solempnitatibus in capella ipsa dominici corporis et sanguinis non debeat suscipere sacramenta. Quod profecto frivolum atque irrationabile omnino videtur, ut populus qui ad divina officia in loco ipso per totum annum admittitur, in diebus solempnibus a communione dominici corporis et sanguinis excludatur, nisi forte interdictus sit, aut aliquo crimine teneatur. Presentibus ergo litteris dilectionem vestram monemus ut a questione hujusmodi desistatis, nec predictos fratres nec

(1) Cette pièce a été plusieurs fois imprimée.

presbyterum eorum qui in capella fuerit super hoc ulterius infestetis. Si quis ad matricem ecclesiam in precipuis solempnitatibus accedere voluerit, nos minime prohibemus. Quod si ultra in hoc eos gravare volueritis, nos injuriam patientibus, prestante Domino, manum auxilii conferemus.

Data Anagnie VII. idus Novembris.

Privilegium Gerardi episcopi de concordia capellarum sancte Crucis et sancti Mauritii.

In nomine sancte et individue trinitatis Patris et Filii et Spiritus sancti. Ego secundus Gerardus sancte Cameracensis et Atrebatensis sedis episcopus, que pacis sunt inter filios sancte matris ecclesie quam regendam suscepi, conservare sollicitus, si qua vero contra justitiam oriantur corrigere paratus, querelam canonicorum sancte Marie Attrebatensis adversus Abbatem tunc temporis Aloldum et monachos beati Vedasti de duabus capellis, diebus nostris motam, et paci fideliter redditam, scriptis mandare dignum duxi : ut queque ecclesia que sui juris sunt inconvulse retineat, et ulterius inter filios pacis nihil contrarium exinde resurgat. Sub ipso monasterio sancti Vedasti hortus antiquitus fuerat in quo capella in honore sancti Mauritii a nostris predecessoribus est consecrata, oblationes circum manentium a domo Halonis usque ad domum Bonardi vel convenientium, recipere constituta; juxta vero forum altera in honore sancte Crucis, dicta capella sancti Vedasti, decimis circummanentium, cum reliquis ecclesiasticis officiis utens, nisi quod presbiter a monachis ibidem deputatus, defunctos et feminas post desponsationem et partum ad sanctam Mariam in civitate comitans, missa vel debito officio prosequitur suscipiens oblationem preter candelam. Nostro ergo tempore canonici sancte Marie, quia mortuos exinde habebant, etiam que vivorum sunt juste se habituros clamaverunt. Ventum est ad synodum, ubi audito clamore et responso, judicio venerabilium abbatum, archidiaconorum et clericorum qui infra subscripti sunt, ita est determinatum in plena synodo, ut juxta decreta sanctorum canonum eo modo quo Abbas et fratres qui triginta et eo amplius annos ex quo fundate sunt, se defendebant tenuisse, eo deinceps libere et quiete retineant, et censum sicuti ante pro utraque in exaltatione sancte Crucis quatuor solidos canonicis per vicarium suum quotannis solvi faciant. Cujus judicii constitutionem nos stabilem omnino firmamque fore decernimus, et ne quis infringere vel remordere quicquam exinde presumat, authoritate omnipotentis Dei sub anathematis comminatione et vinculo obligamus, et ut apud posteros quoque indubitanter permaneat, sigilli nostri impressione cum testium subscriptione roboramus.

Signum Gerardi secundi Cameracensis et Atrebatensis episcopi.

Signum Aloldi abbatis Atrebatensis.
Signum Alardi abbatis Laubiensis.
Signum Alardi abbatis Marceniensis.
Signum Haymerici abbatis Aquicinensis.
Signum Raineri abbatis Cameracensis.
Signum Alberti abbatis Hasnoniensis.
Signum Alberti abbatis Maroliensis.
Signum Goifridi abbatis Novi Castelli.

Signum Desiderii archidiaconi.
Signum Matselini archidiaconi.
Signum Gerardi archidiaconi.
Signum Anffridi archidiaconi.
Signum Alardi archidiaconi.
Signum Robardi archidiaconi.
Signum Hugonis decani.
Signum Rayneri decani.
Signum Joannis decani.
Signum Milonis decani.
Signum Haymerici decani.
Signum Gisleberti decani.
Signum Ulbaldi decani.
Signum Goiffridi vice domini.
Signum Joannis militis filii Hostonis.
Signum Fulconis de Castello.
Signum Gualteri Wenchillon.
Signum Alardi.
Signum Vuarneri de Hamelencurt.
Signum Alelmi filii Ramboldi.
Signum Hugonis filii Layvoli.
Signum Theodorici Atrebatensis monachi.
Signum Gerardi filii Joannis.
Signum Gualteri decani Atrebatensis.
Signum Iberti scholastici.
Signum Vuimanni prepositi Hasprensis.
Signum Vuasselini capellani.
Signum Gotranni et Vualberti monachorum.

Actum anno verbi incarnati M.LXXXX. indictione XIII. Epacta XVII. concurrentia I. Agente in Francia Philippo

Rege, in Flandriis Rolberto juniore comite filio Rotberti Jerosolimitani.

Privilegium Paschalis pape ad Lambertum Atrebatensem episcopum de eadem concordia (1).

Paschalis episcopus, servus servorum Dei, venerabili fratri Lamberto Atrebatensi episcopo. salutem et apostolicam benedictionem.

Querimonias clericorum vestrorum adversus monachos sancti Vedasti, et item monachorum sancti Vedasti adversus clericos vestros, ita noveritis esse decisas. Si quidem utriusque partis auditis rationibus, communi fratrum deliberatione judicatum est, ut utreque capelle videlicet sancte Crucis et sancti Mauritii, ita monachis maneant, sicut in scripto Gerardi Cameracensis episcopi continetur. qui tunc Attrebatensis erat ecclesie visitator. Ceterum de novo burgo matricis ecclesie clerici primitias decimas, et tres per annum solemnes oblationes recipiant, videlicet ad Pascha, Pentecostem, Natalem Domini. Oblationes vero gratuitas et eleemosinarum medietatem de Burgo eodem que vel morientium judicio ecclesiis delegantur, vel fidecommissorum industria dividuntur, monasterium ipsum si quando offerri contigerit, quiete ac libere absque ulla clericorum contradictione suscipiat, ut tamen altera medietas matrici non subtrahatur ecclesie. Presbiteri vero capellarum episcopo consuetam obedientiam exequantur. Data Laterani V. idus Aprilis.

(1) Déjà publié par Baluze, Miscell.

Item privilegium Paschalis de libertate monasterii et predicta concordia capellarum.

Paschalis episcopus, servus servorum Dei, dilecto filio Henrico abbati monasterii sancti Vedasti Attrebatensis ejusque successoribus regulariter substituendis in perpetuum.

Pie postulatio voluntatis effectu debet prosequente compleri, quatenus et devotionis sinceritas laudabiliter enitescat, et utilitas postulata vires indubitenter assumat. Proinde nos supplicationi tue clementer annuentes juxta predecessorum nostrorum exemplar statuimus ut quecumque predia, quecumque bona cenobio vestro a viris quondam fidelibus oblata et predecessorum nostrorum privilegiis confirmata sunt, quidquid postmodum acquisitum in presentiarum possidere videmini, et quicquid in futurum concessione Pontificum, liberalitate Principum, vel oblatione fidelium juste et canonice poteritis adipisci, firma vobis vestrisque successoribus et illibata permaneant. Decernimus ergo ut nulli omnino hominum liceat prefatum monasterium temere perturbare, aut ejus possessiones auferre, vel ablatas retinere, minuere, vel temerariis vexationibus fatiguare, sed omnia integra conserventur eorum pro quorum gubernatione et sustentatione concessa sunt usibus omnimodis profutura. Sane capellas sancte Crucis et sancti Mauritii cum appenditiis suis et terram que vocatur Vinea ita semper monasterio vestro manere sancimus, sicut in Gerardi bone memorie episcopi chirographo continetur, coram Abbatum et clericorum presentia definitum. Nulli autem episcopo liceat gravamen aliquod vestro cenobio, vel exactionem que fratrum quieti noceat irrogare. Ob repellendas etiam clericorum seu laicorum injurias constituimus, ut monasterii vestri Abbas pro repetendis pecuniis nullius nisi comprovincialium Abbatum, cum episcopo judicio submittatur. Sane in quibuslibet ecclesiis ad monasterium pertinentibus, liceat Abbati monachos ponere, si que tamen Parochiales habentur ecclesie, presbiter episcopi que episcopi sunt ex integro teneat. Nec infirmi quilibet, post sancti olei unctionem prohibeantur ad monachatum admitti. Si qua igitur in futurum ecclesiastica secularisve persona hanc nostre constitutionis paginam sciens vel audiens contra eam temere venire temptaverit, secundo tertiove commonita, si non satisfactione congrua emendaverit, potestatis honorisque sui dignitate careat, reamque se divino judicio de perpetrata iniquitate cognoscat, et sacratissimo corpore et sanguine Dei et Domini redemptoris nostri Jesu Christi aliena fiat, atque in extremo examine districte ultioni subjaceat. Cunctis autem eidem loco justa servantibus, sit pax Domini nostri Jesu Christi, quatenus et hic fructum bone actionis et apud districtum judicem premia eterne pacis inveniant.

Ego Paschalis catholice Ecclesie Episcopus subscripsi Data Laterani per manum Joannis sancte Romane ecclesie diaconi cardinalis et bibliothecarii. VI. kalendas Aprilis. Indictione V. Dominice Incarnationis anno M. C. XIII. Pontificatus autem Domni Paschalis secundi Pape XI (1).

(1) Nous avons collationné la Bulle de Pascal II, que l'on vient de

Eugenius papa pro ecclesia sancti Vedasti et pro capella sancte Marie in horto.

Eugenius episcopus, servus servorum Dei, venerabili fratri Godescalco Attrebatensi episcopo, salutem et apostolicam benedictionem.

Non est in homine via ejus. Cor enim hominis disponit viam suam, Dominus autem dirigit gressus illius. Quod olim summa cum instantia expetieris reminiscimur, et quo te dextera divina subvexerit cum letitia et gratiarum actione intuemur. Qui enim olim ab eo nexu quo pusilli gregis cure tenebaris astrictus absolvi summopere postulabas, eo faciente sub quo curvantur qui portant orbem artiori et fortiori ligamine meruisti ad infiniti populi custodiam religari. A Domino factum est istud et est acceptum in oculis nostris. Ipse quidem dat nivem sicut lanam, dum illi qui ad pedes Domini cum Maria residere desiderant, Domino impellente ad calefactionem proximorum, Martheque ministeria reflectuntur. Unde tibi commissam archam ecclesie inter has undas pelagi ad quietis portum tanto melius confidimus perducendam, quanto certius opinamur Rectorem ei provisum, qui

lire, sur une copie authentiquée de 1678, prise sur un *Cartulaire en parchemin couvert de bois..... folio 146, verso, reposant aux Archives de l'abbaye royale de Saint-Vaast* (Archives du Pas-de-Calais). Dans cette copie se trouve une fin différente de celle de nos Manuscrits...... inveniant. Amen. Scriptum per manum Raineri scrinarii regionarii sacri palatii notarii. Datum Laterani, etc..... Paschalis secundi Pape, anno XIII.

Sur le Manuscrit de l'Evêché, il y avait d'abord le même chiffre XIII, mais on a effacé les deux dernières unités pour en faire XI.

juxta verbum apostoli in verbo, conversatione, charitate, fide et castitate suorum exemplum esse valeat subditorum. De cetero ex parte dilectorum filiorum nostrorum, Guerrici Abbatis et fratrum sancti Vedasti querelam accepimus quod suggestione clericorum tuorum eos contra tenorem privilegiorum que a sede apostolica meruerunt, et antiquam consuetudinem aggravare contendis. Significaverunt etiam nobis se cappellam quamdam parrochialem habere, que parrochianos suos pre ipsorum multitudine capere non sufficiat. Unde postulant ut quibusdam eorum, illorum scilicet qui Viridarium et hortum ipsorum fratrum non a multis temporibus inhabitare ceperunt, ad quandam alieram capellam suam, proprio ibi presbitero constituto, liceat te connivente transire, jure tuo in ea sicut et in altera pleniter conservato. Quia igitur quanto altius ascendisti, tanto et commissorum utilitatibus imminere, et religiosorum petitionibus faciliorem te convenit prestare consensum, per presentia scripta fraternitati tue mandamus, quatenus eos contra tenorem privilegiorum nostrorum et antiquam consuetudinem nequaquam aggraves, et si dicta eorum veritate nituntur, illos qui viridarium et hortum ipsorum inhabitant, ad alteram capellam suam transire permittas, in qua jus tuum sicut et in ista tibi pleniter conservetur. Si vero aliquid est quod contra eos tibi credas posse competere ante nobis illud intimare procures, et nos tibi quod tuum est authore Deo conservabimus. Data Signie, XIII. kalendas januarii.

Divisio sancte Crucis et sancte Marie in horto.

Controversia orta est, inter ecclesiam beate Marie et

ecclesiam sancti Vedasti, de parrochia sancte Crucis, que posita est infra ambitum civitatis Atrebatensis, quam abbas sancti Vedasti dividere volebat, et capelle sancte Marie que in viridario ad recreationem infirmorum fratrum sancti Vedasti edificata fuerat, partem aliquam assignare. Cui divisioni tam Episcopus quam canonici contra dicebant, dicentes in ea divisione jus suum ledi. In presentia autem Domni cardinalis Joannis Paparonis sancti Laurentii in Damaso cardinalis, ex utriusque partis voluntate sic est eadem causa terminata, quod ex tunc capella sancte Marie parrochialis ecclesia fieret et illos qui in horto et viridario erant parrochianos haberet. Proprium autem eadem ecclesia sacerdotem habebit qui ab abbate invenietur, et per Archidiaconum juxta morem ecclesie episcopo presentabitur, cui domnus episcopus curam animarum committet, Canonici vero solemnes oblationes, trium scilicet Nativitatis Domini. Pasche et Pentecostes, decimas quoque et primitias sicut in parrochianiis sancte Crucis habere consueverant, sic in parrochianis sancte Marie habebunt, excepto quod IIII. solidos quos in ecclesia sancte Crucis recipiunt, in ecclesia sancte Marie non habebunt. Hec autem concordia facta est, juxta hoc quod domnus Eugenius Godescalco episcopo scripserat. Huic concordie interfuerunt :

Lucas Archidiaconus, Clarebaldus prepositus, Nicolaus decanus, magister Frumoldus cum Abbate hii monachi. —Guillelmus de Stamfort, Hunoldus, Balduinus, Evrardus custos, et quidam alii canonici. Facta est autem hec concordia Atrebati anno Dominice incarnationis M.C.LII. III. kalendas julii.

De capella sancte Marie in Pomerio et de puella ibidem divinitus resuscitata.

Sciendum autem quod ea pars civitatis que Pomerii nomen sibi retinuit, antiquitus Pomerium et hortus sancti Vedasti fuit, sed cum civitas incredibiliter multiplicari inciperet, quia ob juventutis insolentiam ejusdem Pomerii fructus ecclesie deperibant, consilio majorum in hortos et hostagia divisum, hospitibus ad manendum contraditum fuit. Porro capella sancte Marie ibidem posita que modo parrochie et nomen et dignitatem obtinet, illa tempore capella tantum modo erat, et preter tres vel quatuor monachos qui ob infirmitatis sue recreationem in Pomerio morabantur, neminem ad opus divinum admittebat. Et quoniam locus ita poscere videtur, quoddam in eadem ecclesia beate Dei Genitricis gestum nostris diebus miraculum, non unius vel duorum sed totius civitatis testimonio comprobatum, hic inserimus, ut quante venerationis idem locus sit, universi noverint. Cum igitur estivo tempore omnium bonorum ridente fortuna civitas Attrebatensis in his que ad pacem sibi filios suos qui in ipsa erant materno oblectaret affectu, etiam feretrum et reliquias sancte Marie de civitate, ob nascentia ejusdem ecclesie edificia, in parvo foro nunc Crux lapidea juxta monetam sita est cives posuerant, ludisque juvenilibus et offerendarum ambitione certatim honorabant. Una igitur dierum homo quidam in Pomerio secus ripam fluvioli crientionis deambulans, sub assere qui in transversum aque jacebat, nescio quid cadere conspexit; et diligentius explorans, puellulam que ibidem paulo ante ceciderat, et a flumine trahebatur invenit. Cumque magno clamore universam turbasset viciniam, cum ceteris et mater accurrit, suamque prolem recognoscens, et jam sine voce sine sensu, rigidam atque frigidam inter brachia stringens, diu multumque lamentata circa ecclesiam sancte Marie in Pomerio, quia absente pręsbitero cum clavibus ingredi non poterat, potenti fide ter deportavit Tertia vice completa, Clericus presbiteri subito turbatus nuntio cum clavibus advolavit, et aperta statim ecclesia, factaque a populo grandi irruptione, mater infantem super altare extendit, sibique suam a beata Dei genitrice reddi progeniem cum lachrymis et magne fidei devotione postulavit. Quid multa! Sub oculis omnium revixit puella, et mox a sua genitrice beate Dei genitrici in ancillam est contradita. Statim ergo suadentibus amicis et vicinis, mulier cum eadem puella feretrum sancte Marie in foro gratias actura adiens, ibidem infantem exposuit, et congregata populorum infinita multitudine, sermocinatores qui non tam virtutes annuntiare, quam lucrum querere optabant, puellam ante feretrum revixisse temeraria assertione populo persuadere conati sunt. Verum populus qui presens rem viderat, eorum mendacia abhorruit, beatam quidem Dei genitricem et ibi et alibi in celo et in terra potentissimam firmissime credens, sed sermocinatorum qui quod in viridario evenerat, in foro evenisse contendebant, portentuosam dementiam irridens. Sic que factum est, ut unde sermocinatores lucrum speraverant, inde detrimentum incurrerent. Acta sunt hec verbi incarnati anno M.C.LX.

Controversia inter monachos et clericos pro capellis in fundo sancti Vedasti edificatis.

Cum igitur ecclesia sancti Vedasti sicut ex premissis Apostolicis et episcopalibus scriptis manifestum est, has ecclesias sancte Crucis, sancte Marie, et sancti Mauritii diu cum magno labore et violentia, placitorumque et expensarum gravamine contra canonicos tenuisset, nostris temporibus, grandis inter eosdem canonicos et ecclesiam sancti Vedasti emersit querela, hujus modi ex causa. Cum civitas Atrebatensis, et populorum abundantia et rerum affluentia in dies cresceret, nonnulli primorum civitatis in multitudine divitiarum et superbia vite elati, antiquorum consuetudine non sunt contenti, sed ad parrochias suas ire fastidientes, ipsi in propriis mansis et capellas extruere et capellanos habere ceperunt, consensu nimirum et hortatu Clericorum, qui in hoc et merebantur gratiam potentum, et reddituum suorum prospiciebant augmentum. Quamobrem abbas et monachi id ad ecclesie sue incommodum fieri sentientes, partim pro fundo sancti Vedasti, partim pro fundo simul et justitia reclamare vehementer et contradicere ceperunt, et cum neque per comitem neque per aliquem potentum posset hec sedari controversia, in tantum ejusdem litigii fomes invaluit, ut agentibus monachis etiam curiam domni pape Alexandri hec attingeret querela. Qui ut pote universitatis Pater, universis que sua erant assignare procurans, filiis ecclesie nostre ne quisquam in fundo sancti Vedasti inconsulto capitulo quidquam construere auderet, privilegium indulsit, et venerabilibus

Gualtero Tornacensi et Henrico Silvanectensi Episcopis causam delegavit, per Apostolica scripta precipiens, quatenus rem studiose ac diligenter investigarint, et eamdem querelam utrique parti suo jure conservato deciderent. Qua canonici suspicione conterriti, arte et divitum precibus obtinuerunt, ut Abbate et Capitulo electis quoque judicibus Episcopis assentientibus quatuor vel quinque fideles et authentice persone ab utraque parte concorditer electe illam pacifica compositione controversiam determinarent, que in unum convenientes ipsam compositionem sicut in scripto Andree episcopi infra subjectum est, compleverunt: sed placet ut prius curie Romane erga nos affectum ostendamus, et privilegium quod nobis et litteras quas pretaxatis Episcopis direxit Alexander Papa inseramus.

De libertate fundi sancti Vedasti.

Alexander episcopus, servus servorum Dei, dilectis filiis Abbati et fratribus sancti Vedasti Attrebatensis, salutem et apostolicam benedictionem.

Ad commodum et incrementum vestrum tanto libentius tenemus intendere, quanto monasterium in quo deservitis ad jus beati Petri et nostrum nullo mediante specialius noscitur pertinere. Inde si quidem est, quod ex commissi nobis officii debito provocati, et illius devotionis puritate, quam circa nos et ecclesiam multipliciter geritis, nichilominus inclinati, authoritate apostolica duximus statuendum, ut nullus in proprio fundo monasterii vestri absque consensu et voluntate vestra ecclesiam construere audeat. Adjicimus etiam ut capellanos qui in propriis ecclesiis vestris morantur, et servitio illarum insistunt, nemo nisi rationabili causa interveniente interdicere possit. Decernimus ergo ut nulli omnino hominum liceat hanc nostre constitutionis paginam temerario ausu infringere, vel ei aliquatenus contraire. Si quis autem hoc attemptare presumpserit, indignationem omnipotentis Dei et beatorum Petri et Pauli apostolorum ejus se noverit incursurum. Data Beneventi III. Idus Maii.

Littere ad Tornacensem et Silvanectensem pro capellis noviter edificatis.

Alexander episcopus, servus servorum Dei, venerabilibus fratribus Gualtero Tornacensi et Henrico Silvanectensi episcopis, salutem et apostolicam benedictionem.

Dilecti filii nostri Abbas et monachi sancti Vedasti Atrebatensis, transmissa nobis conquestione diligentius intimarunt, quod canonici Matris ecclesie in fundo prefati monasterii, inconsulto immo nolente capitulo capellam edificare presumunt cum predicti fundi justitia et censualis pensio, ad prescriptum monasterium jure proprietario spectare dicatur. Preterea cum parrochia sancti Salvatoris, et ecclesia sancti Vedasti de basilica que ad jus predicti monasterii noscitur pertinere, sint in vicinis edificate limitibus, idem canonici quasi quodam rebellionis spiritu prescriptarum parrochiarum metas nolunt omnino distinguere, nec certis terminis limitare. Quia vero prenominatum monasterium honestate religionis preminere, et ad jus beati Petri et nostrum specialiter noscitur pertinere, Fraternitati vestre per Apostolica scripta mandamus, quatenus eosdem canonicos ex parte nostra diligenter commoneatis, et districtius compellatis, ut ab illius capelle edificatione cessare, et duabus vicinis ecclesiis pre nimia vicinitate confusis, certos et distinctos limites studeant assignare, ne alter presbiterorum in messem alterius falcem mittere cogatur. Quod si de sua justitia confidentes, contendere forte maluerint, utramque partem ante vestram presentiam convocetis, et rationibus hinc inde auditis diligenter et cognitis, causam ipsam remoto appellationis obstaculo terminetis.

Item littere Alexandri Pape unde supra.

Alexander episcopus, servus servorum Dei, venerabilibus fratribus Gualtero Tornacensi, et Henrico Silvanectensi episcopis, salutem et apostolicam benedictionem.

Inter dilectos filios nostros Abbatem et fratres sancti Vedasti et canonicos sancte Marie gravis est querela suborta propter hoc scilicet quod in fundo ecclesie sancti Vedasti idem canonici contra voluntatem Abbatis cappellas edificare presumunt. Unde quia nolumus nec debemus, quod jura prescripte ecclesie que ad nostram specialiter pertinet provisionem illicite distrahantur, fraternitati vestre per apostolica scripta mandamus, quatenus si in fundo prescripti monasterii prelibate capelle construuntur, eas ex inde faciatis penitus amoveri. Si autem canonici fundum ipsum ad se pertinere proponunt, utraque parte ante vos convocata, inter eos causam super hoc diligentius audiatis, et eam mediante justitia terminetis. Si qua vero inter eos compositio facta fuerit, coram vobis proponatur, et si comprobanda fuerit comprobetur. Date Beneventi, III. Idus Januarii.

Privilegium Andree Atrebatensis Episcopi de Concordia Capellarum.

In nomine Sancte et individue Trinitatis, ego Andreas, Dei miseratione Atrebatensis ecclesie minister humilis, omnibus quibus hoc scriptum videre vel audire contigerit, gratiam et benedictionem a Domino.

Cum a summo pastore omnium curam pastoris in ecclesia et populo Dei licet indigni suscepimus, sollicite nobis elaborandum est quatenus cure commisse debitum ita fideliter persolvamus ut, ad quam vocati sumus, celestem vitam perveniamus. Sed quia rerum temporalium non ampla possessio nec pecuniarum census nobis abundat, unde ecclesias ditare vel sustentare possimus, saltem que ad pacis sunt sectemur et que nostris diebus ad concordiam ecclesiarum et pacem a viris religiosis in nostra dioecesi statuuntur, laudare junioribus et futuris notificare et scripto commendata confirmare debemus. Hujus igitur ad nos pertinentes debiti habita consideratione tam futuris quam presentibus notificamus inter ecclesiam beate Marie Atrebatensis et ecclesiam sancti Vedasti quasdam emersisse querelas.

Prima fuit pro quatuor capellis quarum quasdam canonici infra suarum parochiarum terminos edificaverant et quasdam edificare volebant, una Adonis in vico abbatie, alia Ermenfridi in minori foro, tertia in Rotunda Villa, quarta beati Nicholai ad portam sancti Salvatoris, Has capellas abbas et monachi beati Vedasti esse vel edificari contradicebant, hanc sue contradictionis causam proponentes, quod loca, in quibus capelle edificate vel edificande fuerant, in fundo sancti Vedasti continerentur, et ideo in illis locis sine assensu ecclesie beati Vedasti nulli liceret de novo edificare capellam.

Secunda querela de vico Ermenfridi versus Mellenz qui distributus per mansiones inhabitabatur, de quo, quia infra parochiam beate Marie continetur, canonici omnia jura parochialia tam in decimis quam in oblationibus sibi vindicaverant; sed monachi valde indignum et injustum esse clamabant quod illius vici omni privarentur beneficio, cujus, antequam inhabitaretur, sed ad diversas fruges faciendas excoleretur, omnem de suo jure cepissent decimationem.

Tertia querela de hospitibus ante atrium beati Vincentii in illa mansione de qua leprosi recesserant habitantibus, quos monachi, quia infra terminos basilice includebantur, sui juris fore clamabant. Canonici vero per ipsum locum et infirmos qui illum prius possederant quem per quadragenariam possessionem et amplius tenuerant illius loci novos hospites sibi ascribebant;

Quarta de domo Alelmi de Novevillella quam canonici infra parochiam basilice sitam esse contendebant.

His querelis inter predictas ecclesias diu agitatis, tandem sapientum consilio assentientes, quinque honestas personas arbitros elegerunt quorum discretioni et prudentie dictas querelas rationabiliter terminandas committerent, in veritate pollicentes quod quicquid hii quinque de hiis querelis ad pacem et concordiam ordinarent utraque pars ratum haberet.

Electi sunt igitur Hugo abbas sancti Quintini, Hugo

prior sancti Laurentii, Petrus decanus sancti Audomari, magister Frumoldus Ostrevannensis archidiaconus, et Bartholomeus prior sancti Vedasti, qui in unum convenientes et predictas querelas sibi commissas diligenter perscrutantes consideraverunt :

Primo, capellam beati Mauritii, quam monachi infra parochiam beate Marie ab omni jure parochiali exceptam tenuerant, ad faciendam pacem esse necessariam ; et ideo unanimiter petierunt ut liceret eis de illa capella sicut et de predictis rationabiliter disponere ; quod eis a monachis concessum est. Deinde utpote viri sapientes ceperunt diligenter inquirere que capelle, quibus in locis essent necessarie. Viderunt enim urbem dilatari, populum crescere et multiplicari, hospites multos confluere, unde veraciter cognoverunt plures ecclesias ad serviendum Deo et ad curandum populum esse necessarias. Decreverunt ergo ut abbas et monachi capellam sancti Mauritii perpetuo tenendam canonicis concederent sub annuo censu octo librarum quas cellerarius beate Marie apud sanctum Vedastum cellerario in quatuor anni natalibus persolvet, in festo omnium sanctorum, in natali Domini, in Pascha Domini, in Pentecoste. Adjecerunt quoque quod solemnes oblationes, quas in natalibus anni apud sanctum Macutum et sanctam Mariam in Pomerio usque ad illud tempus canonici tenuerant, abbati et monachis sub annuo censu duorum solidorum in natali persolvendorum perpetuo concederent ; cum quibus duobus solidis etiam quatuor solidi qui ab antiquo canonicis a sancto Macuto debebantur, annuatim persolverentur, et earumdem ecclesiarum parrochiani qui in civitatem in natalibus venire consueverant, in suis ecclesiis libere permanerent.

Preter has solempnes oblationes, cetera jura parochialia et ecclesiasticas consuetudines ad sanctam Mariam in civitate sicut semper consueverunt persolvent, videlicet nuptiarum munera, reconciliationes, de infantium relevationibus purificationes, mortuorum sepulturas et si que sint alie consuetudines. Capellam vero Adonis in vico Abbatie penitus causaverunt; sed capellam beati Nicholai ad portam sancti Salvatoris et capellam in Rotonda Villa canonicis perpetuo tenendas decreverunt et quod sui juris monachi in illis clamabant canonicis libere concesserunt; capellam Ermenfridi in minori foro dederunt canonicis sub annuo censu duorum solidorum quas monachi in natali persolvent.

De vico Ermenfridi versus Mellenz omnem decimationem curtilium et terrarum ad fruges faciendas excolendarum monachis attribuerunt. Cetera universa illius vici ad jus parochiale pertinentia de bestiis, de funeribus seu oblationibus seu aliis modis provenientia, canonicis de suo jure dederunt.

Hospites vero ante Atrium beati Vincentii in mansione infirmorum manentes, diviserunt per medium, et unam medietatem canonicis, alteram vero monachis dederunt. Deinde autem canonici suam medietatem monachis perpetuo tenendam concesserunt sub annuo censu decem et novem solidorum in tribus terminis persolvendorum in natali Domini, in Pascha, in Pentecoste.

Ad ultimum, domus Alelmi de Novevillella, veritate inquisita diligenter et cognita, basilice sancti Vedasti est adjudicata.

Hanc igitur tam rationabilem compositionem utraque pars, canonici videlicet et monachi, laudaverunt et tenendam firmiter decreverunt, nos unanimiter deprecantes ut eam scripto commendatam futuris notificaremus et sigilli nostri impressione cum sigilli beate Marie et beati Vedasti appositione confirmaremus; quod et fecimus et partito inter se chyrographo utrique ecclesie diligenter observandam commisimus; fidelibus subsignatis testibus: Signum Rogeri prepositi; S. Nicholai decani; S. Clarembaldi archidiaconi; S. Anselmi cantoris; S. Magistri Gisleni; S. Petri, Gualteri, Anastasii presbyterorum; S. Adami, Widonis, Sawalonis diaconorum; S. Herberti, Henrici, Sicheri subdiaconorum; S. Johannis, Amalrici puerorum canonicorum; S. Bartholomei prioris; S. Balduini cellerarii; S. Henrici eleemosinarii; S. Evrardi thesaurarii; S. Ramelini camerarii; S. Christiani hospitarii; S. Fulconis supprioris; S. Isaaci iij prioris; S. Gisleberti cantoris; S. Boamerdi, Balduini, Guimanni presbiterorum; S. Goberti, Tesonis, Haymonis diaconorum; S. Ingelberti, Petri, Gucnemonis subdiaconorum; S. Evrardi et Balduini puerorum. Actum anno dominice Incarnationis M. C. LXI. indictione quinta.

Capitulum de consuetudinibus thelonei.

Consuetudines et jura thelonei Atrebatensis, que pro remedio anime sue et pro animabus predecessorum successorumque suorum inclytus rex Francie Theodericus ecclesie confessoris Christi Vedasti, ad usus fratrum ecclesie, inibi Deo servientium in eleemosinam contulit.

Omnes illi debent theloneum qui manent extra terminos istos, sive sint de censu sancti Vedasti sive non, scilicet ultra pontem de Biez, ultra pontem de Wendin, ultra pontem d'Ognies, ultra pontem de Salchi, ultra Denpree, ultra le Transleet in Aroasia, ultra Miralmont, ultra petrosam que est juxta Monchy, ultra les Escaminels en Ternois, ultra aquam de Chokes ; et omnes illi qui manent infra hos terminos, tam clerici quam laici qui sunt mercatores, debent theloneum sancto Vedasto, nisi sint de censu sancti Vedasti, vel sancte Marie de civitate tam qui vendit quam qui emit :

De pannis et majoribus mercaturis theloneum de singulis viginti solidatis iiij denar. et de v, vel de iiij solid. i den.
De Marca, vi den.
De libra, iiij den.
De quinque solidatis, i den.
De quatuor solidatis, i den.
De tribus solidatis, i obol.
De duobus solidatis, i obol.

De piscibus

De sturione, iiij den.
Del porpais, ij den.
De salmone, i den.
Pensa alarum, ij den.
Charetee harengorum vel de plaiz vel de moluel, j den.
Si charrus onustus sit piscibus, quatuor pro charro, pro temone, v den.
Charrus annone, iiij den. [tantum modo.
Centum de alosis, iiij den.
Centum frusta macre carnis balene, iiij den.
Unus sulceus balene, i den.

De diversis rebus.

Omnes stalli super quos venduntur victualia in foro debent unoquo-

que sabbato, vel venalis sui oblatum, i obol.
Charetee annone, ij den.
Charetee omnium fructuum, ij den.
Charetee de waisde, ij den.
Charetee cinerum, ij den.
Charetee vasorum ligneorum, ij den.
Charetee salis pro theloneo, ij den.
et pro sesteragio, i den.
Charrus salis pro theloneo, iiij den.
pro sesteragio, ij den.

Et semel in anno, mencaldum salis, i den.
Unde debemus comiti duos modios salis per annum.
Charetee vini, ij den.
Charrus vini, ix den.
Si venditur vel emitur vinum, ad exequationem id est probationem, de uno quoque tonello debet venditor, ij den.
et emptor, ij den.

De Bestiis.

De equo, ij den.
De vacca, i den.
De asino, i obol.
De ove, i obol.
De ariete, i obol.
De capra, i obol.
De porco, i obol.
De porca cum porcellis lactentibus, i den.
Tria sunt, que si quis vindiderit vel emerit, a theloneo nullatenus liber erit, sive sit de censu sancti Vedasti, sive non, scilicet aurum, capra, servus, vel ancilla.

De Macellis.

De bacone, i den.
De uncto, i obol.
De quinque solidatis salse carnis que de foris adducitur, i den.

De stallis qui sunt in foro.

Stalli pannorum, lineorum, laneorum, novorum vel veterum, in mense, i den.
Stalli cordarum in mense, i den.
Stalli cultellorum i cutellum per annum.
Stalli cerariorum, iijsolid.
Per annum, sive unus sit stallus, sive plures.
Stallus uniuscujusque fabri, in festo sancti Remigii, iiij den.
De garba ferri, i obol.
De garba d'acier, i obol.
Faber qui vendit falcillas debet per annum i falcillam.
Faber qui vendit ferrum palarum debet per annum i fer. pale manubrium pale et qui vendit manubria palarum debet per annum, i manubr. pal.
Qui vendit hastas, i per annum.
Stallus del escohier in foro, unoquoque sabbato i ob. si vendit.
Centum pelles agnine, iiij den.
Penna agnina vel pellicia, i den.
Grisia vel varia, iiij den.
De catis vel coninis, ij den.
De corio cervi, i den.
De corio tanato, i obol.
De corio recenti, i obol.
Taka coriorum, ij den.

Mensura mellis,	iiij den.
Summa olei si non mensuratur,	iiij den.
Summa olei si mensuratur,	iiij den.
Summa annone,	i obol.
Summa piscium,	i obol.
Summa fructuum,	i obol.
Garba ferri vel acier,	i obol.
Quinque solidate lane,	i den.
Quinque solidate fileti,	i den.
Quinque solidate sasse carnis,	i obol.
Stallus cordarum in mense,	i obol.
Stallus cerarii in mense,	i obol.
Majus pensum lane, fileti, uncti, butyri, casei anglici, de theloneo,	iij den.
i den. pro tonagio ab hiis qui theloneum debent; ab illis vero qui non debent,	i obol.
Pensum casei flamengi,	ij den.
De theloneo et pro tonagio ab omnibus,	i obol.

A ponte Enardi usque ad pedem atrii sancte Marie habet sanctus Vedastus dimidium theloneum et episcopus dimidium; atrium sancte Marie liberum est. In omnibus aliis locis qui sunt infra bannileugam, si mercimonium exercetur, integrum theloneum sancto Vedasto debetur.

Si quis autem in aliam terram negotiationem exercuerit, si in hac civitate ei ipsa negotiatio deliberata fuerit, vel si in hac urbe emptor negotiaverit aut pretium persolverit, dimidium theloneum dabit.

Potest etiam sanctus Vedastus capere theloneum suum et arrestare mercaturas illorum qui nolunt solvere theloneum tam in civitate Atrebatensi quam extra, sine justitia et scabinis, et sequi illos qui furtive asportant theloneum suum usque Duacum, usque ad pontem de Wendin, usque Basseyam, usque Bethuniam, usque Husdinium. usque sanctum Paulum, usque Currierum, usque Ancram, usque ad truncum Berengeri in Aroasia et usque castrum Scluse ; et illi, qui sic deprehenduntur et arrestantur, theloneum sancti Vedasti furtive asportando, tenentur solvere sancto Vedasto sexaginta solidos parisin. pro emenda forefacti, ea conditione quod, si ille qui est arrestatus fuerit de terra comitis, comes debet habere medietatem illius forefacti. Si vero de terra sancti Vedasti fuerit, totum forefactum ecclesie sancti Vedasti debet esse. Omnes illi qui sunt de censu sancti Vedasti sunt liberi a theloneo et omnes illi qui non sunt de censu debent theloneum, si fuerint mercatores. Quicunque voluerit probare se esse de censu sancti Vedasti hoc debet probare per juramentum suum et per sex viros et mulieres sue originis ex parte sue matris.

Privilegium Leduini Abbatis de terminis et consuetudinibus census et Thelonei.

In nomine sancte et individue Trinitatis Patris et Filii et Spiritus sancti. Amen.

Quia vita humana brevi subsistens tempore per assumptam sarcinam fragilis carnis moriendo deficit, visum est prudentibus viris commodum et utile esse, ut possessiones ecclesiarum propter vitandas contentiones seu dissensiones scriptis consignarent, quibus veritatem presentibus atque futuris fidelibus, indubitanter representarent. Cujus rei memor ego Leduinus Abbas monasterii sancti Vedasti, et successuris ecclesie mee filiis fideliter prospiciens, mutue vicissitudinis dilectione cum Domno Gerardo ecclesie Cameracensis et Attrebatensis episcopo, cum Lietberto archidiacono nepote ejus, cum advocatis etiam Rotberto Fasciculo et Helgoto, Albrico vero castellano, quid juris et rectitudinis Thelonei ecclesie mee erat diligenter discutiens, illis mihi insinuantibus et bene assentientibus, implens etiam multum voluntatis domni episcopi, regiones et affinitates quarum gentes que mercatum frequentabant, emebant et vendebant, et Theloneum debebant, expresse et nominatim sic dividendo distinxi. Omnes a. loco qui nominatur Petrosa ulterius manentes, sive sancti Vedasti fuerint sive non fuerint Theloneum debent. Similiter ab aqua Fontenellis. Ab Sanctanis en Ternoiz. Ab aqua Calonne que currit Bethuniam. A ponte Delbiez. Ab Hunungestrata. A ponte de Windino. A Fossato Bolamiriu. A ponte Douieul. A ponte de Salgi in Ostrevant. Ab aqua Marchium. A duobus pratis. Ab introitu aride gamantie, et infra sylvam et ultra manentes. In hac autem civitate manentes, qui sancti Vedasti fuerint et qui sancte Marie Atrebatensis Theloneum non dabunt. Quod si Thelonearius vel minister abbatis super aliquem de civitate clamorem fecerit quod Theloneum suum injuste retinuerit, si se debere negaverit per originem suam derationabit. Homo ex qualibet potestate qui se sponte sancto Vedasto sive sancte Marie dederit omni vita sua Theloneum dabit. Mulier, Ancilla, vel libera si se sponte dederit, tunc heredem habens cum se dederit, ambo Theloneum omni vita sua dabunt. Heres autem qui post dationem illam ex ea nascetur, liber erit. Homo si de ultra sylva arida gamantia se tradere voluerit, si Castellanus eum prius acceperit, albannis erit, nec amplius se donare poterit. Quod si in donando se prevenerit, Castellanus nihil habebit in eo. A ponte Enardi usque ad pedem atrii sancte Marie habet sanctus Vedastus dimidium Theloneum et Episcopus dimidium, Atrium sancte Marie liberum est. In omnibus vero aliis locis qui sunt infra banni leugam, si mercimonium exercetur, integrum Theloneum sancto Vedasto debetur. Si quis autem in aliam terram negotiationem exercuerit, si in hac civitate in ipsa negotiatio deliberata fuerit, vel si in hac urbe ejusdem negotiationis pretium persolverit, dimidium Theloneum dabit. Presbiter sive clericus si mercator fuerit, emerit aut vendiderit Theloneum dabit. Quod si ad equitatum suum vel ad carrucam suam palefridum emerit, et hoc verum esse legitime probare poterit, inde Theloneum non dabit. Similiter de vestura sua, et de victu suo. Omnis homo sive liber sive non, si emerit aut vendiderit aurum, vel servum vel ancillam vel capram, Theloneum debet. De ceteris negotiationibus.

De Marca	vi	Den.	Pensa alarum	ij	—
De libra	iiij	—	Centum de alosis	iiij	—
De quinque solidis	i	—	Sulceum balene	i	—
De quatuor solidis	i	—	Centum macre carnis balene	iiij	—
De tribus solidis	i	Ob	Carrus piscium	v	—
De duobus solidis	i	Ob	Scilicet pro rotis	iiij	—
De sturione	iiij	Den.	et pro temone	i	—
Delpozpaiz	ij	—	Carrus annone	iiij	—
De salmone	i	—	Careta annone	ij	—
			Careta piscium	ij	—

Careta fructus	ij	Den.
Careta vasorum ligneorum	ij	—
Careta Cinerum	ij	—

Careta de waisde	ij	Den.
Careta vini	ij	—
Carrus vini	ix	—

Si venditur aut emitur vinum ad exaquationem id est probationem, de uno quoque tonello debet emptor duos denarios, et venditor duos denarios. Nec debent probari nisi tantum ad mensuram sancti Vedasti. Caretee salis pro theloneo ij den. et pro sexteragio i den. Carrus salis pro theloneo iiij den. et pro sexteragio ij den. et semel in anno i mancaldum salis, unde debemus Comiti duos modios salis per annum. Triginter mancaldos de manu nostra accipit, et pro duobus habet redditum ollarum.

De caballo	ij	Den.
De vacca	i	—
De asino	i	Ob
De ove	i	—
De capra	i	—
De porco	i	—
De porca cum porcellis lactentibus	i	Den.
De bacone	i	Ob
De vuncto	i	—
Centum pelles agnine	iiij	Den.
Penna agnina vel pellicea	i	—
Grisia vel varia	iiij	—
De cattis vel coniniis	ij	—
De corio cervi	i	—

De corio recenti	i	Ob
De corio tanato	i	—
Tacha coriorum	ij	Den.
Summa mellis	ij	—
Mensura mellis	ij	—
Summa olei si non mensuratur	ij	—
Centum olei si mensuratur	iiij	—
Summa annone	i	Ob
Summa pisciun	i	—
Summa fructuum	i	—
Garba ferri vel acier	i	—
Quinque solidate lane	i	Den.
Quinque solidate fileti	i	—

Quinque solidate saxe carnis	i Den.	in mense	i Den.
Stalluscordarum		Stallus cerarii in mense	i —

Majus pensum lane, fileti, uncti, casei anglici, iij denarios, pro theloneo et i denarium pro tonagio ab his qui theloneum debent: ab his vero qui non debent theloneum, i ob. pro tonagio. Pensum casei flamingi duos den. pro theloneo et pro tonagio, i ob., ab omnibus.

Stallus fabri in anno	iiij	Denarios.
Stallus cartellorum in anno	i	Cultellum.
Qui vendunt hastas in anno	i	Hastam.
Qui fucillas vendunt in anno	i	Facillam.
Qui ferrum Palarum in anno	i	Ferrum.
Qui Manubria Palarum in anno	i	Manubrium
Stallus escoirs si vendat sabbato	i	Ob.
Stallus divitis mercyier in anno	iiij	Den.
Stallus pauperis mercyier sabbato	i	Ovum.
Stallus sutoris vacce in mense	i	Den.
Stallus tacones vendentis	i	Denarium.
Stallus Pannorum lineorum vel laneorum novorum vel veterum in mense	i	Den.

Omnes Stalli vel carete sive vehicula super que victualia vendantur singulis sabbathis, i. obolum vel sui venalis obolatum; sed et pondera et stateras lances et mensuras vini, mellis, olei debent custodire cellerarius et thelonearii servientes ejus.

Hec sunt jura Attrebatensis Thelonei quod cum rex Theodoricus ecclesie nostre inter alia donaria dederit et ne quis mutare, minuere, pervertere vel auferre presumeret, beatum Vindicianum excommunicare fecerit, tamen ego cum fratribus nostris et predicto episcopo Gerardo et ejus Clericis et idoneis laicis ante corpus Beati veniens, ipsum episcopum ne quis posterum remordere auderet vel temptaret excommunicare feci, ubi testimonium fuerunt isti :

Letbertus archidiaconus; de monachis : Hugo Capellanus Albricus Decanus; Raibertus Capellanus; Hugo Prepositus; Hugo Ostrelanus; Aldulfus Capellanus; Rogerus Catelus; Ricilinus Cantor: Abbo Landricus; Robertus Scholasticus; Bertulfus. Guido Gunfridus et multi alii Thesaurarii nostri.

De Laicis etiam interfuerunt isti :

Bernerus de Ymericurte.
Stephanus de dominica curte.
Gualterus de Goy.
Achardus frater ejus.
Gualterus de Harcicurt.
Odo Ploiemunt.
Gerricus Erchingehem.
Stephanus Bechez.

Actum autem est hoc in ecclesia beati Vedasti, regnante Henrico Rege in Francia, Balduino pulchre barbe hoc idem scriptum concedente et corroborante, comite existente in Flandria, me autem Leduino peccatore et indigno abbatizante in Atrebatensi ecclesia, anno Incarnationis Domini nostri Jesu-Christi millesimo Trigesimo sexto. Indictione V.

Consuetudines quedam mensurarum et thelonei.

In civitate Atrebatensis ville debent esse juste mensure salis, mellis et ceterorum similiter; nec majora pondera uncti, fileti, cere vel quecunque ponderantur, nec tertiaria nec quartiaria et usque ad dimidium pondus, nisi per thelonearios sancti Vedasti.

Quicquid in Atrebato theloneum debere dignoscitur, si venditum est, de civitate exire non potest nisi data fide thelonieariis, si illi aliter credere non volunt;

Si aliquis necnon in civitate corium recens vel tanatum vendit per partes ad suum commodum, sanctus Vedastus jus suum de quinque solidis i denar. habere debet;

Si thelonearius sancti Vedasti obviat homini ferenti lanam vel filetum, vel hujus modi quod ad pondus venditum sit, jus suum ab eo accipiet;

In foro sancti Vedasti, quicunque stallum suum affert, sanctus Vedastus jus suum habet in sabbato vel ad mensem;

Si quis vendit vel emit aurum, preter cambiatorem, et si quis vendit vel emit hircum vel capram, servum vel ancillam, nec pro censu nec pro alia ratione liber erit a theloneo;

Careta de waisde ij den. debet et de warance ij den., del cardon et de wanda de quinque solidatis i den. et libra iiii den.

In foro sancti Vedasti quicunque jus ecclesie persolvere vult, stallum suum ponere potest, nec debet prohiberi a quoquam;

Qui resinam vel ad collum portant vel ad pectus trahunt, nichil solvunt; qui vero animali vel vehiculo, quod animal trahit, adducunt, theloneum debent.

De consuetudinibus census et censualium et quando et quomodo solvi debeat.

Hic vero consuetudines et jura census sancti Vedasti scribere intendimus. Ubi primo sciendum quia censuales sancti Vedasti in tot et tam diversis regionibus dispersi et multiplicati sunt super numerum, ut si quis ad plenum scribere velit, nec scriptor omnes nosse nec liber nomina continere possit. De his tamen precipue qui infra prescriptos thelonei terminos commanent dabimus notitiam. Nam eorum qui extra sunt, nonnulli sicut in vicinia curiarum sancti Vedasti commorantur, ad easdem Curias suos census deferunt, aliquando ad aliquem potentum qui in vicinia est, quam Abbas sui census Principem et Advocatum vel per censum, vel per hominium fecerit, caput faciunt. Innumerabiles quia ignoti sunt, se occultant et abscondunt et in tempore quidem securitatis censum diffugiunt, in tempore vero tribulationis et oppressionis divitum ad Patrocinium sancti Vedasti. et advocaturam abbatis recurrunt. Illi igitur qui infra pretaxatos terminos manent, a theloneo liberi sunt, quamdiu manent. Si quis eorum qui extra terminos sunt intra terminos manere ceperit, quamdiu manserit liber erit, et si quis eorum qui intra sunt, extra terminos manere ceperit, quandiu manet libertate amissa theloneum persolvit. Qui ergo intra terminos commanentes, libertatem a theloneo sortiuntur, et quidam extra terminos sub tutela militis sunt, qui censum sancti Vedasti de Abbate in feodos tenens sub relevatione decem librarum. Si qui censualium infra terminos manentium a thelonariis in foro pro theloneo tenti fuerint et angariati, eos tueri habet et defendere, et donec in Camera abbatis suam libertatem non aliter quam per suam originem deratiocinaverint, manu tenere. In die festo sancti Remigii ad valvas ecclesie cum monacho sedens et censum recipiens, in gremium monachi reponit et ipsa die pro conrodio suo quinque solidos accipit. Si ipsa die totus census non venerit, in crastinum cum monacho et uno suo famulo equite ascendens castella et villas in quibus debetur census circuit miles cum monacho accipiens victum qualis ad diem pertinuerit. Ad hoc iter peragendum Abbas ei equum non dabit, nec si suus mortuus fuerit restaurabit. Si ad aliquam villam ire, vel non voluerit, vel non potuerit, et ipsius ville seu vicine censum alicui militi vel rustico ibi commanenti adcensare cupit, nequaquam ignaro Abbate id facere potest, sed eum qui censum est recepturus ante Abbatem adducet, qui ei securitatem dabit, quod ecclesie ad damnum de censu non erit. Si idem miles universum censum ab Abbate adcensare querit, Abbas ei secundum suam voluntatem vel gravabit vel alleviabit, sed ipsi tantum et preter ipsum nulli Abbas eumdem censum adcensare poterit. Hec autem est lex censum debentium:

Si censualis sancti Vedasti uxorem ducit sue legis ix denarios dabit et mulier ix et de mortua manu, vir ix et mulier ix. Qui denarii omnes de feodo militis sunt qui censuales custodit. Si vero homo sancti Vedasti uxorem extra legem suam ducit, xviij denarios dabit, quia nimirum heredes suos a libertate sancti Vedasti alienat et excludit et horum denariorum due partes Abbatis sunt, tertia in feodum militi cedit. Et sciendum quod quicumque est de censu sancti Vedasti, si filio vel propinquo suo ad litterarum studia procedenti coronam fieri voluerit, id inconsulto Abbate facere non poterit ; sed Abbas puerum a patre et matre vel parentibus sibi presentatum, episcopo reddit, a quo benedictus et coronatus, liber erit et emancipatus. Liberi etiam sunt a theloneo censuales sancte Marie Atrebatensis, et sancti Petri. Liberi nichilominus illi qui sunt de quinque solidis, de quibus plenius loquemur, capitulo illo quod inscribetur de generali placito.

Privilegium Balduini comitis de theloneo et censu sancti Vedasti.

In nomine Patris, et Filii et Spiritus sancti. Ego Balduinus comes Flandrie filius Roberti Comitis qui sepultus est in ecclesia sancti Vedasti, omnibus justitiam tenentibus salutem. Nostris autem hominibus, cunctis vero fidelibus, scire et inconvulsum tenere volo hoc jus de theloneo sancti Vedasti, quod ego cum matre mea Clementia ecclesie restitui. Theloneum sancti Vedasti usque ad mea tempora hanc legem habuit, quod cuicumque commendasset vel jussisset Abbas vel cellerarius, si ab aliquo burgensium debentium theloneum de mercato facto theloneum requisisset, aut ei daret, aut si fecisse mercatum negaret, vocatus ad justitiam sacramento manu sua defenderet, aut guarandum se non debere condiceret, aut per LX. solidos redderet, ea conditione, quod si burgensis ille de comitatu esset, medium illorum solidorum cellerarii, medium alterum comitis esset. Si vero de justitia sancti Vedasti esset, totum cellerarii esset. Hanc legem mei comitatus primordio idem burgenses destruere volentes, ecclesiam ipsam super hoc inquietare ceperunt, et per suos scabinos quorum pars theloneum debebat, prejudicare, dicentes quod nisi duo ad minus scabiones cum nuntio mercato adessent, non responderent. De qua injuria Abbas et monachi clamaverunt ad me; vocati sunt ad judicium. Consilio Baronum meorum accepto, scabiones vocavi et per fidem et sacramentum quod mihi fecerant, ut juxta quod scirent jus ecclesie mihi notificaretur eos adjuravi. Quidam vero ex illis super hoc diffugium querentes, ad detrimentum ecclesie vel differre, vel negare volebant quod justum erat. Contra hanc ergo injustitiam ego et Barones mei conati veritatem quam diffugere volebant, extorsimus, et ipsos scabiones jus supradictum ecclesie confiteri et judicare fecimus. Quorum nomina sunt hec :

Ermenfridus, Heluinus, Gualterus, Guatzelinus, Joannes filius Rodulphi, Guerricus, Dodo, Bernardus vitulus, Ingelbertus, Gerardus sarracenus, Rogerus, Hugo major. Major de gilda eorum coram omnibus testatus est. Hoc definito, mox clamaverunt Abbas et cellerarius super Gonzelinum filium Evenendis de quodam mercato quod fecerat theloneum suum. Consilium habuit, respondit, judicatus est ab ipsis scabionibus, lege supradicta quam ante inquietaverant, defensionem per sacramentum accepit. Ad quod confirmandum Balduinus filius Balduini qui legius homo ecclesie erat adjuratus audiente me et tota curia mea et ipsis scabionibus, addidit quod tempore suo theloneum a monachis censualiter tenuerat, super Thetsonem de capella clamaverit, et ille sine calumnia guarandum conduxerit. Taliter igitur ego Balduinus Comes cum matre mea Clementia hoc jus exturbatum ecclesie reconfirmavi. Cui rei quos presentes et auxiliarios habuimus, in testimonium feci subscribi, sunt autem hec nomina eorum :

Rodulphus Comes Perrone.
Eurardus Castellanus de Aria.
Rotbertus Advocatus Bethunie.
Balduinus Castellanus de Lenz.
Alardus Filius Cononis.
Gualterus Filius ejus.
Gualterus Castellanus de Curtraco.
Rogerus Castellanus de Insula.
Frumoldus Castellanus de Ypra.
Frooldus Castellanus de Bergis.
Tamardus Castellanus de Atrebato.
Alelmus Guarnerus.
Guido de Stenfort.
Hugo de Albiniaco.
Balduinus de Ballul.

Homines ecclesie :

Joannes Walencurt.
Helvinus de Belmeis.
Tetboldus Sauualo.
Gerlo Alardus.
Rotbertus.

Qui cum testimonio ad deratiocinandum se obtulerunt.

Actum est Attrebati in Camera Abbatis Henrici, ipso Henrico Abbate, Letoldo cellerario. Anno Dominice incarnationis millesimo centesimo undecimo, et regni Ludovici regis Francorum IIII. et comitatus mei scilicet Balduini I°. Indictione IIII. Quod ut etiam semper firmum maneat, confirmo sigilli mei testimonio.

Privilegium Caroli Comitis de theloneo et censu sancti Vedasti.

In nomine Patris et Filii et Spiritus sancti. Carolus comes Flandriarum presentibus et futuris fidelibus in perpetuum successuris.

Quoniam generatio preterit, et generatio advenit, ne per labentia tempora rerum gestarum notitiam ignorantia interimat quoddam memorabile elaboratum in ecclesia sancti Vedasti Deo donante, curia nostra dictante, litterarum artificio signandum consilium fuit. Fratres de Cenobio sancti Vedasti querimoniam adversus Ingelbertum concivem nostrum et hominem Abbatis sui cum clamore valido intulerunt, qui theloneum de mercato civitatis victui suo antiquitus appositum, de magno olim, calliditate subscripta, modo fecerat minimum, et eo deperibat solitum victus sui pensum. Ingelberti feodale ministerium est, censum capitalem a familia sancti Vedasti servis et ancillis scilicet annuatim cum monacho colligere, et die constituto Abbati representare, quo censu omnes liberi sunt a theloneo tam viri quam femine. Qua de causa multi concurrentes ad Ingelbertum alterius legis quovis modo hoc egerunt, ut eos annumeraret in hac servili conditione, et protestaretur esse, et sic ut a theloneo liberarentur innumerabiles se obligaverunt hac adulterina servitute. Sane si quis a thelonearii deprehenderetur, occurrebat Ingelbertus, et eum esse sancti Vedasti proclamabat. Si ad rationem reddendam cogeretur, vocatus ante Abbatem, sacrosanctis in medio positis jurabat, quod quidem injustissimum erat, quia non per sacramentum, sed per originis lineam hoc probandum erat. Et hoc modo Ingelbertus theloneum sancto subtrahebat. Hanc injuriam, hoc damnum sibi fieri fratribus ad me, suum temporalem advocatum, proclamantibus, me etiam tam evidens fraus et injustia, nedum debitum jus huic injurie contraire suasit. Apud sanctum Audomarum concionabar, curia nostra in comite Eustachio et prudentioribus patrie florebat, quesivi ab eis verax et probabile judicium, an quilibet servum alterius, vel ex libero factum voluntarie servum, positus ad rationem deberet probare suum esse per sacramentum, an per originis experimentum. Quo audito ut hoc sacramento probaretur infremuerunt omnes, et absurdissimum et detestabile cunctis visum est et ex toto repudiatum est. Et quia hec probatio per originis ostensionem deberet fieri a primoribus Curie nostre judicatum est, scilicet:

A comite Eustachio. — A Hugone comite sancti Pauli. — A Roberto advocato. — A Balduino dapifero. — A Balduino nepote ejus castellano. — A Balduino constabili. — A Rogero Caieu. — A Balduino constabili comitis Eustachii. — A Wermundo de Pikenni. — A Gualtero Tirel.

Atrebatum deinde veni rediens cum gloria militari, de conflictu armorum habito inter me et Godefridum Comitem Valentianensium. Atrebati sedens in Camera Abbatis iterum conventus a monachis, Baronibus meis circa me positis, et Ingelberto adstante, prefatam querimoniam eorum hoc modo finivi. Ingelbertum in auditu omnium compellavi per Robertum advocatum, querimoniam Monachorum exponens quo modo egerat objeci ; quia ipse hanc conditionem probandi sibi olim deditam semper habuerat, respondit. Ego vero vertens me ad eos qui de talibus judicaturi erant, subjeci : Domini, obtestor vos per fidem quam mihi debetis, ite in partem, et judicio irrefragabili decernite, quid Ingelberto, quid monachis conveniat responderi. Qui euntes communicato consiliore redeuntes, per Robertum advocatum responderunt, nulla ratione nullo modo debere hominem, vel posse probari juste cujus sit, nisi adducta linea originis, et pro eo respondente. Quo approbato, supposui dicens : igitur ego Carolus Deo annuente comes Flandrie, hoc judicium non subito prolatum, sed diligenter antequam proferretur expolitum confirmo. Videlicet repudio et destruo iniquam probationem que facta est hactenus per sacramentum, et probationem que fit per lineam originis equam et justam, ut deinceps teneatur statuo, juxta decretum eorum' quos supra memoravi, quos ad roborandum hujus decreti testimonium iterum repetendum et commemorandum utile duxi.

Sig. Comitis Eustachi.
— Roberti advocati.
— Balduini dapiferi.
— Balduini nepotis ejus.
— Balduini constabilis.
— Hugonis comitis sancti Pauli.

Sig. Rogeri Caieu.
— Balduini constabilis comitis Eustachii.
— Guirmundi de Pinchenni.
— Gualteri Tiret.

Hi primi judicii hujus exquisitores apud sanctum Audomarum fuerunt, et post exquisitionem audacter judicarunt. Ut autem inconvulsum maneat sigillo meo subsignavi, Abbati et monachis ut excommunicationem adhibeant admonui. Item nomina eorum qui apud Atrebatem judicarunt in presentia Ingelberti :

Sig. Roberti advocati.
— Balduini dapiferi.
— Balduini constabilis.
— Frooldi castellani Bergensis.
— Ratzonis de Gavera.
— Balduini micule.
— Balduini castellani Atrebatensis.
— Alelmi de mercato.
— Nicolai fratris ejus.
— Eustachii Becchet.

Sig. Bernardi vacce.
— Henrici abbatis.
— Gerardi prioris.
— Gualteri duaci.
— Guillelmi camerarii.
— Haymonis prepositi.
— Berneri cellerarii.
— Henrici capellani.
— Dragonis et Sequani.
— Mambodonis Hugonis.
— Joannis Adelelmi.
— Guillelmi Anscheri.

Actum est apud Atrebatum in claustro sancti Vedasti anno Incarnati verbi millesimo centesimo vigesimo secundo, regnante rege Ludovico, episcopante Atrebati venerabili viro Rotberto, abbate Henrico, comite Flandriarum Carolo milite fortissimo, hujus privilegii ordinatore et datore sereno; ego Gerardus monicellus sancti Vedasti scripsi.

Privilegium sibille comitisse de theloneo et censu sancti Vedasti.

In nomine Patris et Filii et Spiritus sancti. Ego Sibilla comitissa.

Quoniam quidem precedentes mortales et eorum justa et honesta dicta vel facta posteris imitanda et pro lege observanda, mors quasi non fuerint Dei dispensatione abscondit, ideo nos quod in ecclesia vel pro ecclesia beati Vedasti juste et honeste agere Deo donante studuimus, posteris nostris scripto mandare observandum, estimavimus justum et honestum. Charissimo itaque Domino et marito meo venerabili Flandrensium comite Theoderico, et domno Alviso Atrebatensi episcopo, in Jerosolimitano exercitu Dei cum laudabili rege Francie Ludovico profectis, Ego Sibilla cum filio Balduino jam in comitem designato de totius gubernatione comitatus sollicita et ecclesiarum Dei negotiis et paci preceptiva petitione Domni mei precipue intenta, cun decenti comitatu Atrebatum veni, et perveniens ecclesiam beati Vedasti miserabiliter aggravari a quodam milite suo Heluino causa detestabili multis referentibus audivi et merito dolui. Quapropter curiam meorum et ecclesie virorum cum Abbate Guerrico boni testimonii Viro, in Camera ejusdem Abbatis convocavi et presentibus honestis Attrebatensibus archidiaconis domnis Luca et Hugone et religiosis Abbatibus Hugone de monte sancti Eligii et Simone abbate de Aylcurte, Heluinum predictum dulciter paalam omnibus admonui, ut ab ecclesie cujus homo Legius erat cessaret injusta infestatione. Ipse vero rediens a consilio potius ab ecclesia sibi conquestus est inferri injustitiam, quia sui juris et feodi esset, ut quoscumque mercatores jurejurando probare audiret sancti Vedasti esse homines censuales, ab omni eos theloneo quod utique est sancti Vedasti liberaret. Abbas vero et monachi juste conquerebantur, per hoc sibi damnum inferri maximum, qui a innumerabiles eumdem latenter Heluinum corrumpebant servitiis, ut eorum tutor super hoc esset sacrilegio, quia non servi essent sancti Vedasti, sed sub nomine servitutis cum Juda vellent esse fures et sacrilegi, et quia predictus Heluinus nullum jurejurando, sed qualibet origine sua legitime producta probare deberet, se ipsum servum esse sancti Vedasti. Ego autem quia jam audieram causam istam in presentia gloriosi comitis Caroli contra Ingelbertum predicti patrem Heluini agitatam, et agitationis ordinem scripto Privilegio ecclesie commendatum ab abbate et monachis idem privilegium requisivi. Cito allatum et recitatum et palam omnibus est expositum quod non alias sed predictas inter ecclesiam et Heluinum continet querelas, et easdem a predicti gloriosi comitis Caroli curia tam mirabili, quam laudabili justissime et honestissime judicio invincibili terminatas, et ab eodem comite domno Carolo authoritate principali terminationem earum prout decebat confirmatam. Ego Sibilla Dei gratia Flandrie comitissa, adjuratis Baronibus meis, et abbas suis, precepi ut quid abbati et Ecclesie, quid Heluino facere deberem studiosissime judicarent. Communicato itaque consilio omnes unanimiter per Anselmum de Husdenio nobilem virum et dapiferum nostrum judicaverunt, etiam si cartha non judicaret que idem judicabat, scilicet nullum penitus, nisi per seipsum debere conditionem suam probare, et producta et legitime et jurante cognoscibili progenie, nec ab ullo abbatum nec ab ullo censore sine iniquitate posse agi aliquid contra hoc antiquum et presens et commune ubique judicium. Ego igitur Sibilla Dei gratia Flandriarum comitissa ex authoritate charissimi domni et mariti mei honestissimi comitis Theoderici et Filii nostri Balduini jam in comitem designati, hoc judicium confirmavi, et cum scripto, ne minus credatur, mee sigillum imaginis pro presentia apponi precepi, et nomina judicum pro presentia ipsorum subjungi decrevi.

Signum Balduini pueri, in Comitem designati; S. Guerrici abbatis sancti Vedasti; S. Hugonis abbatis de monte sancti Eligii; S. Simonis abbatis de Agilcurte; S. Luce archidiaconi Atrebatensis; S. Hugonis archidiaconi de Ostrevant; S. Anselmi dapiferi; S. Ratzonis Pincerne; S. Theodorici camerarii; S. Michaelis constabilis; S. Gotsuini de Odingehem; S. Arnulfi de Orscam; S. Gualteri castellani de Duaco; S. Gisleberti de Nivella; S. Guillelmi de Bundu; Homines sancti Vedasti: Werinfridus de Atrebato; Hugo de Ballol; Eustachius de longo Vado; Wenemus Auriga; Hugo Thiulut; Gerardus durus sensus; Alelmus Villicus de Bigartio; Bernardus et Wigerus de Gaverella.

Actum Atrebati anno Verbi incarnati millesimo centesimo quadragesimo octavo, Indictione XI. Anno primo Domni Guerrici abbatis sancti Vedasti.

Privilegium Guerrici abbatis de theloneo et censu sancti Vedasti.

In nomine Patris et Filii et Spiritus sancti. Ego Guerricus ecclesie sancti Vedasti abbas, presentibus et futuris in perpetuum.

Quoniam generatio preterit, et generatio advenit, ne facta preteritorum eradat oblivio a cordibus futurorum, illam que inter nos et Heluinum fuit controversiam, et compositionis notitiam utile judicavimus scripto posteris translegendam. Ipse Heluinus familiam beati Vedasti que a theloneo libera est, et censum solum annualem a nobis tenebat, eosque qui theloneum debebant plurimis corruptus servitiis eidem familie associans, maximum nobis de theloneo damnum inferebat. Glorioso vero rege Francię Ludovico Jerusalem profecto et laudabili comite Flandrie Theodorico, uxor ejus Sibilla virilis animi comitissa cum filio suo Balduino jam in comitem designato de totius comitatus gubernatione sollicita, et ecclesiarum negotiis et paci intenta, Atrebatum venit, audiensque ecclesiam beati Vedasti a predicto Heluino aggravari doluit, advocans que eum palam omnibus dulciter admonuit, ut ab infestatione cessaret, ecclesie cujus homo legius erat. Qui consilio inito, conquestus est, potius se ab ecclesia gravari, quia sui juris et foedi erat, ut quotquot de familia beati Vedasti esse jurejurando affirmare auderet, ab omni solutione thelonei liberaret. E contra respondimus, quod neminem jurejurando deberet liberare, sed ipse homo originem suam probare. Cognocens autem comitissa hanc controversiam gloriosi comitis Caroli tempore inter ecclesiam et Ingelbertum predicti Heluini patrem extitisse, et ab eodem Baronum suorum judicio terminatam, notitiamque terminationis scripto privilegio memorie commendatam, ipsum privilegium offerri, legi, exponi precepit. Audito privilegio et utriusque partis allegationibus ut controversiam judicio deciderent suis imperavit Baronibus. Qui hoc etiam judicaverunt quod Caroli tempore fuerat judicatum, scilicet quod si ab aliquo qui se de familia beati Vedasti esse diceret exigeretur theloneum, nil ei Heluini juramentum prodesset, nil alicujus patrocinium : sed si septem tam mares quam feminas de progenie sua cognoscibiles adduceret, eorum si posset juramento liber abiret. Cum igitur tali judicio Heluinus fuisset convictus, Comitissa judicium scribi sigillo suo signari, et in testimonium precepit servari. Eodem vero tempore cum a quibusdam theloneum exigeretur, et eos liberare Heluinus moliretur, Flandrensis curie temptans refellere judicium, contra ecclesiam beati Vedasti accepit duellum, id utique sui juris esse volens dirratiocinare, quod jurejurando posset quos vellet a theloneo liberare. Timore autem Dei correptus, et amicorum petitione nobis pacificatus, de ore suo suam nequitiam judicavit, nam coram omnibus confessus est, non posse liberari a theloneo aliquem nisi per septem, sicut judicatum fuerat, suam jurejurando probaret conditionem. Quoniam igitur quidquid elaboratum est a nobis futurorum prodesse poterit utilitati, hanc controversiam et compositionis notitiam scribi utile judicavimus, quam testibus subsignatis sigilli nostri impressione confirmavimus.

Signum Martini prioris ; S. Hunodi Petri ; S. Guillelmi de Stamfort ; S. Joannis prepositi de Goria ; S. Thome prepositi de Haspera ; S. Syheri prepositi de Berclau ; S. Balduini cellerarii ; S. Balduini castellani ; S. Werinfridi de Atrebato ; S. Joannis de Waencurt ; S. Hugonis de Ballol ; S. Balduini de Synoncurt ; S. Gerardi Dursens ; S. Henrici Vituli ; S. Gerardi de Gaverella ; S. Eustachii de Longo Vado ; S. Alelmi de Biarcio ; S. Stephani de Biarcio ; S. Guiberti de Novavilla ; S. Tetboldi de Gaverella ; S. Dodonis de Novavilla ; S. Roberti Rufi ; S. Tetboldi de Tyloi ; S. Gerardi Pagani ; S. Tetboldi de Felci ; S. Wenemari Aurige.

Actum Atrebati anno incarnati verbi millesimo centesimo quadragesimo octavo, indictione XI. anno primo domni Guerrici abbatis.

De caritatibus mercatorum et diversorum ministeriorum.

His qui evangelium annunciavit ordinavit Dominus de evangelio vivere; et apostolus licet non sit usus hac potestate ne quemque gravaret, nos tamen uti necesse est qui, cum evangelicam doctrinam atque institutionem non tam sermonum jactantia quam virtutum exhibitione annunciare debeamus, longe tamen ab apostolica perfectione distamus. Universa igitur que ecclesiis vel offeruntur vel oblata sunt, de evangelii mercede scilicet fidelium caritate sunt, et cum nos eorum carnalia metimus, eis, ut decens et debitum est, nostra spiritualia in eleemosinis, orationibus atque jejuniis et omnium beneficiorum participatione impartiri debemus. Verum sunt quedam in ecclesiis beneficia et consuetudines que proprie ac specialiter caritatis nomen retinent. ut sunt ille que dicuntur ministerialium quibus de sua devotione obligant caritates, quia singulis debent annis sancto Vedasto de sua caritate et confraternitate : parmentarii quatuor solidos, sutores decem, qui utrique suum debitum solempniter ad altare sancti Vedasti deferunt. Porro guilda mercatorum debet viginti quatuor solidos qui dicuntur de candela quos scabini solvunt. Quando mercatores ad suam consident caritatem, si cellerarius vel thesaurarius illuc mittunt, uterque ex consuetudine debet habere dimidium vini sextarium, in caritate vero monetariorum thesaurarius dimidium vini sextarium.

Multe fuerunt hujus modi caritates ; sed quod in aliis refrixit in his viget.

Explicit liber primus de Bonis mobilibus et immobilibus.

LIBER SECUNDUS

DE HOSTAGIIS SANCTI VEDASTI ET DE DIVERSITATE DISTRICTORUM.

PRÉFACE DU SECOND LIVRE DE CETTE SECONDE PARTIE PAR GUIMANN.

Sciendum in primis quod ex antiqua consuetudine hostagia ad ecclesiam sancti Vedasti deferri, et a debentibus solebant monacho circumsedentibus villicis presentari. Verum nunc, tum nostra negligentia, tum civium superbia, longa etate senuit, ut hospitibus ea deferre nolentibus monachus circuiens colligat, et a scabinis indultum est ut, si ad velle suum habere non potuerit, super terram ubi debetur hostagium, per justitiam et scabinos vadium licenter accipiat et in vicinia recommendans, nisi infra quindecim dies redemptum fuerit super illud hostagium accredat. Quod si et jam nunc nostra scabinos urgeret instantia, ab eis facile ad antiquam redeundi consuetudinem judicium extorquere possemus. Porro videtur michi utilius, quatenus suum commodum nostra foveat et amplectatur dissimulatio, ut scilicet monachus circuiens, et qui et unde et quanta hostagia debeant plenissime addiscat, et in omnibus peritus, nec hospitum negligentie nec villicorum calliditati locum vel oportunitatem relinquat. Nec illud silentio est premendum, quod in comitatu, id est in justitia castellani, tam in urbe quam in suburbio, habet sanctus Vedastus pro relevatione hostagii sexdecim denarios, pro invadiatione seu venditione triginta et duo denarios, pro puteo vel cripta unam libram piperis et duo sextarios vini nec melioris nec pejoris. Et libram quidem piperis accipit monachus; denarios et vinum tenent in feodum Bartholomeus Plumez et Rotbertus Vitulus.

Verum ubicunque sanctus Vedastus habet in Attrebato districtum vel justitiam, scilicet in abbatia, in coteria, in creonaria, in pratis et in pomeriis, habet nichilominus stalagia, foragia et sexteragium : de puteo sicut in comitatu, de bretesca et cripta ad misericordiam, pro relevatione hostagii ji solidos et villicus ij denarios, pro invadiatione vel venditione iiij solidos et villicus iiij denarios. Et sciendum quia et in castellania et in districtis sancti Vedasti, tot debet quisque relevationes, introitus et egressiones, quot tenet mansiones, vel mansionum per scabinos factas inter propinquos divisiones. Nam et si una mansio in duos vel tres vel plures heredes per scabinos partita fuerit, si ad unum illorum quolibet modo revertatur, non erit una mansio, sed tot debebit consuetudines quot fuerint per scabinos facte partitiones. De quibus relevationibus, introitibus atque exitibus, si quid villici vel concelando, vel alio quolibet modo, defraudare vel imminuere presumpserint, monachus qui hostagia colligit caute provideat ; et si quem pro aliqua domo vel curtilio redditum solvere viderit qui in preterito termino non solverit, et in sua charta scriptus non sit, per quam et quomodo in illam domum vel curtilium intraverit, diligenter sciat, sicque deprehensa concelatione, relevationem sive introitum et exitum suum a villico suo exquirat.

DE HOSTAGIIS SANCTI VEDASTI.

Ad pontem de Wendin debet cellerarius xij alletia et iij credemicas et ij sextaria cervisie et i sextarium vini nec melioris nec pejoris et i quartier fersinge ix den. Hoc accipiunt famuli Pontis in Atrebato. Item debet in augusto xxiiij garbas frumenti et tot idem avene, et in festo omnium sanctorum iiij mancaus frumenti. Hoc in Aneulin. Hospitarius ibidem debet, mancaus avene et vj panes de Hospitio et v frusta carnis sicut pendent, et fascem de furro et ij falces de liegne et ij sextaria cervisie. Per hoc ecclesia liberum habet transitum.

Aneulins thelonerio de insula dat v solidos, et ecclesia in omni theloneo et transitu eundo et redeundo libera est.

In Dominica curte molendina iij. Asinos damus et pascimus illi qui farinas habent v in Nativitate beate Marie debent cellerario de singulis molendinis x solidos.

In festo omnium sanctorum v solidos et similiter in Pentecostem v solidos molas damus cetera participes. Si opus est reparatione mairen damus et super terram adducimus ipsi reparant. Ibidem Enulphus Maloz xij den. et ij capones filii Radulphi, filii Gummeri xx solidos et ij capones de cressonaria de dolant molin quam emit Alardus cellerarius.

In Meaulens molendina iiij. Damus asinos viij et pascimus, debent qui farinas habent de singulis molendinis in paschate xxi solidos. In natali vj capones singula et iij sextaria vini. Debemus eis singulis hebdomadis i mancaus de revaniis cocte nostre scilicet singulis molendinis i Boist et omnibus molendinis debemus in natali v poisas casci Flandrici, molas damus et cetera ut supra.

In Blangi molendina iiij. Qui farinas tenent emunt asinos et pascunt, et damus eis scilicet uniquique molendino viij mancaus frumenti et viij solidos in festo sancti Andree, molas damus ut supra.

In omnibus molendinis istis quicumque tenent farinas non possunt custodes ponere nisi singulos in singulis molendinis et illos adducunt cellerario, et coram famulis in coquina faciunt fidelitates. Si participes inter se de ponendo custode contendunt, ad testimonium cellerarii se tenebunt. Si custos est rebellus cellerario famuli uncinas saisient et juvent super usque dum satisfaciat. Asinarii cellerario fidelitatem faciunt. Asnagium habent qui et farinas.

A Ponte sancti Vedasti usque ad ecclesiam sancte Marie de Castello per circuitum atrii:

Terra Hugonis le parcier	edituo ij solidi.
Domus Gamelonis junioris	edituo viij den.
Et curia in hebdomada	edituo iiij den.
Domus eve uvaschete	edituo v solidi.
Et curia ejus in hebdomada	edituo viij den.

In exitu castelli, per vicum qui sequitur habet edituus portagium, ceteri exitus tenentur de Abbate, in feodum.

Portagium castelli ad portam castellani et ad portam sancti Jacobi de feodo Gualteri clerici de Henninel.

In exitu vero castelli ante sanctum Gaugericum per vicum monetariorum de feodo castellani est portagium.

Domus comitis	thesaurario x solidi.
Domus Leonardi ante domum comitis	thesaurario x den.
Domus Wenemari ad Barbam	thesaurario viij den.
Domus Balduini filii Gamelonis	thesaurario viij den.
Domus Berneri que nunc est Aquincinti	thesaurario ij den.
Domus Alardi de Spineto	thesaurario iiij den.

Huc usque habet edituus districtum, institiam stalagium foragia thesaurarius in cambis castelli signacula.

Ab ecclesia sancte Marie de castello, usque ante Portum Castellani :

Domus Gualteri Calderlier	preposito	ij den.
Domus Balduini presbiteri	abbati	xx solidi.
Domus Gamelonis	preposito	iiij den.
Domus Heddonis, ad caput templi	thesaurario	iiij den.
Domus Donne	thesaurario	viij den.
Domus Gaudefridi	preposito	iiij den.
Domus Johannis	preposito	iiij den.
Camba ejus	preposito	iiij den.
Domus Joannis filii Raoul	preposito	iiij den.
Domus Helvidis barbate	preposito	viij den.

A porta castellani redeundo usque ad Halam Parmentariorum que est retro murum sancti Vedasti :

Domus et furnus Marie de castello	preposito	iiij den.

Domus Guillelmi del Carmer	preposito	xi den.
Domus Balduini Hancart	preposito	xi den.
Domus Theodorici	eleemosinario	xij den.
Domus Domine Ade	preposito	ij den.
Domus Nicolai portarii	preposito	i den.
Hala Parmentariorum	preposito	ij den.

Retro Halam Parmentariorum in viculis qui ibi sunt :

Domus Joannes Colreith	preposito	viij den. et [ij cap.
Domus Joannis de Ransart	preposito	ij den.
Furnus Wagonis et hospites feodus et	preposito	xij den.
Domus Nicolai Pautim	preposito	ij den.
Domus Walcheri fabri	eleemosinario	iij solidi.

Ab Hala Parmentariorum juxta murum sancti Vedasti usque retro sanctum Jacobum :

Domus Hugonis de Baillol	preposito	iiij den.
Domus Gualteri Erochillon	preposito	ij den.
Domus Rogeri de Bello Manso	preposito	iiij den.

In vico retro sanctum Jacobum qui vicus est in parrochia sancti Petri, et vadit in parvum forum :

Domus Alulfi de Pabula.	preposito	ij den.
Domus Balduini Buyolt	preposito	ij den.
Domus Amolrici de Biarce	preposito	ij d. et ob.
Domus Gillelmi Frerun	preposito	iij den.
Domus Petri filii Mensendis	preposito	iij den.
Domus Hugonis fortis	preposito	iij ob.

Domus Roberti nigri preposito vi den.
Domus Achardi pistoris preposito vi den.
Domus hospitum sancti Lazari preposito viij den.
Domus Guillelmi qui acus facit preposito iiij den.
Domus Legardis vitule preposito xij den.

Furnus Guillelmi vituli sub domo advocati feodus est abbatis sub relevatione x solidorum.

A porta sancti Vedasti que est ante sanctum Jacobum usque ad Crientionem :

Furnus et hospites Wiberti majoris et villicatio creonarie et Pratilegium hominum.

Domus Watsonis portarii celerario ij den.
Domus Balduini comitis celerario ij den..
Domus domini Watsonis camerario x d. et ob.
Domus Joannis Ferneith camerario x d. et ob.
Pons ante cambas Thome cellerario ij capones.

A crientione ascendendo usque ad vicum qui vadit de Ponte Levonis in pomerium :

Domus Joannis al dent camerario v den.

Domus Seyberti scabini feodus est debet hominium justitiam et ad cambucam abbatis forellum.

Sequitur molendinum de Alluenth:

Domus Thome pro molendino cellerario v solidi.

Furnus thome feodus est et villicatio hospitum camerarii super crientionem et in mallis foris muros.

Domus Joannis Hucdeu camerario xxxi den.
Domus Sauualonis Hucdeu camerario xviiij d. et ob.

Domus Ausberti	infirmario dim marc.
Domus Benedicti elcrochet	camerario v den.
Domus Simonis Bolengier	cellerario iiij den.
Domus Arnulfi Bolengier	cellerario iiij den.

Ex his denariis cellerarius tot obolos habet quot prebendas eleemosina vel vadimonio ecclesia tenet.

A vico qui vadit de Ponte Levonis in Pomerium usque ad vicum de Carmer:

Domus Alulphi de Pabula	preposito ij den.
Domus Roberti pes Argenti	preposito ij solidos.
Domus	preposito xij den.
Domus Huberti Rufi	preposito xij den.
Domus Roberti de Cameraco	preposito iiij den.
Domus Roberti cambarii	preposito viij den.
Domus Hugonis de Auerdon	preposito vi d. et ij cap.
Domus Hersendis de Boveniis	preposito viij den.
Domus Joannis divitis el carmer	preposito xij den.
Domus Drogonis episcopi	preposito viij den.

A vico del Carmer usque ad capellam sancte Crucis et sancti Macuti :

Hospites sancti Vindiciani	preposito xij den.
Domus Gerberti lecendrier	preposito x den. [et iiij cap.
Domus Roberti de Lenz	thesaurario viij den.
Omnes domus a domo Balduini Lecortoiz usque ad capellam sancte Crucis mansi iij	preposito iij solidos.

Ab ipsa capella eundo en le Warance per domum Joannis divitis et inde girando ad ipsam capellam :

Furnus et hospites Ermenfridi de Puimiel	preposito iiij den.
Porta Joannis Divitis	preposito iij den.
Domus ejusdem Joannis	preposito dim. marc.
Curia ejusdem Joannis	preposito v den.
Terra Gotranni de Hosden	preposito iij den.
Domus Hermeri usurir	preposito vi den.
Domus Roberti crassi	preposito vi den.
Domus sancte uxoris Ermenfridi pes argenti	preposito xxxij den.
Domus Auuart le cendrier	preposito iiij den.
Camba Tetboldi Nasart	preposito viij den.
Domus ejusdem Tetboldi	preposito viij den.
Porta Oylardi Nasart	preposito iij den.
Domus ejusdem Oylardi	preposito xij den.

A capella sancte Crucis usque ad capellam sancte Marie in parvo foro par le Varance :

Canonici sancte Marie iiij den. preposito et xij sol. eadem domus eleemosinario.

Domus Simon	thesaurario v sol.
Henricus Artus	thesaurario v sol.

Hos decem solidos dedit ad luminare ecclesie pro anima sua et pro antecessoribus suis Alelmus Alghernum.

Domus Ale litterato	preposito ij den.
Domus Letoldi de sancto Venantio	preposito vi den.

Domus Alelmi de Roclencurt	preposito	iij den.
Domus Alelmi pes argenti	preposito	iij den.
Mansus domini Werinfridi	preposito	vij den.
Domus Widonis scabini	preposito	iij den.
Domus Tetboldi bone vite	preposito	iij den.

A Capella ipsa sancte Marie usque ad capellam sancte Crucis per parvum et magnum forum :

Capella sancte Marie in manso Ermenfridi pedis argenti ij sol. thesaurario in natali domini.

Domus ejusdem Ermenfridi	preposito	vi den.
Domus ubi Porta ejus fuit	preposito	vi den
Domus Gamelonis junioris	preposito	iiij den. et ob.
Domus Andree monetarii	preposito	iiij den. et ob.
Domus Petri le Rath	preposito	iij den.
Domus Balduini Wistre	preposito	iij ob.
Domus Ale	preposito	iij obol.
Domus Balduini Bruni	preposito	iij den.
Domus Nicolai de Ballol	preposito	xij den.
Domus Roberti Loccart	preposito	vi den.
Domus Hospitum domus Dei	preposito	iij den.
Domus Dulcet et filie Maradi	preposito	iij den.
Domus Simonis scaceari	preposito	vi den.
Domus hospitum Roberti pes argenti	preposito	vi den.
Domus hospitum Gerardi Aldefroit	preposito	ij den.
Domus Gerardi Aldefroit	preposito	iij den.
Curia ejusdem Gerardi	thesaurario	x sol. et [iiij capones.

Domus Roberti Berengir	preposito	iij den.
Curia ejusdem Roberti	thesaurario	vij sol. et iiij capones.

Redditum harum duarum curiarum dedit ad luminare ecclesie Robertus crassus scabinus factus monachus ad succurendum. De curia quidem Gerardi reddimus Wiberto villico de Atrebato tres solidos, de curia vero Roberti Alelmo del Pellori duodecim denarios in Natale Domini.

Domus Henrici Artu	preposito vi den.
Domus Maragdux	preposito vi den.
Domus Roberti Boistel	preposito xij den.
Domus Tetboldi sarraceni	preposito iij den.
Domus Nicolai fratris ejus	preposito iij den.
Domus Adelfridi	preposito iiij den.
Domus Nicolai fratris ejus	preposito ij den.
Domus Gotranni de Felci	preposito iij den.
Item domus Tetboldi sarrazini	preposito iij den.
Domus Sawalonis Hucdeu	proposito vi den.
Domus Wiardi	preposito iij den.
Domus Hugonis Hobart	preposito iij den.
Domus Margarete uxoris Jacobi	preposito i den
Domus hospitum Hyldiardis	preposito i den.
Furmus Roberti Rufi feodus est	preposito ij den.
Et domus Wiardi que fuit maradus	preposito vi den.
Domus Gualteri pulchri que fuit Roberti	preposito ix den.
Domus Fulconis in eodem manso	preposito ix den.
Domus Rogeri de Bruay	preposito viij sol.

Domus Alexandri	sancto Michaeli xij den.
Domus Roberti Fabri	sancto Michaeli xij den.
Domus Nicolai Aldefroit	preposito iiij den.
Camba Frumentin ante capellam	preposito vi den.

A Capella sancte Crucis et sancti Macuti usque ad portam sancti Michaelis :

In latere sancte Crucis domus... iij sol. quos accipit presbiter et dat eos canonicis sancte Marie pro censu ejusdem capelle. Relevationes vero sunt sancto Vedasto et cetera jura domus.

Domus Wiardi de capella	preposito iij den. et ob.
Domus Rogeri	preposito ij den. et obol.
Domus Roberti le frat.	preposito ij den. et obol.
Domus Gerardi de Bernivilla	preposito iij den.
Domus Ingelberti Pincerne	preposito iiij den.
Domus Dei in manso Heluini dursens	preposito ij den.
Domus Agnetis le frade	preposito ix den.
Domus Heluini dapiferi	preposito xviij den.

A porta sancti Michaelis usque ad Petras. In introitu vici capre montis in magno foro :

Camba Roberti in manso Dodonis sancti Michaeli xij d.

Domus Bartholomei in eodem manso preposito iij marc.

Domus Gerardi Fabri in eodem manso preposito v firtons et dim.

Domus Fulcheri in eodem manso preposito v firtons et dim.

Hos duodecim denarios sancti Michaelis et has sex Marc i firton minus dedit sancto Vedasto Dodo de Hastis et Maria uxor ejus temporibus Henrici abbatis, sicut testatur privilegium Caroli comitis.

Privilegium Caroli comitis de domo Dodonis de Hastis et Marie uxoris ejus (1).

In nomine sancte et individue Trinitatis Patris et Filii et Spiritus sancti. Carolus comes Flandrie, et filius regis Datiae, Henrico reverendo abbati ecclesie beati Vedasti Atrebatensis et sibi commissis fratribus, eorum que successoribus in perpetuum. Sicut vestris orationibus eterna bona adipisci desideramus, sic nos vobis temporalia bona dare et data conservare secundum a Deo datam nobis potestatem debemus. Hujus rationis consideratione quoddam vestrum utile nostra industria, nostri honoris tempore, decrevimus presenti scripto et nostri sigilli impressione vobis in perpetuum confirmare et confirmatum ad successores nostros et vestros transmittere, ut ramum boni operis quem plantavimus nostra sagacitate perpetualiter inconvulsum reddamus nostra auctoritate. Noverint ergo moderni et futuri quod quedam femina de Atrebato civitate mea, que fuit uxor Dodonis de Hastis nomine Maria, dedit tibi, reverende abbas Henrice, tueque ecclesie,

(1) Nous donnons le texte de cette charte corrigé sur l'original même qui est déposé aux Archives du Pas-de-Calais et qui conserve encore son sceau. Ce titre est en belle écriture avec grands intervalles entre les lignes ; il est protégé par une étoffe de soie rouge ancienne. Il a pour inscription, au dos : *De dono Dodonis de Hastis.*

mansionem suam lapideam cum suis appenditiis, dedit inquam legaliter et libere presentibus scabinis. Postea verot tacta instabilitate humane nature quod non debuit, concessit eandem mansionem ecclesie Aquicinensi quod non potuit, tum quia illam tibi prius legaliter dederat, tum quia absque tuo assensu, quoniam fundus terre ejusdem mansionis tuus est, dare non poterat. Ex hoc ergo controversia inter te et Abbatem Aquicinensem oborta, te quidem pro primo legali dono mansionem clamante, illo autem pro secundo illicito illam usurpante, tandem querela ad presentie mee justitiam est delata. Ubi cum pariter convenissetis die denominata, Abbas Aquicinensis recusavit subire super hoc justiciam meam cujus est ipsa Civitas, et judicium scabinorum quorum judicio semper disponitur tota eadem Civitas in consimili causa. Quoniam ergo primum tuum legale donum, ejus secundo enervari nec debuit nec potuit, et quoniam illorum justitiam et judicium recusavit, quorum procul dubio subire debuit, idcirco eadem mansio illi est abjudicata, et tibi, et ecclesie tue adjudicata, et ideo tibi tuisque successoribus eam perpetualiter concedimus et nostro signaculo cum presenti scripto confirmamus et nomina hominum nostrorum qui huic cause interfuerunt pro irrefragabili testimonio annotavimus :

Robertus advocatus, Balduinus Mielet, Theodoricus de Ablem, Balduinus Castellanus, Alelmus et Nicholaus frater ejus, Eustachius Becchez, Gerbodo de Gaverella, Guido de Rispelli, Gerardus de Castello, Tetboldus de Vitri, Hato Reueläz, Clerici, Balduinus capellanus, Drogo archidiaconus, Hugo filius Balduini, Guibertus grammaticus, Hugo de Goria, Desiderius.

Hi sunt testes qui interfuerunt veritati quam cognoverunt scabini presente Comite Carolo de domo Marie de Hanstes : Scabini, Ermenfridus, Gerricus, Gerardus, Bernardus, Gualcherus.

A Domo Dodonis de Hanstes usque ad Petras in magno Foro in introitu Capre Montis:

Domus Helvidis uxoris Fulcheri	preposito viij den.
Domus Ramoldi de Fontibus	preposito viij den.
Domus Fulberti de Hastis	preposito iiij den.

A Petris magni Fori usque ad Petras Parui Fori per medium eosdem foros :

Domus Fulberti de Cultis	preposito viij den.
Domus Guelberti Boystel	preposito i den.
Domus Erembaldi	preposito i den.
Domus Wadin Carpentarii	preposito ij den.
Domus Rotberti Cosset	preposito i den.
Domus Gerberti Fabri	preposito i den.
Domus Henrici Artu	preposito ij den.
Domus Manasses Strabonis	preposito viij den.
Domus Roberti Fabri	preposito ij den.
Domus Elberti Anstier	preposito ij den.
Domus Wiardi sellarii	preposito ij den.
Domus Gualteri Lodevin	preposito ij den.
Domus Algodi sellarii	preposito ij den.
Domus Petri sellarii	preposito ij den.
Domus Ludovici sellarii	preposito ij den.
Domus Hugonis sellarii	preposito ij den.

Domus Gualteri sellarii	preposito ij den.
Domus Rogeri episcopi	preposito ix den.
Domus Guillelmi de Petra	preposito v den. et i cap.
Domus Nicolai Aldefroit	preposito v den. et i cap.
Domus Balduini Fastol	preposito viij den.
Domus Rotberti Cosset fratris ejus	preposito viij den.
Domus Heluini de Wali	preposito vi den.
Domus Ursionis incisoris	preposito viij den.
Domus Agnes le frat in manso toztum	preposito vi den.
Domus Joannis Hucdeu in eodem manso	preposito xiij den.
Domus Egidii scabini in eodem manso	preposito v den.
Domus ejusdem Egidii de Petris	preposito iiij den.
Domus Gozuina de Petris	preposito iij den.
Domus Hermeri de Petris	preposito xv den.

Juxta Petras parvi fori in viculo qui flectitur ad sinistram exeuntibus de eodem foro:

Domus Guiberti Rufi	preposito ij den.
Domus Tetsonis monetarii	preposito ij den.
Domus Tetboldi Boschet	preposito iiij den.
Domus Balduini Peulin	preposito ij den.
Domus sancti Lazari	preposito ij den.
Domus Nicolai	preposito x d. et ij cap.
Domus Hospites Gerardi Faverel	preposito ix d. et iiij den.
Domus Rohardi	preposito ij sol. et iiij cap.

Domus in manso Heluiteri Copehauduel	preposito	xxxij den.

Item a Petris parui fori usque ad Portam sancti Salvatoris per Crunevrue:

Domus Guiberti Caboth	preposito	x den.
Domus Tetboldi Carbonel	preposito	vi den.
Domus Rayneri Pichet	preposito	viij den.
Domus Alardi incisoris	preposito	x den.
Domus Hospitum domni Aldefridi	preposito	iij sol. et dim.
Hospites Nicolai Aldefroit	preposito	viij den.
Furnus Henrici Vituli	preposito	ix den.
Domus filiorum Fulconis filii Anselmi	preposito	ix den.
Domus Gosonis scabini	preposito	xviij den.
Domus Tetboldi Potevin in eodem manso	preposito	vi den.
Domus Roberti Golin in eodem manso	preposito	iiij den.
Domus Rogeri ad Pedes	thesaurario	dim. marc.
Domus eadem	infirmario	vi cap.
Domus Roberti de Bello Ramo	thesaurario	dimid. marc.
Domus eadem	infirmario	vi cap.

Hanc Marcam ad luminare ecclesie et duodecim capones ad infirmorum procurationem dedit Balduinus filius Balduini Norfridi et uxor sua Alendis, sicut testatur subscriptum Caroli Comitis.

Privilegium Caroli comitis de Marcha et duodecim Caponibus ad Portam sancti Salvatoris.

In nomine sancte et individue Trinitatis. Carolus Dei gratia comes Flandrie et filius Regis Datie, Henrico eadem gratia Abbati ecclesie Almi Patris Vedasti Atrebatensis sibique subjectis Fratribus ipsorumque ecclesiasticis successoribus in perpetuum salutem in salutari et memores esse sui. Quoniam sicut vestris orationibus apud Deum muniri desideramus, sic in temporalibus bonis vobis auxiliari debemus. Ideo presenti scripto annotavimus, et sigillo nostre autoritatis vobis confirmamus, quoniam Balduinus filius Balduini Norfridi, assensu uxoris sue Alendis et parentum suorum, dedit sancto et Patri Vedasto duos Hospites sitos in Atrebato ad portam que dicitur sancti Salvatoris, solventes singulis annis in termino Nativitatis Domini, unam marcam argenti ad luminare altaris, et duodecim capones infirmorum vestrorum procurationi. Ego autem addo id quod mei juris est in ipsis hospitibus districtum consuetudines omnes Deo et sancto Vedasto perpetualiter concedo, et ex toto liberi respondeant Abbati vel ejus monachis tantum. Hoc autem concedo pro salute anime mee et parentum meorum presentibus testibus.

Signum Roberti advocati; S. Hugonis Campiavene; S. Balduini dapiferi; S. Guidonis de Stamfort; S. Frooldi castellani; S. Gualteri de Locres; S. Onulfi de Locres; S. Tetboldi de Vitri; S. Guarini de Encre; S. Balduini castellani de Atrebato; S. Alelmi de Ablen; S. Theodorici de Ablen; S. Hugonis majoris; S. Ermenfridi scabini ; S. Sauualonis filii Henrici ; S. Walselmi scabini ; S. Gonzelini scabini ; S. Gerrici scabini ; S. Joannis de Porta.

Actum Atrebati in domo mea anno Christi M. C. XXII. Regnante rege Francorum Ludovico, Henrico abbate Atrebatensis cenobii sancti Vedasti.

A domo Roberti de Bello Ramo usque ad Petras magni fori per Capremontem :

Domus Guerrici vituli	preposito	v den.
Domus Godescalci vituli	preposito	v den.
Domus Joannis le frat fratris eorum	preposito	v den.
Domus Ingranni Rahyer	preposito	viij den.
Domus Haymonis	preposito	xij den.
Domus Maragdus	preposito	xvi den.

A Petris magni fori usque ad sanctum Nicolaum :

Domus Henrici Salenbiin	preposito	vi den.
Domus Lamberti	preposito	ij cap.
Hospites Hugonis Callau	preposito	xi den.

A sancto Nicolao usque ad domum Willelmi vituli in Parrochia sancti Vincentii :

Domus Alexis presbiteri	preposito	viij den.
Domus Raimberti	preposito	viij den.
Domus Hugonis Callau	eleemosinario	xij den.
Domus Juliane	eleemosinario	vi den.
Furnus Roberti Bogyr feodus est et	eleemosinario	xij den.

Domus Wiberti Lemaluaiz	preposito	xij den.
Domus Balduini militis	preposito	viij den.
Domus Laurentii scabini	preposito	xx den.
Domus Bernardi vituli	preposito	v den.
Domus Henrici vituli	preposito	xxi den.
Domus Mathei vituli	preposito	viij den.
Domus Guillelmi vituli	preposito	xvi den.
Domus Ursionis fratris Hatonis	preposito	viij den.
Domus Halonis Trulichin	preposito	viij den.
Domus Andree Peulin	preposito	iiij den.
Domus Berengis Passentare	preposito	iij den.
Domus Hugonis Clunet	preposito	iij den.
Domus Odonis Alhuvet	preposito	v den.
Domus Joannis fratris ejus	preposito	v den.
Domus Eve Waschet	preposito	xij den.
Domus Roberti qui non ridet	preposito	v d. et obol.
Domus Balduini Pincerne	preposito	v d. et obol.
Domus Domine Adele	preposito	v d. et obol.
Domus Emme de Foro	preposito	xvi den.
Domus Tetboldi et participum ejus	preposito	viij d. et ob.
Domus Walcheri filii Gunfridi	preposito	v den.
Item Domus Domine Adele	preposito	ij den.
Domus Auberti ad manum	preposito	iij d. et ob.
Domus Durandi	preposito	iij d. et ob.
Domus Beloth	preposito	iij d. et ob.
Domus Hugonis nepotis	preposito	x d. et ob.
Domus Domine Auuidis	preposito	xvij den.
Domus Guillelmi de Foro	preposito	viij den.
Domus Harduini	preposito	ij d. et ob.
Tres domus in manso Hugonis	preposito	viij den.

A sancto Gaugerico usque ad Portam sancti Vedasti:

Domus Vuiberti villici	preposito	ij den.
Domus Godini fabri	preposito	ij den.
Camba Heluini de Bello Manso	preposito	xvi den.
Domus Amisardi de Cameraco	preposito	xvi den.
Domus Wiberti Despoz	preposito	xi den.
Hospites Gualteri Daraz in macellis	preposito	xi den.
Domus Rayneri Mostelet	preposito	xxij den.

Furnus Gualteri Doraz en le Warance feodus est membrum feodi quare tenet in villa de Bulicurt.

Hospites sancte Marie en le Warance	preposito	viij den.

Hospites Gualteri de Atrebato thesaurario xxviij sol. et ij cap. qui dati sunt pro Matheo puero a Roberto infante patre ejus et a Joanne divite avunculo ejus.

Hospites Rogeri de Hosden	preposito	vi den.
Hospites Widonis scabini	preposito	vi den.
Domus dominet en le Warance		iiij den.
Curia ejusdem domus	preposito	xxvij den.

Qui similiter dati sunt pro Matheo puero a Roberto infante Patre ejus et a Joanne divite avunculo ejus.

Domus Adam de Wendin	preposito	xv den.
Domus Atzonis filii Diessent	preposito	iij den.
Domus Rayneri Pulchri	preposito	viij den.
Domus Nicolai de Yser	preposito	viij den.
Domus Rogeri de Hispania	preposito	iij den.
Domus Teberti vastantis aquam	preposito	vi den.
Furnus Roberti fratris Joann. divitis	preposito	iiij den.

Domus Gotranni de Hosden	preposito	viij den.
Domus Hugonis Barbire	preposito	vi den.
Domus Roberti Bervart	preposito	xxij d. et ij c.
Domus Domine Alplaiz	preposito	vi den.
Domus Heluini Cocci Inpontleuum	preposito	iiij den.
Domus Rogeri cocci ibidem	preposito	iij den.
Domus Amolrici de Biarcis ante sancte Jacobum	preposito	iij den.
Domus Heluini Cocci	preposito	iij obol.
Domus Rodulphi fratris ejus	preposito	iij obol.

In Platea Advocati:

Domus Roberti Cotterel	preposito	iij obol.
Domus Letardi	preposito	vi obol.
Domus Roberti lehamier	preposito	vj obol.
Domus Balduini filii Aumeri	preposito	xvij obol.

In vico qui vocatur Fraxinus :

Hospites sancte Marie de Struem	preposito	iiij den.
Porta Roberti vituli	preposito	iiij den.
Domus Nicolai Cofinel	preposito	viij den.
Domus Helgoti Strabonis	preposito	viij den.
Domus Erm[illegible]ere uxoris Sauualonis malin	preposito	iiij den.
Maria Gahere de terra Hugonis de Bernivilla	preposito	iiij den.
Hospites domus sancti Lazari	preposito	xiiij den.

In vico rotunde Ville :

Domus ad portam rotunde ville	eleemosinario	i firton.

Henricus Imperator	eleemosinario viij sol et ij ca-[pones quator terminis.	
Hugo si Cozoiers	eleemosinario vj s. et iiij t.	
Evrardus de la Poterie	eleemosinario viij s. q. t.	
Odo de Bailues	eleemosinario iiij s. q. t.	
Petrus clericus	eleemosinario iiij s. q. t.	
Benedicta filia Petri	eleemosinario ij s. q. t.	
Adam Canis	eleemosinario ij s. q. t.	
Item Odo	eleemosinario ix s. q. t.	
Furnus Walberti	thesaurario	xij d. et iiij c.

Hii duo sol. dantur pro libertate furni quia scilicet in illo districto nullus preter eum debet esse furnus.

In eodem Vico in introitu de Hayrumval:

Aldefridus scabinus	thesaurario	xij d. et ij c.
Filie Ernoldi fabri	thesaurario	xij d. et iiij c.

In Hairunval:

Furnus Omeri	preposito	xij den.
Domus Tetboldi le Feltrir	preposito	vi den.
Hospistes Helvidis Greindor	preposito	v den.
Domus Joannis Lestalencir	preposito	ij d. et obol.
Terra Heluini de Wali	preposito	xv den.
Domus Wiberti Gunduin	preposito	iij den.
Domus Warmundi le Polyr	preposito	viij den.
Domus Tetboldis Bodonis	preposito	xxvij den.
Domus Tetsonis	preposito	vi den.
Item eadem domus	eleemosinario	iij s. et dim.

Hos tres solidos et duos capones dedit Walo pro se et filio Gisleberto quando facti sunt monachi.

Domus Amolrici Apayenfant	eleemosinario	ij sol.
Domus Stephani Calvi	preposito	ij den.

Ad Portam Castellani :

Furnus domine Ade ad portam Castellani	hospitario	viij sol.

Hostagia prepositi in Vico de Hayserue et pertinent ad curiam Hadis et a villico Hadis colliguntur :

Joannes de Muro	preposito	ij sol.
Ylarius de manso Ernulfi Fabri	preposito	vj den.
Albertus Delemait	preposito	vj den.
Hugo Eulons	preposito	ij den. et ob.
Heleguidis Rustica	preposito	xij den.
Lambertus Calax	preposito	iiij den.
Thomas Licordueners	preposito	iiij den.
Guiremboldus Fenerator	preposito	xij den.
Ayuersus Carnifex	preposito	v den.
Rogerus Rufus	preposito	xvj den.
Agnes uxor Joannis putacrena	preposito	x den.
Ecclesia sancti Vindiciani	preposito	ij sol.
Alguidis de Foro	preposito	vij s. ij d. minus
Guibertus Caboz de manso comitisse	preposito	vj sol.
Balduinus filius Risendis	preposito	iiij sol. ij d. minus
Lambertus presbiter filius Balduini folet	preposito	xij den.

In eodem vico juxta ecclesiam sancti Stephani:

Margareta Boistel infirmario et thesaurario vj d. et ij cap.

Segardus et Hainfridus	infirmario et thesaurario iij d. et ij cap.
Balduinus testor	infirmario et thesaurario ij d. et dim. cap.
Albertus et Bartholomeus fratres	infirmario et thesaurario iij d. et ij cap.

Hostagia hospitarii in districto coterie, que diversis terminis, id est Natali, Pascha, Joannis Baptiste et Remigii festo solvuntur :

Arnulfus	hospitario vij den.
Ecclesia sancti Vindiciani	hospitario xij den.
Molendinum subdomo comitis	hospitario ij sol. et iiij cap.
Hospites Joannis divitis	hospitario xij d. et ij cap.
Hospites Ermenfridi Escaudel	hospitario xxvij den.
Joannes Canaz	hospitario xij den.
Guillelmus cordarius	hospitario xij den.
Maria neptis Joannis marmite	hospitario xij den.
Domus et Furnus Salomonis	hospitario xij den.

A domo Comitis usque ad Pontem sancti Vedasti :

Oda de Wendin	hospitario xij d. et ij cap.
Joannes Hucdeu	hospitario xxviij d. et ij c.
Hugo Licayns	hospitario vj den.
Hugo Liparciis	hospitario xij den.
Wibertus filius ejus	hospitario xij d. et i cap.
Robertus Hodarz	hospitario xij den.
Robertus frumentin ante Pontem	hospitario xxi den.

A Ponte sancti Vedasti usque in stratam per coleriam :

Hospites Wiberti majoris	hospitario xj den.
Hospites Gregorii	hospitario xj den.
Stephanus frater Wiberti maj.	hospitario xvij den.
Domus Vrsionis clerici	hospitario vij sol.
Rayneldis	hospitario v den.
Robertus Sifflez	hospitario xj den.
Hugo Crassus	hospitario viij den.
Hospites sancti Mar. qui fuerunt Rogeri	hospitario v den.
Hospites Marie Comitisse	hospitario viij den.

Rursum a stratra usque ad sanctum Aubertum redeundo per Coteriam :

Joannes clericus filius Huberti	hospitario xij den.
Domus Balduini fiance	hospitario xxvij den.
Furnus Roberti pedis argenti	hospitario viij den.
Godefridus Faber	hospitario viij den.
Lambertus Niger	hospitario vj den.
Frumoldus Enperevile	hospitario xv den.
Eva Wascete	hospitario viij den.
Joannes Strabo	hospitario ix den.
Filii Nicolai Berteel	hospitario xij den.
Maria Foflei	hospitario x den.
Balduinus qui habet filiam Escadel	hospitario xiij den. et ob.
Item Eva Wascete	hospitario iiij den. et ob.
Hospites sancte Marie	hospitario xij den.
Camba sancte Marie destruem	hospitario iij sol.

Ante sanctum Aubertum :

Camba Rogeri ante sanctum Aubertum edituo vj den.

In strata ab exitu Coterie usque ad Vicum qui vadit ad sanctum Mauritium :

Domus Vuidonis Bechet	preposito xvj den.
Domus Geroldi de Harmavile	preposito viij den.
Domus Arnulfi Cauchinum	preposito viij den.
Domus Haymonis presbiteri	preposito xvj den.
Domus Lantberti de Strata	preposito viij den.
Domus Gunfridi Galli	preposito viij den.
Domus Gumberti filii Bertren	hospitario i firton

Quamvis Strata districtum sit episcopi, tamen infra limina harum domorum justitia est sancti Vedasti.

De Strata usque ad sanctum Mauritium :

Nicolaus Bertheaz	cellerario vj den.
Item de alia domo	cellerario iij obol.
Dodo	cellerario iij obol.
Stephanus filius Seyberti	cellerario xiiij den.
Ecclesia Strumensis	cellerario vj den.
Robertus et Hugo	cellerario vij den.
Ermengardis	cellerario viij den.
Item Dessenfolenech	cellerario vj den.
Gerardus miles	cellerario ij den. et obol.
Henricus vitulus	cellerario viij den.
Tetboldus Carboneaz	cellerario ix den.
Arnulfus de Fonte	cellerario vij den.
Sawalo Hucdeu	cellerario x den. et obol.

Heluinus de Coriis	cellerario iiij den. et obol.
Fulcherus	cellerario vj den.
Ecclesia sancti Mauritii	cellerario viij libras.

Quare has octo libras solvat plenius invenies in privilegio quod de concordia capellarum intitulatur.

De sancto Mauritio usque ad Pontem sancti Vedasti :

Joannes Villicus	cellerario vij den.
Gerardus Aldefroiz	cellerario xij den.
Domina Lucia	cellerario ij sol. et ij cap.
Lambertus Malroiz	cellerario xiv den.
Item ibi juxta	cellerario iiij sol. et iv cap.
Emma Trencheté	cellerario ij sol. et ij cap.
Item Tetboldus Carbonaz	cellerario xiv den.
Balduinus Wadeaz	cellerario iij sol.
Item ibi juxta	cellerario vij den.
Godefridus Faber	cellerario vj den.
Gerardus Favereaz	cellerario xiv den.
Uxor Manasses	cellerario iiij den. et obol.
Ægidius et Maria	cellerario xv den.
Ermenfridus pes argenti	cellerario xv den.

A Crientione usque ad furnum qui est ante sanctum Mauritium :

Ecclesia sancti Vindiciani	cellerario xij den.
Fratres templi Domini	cellerario xxj den.
Gisla Delbure	cellerario vij den.
Ermenfridi Cornez	cellerario vij den.
Wenemarus	cellerario xxvj d. et ij cap.
Robertus pes argenti	cellerario iij den.

Ado	cellerario ij den.
Wibertus major	cellerario ij den.
Hersendis Tentiria	cellerario vij den.
Filii Rayneri Pichet	cellerario v den.
Robertus boceas et sorores Ingelberti	cellerario ij den.
Eva Waschete	cellerario iiij den. et obol.
Item Gisla	cellerario vij den..
Joannes Rex	cellerario iij den.
Hieronimus presbiter	cellerario iij den.
Wido Scabinus	cellerario vj den.

Furnus Petri de Baillol membrum est feodi Wagonis de Dominica curte quem tenet inroyval: de quo feodo est etiam furnus in castello retro Halam Parmentariorum qui debet preposito xij den.

Ab eodem furno usque prope Crientionem per Vicum abbatie:

Item Guido Scabinus	cellerario vij den.
Item Ado	cellerario xij d. et iiij cap.
Item ecclesia Strumensis	cellerario vij d. et ij cap.
Item Guibertus villicus	cellerario vj d. et ij cap.
Joannes Dives	cellerario xij d. et ij cap.
Walterus de Atrebato	cellerario i firton
Terra Rodulphi Bunet	cellerario dim. firton
Terra Pagani de Ablen	cellerario i firton
Terra Guerrici Lentasseit	cellerario dim. firton
Robertus de Baluin	cellerario i firton
Mater ejus	cellerario i firton
Camba Roberti collum	serventibus i firton

De hoc etiam firtone tot habet cellerarius partes quot prebendas servientium in manu sua tenet.

Robertus Teneveas	cellerario v den. et obol.
Rogerus	cellerario v den. et obol.
Maria Fichete	cellerario v den. et obol.
Raynerus Parvus	cellerario v den. et obol.
Petrus	cellerario v den. et obol.
Item ecclesia Strumensis	cellerario v den. et obol.
Oda Mater Sawalonis	cellerario v den. et obol.
Item Tetboldus Carboneaz	cellerario xj den.
Item Lambertus Malroiz	cellerario xiv den.

Item a Crientione usque ad Portam de Meallenz per Vicum abbate :

Henricus Grossus	cellerario vij den.
Henricus Hachlins	cellerario v den. et obol.
Mansus domini Adonis	cellerario xxvij d. et obol.
Lambertus Favereas	cellerario iij obol.
Rogerus Judas	cellerario ij den.
Lambertus Crassus	cellerario v den. et obol.
Raynerus parvus	cellerario v den. et obol.
Robertus	cellerario v den. et obol.
Robertus Bodars	cellerario v den. et obol.
Item Oda mater Sawalonis	cellerario v den. et obol.
Martellus	cellerario v den. et obol.
Alardus Peleiz	cellerario v den. et obol.
Balduinus Arsus	cellerario v den. et obol.
Item ecclesia Strumensis	cellerario xj den.
Mathildis	cellerario vj den.

A Porta de Meallens usque ad Portam de Civitate :

Robertus de Monte	cellerario ix den.

Otrannus	cellerario xviij den.
Item Henricus Grossus	cellerario iiij den. et obol.
Item dominus Ado	cellerario ix den.
Walcherus Scohirs	cellerario ix den.
Henricus Grossus	cellerario ix den.
Item Ermengardis	cellerario ix den.
Item Gisla Delburc	cellerario ix den.
Item Sawalo Hucdeu	cellerario ix den.
Item ecclesia Strumensis	cellerario iij den.
Item Martellus	cellerario xvj den. et ob.
Joannes Crispinus	cellerario viij den.
Arnulfus Hasbruc	cellerario iiij den.
Item Gisla Delbruc	cellerario xxiiij den.
Haynfridus	cellerario xiv den.
Petrus Sotus	cellerario vj den.
Canonici sancte Marie	cellerario vij den.
Gualterus et Tetboldus	cellerario xiij den. et ob.
Sawalo et Mattheus	cellerario xvj den.
Item Balduinus Wadeaz	cellerario xiv den.
Item Godefridus Faber	cellerario vij d. de terra Hatonis
Gamelo de Castello	cellerario vij den. de Usi.
Joannes de muro ad portam	cellerario xviij den.
Eurardus Faber ad portam	cellerario iiij d. et iiij sol.
Aubertus Litruanz in Borriana	thesaurario ij s. et ij cap.

Et sciendum quia de districto et justitia abbatie sunt domus vici Bozriane que sunt ad dexteram euntibus de porta de Civitate ad portam de Meallenz per vicum Bozriane.

In vico qui dicitur Borriana:

Godefridus Faber	preposito iiij sol. et viij cap.

Robertus de Noella preposito iiij sol. et viij cap.

In his curtiliis nullus... villicus nisi prepositus, qui eos per quos vult scabinos judicat, sive per illos de Civitate, seu per alios de Dominica curte, vel per illos de Strata.

Sub Crientione hospites camerarii et editui :

Domus Rodulphi Letentirier	camerario	xij den.
Domus Rodulphi Peltrauuei	camerario	xiij den.
Domus Herberti de Mortanea	camerario	xiij den.
Domus Martelli et Stephani Porcel	edituo	xij den.
Domus Ingelberti filii Richeldis	edituo	xij den.
Domus Gualteri de Stamfort	edituo	xiij den.
Domus Guillelmi claudi	edituo	xij den.
Domus Stephani filii Seyberti	edituo	xij den.

Pro hac etiam domo facit idem Stephanus ecclesie hominium, tenet libertatem ejusdem domus in feodum.

Pons Cambe Thome super crientionem	cellerario	ij capones.
Domus Emme super vadum crientionis	cellerario	vij den. et cap.

Sub molendino de Alluenth in abbatia Hospites editui :

Domus Roberti Isrl	edituo	xj den.
Domus Yuonis	edituo	xviij den.
Terra Seyberti Alghernum	edituo	xviij den.
Grangia Joannis Hucdeu	edituo	xj den.
Domus Joannis le Biz	edituo	xj den.

Sub eodem molendino et in viculo Delcrochet:

Avicina	cellerario iij obol.
Ansbertus et Joannes Ferneiz	cellerario ij den. et duas [partes caponis
Item eadem Avicinia	preposito v den.
Petrus li Savages	cellerario xiv d. et ij cap.
Hugo Crassus	cellerario vj den. et ij cap.
Robertus pes argenti	cellerario i cap.
Joannes Bonars	cellerario iij den. et ij cap.
Hugo Caulauz Elcrochet	cellerario iij den. et i cap.
Gerardus Aldefrois ibidem	cellerario v den.
Benedictus Elcrochet	cellerario v sol.

Hic Viculus Crochez de parrochia sancte Crucis est, quamvis ingressum vel exitum per alias parrochias habeat.

In prato in justitia Wiberti hospites cellerarii:

Robertus Coiluns	cellerario xij den. et ij cap.
Emma Audax	cellerario xij d. et ij cap.
Odo et Haymo	cellerario xij d. et ij cap.
Guibertus de Prato	cellerario xij d. et ij cap.
Godefridus	cellerario vi d. et i cap.
Bernardus de Gaverella	cellerario xviij d. et ij cap.
Mater Roberti Male rei	cellerario vi d. et i cap.
Arso et vicinus ejus	cellerario vj den. et i cap.
Lambertus frater Sauualonis	cellerario vj den. et i cap.
Rogerus Judas	cellerario xij d. et ij cap.
Emma de porta de Mellenz	cellerario vj den. et i cap.
Oda uxor Petri Pekea	cellerario xij den. et ij cap.
Gerardus filius Herberti Rufi	cellerario xj den. et ij cap.

Herbertus frater ejus	cellerario vj den. et i cap.
Nicolaus clericus	cellerario v den. et i cap.
Robertus frater ejus	cellerario vj den. et i cap.
Pueri Heberti	cellerario vj den. et i cap.
Tetsendis mater Sawalonis	cellerario iij sol. et iiij cap.
Bernardus de Gaverella	preposito xij den. et ij cap.
Ausbertus et Joannes Ferneiz	preposito xij den. et ij cap.

In vico qui vocatur Creonaria :

Tetboldus Calaux	cellerario xij den. et ij cap.
Stephanus	cellerario viij d. et ij cap.
Robertus Poilemuscas	cellerario viij d. et ij cap.
Aloldus	cellerario xij den. et ij cap.
Guerinfridus	cellerario xij den. et ij cap.
Simon ante furnum	cellerario xij den. et ij cap.
Leonardus ultra crientionem	cellerario vj den.
Fulco Scutellarius	cellerario viij d. et ij cap.

Isti de Creonaria sunt de justitia Wiberti, sicut et illi de Prato.

Sub crientione in curtiliis juxta pratum abbatis reditus cellerarii :

Amolricus de Biartis	cellerario xij sol.
Wibertus major	cellerario iiij sol.
Alardus Catulus	cellerario iiij sol.
Robertus Wipe	cellerario v s. et iij d. et i gallinam
Heluinus Crocre	cellerario v s. et iij d. et i gall.
Gilio Scabinus	cellerario vj sol.
Guillelmus de Foro	cellerario iiij sol.

De cursu Fluvii crientionis.

Crientium fluviosus qui per mediam civitatem labitur

ex quo a molendino episcopi juxta sanctum Aubertum descendit, et districtum sancti Vedasti ingreditur, nullus super eamdem aquam, vel pontem struere, vel plancam ponere, vel ipsam aquam quolibet modo alias ducere debet absque licentia ecclesie sancti Vedasti. Alioquim cellerarius absque civitatis injuria, per suos servientes tollet quod sine assensu ecclesie factum est. Sciendum etiam quod a predicto loco per unum alveum id est per domum comitis et pontem sancti Vedasti, ut subjectis molendinis serviat, debet fluere, preter eam partem que ad Urbis necessitates ab antiquis abbatibus indulta est, cujus partis hoc est temperamentum. In fluminis divisione, sub molendino episcopi trabes usque ad fundum aque est impacta et quidquid exundante aqua trabem illam super fluit Civitati est indultum, et si quid negligentia subtus trabem fluxerit a cellerario si necesse est, est obstruendum.

In Pomerio hospites cellerarii :

Gozo Fornarius	cellerario iiij sol.
Gozo de Poste	cellerario iiij sol.
Balduinus de Castel	cellerario ij sol.
Folchardus Rex	cellerario iiij sol.
Balduinus Blundus	cellerario iiij sol.
Gislebertus	cellerario vj sol.
Adam Longus	cellerario xiij sol.
Heremarus	cellerario ij sol.
Gerbodo Bodechin	cellerario xij sol.
Raynerus Clavekivre	cellerario iiij sol.
Gualterus Bonus	cellerario iiij sol.
Ysaac Bergis	cellerario iiij sol.

Balduinus de Cellario	cellerario vj sol. et iij ob.
Lambertus Pulez	cellerario vi s. et iij ob. minus
Lambertus Niger	cellerario iiij sol. et dim.
Gualterus Puservice	cellerario iij sol. et dim.
Basilius	cellerario iiij sol.
Rainfridus	cellerario vi sol.
Lambertus Faverel	cellerario xiiij sol.
Radulfus Brassarts	cellerario xxiij s. et dim.
Radulfus grane Barba	cellerario xxi s. et iij den.
Gerardus Hallinc	cellerario vi sol.
Ala uxor Lamberti	cellerario iiij sol.
Rissendis	cellerario iiij sol.
Robertus Warencir	cellerario viij sol.
Emma Bergis	cellerario iiij sol.
Everoldus Pullus	cellerario iiij sol.
Robertus Rufus	cellerario iiij sol.
Eustachius Lumbars	cellerario iiij sol.
Arnulfus Bursel	cellerario iiij sol.
Lambertus de Gant	cellerario viij sol. et ix den.
Heluidis Malard	cellerario vij sol. et ij den.
Tetboldus de Balol	cellerario vij sol. et ij den.
Ysaac Brunel	cellerario iiij sol.
Hugo Siccus	cellerario iiij sol.
Christianus Rufus	cellerario xiv sol.
Simon Pavo	cellerario iiij sol.
Balduinus Audax	cellerario iiij sol.
Christianus	cellerario iiij sol.
Etluinus	cellerario iiij sol. et dim.

Isti hospites vadunt ad furnum cellerarii qui in eodem districto est.

Hostagia editui in Pomerio juxta capellam sancte Marie quorum medietas in Epiphania et medietas in octavis Pentecostes solvetur :

Lambertus Fordins	edituo iij sol.
Hugo de Balin	edituo iiij sol.
Balduinus Audax	edituo iiij sol.
Rainfridus Capees	edituo v sol.
Hugo Siccus	edituo iiij sol.
Milo de Anulin	edituo iiij sol.
Alardus Carthulus	edituo vij sol.
Robertus Blundus	edituo vij sol.
Gaubertus Flamiger	edituo xiv sol.
Albricus Maca	edituo ix sol.
Grenarius	edituo v sol.
Joannes Marmite	edituo xij sol.
Aubertus Álghernum	edituo vj sol.
Arnulfus Rufus	edituo vj sol.
Fulchardus de Beuvry	edituo viij sol.
Gualterus Scabinus	edituo iiij sol.
Robertus de Fossato	edituo v sol. et iiij den.
Everulfus Catulus	edituo xiij sol. et viij den.
Guillelmus Claudus	edituo vij sol.
Uluricus	edituo iiij sol.
Gerulfus de Duaco	edituo iij sol. et dim.
Robertus Vacarius	edituo x sol. et dim.
Erchembaldus pater sancti Vedasti	edituo v sol.
Alaidis	edituo xij sol. et dim.
Stephanus filius Ode	edituo x sol.
Robertus Flamiger	edituo iiij sol.

Guillelmus de Metes	edituo iiij sol.
Legardus Lope	edituo iiij sol.
Gualterus Canas	edituo iiij sol.
Gerardus de longo Vado	edituo v sol.
Joannes Dives	edituo xx sol.
Legardus de Nova ecclesia	edituo v sol.
Everardus comes	edituo v sol.
Guillelmus Hospins	edituo v sol.
Guibaldus clericus	edituo v sol.
Seybertus Alghernum	edituo xj sol.
Terra Helgoti	edituo xxiv sol.
Tetboldus Drasca	edituo xxvij sol.
Raynerus Borgois	edituo xij sol.
Adam Longus	edituo xvij sol.
Balduinus Blondus	edituo x sol.
Balduinus de Castellanis	edituo v sol.
Fulcardus Rex	edituo v sol.
Gualterus de Poste	edituo v sol.
Mathildis Blancarde	edituo v sol.
Alardus Catulus	edituo v sol.
Alendis uxor Balduini	edituo v sol.
Lambertus Bonars	edituo vj sol.

Isti etiam hospites vadunt ad furnum cellarii qui est in Pomerio.

Hostagia infirmarii in Pomerio :

Anselmus Bufes	infirmario xviij den. et iij cap.
Gerardus Aldefrois	infirmario xviij d. et iij c.
Gualterus Buignes	infirmario xij den. et ij c.
Item idem Gualterus	infirmario ix sol.

Willelmus de Puteo	infirmario v sol.
Erchembaldus	infirmario xij den. et ij cap.
Hugo Callaus	infirmario xij den. et ij c.
Item Gerardus Aldefrois	infirmario vj den. et i cap.
Alulfus de Betunia	infirmario vj den. et i cap.
Ava de manso Wiberti	infirmario xviij den. et iij c.
Fulbertus Parvus	infirmario xij den. et ij cap.
Vistolfus	infirmario vj den. et i cap.
Sancta Maria	infirmario vi den. et i c.
Gotrannus de Hosden	infirmario xij den. et ij c.
Robertus Meridies	infirmario xij den. et ij cap.
Hugo Torelliis	infirmario vj den. et i cap.
Alaudus pater ejus	infirmario vi den. et i c.
Aala uxor Tetboldi Sarrac.	infirmario xij den. et ij c.
Joannes Clericus	infirmario xviij d. et iij c.
Robertus Porcus	infirmario xij den. et ij c.
Item Joannes Clericus	infirmario xij den. et ij c.
Joannes Marmite	infirmario xij den. et ij c.
Wichardus de Novavilla	infirmario xij den. et ij c.
Theodoricus Rex	infirmario xij den. et ij c.
Salomon	infirmario xij den. et ij c.
Gualterus de Godefridi canpo	infirmario xij den. et ij c.
Joannes Hucdeu	infirmario xij den. et ij c.
Stephanus Beruele	infirmario xij den. et ij c.
Stephanus Broiars	infirmario xij den. et ij c.
Gisla neptis Evrardi	infirmario xij den. et ij c.
Willelmus de Petra	infirmario xij den. et ij c.
Gosso Textor	infirmario xij den. et ij c.
Gerardus Paganus	infirmario xij den. et ij c.
Theodoricus Macha	infirmario vj den. et i cap.
Ramfridus Capels	infirmario vj den. et i cap.

Simon de Bruges	infirmario xij den. et ij c.
Bartholomeus et Remigius	infirmario xij den. et ij c.
Sanctus Vindicianus	infirmario xij den. et ij c.
Robertus Wasches	infirmario xviij d. et iij c.
Item Robertus Meridies	infirmario xij den. et iij c.
Walterus dearaz	infirmario xij den. et ij c.
Ermengardus de Sto Maur.	infirmario ij sol et iiij cap.
Arnulfus filius Guifridi	infirmario vj sol. et i cap.
Ermena	infirmario vj sol. et i cap.
Arnulphus ligabere	infirmario xij sol. et ij cap.
Arnulphus Tite	infirmario xij sol. et ij cap.
Simon filius Aaalis	infirmario xij sol. et ij cap.
Rogerus ad Pedes	infirmario ij sol. et iiij cap.
Sawalo Hucdeu	infirmario iij sol. et vj cap.
Major Atrebati	infirmario ij sol et iiij cap.
Robertus deposdeu	infirmario xij sol. et ij cap.
Nicolaus Yser	infirmario vj sol. et i cap.
Willelmus durus panis	infirmario xij sol. et ij cap.
Item Nicolaus de Yser	infirmario xij sol. et ij cap.
Wiardus de Capella	infirmario xij sol. et ij cap.
Item Joannes Clericus	infirmario xij sol. et ij cap.
Haynfridus	infirmario xij sol. et ij cap.
Jacobus Dogiers	infirmario xviij sol. et iij c.
Raynerus Grossus	infirmario xij sol. et ij cap.
Robertus Ruschars	infirmario xij sol. et ij cap.
Hugo Malins	infirmario xij sol. et ij cap.
Item Gerardus Paganus	infirmario xviij den. et iij c.
Item Idem	infirmario xij den. et ij cap.
Item Gerardus Aldefrois	infirmario xij den. et ij c.
Robertus de Campousle	infirmario vj den. et i cap.
Uxor Alaudi Rufi	infirmario xij den. et ij c.

Bertrannus	infirmario vj den. et i cap.
Haymericus	infirmario xij den. et ij c.
Item Wiardus de Capella	infirmario ij sol. et iiij cap.
Heluinus filius Aldefridi	infirmario xij sol. et ij cap.
Joannes demetenes	infirmario xi d. et ob. et vj c. et dim. et quartam partem.
Simon frater suus	infirmario xiij d. et ob. et ij c. et dim. et quartam partem.
Massellinus Crocheawe	infirmario xxj d. iij c. et dim.
Item Idem	infirmario ix d. cap. et dim.
Nicolaus et Petrus	infirmario xxj d. iij c. et dim.
Petrus demetenes	infirmario ix den.
Ramaldus	infirmario xij d. et ij cap.
Item Nicolaus de Yser	infirmario xij d. et ij. cap.
Alulfus frater ejus	infirmario xij d. et ij cap.
Tetboldus calidus panis	infirmario xij den. et ij cap.
Item Gerardus Paganus	infirmario vj den. et i cap.
Balduinus de Ballol	infirmario vj den. et i cap.
Oda de Lenz	infirmario vj den. et i cap.
Petrus de Capra	infirmario vj den. et i cap.
Maria de Ulpi	infirmario xij den. et ij cap.
Item Sawalo Hucdeu	infirmario xij den. et ij cap.
Wanerus de Rasincurt	infirmario xij den. et iiij c.
Legardis	infirmario xij den. tantum
Simon de Gouia	infirmario ij sol. et iiij cap.
Nicolaus Aldefrois	infirmario xij den. et ij cap.
Balduinus Rufus	infirmario xij den. et ij cap.
Item Wiardus de Capella	infirmario xij den. et ij cap.
Gerardus de Berneuilla	infirmario ix d. et i c. et dim.
Henricus Vitulus	infirmario xxj den. et iij c. et dim.
Gerardus Gallus	infirmario viij d. et ob. cap.

Wicardus de Paris	infirmario viij d. et ob. cap.
Hugo et Fulcherus	infirmario xij den. et ij cap.
Legardus uxor Henrici	infirmario vj den. et i cap.
Balduinus frater Henrici	infirmario vj den. et i cap.
Dodo Faber	infirmario xij den. et ij cap.
Wicardus	infirmario vj den. et i cap.
Amilius	infirmario vj den. et i cap.
Rogerus de Hosden	infirmario xij den. et ij cap.
Walterus Parens	infirmario ij sol. et iiij cap.
Ernaldus Pestrins	infirmario
Lambertus Paele	infirmario vj den. et i cap.
Arnulfus de Gant	infirmario vj den. et i cap.
Ernaldus de Vitri	infirmario vj den. et i cap.
Werricus sine Barba	infirmario ij sol. et iiij cap.
Item Ernaldus de Vitri	infirmario ij sol. et iiij cap.
Bernardus Catus	infirmario xviij d. et iij cap.
Raynerus de Fraisne	infirmario vj den. et i cap.
Item Raynerus de Fraisne	infirmario vj den. et i cap.
Bernulfus	infirmario vj den. et i cap.
Eylfridus Betsant	infirmario vj den. et i cap.
Guillelmus li cauuelaus	infirmario xviij d. et iij cap.
Heluinus de Hamblen	infirmario xij den. et ij cap.
Item Werricus Gallus	infirmario vj den. et i cap.
Richuardus	infirmario vj den. et ij cap.
Item Wicardus de Paris	infirmario i den.
Eustachius Longus	infirmario v den.
Item Eustachius Longus	infirmario vj den. et i cap.
Item Eustachius Longus	infirmario ix den. et ij cap.
Item Nicolaus Aldefrois	infirmario ij sol. et iiij cap.

Hic est sedes molendini infirmarii juxta murum super crientionem.

A molendino usque ad furnum qui est juxta murum.

Rodulphus Brassars	infirmario xij den. et iiij cap.
Odo Poceons	infirmario iij den. et i cap.
Item Ernaldus de Vitri	infirmario xij den. et i cap.
Theodoricus de Biarce	infirmario xij d. et iiij cap.
Item Raynerus de Fraxino	infirmario vj den. et ij cap.
Balduinus Carpentarius	infirmario vj den. et ij cap.
Item Rogerus de Hosden	infirmario xviij d. et vj c.

Ab ipso furno usque ad Vicum qui ascendit de Pomerio in magnum forum :

Nicolaus de Ballol	infirmario ij sol. et iiij cap.
Eva Waschete	infirmario v sol. et x cap.
Agnes le Frade	infirmario xij den. et ij cap.
Gerulfus de Duaco	infirmario vj den. et i cap.
Wenemarus frater Werrici	infirmario vj den. et i cap.
Dodo. Gualterus. Gerulfus	infirmario iij d. et dim. cap.
Amolbertus	infirmario vij sol.
Rodulphus Bolengarius	infirmario viij sol.
Maria Deo data	infirmario vj sol.

Hi xxxj sol. dati sunt pro Massellino monacho : obitus ejus... nonas februarii ; erat prius curtilium unum.

Ab ipso vico usque ad vicum del Carmer qui est in introitu Pomerii :

Werricus sine Barba	infirmario ix d. et i c. et dim.
Item Guillelmus li cauuelaus	infirmario xij den. et ij cap.
Item Gerardus de Bernivilla	infirmario xij den. et ij cap.
Item Raynerus Grossus	infirmario vj den. et i cap.

Fulcherus	infirmario vj den. et i cap.
Simon Pavo	elemosinario xij d. et ij c.
Item Idem Simon	infirmario i cap. tantum
Hugo Amans	infirmario vj den.
Item Johannes de Ballol	infirmario vj den. et i cap.
Haymfridus	infirmario iiij sol. et iiij c.
Joannes Marmite	infirmario vj s. et v c. et dim.
Alulfus Textor	infirmario v s. et ij c. et dim.
Hec incrementa emit Petrus nonas aprilis: fuerunt autem	infirmarius obitus ejus iiij curtilia duo.
Lambertus gener Rodulfi cambarii	infirmario xv den. et ij cap.
Item Rodulphus cambarius	infirmario ix den. et ij cap.
Balduinus Fenerator	infirmario xij den. et ij cap.
Odo Strabo	infirmario xij den. et ij cap.
Item Raynfridus Capeaz	infirmario vj den. et i cap.
Evrardus li Cendriens	infirmario vj den. et i cap.
Tetboldus Drasca	infirmario vj den. et i cap.
Item Balduinus Fenerator	infirmario vj den. et i cap.
Gualterus de Atrebato	infirmario xij den. et ij c.
Adam Sturiuns	infirmario vj den. et i cap.
Gerbodo	infirmario vj den. et i cap.
Walterus Buiot	infirmario xv den. et ij cap.
Balduinus li Cortois	infirmario xxj den. et iij c.

Totus vicus qui descendit ab hinc ad Pontem Levonis de districto Pomerii est in utraque parte accepit ecclesia sancti Vedasti Stalagium.

Duo furni Pomeri infirmario xvj den. in hebdomada et abbati hominium.

Quod tota Civitas Attrebatensis sita sit in fundo sancti Vedasti.

Notet igitur diligens lector, et ex precedenti descriptione vicorum atque platearum certissime teneat quod universa Civitas Attrebatensis in fundo sancti Vedasti sit nihil que in toto Civitatis ambitu absque abbatis et ecclesie consensu construi possit, nisi tantum in vico strate in ea videlicet parte que episcopi est. Quamobrem satis mirandum est, quasdam in hac Civitate ecclesias sancti Vedasti non esse, cum diligenter prescrutanti dubium non sit omnes hujus civitatis ecclesias vel ipsius debere esse, vel ab ipso teneri debere. Sed id ex predecessorum simplicitate et negligentia contigisse credimus, qui nimirum terre spatiositatem et habitatorum raritatem intuentes eam que modo est restrictissimam habitationum raritudinem, et copiosam habitatorum confluentiam minime previderunt. Nam nostris diebus cum et potentum civium et canonicorum insolentia, ecclesias in fundo sancti Vedasti construere attemptasset, reclamantibus abbate et capitulo et apostolice sedis obsistente reverentia id penitus non potuit, sicut in superioribus hujus libri partibus manifestum est, privilegio illo quod inscribitur de concordia Capellarum.

Hellinus dapifer homo legius Sancti Vedasti tenet feodum de Aubele, et habet idem dapifer de eodem feodo quator vavassores, scilicet Rogerum de Pomerio qui tenet de eodem feodo xxviij mancaldatas terre et Egidius de

Hairumeis xvj et Nicolaus Rifflars viij et Thomas de Lonpre est feodatus de parte ejusdem feodi.

Dominus de Carorivo legius homo sancti Vedasti, feodus ejus est cultura que est supter sancti Gervasii, et in illa cultura habet ecclesia beati Vedasti terragium et feodus quem filius Havrelant tenet de Domino de Caroruio, qui est inter Bosencort et sanctum Gratianum, et quedam petia terre site inter dours et carum rivum.

Census sancti Vedasti de Watrelos.

Ordima de Esquauies genuit Gemeliam. Gemelia genuit Axbam et Aabz et Abin fratrem earum. Maba genuit Mariam et Ogivam et Syherum fratrem earum.

Census sancti Vedasti de Wauerinc.

Eldegars de Fonte genuit Fraissent et Lingelier fratrem ejus. Fraissendis genuit Tiebergam et Rossellam de Hanlau et Frastream et Eldebant viel Vallet et Hugonem presbiterum. Rossella de Hanlau genuit Hellin et Lingeliers et Clementiam et Sibillam. Clementia genuit Bernard et Agnes. Sibilla genuit Rogerum. Tieberga genuit Petrum Clericum et Reusselam et Ivetam. Fastree genuit Joannem Bogit et Anam et Helin.

Census sancti Vedasti de Batpalmes.

Gilla genuit Godouere et Joannem Stricet et Ermengart de Waverin. Godouere genuit Willelmum Paste et Balduinum et Maheut de Pieronne. Ermengardis de Hanlau genuit Egidium de Batpaumes et Bomain.

Abbas de Eversant debet singulis annis v solidos ad censum sancti Vedasti.

Comes Pontiui legius homo sancti Vedasti ad relevium lx solid. feodus ejus est homagium Castellani Atrebatensis qui castellanus homo est legius ejusdem Comitis ad relevium lx solid. Jam dictus Castellanus tenet de eodem comite unum hominem legium, videlicet Dominum de Goy, et idem homo recipit singulis annis centum solidos Parisienses de ecclesia sancti Vedasti pro feodo suo.

Castellanus Attrebatensis homo legius sancti Vedasti ad relevium lx solid. feodus ejus est homagium ligium domini Wagonis de Harchicurt: qui Wago recipit singulis annis iiij^{or} libras Parisienses de ecclesia sancti Vedasti pro feodo suo quem feodum Sara mater dicti Wagonis emit a domino de Esbaues. Sunt etiam de feodo dicti castellani ferrum, clauus, fals, pala, le Bargaigne et quedam alia que habet in Civitate Attrebatensi.

DE DIVERSITATE DISTRICTORUM.

In suburbio Atrebate Civitatis ad portam de Puniel est villa que vinea dicitur. In hac advocatus de Betunia tenet in feodum legium de sancto Vedasto vivarium, molendinum, medietatem justitie et reddituum. Habent ibi abbas et advocatus villicos suos et scabinos qui in hoc loco ad hoc deputato in Media villa et non alibi de rebus et justitia ejusdem vinee tractant et judicant. Sunt ibi c. et xvj et dimid. curtilia, singula in Natale Domini vj den. et ij cap. et in festo sancti Remigii vj den. debentia : est etiam de feodo dicti advocati homagium castellani Atrebatensis ligium, qui castellanus tenet de eodem advocato omnia ea que habet apud Aisseel, et de predictis omnibus que dictus advocatus tenet de sancto Vedasto debet x libras de relevamine.

Item Idem advocatus homo ligius sancti Vedasti ad relevium lx sol. feodus ejus est omnia ea que habet in Allodio sancti Vedasti de Sally et de Fleurbaix et de le Venties.

Item Idem advocatus homo ligius sancti Vedasti ad relevium lx sol. feodus ejus est medietas ville que vocatur Rikebourt.

Dominus de Noella Guidonis est homo ligius sancti Vedasti ad relevium lx sol. feodus ejus homagium ligium castellani Atrebatensis : qui castellanus tenet de eo villam de Simoncurt.

Werricus filius Henrici Weri legius homo sancti Vedasti : feodus ejus centum et vigenti tres mencoldatas terre sitas inter Rouvelains et Novam Villam domini Eustatii. De hac terra predicta donavit quadraginta et novem mencaldatas ad redditum et de hoc tenetur Werricus ipse sancto Vedasto reddere singulis annis octo mencoldos frumenti.

In suburbio Atrebate Civitatis ad portam de Punyel, est villa que vinea dicitur. In hac advocatus de Betunia tenet in feodum de sancto Vedasto vivarium, molendinum, medietatem justitie et reddituum. Habent ibi abbas et idem advocatus villicos suos et scabinos qui in loco ad hoc deputato in Media Villa et non alibi de rebus et justitia ejusdem vinee tractant et judicant. Sunt ibi curtilia singula xij den. et duos capones per annum debentia qui redditus in festo sancti Remigii et in Natale Domini solvi debet in festo sancti Remigii singula curtilia vj den. et in Natale Domini vj den. et ij capones.

Domina Fereia	xij den. et ij cap. de uno curtilio.
Gonselinus	ij sol. et iiij cap. de duobus curtiliis.
Walbertus	xij den. et ij cap. de uno curtilio.
Guibertus de Haruen	ij sol. et iiij cap. de duobus curtiliis.
Auicina	xj sol. et xxij cap. de undecim curt.
Petrus	ij sol. et iiij cap. de duobus curtiliis.
Fereia Licortoyse	iij sol. et vj cap. de tribus curtiliis.
Ermengardis	xij den. et ij cap. de uno curtilio.
Euerardus	iij sol. et vj cap. de tribus curtiliis.
Ligardis	xij den. et ij cap. de uno curtilio.
Elisabeth	xij den. et ij cap. de uno curtilio.
Guibertus Ligrateiz	xij den. et ij cap. de uno curtilio.
Achardus	iij sol. et vj cap. de tribus curtiliis.

Balduinus de Fonte	iij sol. et dim. et vij cap. de tribus et dim. curtiliis.
Raynerus Scabinus	v sol. et x cap. de quinque curtiliis.
Robertus Luscus	xij den. et ij cap. de uno curtilio.
Seyherus de Ulmo	ij sol. et iiij cap. de duobus curtiliis.
Robertus de Cap. Monte	ij sol. et iiij cap. de duobus curtiliis.
Petrus filius Ade	xij den. et ij cap. de uno curtilio.
Hildiardis	xij den. et ij cap. de uno curtilio.
Robertus de Puniel	xij den. et ij cap. de uno curtilio.
Berta mater ejus	xij den. et ij cap. de uno curtilio.
Heluinus filius Ade	iij sol. et vj cap. de tribus curtiliis.
Petrus de le bare	xij den. et ij cap. de uno curtilio.
Gamelo de Castello	xj sol. et xxij cap. de undecim curtil.
Legardis filia Fressendis	xij den. et ij cap. de uno curtilio.
Emma Belothe	xij den. et ij cap. de uno curtilio.
Hugo	xij den. et ij cap. de uno curtilio.
Herbertus	v sol. et dim. et xj cap. de uno curtil.
Arnulfus	xij den. et ij cap. de uno curtilio.
Abbo	ij sol. et iiij cap. de duobus curtiliis.
Raynerus senex	xij den. et ij cap. de uno curtilio.
Rainerus filius Roberti	xij den. et ij cap. de uno curtilio.
Martinus de Atrebato	ij sol. et iiij cap. de duobus curtiliis.
Gualterus	xij den. et ij cap. de uno curtilio.
Hugo Blundus	xij den. et ij cap. de uno curtilio.
Rogerus	xij den. et ij cap. de uno curtilio.
Willebertus	xij den. et ij cap. de uno curtilio.
Martinus de Basceu	vi den. et i cap. de dimidio curtilio.

Guillelmus de Foro	vi sol. et dim. et xiij cap. de sex et dim. curtilio.
Gualterus et Abbo	xviij den. et iij cap. de uno et dim. cur.
Hugo et Jacob	xij den. et ij cap. de uno curtilio.
Ingrannus et Fereia	xij den. et ij cap. de uno curtilio.
Rassendis	ij sol. et dim. et v cap. de duobus et dim. curtiliis.
Leprosi Sti Lazari	vij sol. et xiv cap. de septem curt.
Rainerus et socii	xviij den. et iij cap. de uno et dim. curt.
Tetboldus Boschet	iiij sol. et viij cap. de quator curtiliis.
Herbertus Fichez	iiij sol. et viij cap. de quator curtiliis.
Emma	ij sol. et iij cap. de duobus curtiliis.
Aburgis	xij den. et ij cap. de uno curtilio.

Summa c. et xvi et d. curtil., singula xij den. et ij cap. debentia et iiij^{or} den. de introitu et iiij^{or} de exitu.

Preterea sunt adhuc duo curtilia et sunt advocati libera scilicet ubi furnus ejus est, pro quibus habet sanctus Vedastus duo curtilia que reddunt ij sol. et iiij cap. que tenet Guibertus preter illa que supra scripsimus. Sciendum etiam quod in omnibus hujus vinee curtiliis, sive sint de parrochia sancte Marie de Civitate, seu sint de parrochia sancti Vedasti de Basilica, accipit hospitarius totam decimam lini, fabe, et ceterorum fructuum, exceptis xxiiij et dim. curtiliis in quibus accipit prepositus duas partes decime et presbiter de Heiz tertiam : sunt enim de parrochia Hadensi quamvis infra parrochiam sancte Marie inclusa sint, et sunt inter molendinum de Puniel et Omundi pratum, et lapidem seu ulmum ubi ad placitandum hujus ville incole conveniunt. Medietas etiam hujus quem modo nominavimus Omundi prati sancti Vedasti est, et advocati, et est de districto et justitia et consuetudine hujus sepe nominate ville vinee. Henricus homo sancti Vedasti sub relevatione xxx sol. feodus ejus mansus ad portam de Puniel in sclusa, quam sclusam debet reparare.

De vivario et molendino de Bronnez.

Media pars vivarii de Bronnez sancti Vedasti fuit, sed eam partem in beneficium et in pignus amoris abbas Aloldus Lamberto Atrebatensi episcopo contulit, et medietatem molendini quod in sclusa ejusdem vivarii est canonicis contradidit. Alteram medietatem tenet in feodum legium, Nicolaus de Anez, et duas partes decime territorii de Warluz, tenet etiam vavassorem unum qui tenet de eo medietatis supra dicti molendini asnagium et farinam. Quomodo autem illud vivarium in Dominicatum episcopi venerit, hec fuit causa. A sancto Vedasto qui primus huic civitati sedit episcopus, usque ad ea de quibus acturi sumus tempora, ecclesie Attrebatensi et ecclesie Cameracensi idem prefuit episcopus, et utraque civitas unius sacerdotis cura contenta fuit. Orta autem discordia inter Urbanum papam et Henricum imperatorem, Atrebatenses jam numero et divitiis aucti, nacta occasione Domnum Papam adierunt, et pretendentes quod non Cameraco sed Atrebati sanctus Vedastus a sancto Remigio destinatus fuisset, ut proprium habere mererentur antistitem quesierunt. Quia igitur harum civitatum altera erat de regno Francorum, altera de imperio Alemannorum, providens quoque Domnus Papa non ex facili constare ut utramque unus curaret episcopus, petentium votis assensit, et ut proprium sibi eligerent sacerdotem indulsit. Anno igitur dominice Incarnationis M.XC.III electus in Atrebatensem cathedram venerabilis Lambertus et consecratus, tenues mense sue redditus et episcopatum pauperem, ut pote cameracensi episcopatu decisum et quasi mutilatum invenit, et ad multorum suggestionem ecclesiam nostram infestare cepit, dicens se mirari qua ratione abbas sancti Vedasti in Attrebatensi episcopatu tot altaria, tot redditus teneret. Que res cum plurimum ingravesceret, et in placitis et audientiis diu ventilata esset, discurrente inter eos ad pacificam compositionem amicorum solertia, Lambertus episcopus eadem universa altaria libera penitus, et absque personatu indulsit, excepto quod sibi suisque archidiaconis ac ministris, in dandis curis, in synodalibus, in obsoniis reservavit, sicut in Apostolicorum privilegiis continetur. Ne igitur futuris temporibus canonici de suo damno et episcopatus detrimento causari possent, venerabilis abbas Aloldus, ad tanti amoris atque servitii recompensationem, pretaxatum vivarium episcopo dedit, et mediam partem molendini canonicis contradidit, insuper et Atrebatensem archidiaconum ejusque successores viij librabus feodavit.

De villa Hadis.

Hadis villa est sancti Vedasti. In hac habet sanctus Vedastus ecclesiam, altare, capellam, domum dominicatam, districtum, justitiam, vivarium, molendinum, tres corveies per annum, culturas tres, culturam videlicet versus Dainvillam viij modiorum, culturam inter duas aquas sex modiorum, in qua aspicit hospitarius decimam, et in curtiliis de eadem cultura in villa vinee excisis, et in Baylon. Tertia vero cultura est vij modiorum que dicitur

Heldiir cultura. Pertinet etiam ad hanc domum de Hadis, quamvis non sit de eodem districto vel parrochia, cultura sancti Michaelis xi modiorum, in qua habet thesaurarius decimam garbam, et curtilia que inter ipsam culturam sunt et murum civitatis. Sunt etiam in Hadis societates trium modiorum, terre ad redemptionem plurime. Quarum terragium quamvis in feodum teneatur, tamen Sti Vedasti sunt et relevatio earum et duo denarii, quibus singulis annis singule mancaldate redimuntur. Ad altare habet sanctus Vedastus, duas partes oblationum, et in missa vivorum et etiam mortuorum si corpus presens est, duas partes, et in minutis decimis duas partes et in quibusdam curtiliis totam decimam, in quibusdam duas partes, in quibusdam vero et in reliquo ejusdem parrochie territorio, tertiam partem. De cujus parrochie terminis cum inter nos et canonicos sancte Marie esset aliquando controversia, electi ab utraque parte venerabiles presbiteri: Petrus de sancta Maria, Vrsio de sancta Cruce, Robertus de sancto Auberto, Martinus de Hadis. Inquisita a circummanentibus veritate, terminos parochie Hadensis usque alebare, sive fossatum vinee et ab eadem Bara. usque ad vivarium de Bronnes extenderunt, et insuper vicum de Baylon, et etiam viginti et quator curtilia et dimidium que infra parrochiam sancte Marie sunt in villa vinee, inter molendinum de Punyel, et omundi pratum et lapidem ubi placita vinee sunt, eidem Hadensi parrochie diviserunt. Sequuntur curtilia ville Hadis.

Robertus Rufus	xxi den. de uno dim. curtilio.
Sawalo Villicus	iij sol. i den. min. de duobus et dim. curtiliis.
Gualterus frater ejus	xiv den. de uno curtilio.

Elisabeth	xiv den. de uno curtilio.
Lambertus	xiij den. de uno curtilio.
Guillelmus de Foro	xi den. de uno curtilio.
Sancta	ij sol. de uno curtilio.
Hersendis	xij den. de uno curtilio.
Alexander	xviij den. de uno curtilio.
Thomas et Mo[illegible]ns	xxviij den. de uno curtilio.
Balduinus de Harcicurt	xij den. de uno curtilio.
Gualterus Maria Alardus	xxviij den. de tribus curtiliis.
Item Sawalo Villicus	xiv den. de uno curtilio.
Ramelmus de Harcicurt	xiv den. de uno curtilio.
Joannes filius Harsendis	xix den. de uno curtilio.
Nicolaus et Gualterus fratres	xiv den. de uno curtilio.
Nicolaus et Elebertus	xiv den. de uno curtilio.
Domina Fereia	xij den. de uno curtilio.
Stephanus filius ejus	xiv den. de uno curtilio.
Ermengardis	xvi den. de uno curtilio.
Ramelmus filius Hilgoti	xvi den. de uno curtilio.
Balduinus et Fresendis	xvi den. de uno curtilio.

Item Guillelmus de Foro xij den. de domo sua quam etiam tenet in feodum de Ecclesia, de Prato in aqua, et duos cap.

Item idem Guillelmus	xij den.
Item Sawalo Villicus	ij sol. de prato similiter.

In his tantum modo curtiliis que sunt de districto et justitia ville Hadis habet presbiter tertiam partem decime: census vero supra scriptus in Nativitate beate Marie solvitur exceptis duobus que ultimo scripta sunt de pratis quorum redditus in Natali Domini datur: de curtiliis vero que sunt super vivarium debet Sawalo Villicus xij sol. et iiij capones.

Nicolaus de Harcicurt ij sol. et ij cap., Balduinus vi den. ij cap. et de terra altaris ij den. de domo sua quam etiam tenet in feodum de ecclesia de prato in aqua et duos cap. de prato similiter den. de domo sua in aqua. Hec curtilia sunt inter Hadis et Fontem sancti Vedasti super vivarium et in Harcicurt, debet que ecclesia sancti Vedasti piscari in fossatis quo ipsa curtilia cinguntur, in illis videlicet que infra villicationem Hadis continentur: in curtiliis de Poteria et in illis de Novavilla Roberti Rufi in exitu porte de Hayserue habet sanctus Vedastus et in illis que sunt de terra altaris totam decimam, quorum idem iste est census.

Gerardus et Guerricus	viij sol. de duobus curtiliis.
Anscherus Gualterus et Joannes	viij sol. de duobus curtiliis.
Alelmus et Guido	viij sol. de duobus curtiliis.
Adam Clericus	viij sol. de duobus curtiliis.
Dodo filius Geraldi	viij sol. de duobus curtiliis.
Gisla de Harcicurt	x sol. de duobus et dim. curt.
Erlebaldus et Frumentius filius ejus	vij sol. de duobus curtiliis.
Simon de Wallencurt	vij sol. de duobus curtiliis.
Lanvinus et Ogiua	vij sol. de duobus curtiliis.
Desiderius et Lambertus Soiee	vij sol. de duobus curtiliis.

Horum denariorum, tertia pars, in festo omnium sanctorum, tertia pars Dominica prima quadragesime, tertia pars in Pentecosten solvitur. Omnia supra scripta curtilia et terre ad societatem seu ad terragium ad misericordiam relevantur. Tenet etiam terras in eodem territorio Tetboldus de Foro, de quibus dat per annum iiij denarios.

Ad villam quoque Hadis pertinet media pars reddituum vinee quam superius descripsimus, et xxvij sol. et iij obol. in Hayrunval, quos qui debeat retro invenies, in capitellis illis que sunt de redditibus quos infra muros Atrebate urbis habet sanctus Vedastus.

Sunt preterea in territorio Hadis feodi, quos tenent qui subscripti sunt homines sancti Vedasti. Sawalo legius, feodus ejus talis est : medietas villicationis et terra ad dimid. carrucam. Henricus legius, feodus ejus talis est : medietas villicationis, et terra ad dimidiam carrucam. Guarrenus legius, feodus ejus talis est : hospites in Hadis, et terra ad dimidiam carrucam. Fereia legia, feodus ejus talis est: terragia territorii ville Hadis. Guillelmus de Foro, feodus ejus talis est: domus ejus in Hadis, de qua etiam dat per annum xij den Camelo legius, feodus ejus talis est : due partes decime territorii Hadis. Qui etiam habet duas partes decime et sanctus Vedastus tertiam, in curtiliis si que plura quam scripsimus de eodem territorio inciduntur, exceptis decimis nutrimentorum quarum sanctus Vedastus duas partes et tertiam partem ejusdem parrochie habet presbiter, cujus presbiteri prebenda est i modii frumenti et duorum avene.

Fuit etiam in curia Hadis famulus quidam nomine Andreas qui hereditario jure fossata ante segetes relevabat et custodiebat, et pro hoc prebendam, in annona, in carne, in calceamentis, in denariis sicut unus hereditariorum servientium habebat, quam paupertate cogente presentibus amicis et cognatis suis et concedentibus ecclesie vendidit sub testimonium hominum et servientium sancti Vedasti, a quibus etiam ei et ejus heredibus abjudicata fuit, Anno dominice incarnationis M. C. LX.

De Harcicurt.

Harcicurt villa est in parrochia Hadis, habet que sanctus Vedastus in curtiliis que infra villam sunt duas partes decime, presbiter tertiam, in illis vero que foris villam sunt sanctus Vedastus tertiam partem. Duas vero partes Gamelo, quia feodus ejus est. Hanc villam Harcicurt tenet Alelmus de Atrebato in incremento feodi sui de Senouz qui est in parrochia Meruli castelli.

De domo fratrum templi.

Gualterus Dei gratia abbas cenobii beati Vedasti Atrebatensis, cum fratribus sibi commissis, omnibus hec legentibus vel agnoscentibus : temporalibus quidem uti, sed eternis frui.

Quoniam vita morte, memoria oblivione, veritas impugnatur falsitate, nos contra hec tria impedimenta utentes, presentium litterarum annotatione significavimus tam futuris quam presentibus quoniam cum fratribus nostris militibus templi Jerosolimitani et eorum subditis qui videlicet nequaquam mundo abrenuntiato militare Deo soli devoverunt specialem societatem omnium spiritualium bonorum habemus, datis humiliter et benigne susceptis vicissim mutuis petitionibus, ut in augmentum corporis Domini N. J. C. fraterno quoque auxilio magis magisque proficiamus. Illud etiam deinde notificamus, quoniam idem fratres milites cumin fundo terre nostre scilicet ville Hadensis curtem unam constituere disponerent, id etiam a nobis expetierunt, ut capellam sibi liceret inibi constituere, in qua ipsi et sibi subjecti videlicet qui seculo abrenuntiassent, tam in morte vel sepultura, quam in vita perciperent divina, salvo in omnibus aliis jure nostre Hadensis parrochie. Hoc igitur eo affectu et tenore quo postulaverant, causa Dei sicut fratribus concessimus, et chyrographo donum roborantes sigillo quoque nostro munivimus.

Item de fratribus templi.

Cum predicti fratres templi ut dictum est juxta civitatem in parrochia nostra habitare et multiplicari favorem que civium habere cepissent, in possessiones sancti Vedasti, seu invadiatione, seu emptione, sive eleemosina intrare moliti sunt. Unde audita querela Papa Alexander talibus eos scriptis redarguit.

Alexander episcopus servus servorum Dei, dilectis filiis et fratribus domus militie templi que juxta Atrebatum sita est, salutem et apostolicam benedictionem. Justitie naturalis ratio persuadet, et in lege et in evangelio continetur, ut quid tibi vis fieri, alii nullatenus debeas irrogare. Quoniam igitur in eo sumus officio, disponente Domino, constituti quod jura universorum Christi fidelium debeamus illesa et integra conservare, per apostolica vobis scripta mandamus quatenus possessiones monasterii sancti Vedasti Atrebatensis, neque importunis precibus potentium, neque alio modo acquiratis, vel contra justitiam aliquatenus occupetis. Datum Anagnie ij kalendas Augusti

De domo leprosorum.

Juxta templum de quo supra diximus, manent leprosi, quorum domus et capella, quamvis sit in parrochia de

Bello Ramo, tamen curtilium eorum quod tres mancoldos sementis continet, est de territorio et decimatione Hadensis parrochie, quod emerunt a Guarnero legio homine sancti Vedasti, concedente abbate et capitulo, de cujus curtilii decima dant ipsi leprosi sancto Vedasto singulis annis censum.

De parrochia sancti Salvatoris.

Parrochia sancti Salvatoris ad portam Civitatis est, que a nomine ipsius parrochie porta sancti Salvatoris dicitur. In territorio hujus parrochie habet sanctus Vedastus vi manc. terre et in ea decimam et hoc dedit Wicardus de Hennin ad eleemosinam. In eodem territorio sunt feodati isti. Theodoricus homo sancti Vedasti legius, feodus ejus terra ad unam carrucam, que fuit Joannis manducantis caballum, de qua etiam dat cellerario censum, singulis annis dimidium modium frumenti, in festo sancti Remigii. Ingelbertus Lucears homo sancti Vedasti legius, sub relevatione vi librarum ; feodus ejus est terra ad xi modios, et tertia pars decime ejusdem parrochie et duo vavassores qui sunt Guasselinus de Tylloit, homo legius Ingleberti : feodus ejus iiij mod. terre in parrochia sancti Salvatoris. Syherus de Rainacurt homo legius ejusdem Ingelberti : feodus ejus xvi manc terre in parrochia sancti Salvatoris, et xij manc. terre in Balduino monte juxta crucem sancti Leonardi. Gualterus clericus homo sancti Vedasti legius, sub relevatione iiij librarum. Feodus ejus tertia pars decime parrochie sancti Salvatoris. Portagium duarum portarum castelli, villicatio placiti. Alodiorum que sunt ab Aroasia usque ad montem Gadhere. Villicatio quoque eorum qui debent v sol. in morte et in matrimoniis, quorum solidorum due partes sancti Vedasti, tertia pars villici, sicut in lege generalis placiti et alodiorum invenies ; v vavassores quorum hec sunt nomina : Wibertus villicus, feodus ejus viij mancold. terre in parrochia sancti Salvatoris.

Balduinus miles, feodus ejus iiij mancold. terre in parrochia sancti Salvatoris.

Robertus Danizearz, feodus ejus xij mancold. terre in parrochia sancti Salvatoris.

Stephanus de Curcellis, feodus ejus jacet in villa et territorio de Curcellis.

Rainwalo de Rainacurt, feodus ejus tertia pars decime de Mozcurt inter Walli et Ofirmont.

Et sciendum quia et feodus Ingelbertis loceart qui vi libras debet in relevatione et feodus Gualteri clerici qui iiij libras debet, feodus unus fuit qui decem libras in relevatione debebat, sed nostris temporibus, quibusdam causis exigentibus, concedente abbate, et judicante curia in duos feodos divisus est, sicut supra scriptum est. Legem autem generalis placiti alodiorum que quidem lex licet adhuc in camera abbatis ipsa alodia judicentur ad comparationem tamen antique consuetudinis et dignitatis tota pene deperiit, huic operi inserere dignum duximus, ut eam sciat quisquis eam restituere voluerit futuris temporibus.

De generali placito.

Homo de generali placito, tria placita debet in anno : unum vi feria post Epiphaniam, aliud vi feria post octavas Pasche, tertium vi feria post festum sancti Joannis Baptiste. In quibus placitis nulla extranea potestas debet venire, neque presidere ad judicandum, neque comes, neque advocatus ullus, nisi tantum abba aut prepositus. Quod si quis eminentioris potentie, vel qui non sit de lege hujus generalis placiti, habuerit causam, voluerit que clamare in placito, licet ei venire et clamare, et secundum legem placiti causa illius judicabitur recte, sicque egredietur remanente placito in sua libertate. In hoc itaque generali placito presidente abbate seu preposito, circunsedentibus etiam scabinionibus, si quis adversus alterum habet querelam stabit, et clamorem suum faciet legitime super illum, audieturque clamor ejus et diligenter discutietur, ac secundum legem placiti, res inter utrumque juste dijudicabitur. Qui sacramentum accepit, viginti noctes de interstitio habebit. Qui vadem dederit v sol. de lege dabit xxx den. de fredo, et hujus fredi due partes erunt prepositi, tertiam vero partem habebit major placiti. Si autem lex abbatis vel prepositi fuerit, totum fredum major placiti habebit. At vero si quis causam clamoris habens, in presenti clamare distulerit, uque ad diem alterius placiti omnino clamare non poterit. Abba autem vel prepositus si est unde velit clamare potest omni tempore hominem de placito in camera sua mandare et de catelo suo super eum clamare, et legem facere, ipsa que lex que in camera abbatis fiet, consuetudinem placiti debet tenere. Ad clamorem vero alterius ut dictum est, nisi in placito nullus debet judicare. Homo de generali placito non dat censum de capite suo. Si uxorem ex lege sua accepit, v sol. de comedo vir et femina dabit. Si extra legem suam uxorem acceperit, illicitam rem operatus est tantum dabit quantum deprecari poterit. Si liberam feminam uxorem duxerit nihil dabit, quia libertatem uxoris sue ad legem suam convertit. Homo si mortuus fuerit, v sol. de mortua manu dabit, femina cum mortua fuerit nihil dabit, quia prolem suam post se in hereditate dimittit. De his quoque v solidis tam de comedo quam de mortua manu, decimum denarium major placiti habebit. Non licet homini de placito generali vendere aut in vadimonium mittere alodium placiti nisi per licentiam Abbatis vel prepositi. Verum si qua necessitate compulsus vendere aut in vadimonium mittere illud voluerit, veniet et offeret abbati. Si placuerit illi ut redimat levius habere debet quam quilibet alius. Si voluerit vel non potuerit redimere, dabit ei licentiam vendendi non alicui extraneo, sed proximo generis sui aut alicui ejusdem legis, ne alodium placiti videatur exhereditari. Quod nesciente abbate vel Preposito hoc fecerint, et abba cognoscens hoc insequi voluerit, nec illi remanebit qui emit nec ad illum revertetur qui vendidit, sed ecclesia alodium suum jure sibi vendicabit.

De Aygni.

In villa de Aygni habet sanctus Vedastus iiij manc. terre ad societatem, et in natale Domini xv den. et ij capones de uno curtilio et redditus iste ad luminare ecclesie pertinet.

De Bello Ramo.

In Bello Ramo habet sanctus Vedastus x manc. terre que ad eleemosinarium pertinet, quorum mancoldorum v dedit Ugo de Nova Villa, v vero Guarnerus. Atso homo sancti Vedasti, tenet in feodum et in censum viij mancold. frumenti, decimam terre sue ipsumque censum solvit hospitario, in festo sancti Remigii. Canonici etiam sancte Marie de civitate debent eidem hospitario eodem festo ij manc. frumenti, de tertia parte decime ejusdem territorii.

De Meruli Castello.

In Meruli Castello habet sanctus Vedastus duos hospites, talem in natale Domini censum solventes:

Hugo villicus	xij den. et ij cap.
Letro	viij den. et ij cap.

Habet etiam ibi sanctus Vedastus mansum dominicatum, terram ad i modium, ecclesiam et altare, ubi in anni Natalibus et in Purificatione accipit duas partes oblationum, et tertiam presbiter et de minutis decimis et nutrimentis similiter. De decima vero hujus territorii habet sanctus Vedastus totum stramen eo quod ad eam condendam grangiam providet, et duas partes tertie partis annone ejusdem decime presbiter tertiam.

Guillelmus de Erchingehem, homo legius sancti Vedasti. Feodus ejus due partes decime, quas de eo tenet Fulcherus. De Fulchero legie Hugo Lucina. Tenet etiam supradictus Guillelmus molendinum unum in villa Pabule, et idem molendinum tenet de ipso Guillelmo, Balduinus de Nemore. Dodo de Blangi legius homo sancti Vedasti sub relevatione x librarum. Feodus ejus est, mansus dominicatus. Hospites plurimi, terra trium modiorum, vavassores quinque. Hugo villicus legius tenet villicationem, curtilium, terragia, societates et redemptiones. Adam legius tenet curtilium et terragium ad dimidiam carrucam.

Ricardus legius tenet curtilium xij manc. terre dominicate et xviij ad societatem. Item legius tenet terragium ad dimidiam carrucam.

Hugo Bucina legius tenet xxx manc. terre. Wicardus etiam homo Dodonis tenet Widonem vavassorem qui tenet de eo viij manc. terre.

De Senous.

In eadem parrochia est territorium quod Senous vocatur quod tenet Alelmus de Atrebato in feodum legium sub relevatione x librarum. Tertiam partem decime hujus territorii Senous, habet presbiter pro prebenda sua et ix partem decime Meruli castelli, duas vero partes decime Senous, tenet idem Alelmus sub censu iiij manc. frumenti, quos hospitario solvit in festo sancti Remigii. Ludovicus frater ejus, qui predictam decimam de ipso in feodum tenet. Hujus feodi de Senous incrementa sunt. Harcicurt, et tertia pars molendini de Tofusei in territorio Vici que villa est sancti Vedasti sita quarto miliario ab Atrebato in via cameracensi, et ij vavassores in Pabula. Tenet etiam idem Alelmus de Atrebato de feodo de Senous Roagium de Atrebato et homagium Nicolai de Baillol medietatem scilicet justitie de Baillol.

Privilegium de altari Meruli castelli.

In nomine Patris et Filii et Spiritus sancti. Amen. Rotbertus Dei gratias Atrebatensis episcopus, dilecto filio et fratri Henrico eadem gratia abbati sancti Vedasti filiis que successoribus in perpetuum canonice substituendis, salutem in salutari. Sicut ovibus nostris ad eternam patriam duces esse pro loco et officio nostro edocemur sic in via pro temporali earum necessitate vigilare debemus. Pro inde fraternitati tue altare de Merulo castello pro salute anime mee solemniter et libere concedo et presenti impressione nostri sigilli tibi tuisque successoribus in perpetuam absque persona possidendum confirmo. Et quoniam id studiosa sollicitudine filii tui Gisleberti eleemosinarii elaboratum est, decernimus ut idem altare in perpetuum ad eleemosinarium vestre ecclesie pendeat, et nostra authoritate interdicimus, ne quilibet alibi illud mutare liceat. Omnibus autem qui ex hoc aliquam injuriam vel tortitudinem vobis amodo fecerint, secundum a Deo datam nobis potestatem anathemate celum claudo. Quod nostrum donum ut ratum permaneat et inconvulsum, eorum qui huic domo interfuerunt, subjungimus nomina testium :

Signum Drogonis archidiaconi ; signum Rotberti archidiaconi ; signum Roberti decani prius persone ejusdem altaris ; signum canonicorum Andre et Petri ; signum Guiberti clerici.

De Nova villa.

Habitatores Nove ville debent in molendinis de Athies ex consuetudine molere, et pro hoc dominus ejusdem ville in eisdem molendinis totam annonam mense sue absque moltura molit.

De Bayluez.

In territorio ville de Bayluez in qua fluvius de Cojul primo scaturit ortu est vavassor unus de casamento sancti Vedasti nomine Rogerus. Feodus ejus vi mancold. terre. Hunc vavassorem tenet de sancto Vedasto Bernardus villicus de Roclencurt.

Item de Bayluez.

In alia villa juxta illam villam que similiter Bayluez vocatur, sita super predictum fluviolum, sunt duo vavassores qui similiter sunt de casamento sancti Vedasti et tenet eos de ecclesia Hugo de Ballol et hec nomina eorum : Gualterus li gaiz, Wichardus.

De Henninio.

In villa que vocatur Henninium sita super fluvium de Cojul habet sanctus Vedastus terram ad xxij manc. quorum duos dedit Wichardus de sancto Martino pro anima filii sui Elberti, reliquos Petrus frater Petri eleemosinarii cujus etiam hortatu et ammonitione monachus fuit. Sunt et duo hospites qui talem dant censum :

Theodoricus	vi Den. in natale Domini.
Henricus	x den. et ij cap.
Item idem	x den. in festo sancti Remigii.

Hec ad eleemosinam pertinent. In quibusdam etiam ejusdem ville habet hospitarius decimam.

De Henninello.

Sub predicta villa est alia villa super eumdem fluvium sita que quasi per diminutionem ab Henninio Henninellus dicitur. In hac habet sanctus Vedastus sextam partem districti, furni, thelonei que terram ad ix modios et duas partes decime ejusdem terre, quam tenet in feodo et societate Adam. Est ibi pratum et curtilia de quibus datur census.

Predictus Adam	v sol. de prato sub villa.
Joannes Flocarz	xij den. et ij cap. et ij panes.
Godardus	xij den. et ij cap. et ij panes.
Hugo Botris	xij den. et ij cap. et ij panes.

Gualo ix den. et ij cap. et ij panes.

Hec pertinent ad infirmariam et terragium in quator sartis de Cruciculis, qui habent x manc. terre, et nona pars decime in xij manc. terre, in villa de Gammapia que terra est in quator frustris.

De Waencurt.

In Waencurt habet sanctus Vedastus ix manc. terre quam dedit Robertus primo quidem armiger, postea vero monachus. Hec ad eleemosinam pertinet. Accipit etiam hospitarius in quibusdam campis hujus ville decimam. Dominus quoque ejusdem ville homo sancti Vedasti est habens de feodo singulis annis c. sol.

De Gamapia.

Preter illam nonam partem decime quam sanctus Vedastus in Gamapia habere et ad infirmariam pertinere diximus, cum de Henninel scriberemus, habet sanctus Vedastus terram ad xij manc. quorum vi et dimid. dedit Ledvidis uxor Balduini de Monci, quidam alius ij reliquos Gilla qui eamdem terram colit. Hec terra ad eleemosinam pertinet. Ad infirmariam debet Thetzo de Gammapia i manc. frumenti pro domo sua que est juxta atrium quam pater suus cum tota terra sua quam in eadem villa habebat, gravi correptus infirmitate, sancto Vedasto dedit, sed postea convalescens sub unius mancoldi frumenti censum recepit. Debet idem Thesso ij cap. ad Hendecurt de manso qui est inter Gammapiam et Waencurt.

De villa que vocatur Vicus.

In villa que Vicus dicitur habet sanctus Vedastus ecclesiam, altare, mansum dominicatum, districtum, justitiam, furnum, foragia, theloneum, vivarium unum dominicatum, in alio vivario et molendino tertiam partem duas carrucas terre ad societatem: cc et xi manc. ad redemptionem, dant que singule mancoldate ij den. pro redemptione et ad misericordiam relevantur. Tota decima territorii et curtiliorum scilicet lini, fabe et ceterorum olerum sancti Vedasti est, et due partes decime nutrimentorum, et due partes oblationum in Purificatione, et in xij diebus Natalibus Domini, et in ceteris anni natalibus, tertia vero pars presbiteri cujus etiam prebenda est ij modii frumenti, et unus avene. Sunt et hospites in eadem villa talem de curtiliis in nativitate sancte Marie censum dantes:

Walbertus Multor	xij den.
Rogerus Hobarz	xij den.
Henricus	xxvi den.
Rainwalo	xij den.
Gualterus	xij den.
Arnulphus	vi den.
Emma de Salceoit	ij sol. et dim.
Nicolaus	xviij den.
Guarnerus	xij den.
Amolricus	xij den.
Achardus	xij den.
Guimannus	xij den.
.....	xij den.
.....	xij den.

Rogerus Sonelonz	vi den.
Guerricus	viij den.
Aluinus	iij den.
Guimannus	iij den.
Gualterus Luscus	iij den.
Berta	xij den.
Odo de Salli	ij den. et i cap. et i panem.
Aalyz	xx den.
Fulbertus	ij den. et i cap. et i panem.
Rainerus de Sailly	ij den. ij cap. et i panem.
Ogiua	iiij den. et iiij cap.
Petrus Villicus	vi den.

Debet etiam in eadem villa ecclesie sancti Michaelis

Guenemarus	iiij den. et ij cap. de i curtilio.

Hec curtilia debent ad misericordiam revelationem et tam ea quam illa que sunt de alodio debent cc. Waraz Harundinis in festo sancti Joannis et qui carruca terram operantur debent in pascha iiij denarios et obol. de Placito : qui vero manibus operantur iij denarios, quos denarios non dant qui in alodio suo manent, sed si quis in alodio suo hospitem ponit, hospes denarios placiti dabit. Qui metunt, unum denarium dant pro facillagio, et qui tenent terras sancti Vedasti iij corrueiz in anno. Sunt etiam feodati. Robertus homo sancti Vedasti legius feodus est. Domus ejus, et iij curtilia, et xi manc. terre et due partes decime ejusdem terre, et terragium et decima in xij manc. sartorum et vavassor.

Feodus ejus xxij manc. terre.

Petrus homo sancti Vedasti legius, feodus ejus est medietas villicationis sexta pars annualium redemptionum terre et denariorum facillagii et l. manc. terre que etiam dat terragium.

Stephanus homo sancti Vedasti legius, feodus ejus est domus ejus medietas villicationis sexta pars annualium redemptionum terre et denariorum facillagii et 1. manc. terre que etiam dat terragium, et decimam et due partes vivarii de Cojul, et tertia pars molendini, cujus molendini tertia pars est de feodo de Senous, cujus feodi descriptionem superius in titulo Meruli castelli sive Harcicurt invenies.

De Molendino quod est in sclusa pontis Heldemandi

In territorio et parrochia in sclusa vivarii quod pons Heldemandi dicitur, Fulco abbas sancti Petri Hasnoniensis, assensu comitis Theodorici qui Watanis jacet molendinum construxit eo pacto, ut tertia pars comitis esset, tertiam partem ecclesia Hasnoniensis haberet, tertia pars molendinario cederet. Sed quia idem abbas illud molendinum super alodium sancti Vedasti, nescio quo errore fixerat, facta reclamatione a Martino venerabili abbate sancti Vedasti gravis et diuturna inter utramque ecclesiam orta est querela. Ad quam terminandam utriusque partis assensu viri quator boni testimonii de Vico que est villa sancti Vedasti, et totidem de Monci que est villa sancti Petri, electi sunt, qui nihilominus per se alios duos elegerunt, qui simul decem sub fidei Sacramento rei veritatem se inquisituros spoponderunt. Cum igitur veritate ad liquidum examinata, electi illi molendinum illud super alodium sancti Vedasti constructum concorditer respondissent, salva parte comitis et salva parte molendinarii, tertia pars quam abbas Hasnoniensis usurpaverat, sancto Vedasto est adjudicata, et a venerabili abbate Martino propter pauperum recreationem ad ministerium eleemosinarii misericorditer indulta. Post ea autem ob amorem et viciniam abbatis et ecclesie sancti Petri Hasnoniensis, et quia idem molendinum propter adjacentias plurimorum molendinorum ecclesie nostre minus valebat, eidem abbati nostram illius tertiam partem molendini sub censu ij sol., annuatim in festo sancti Remigii eleemosinario persolvendorum reddidimus, acceptis ab eodem xij Marcis, quas eleemosinarius in accrementis terrarum ac decimarum apud Ransart expandit.

De Conteham.

Ecclesiam de Conteham curat presbiter de Vico. Habet que sanctus Vedastus totam decimam territorii et curtiliorum, in oblationibus vero et in minutis decimis easdem partes quas in villa de Vico habet.

De Remi.

Remmis villa est prope vicum cujus ecclesia nostris temporibus membrum fuit et capella ipsius ville vici, sed precibus Anselmi ejusdem ville domini abbas Gualterus et ecclesia sancti Vedasti, ibi presbiterum poni tempore venerabilis Aluisi episcopi, hoc pacto quod totam ecclesiam in eternum edificarent, detinerent presbitero victum providerent, synodalia jura, id est obsonia darent, Abbas presbiterum poneret et omnia jura sua ecclesia sancti Vedasti absque aliqua diminutione acciperet. Inde est quod tota decima ejusdem territorii et curtiliorum sancti Vedasti est. In altari vero et in minutis decimis easdem quas apud vicum partes habet ecclesia sancti Vedasti. In hujus etiam ville territorio habet eleemosinarius sancti Vedasti xij manc. terre ad societatem.

De Haucurt.

In quibusdam curtiliis et campis ville de Haucurt habet sanctus Vedastus decimam, que decima extenditur in campos villarum vici Sterpiniiz, que decima ad ministerium hospitarii pertinet.

De Stohem et de castello Scluse.

Ad ministerium etiam hospitarii pertinet decima quorumdam camporum in territorio ville de Stohem et quorumdam camporum et curtiliorum castelli Scluse.

De Salci Sicco.

Pertinet etiam ad eum quedam decima, in territorio ville Salci Sicci prope castellum de Oyzi.

De Salci Lutoso.

In Salci Lutoso vehicula sancti Vedasti nullum debent uuinage sive traversum. Unde apud nos domini Simonis de Oyzi et domine Ade uxoris ejus et domini Hugonis filii eorum et uxoris ejus Gertrudis sororis comitis Flandrie talis extat cartula.

Privilegium pro Traverso.

In nomine Patris et Filii et Spiritus sancti. Consilium sapientis est, ut peccata nostra eleemosinis redimamus, et veritate dicente, sicut aqua extinguit ignem, ita eleemosina extinguit peccatum. Igitur ego Simon de Oyzi pro remedio anime mee, et omnium tam antecessorum quam successorum meorum animabus, rogatu venerabilis Martini abbatis sancti Vedasti, Wienagia que aliquando sanctus Vedastus in terra mea persolvebat eidem ecclesie in sempiternum remitto, et tam ipsam ecclesiam quam cellas et domos omnes ipsi subjacentes in universa mea terra et quantum posse meum extenditur, tam meis quam omnium successorum meorum temporibus ab omni Wienagio liberas reddo, et presenti pagina cum sigilli impressione confirmo.

Testes : signum domni Andre, Atrebatensis episcopi ; signum domni Simonis de Oysi ; signum domne Ade uxoris ejus ; signum Hugonis filii domni Simonis ; signum Gertrudis uxoris ejus, Sororis Phillippi, comitis Flandrie.

Actum anno incarnati Verbi M. C. LX. Anno vero domni Martini abbatis xiiii.

De Frumento quod debet ecclesia Marcianensis (1).

In nomine Patris et Filii et Spiritus sancti. Notum sit omnibus tam futuris quam presentibus quod Johannes de Vilers feodum quendam de abbate sancti Vedasti, et eundem feodum de eodem Johanne quidam Walterus tenebat, qui feodus in territorio de Ailcurt et Sandemont es Aez jacebat. Conventione autem inter eos facta, eundem feodum et Walterus presentibus et concedentibus uxore sua Aaliz et filio suo Balduino et fratre suo Ful-

(1) Nous donnons cette charte d'après l'original, conservé aux Archives du Pas-de-Calais, et encore muni d'un de ses deux sceaux. La liste des témoins était incomplète et mal en ordre dans nos manuscrits : nous l'avons exactement reprise sur la charte elle-même. Cette liste est d'autant plus précieuse, qu'elle nous fait connaître une foule de noms, et tout l'ensemble de deux grandes familles monastiques du xiie siècle. Il est particulièrement intéressant d'y voir figurer les noms de *Wimann* et de *Lambert.*

chone, domino suo Johanni, et idem Johannes abbati sancti Vedasti liberum reddidit, et quesito ab hominibus sancti Vedasti consilio, universa Curia abbatis sancti Vedasti eundem feodum utrique penitus abjudicavit. Cum igitur abbas sancti Vedasti feodum sibi redditum liberum teneret, ecclesie sancte Rictrudis Marcianensis in Alodium censualiter tenendum contradidit, eo pacto ut ecclesie sancti Vedasti singulis annis ab ecclesia Marcianensi duo mancoldi frumenti et duo capones in Nativitate Domini apud Bigartium persolvantur, et quando abbatem Marcianensem licet mori, licet abbatiam dimittere, licet in eadem ecclesia novum abbatem surgere contigerit, idem census ecclesie sancti Vedasti illo dumtaxat anno dupplicetur. Quod ut stabile et inconvulsum permaneat, et nulla utrique ecclesie oriatur molestia a venerabilibus utriusque ecclesie abbatibus presenti cyrographo, appensis sigillis. et legitimis subsignatis testibus, confirmatum est.

Nomina monachorum sancti Vedasti : — Bartholomeus, prior et prepositus ; Balduinus, cellerarius ; Ramelinus, camerarius ; Christianus, hospitarius ; Henricus, elemosinarius ; Furardus, thesaurarius ; Fulco, prior II ; Ysaac, prior III ; Robertus, armarius ; Boamundus, Wimannus, Gerardus, Johannes, presbiteri ; Johannes, Anscherus, Lambertus, Hugo, diaconi ; Hugo, Ingelbertus, Tezo, Aschricus, subdiaconi.

Nomina monachorum Marcianensis ecclesie : — Andreas, prior ; Fulpaldus, prior II ; Hugo, prior III ; Gerulfus, prepositus ; Johannes, camerarius; Balduinus, cellerarius; Rohardus, Walterus, Johannes, Hugo, presbiteri ; Walterus, Stephanus, Danihel, Hugo, diaconi ; Robertus,

Balduinus, Balduinus (*sic*), Nicholaus, subdiaconi ; Johannes de Saudemont ; Ingrannus de Goi.

Nomina hominum sancti Vedasti : — Hellinus, dapifer ; Walterus de Atrebato ; Petrus de Balol ; Alelmus dimercurt : Balduinus de Simoncurt ; Johannes de Bailuez ; Wilelmus de Foro ; Sawalo de Heis ; Dodo et Bartholomeus de Blangi : Gerardus de Bernivilla ; Bernardus de Rochelncurt ; Hugo de Tiulut ; Christoforus de Warluz ; Godefridus de Balol ; Bernardus de Gaverella ; Stephanus et Wazo de Bigartio ; Paganus de Pabula.

Actum anno Verbi incarnati M°. C°. LX°. VII°. Anno domni Martini abbatis sancti Vedasti XII°. Anno vero domni Joannis abbatis Marcianensis IX°.

De Fontibus et Cerizi.

Fontes villa est a Fontibus qui ibi scaturiunt trahens vocabulum. Hujus ville dominus debet ad ministerium hospitarii pro domo sua et terra singulis annis iiij manc. frumenti. In territorio quoque ville Cerizi est campus quem tenet Petrus de Moyri, de quo debet hospitario quando frumentum portat iiij manc. frumenti quando vero avenam ij manc. avene. In hac villa tenet de sancto Vedasto Alelmus de Ymecurt vavassorem Eustachium nomine cujus feodus est viij mancoldi terre.

De Bulicurt.

In territorio ville de Bulicurt habet sanctus Vedastus xij manc. terre que data est pro anima Fressendis uxoris Alardi de Cruciculis quam terram tenet Wago filius Atsonis censualiter solvens singulis annis in festo sancti

Remigii ad luminare ecclesie iiij manc. frumenti et iiij avene, item xij manc. terre que data est pro anima Tetboldi Coterel fratris supradicte Fressendis et est ad societatem. In hujus quoque ville territorio tenet Gualterus de Atrebato feodum legium de sancto Vedasto.

De sancto Leodegario.

In territorio ville que sanctus Leodegarius dicitur, habet sanctus Vedastus xiiij mancold terre.

De Yrvillare.

In Yrvileit Vichardus homo sancti Vedasti feodus ejus est iij manc. terre sancti Vedasti et xvi manc. alodiorum suorum, quibus feodum predictum tempore Martini abbatis crevit.

De Cruciculis.

In Cruciculis habet sanctus Vedastus decimam in illa terra que fuit Alelmi de Atrebato, et in curtiliis que sunt de eadem terra decimam fabe et lini. Habet quoque decimam in sartis Alardi ejusdem ville domini qui Alardus homo est sancti Vedasti, tenens de eo districtum et justitiam territorii de Louemes, cujus territorii decima sancti Vedasti est, et est inter Henninium et Borice et sanctum Leodegarium. Homines quoque de Cruciculis fraternitatis ac societatis et omnium beneficiorum ecclesie patris Vedasti sunt participes, quia nobis communicantes copiosos panes ad altare sancti Vedasti in festo relationis ejus ex consuetudine deferunt quod olim tota regio Atrebatensis facere consueverat. Sed caritas que in ceteris refrixit in his ardoris sui efficaciam retinuit.

De Hendecurt.

Hendecurt villa est sancti Vedasti. In hac habet sanctus Vedastus domum dominicatam, districtum, furnum, theloneum, iiij carrucas ad societatem terram ad redemptionem plurimam, ecclesiam, altare ubi habet sanctus Vedastus duas partes oblationum in nuptiis in baptisteriis et in omnibus missis vivorum. Habet etiam totam decimam territorii et totam decimam fabe, lini, et ceterorum fructuum in curtiliis. Prebenda vero presbiteri est ij modii frumenti et dimid. avene qui etiam habet tertiam partem decime nutrimentorum, et sanctus Vedastus ij partes, talis etiam datur census de curtiliis singulis annis ecclesie sancti Vedasti :

Paganus et Wenemarus	viij den. et ob. et ij manc. avene.
Rogerus de Cheun et Sara	viij den. et ob. et ij manc. avene.
Hugo	viij den. et ob. et ij manc. avene
Gerardus et Ingelbandis	viij den. et ob. et ij manc. avene.
Gualterus Retinz	x den. et ij manc. avene.
Salebertus	xviij den. et iiij manc. avene.
Richuera	viij den. et ob. et ij manc. avene.
Fressendis	viij den. et ob. et ij manc. avene.
Dodo	xviij den. et ij cap. et ij manc. avene.
Werricus	xvij den. et ij cap. et ij manc. avene.
Wibertus	viij d. et ob. et ij cap. et ij manc. av.
Alardus	viij den. et ob. et ij cap.
Paganus de Camba	viij den. et ob. et ij cap.
Gualterus Canonz	ix den. et ij cap.
Robertus hospes	x den. et ij manc. avene.

Item Idem	viij den. et obol. et ij manc. avene.
Gerardus lisavages	viij den. et ob. et ij cap.
Hugo Catirs et Odelinus	viij den. et ob. et ij c. et ij manc. av.
Rainwalus	viij den. et ob. et ij manc. avene.
Rodulphus	ix den. et ij manc. dim. avene.
Gislebertus	ix den. et ij manc. dim. avene.
Dominicus	xvij den. et iij manc. dim. avene.
Robertus Manghexi	x den. et ij manc. avene.
Joannes filius Martini	x den. et ij manc. avene.
Hayris	x den. et ij manc. avene.
Joannes de Atrio	viij den. et obol. et ij manc. avene.
Hugo de Chauynicurt	viij den. et ob. et ij manc. avene.
Joannes Gurdinz	viij den. et ob. et ij manc. avene.
Balduinus de Haynau	viij den. et ob. et ij manc. avene.
Elisabeth	x den. et ij manc. avene.
Robertus Caretunz	viij den. et ob. et ij manc. avene.
Raynerus clericus	viij den. et ob. et ij manc. avene.
Robiliaz	viij den. et ob. et ij manc. avene.
Gualterus Bariseaz	x den. et ij manc. avene.
Alardus filius Rogeri	viij den. et ob. et ij manc. avene.
Drogo	viij den. et ob. et ij manc. avene.
Héluidis	viij den. et ob. et ij manc. avene.
Raynerus de Ruella	viij den. et. ob. et ij manc. avene.
Geluidis	xv den. et ob. et iij manc. dim. av.
Hugo de sancto Leodegario	viij den et ob. et ij manc. avene.
Wichardus livaslet	x den. et ij manc. avene.
Aaliz	viij den. et ob. et ij manc. avene.

Alaydis uxor Cogeri	viij den. et ob. et ij manc. avene.
Atso faber	viij den. et ob. et ij manc. avene.
Joannes faber	viij den. et ob. et ij manc. avene.
Santa	viij den. et ob. et ij manc. avene.
Anscherus	viij den. et ob. et ij manc. avene.
Guill frater Alardi	viij den. et ob. et ij manc. avene.
Ermenardus	viij den. et ob. et ij manc. avene.
Oda uxor Anselmi	viij den. et ob. et ij manc. avene.
Item Hugo de Cawuncurt	iiij den. et i manc. avene.
Joannes de Atrio	xij den.
Simon villicus	i manc. avene.
Raynerus filius Matheldis	xij den.
Tetso de Gamapia	ij cap.

Solvuntur denarii in nativitate beate Marie, capones in nativitate Domini, avene mediante mense Martio; sciendum etiam quod et terra ad societatem et terra ad terragium et curtilia ad misericordiam relevantur et qui eos tenent debent iiij corueiz in anno. Sunt etiam feodati in eadem villa sancti Vedasti : Simon Villicus homo legius sancti Vedasti; feodus ejus domus ejus villicatio due partes denariorum qui pro facillagio a messoribus dantur. Denarii etiam quibus terra ad redemptionem in gaschira et in martio redemitur.

Gislebertus legius homo sancti Vedasti; feodus ejus duo curtilia sedes cambe, duo modii decime in quadam terra, quam decimam ecclesia sancti Vedasti tenet in vadimonium sicut sequens venerabilis abbatis Martini testatur privilegium.

De predicta decima.

Martinus Dei gratia ecclesie beati Vedasti humilis minister omnibus hec legentibus salutem. Notum sit omnibus tam futuris quam presentibus, quod temporibus nostris Gislebertus de Hendencurt, in presentia nostra et hominum nostrorum concedente uxore sua Ava cognomento Iuhetta annuentibus etiam filio suo Jacobo et filiabus Fressende et Margareta, presentibus etiam notis et amicis et assentientibus; decimam quamdam duorum modiorum quam de nobis in feodum tenebat ecclesie nostre pro octo marcis argenti quale in Atrebato solvitur et pro xxiiij librabus monete Atrebatensis invadiavit; a presenti anno Dominice incarnationis qui est M. C. LXVIII usque in annos XL, eo pacto ut transactis XL annis ipse vel ipsius hereseam in festo Sancti Remigii redimet. Quod si tunc non redimerit, de anno in annum in eodem festo eam redimere poterit. Testes:

Bartholomeus, prior; Fulco, prior II; Isaac, prior III; Balduinus, cellerarius; Henricus, eleemosinarius; Everardus, edituus; Raynelmus, camerarius; Christianus, Hospitarius; Robertus, cantor; Joannes, capellanus; Boamundus, presbiter; Balduinus. presbiter; Balduinus, diaconus; Robertus, diaconus; Ingelbertus, subdiaconus; Petrus, subdiaconus; Heluinus, dapifer; Johannes, de Waencurt; Petrus, de Ymecurt; Alelmus, de Ymecurt; Rogerus de Ymecurt; Dodo de Blangi; Bartholomeus de Blangi; Tetboldus de Felci; Simon de Felci; Gualterus de Atrebato; Guillelmus de Foro; Stephanus de Biartio; Stephanus de Vico; Simon, de Hendencurt; Bernardus de Gaverella; Joannes Dives; Robertus de Vico; Petrus de Vico.

Iste etiam Gislebertus cujus superius mentionem fecimus, tenet in territorio de Hendecurt terram ad carrucam i de Joanne de Ransart quam idem Joannes tenet de sancto Vedasto cum reliquo feodo suo de Ransart.

De Longansta.

In Longansta habet sanctus Vedastus terram que data est pro anime matris Azonis, de qua dat idem Atso vel ejus heres singulis annis in festo sancti Remigii viij manc. frumenti ad luminare ecclesie sancti Vedasti, et in natale Domini xij den. et ij cap. de quo censu tale extat privilegium.

Privilegium unde supra.

In nomine Patris et Filii et Spiritus sancti. Noverint presentes et prefuturi quod Atso de Ynci dum monachus efficeretur Deo et sancto Vedasto dedit terram suam que est apud Longanstam, ea lege ut filius ejus vel quicumque eam tenuerit singulis annis pro ea terra solveret dimidium modium frumenti, et xij den. et ij cap. Gualcherus autem filius ejus non recte sollicitus anime patris sui vel sue ipsius, predictam terram injuste aliquanto tempore sibi usurpavit, nec supra dictum censum solvit. Tandem vero miserante Deo qui errantes vult ad viam veritatis redire, ipse Gualcherus et Atso filius ejus reminiscentes se male egisse, absolutionem hujus violente subreptionis ab abbate et monachis sancti Vedasti sibi fieri humiliter poposcerunt, et memoratum terre censum firma promissione spoponderunt. Hoc donum parentes, abbas Henricus et monachi ad luminare ecclesie firmaverunt. Ut ergo hec inconvulsa et rata permaneant eorum qui tunc huic facto presentes affuerunt nomina hic subscribuntur :

Balduinus, dapifer Flandrie; Guillelmus, major de Tyulud, Guillelmus, de Farbu; Segardus; Eustachius, Bechez; Goterannus, filius Balduini.

De Moyri.

In territorio ville de Moyri debet ecclesie sancti Vedasti singulis annis in natale Domini Robertus ville dominus xvi den. et ij cap. Richeldus et Robertus filius ejus ij cap. tantum, Guarnerus i den. et i cap. et i panem. Debet idem Guarnerus ij manc. frumenti et i avene pro censu terragii feodi sui, qui feodus descendit de ecclesia sancte Marie Avesnensis. Habet sanctus Vedastus in eodem territorio xl manc. terre et in quibusdam campis ejusdem terre terragium, in quibusdam decimam. De hac terra dedit quidam Ernaldus xxij manc. cujus donationis talis est apud nos Clementie comitisse cartula.

Privilegium unde supra.

In nomine sancte et individue Trinitatis. Veritatis verba sunt hec, quia abundante iniquitate refrigescit charitas multorum. Personas enim fidelium Christi hominúm ac mulierum qui de suis facultatibus erga ecclesias largiendo liberales extiterunt, videmus de hoc nequam seculo transisse, e contrario plerosque eorum infideles filios eis succedere, nihilque de rebus suis ecclesie sancte conferre, si quod gravius est a predecessoribus collata vel violentia seu pravo ingenio ab eis auferre, et circa majorum moniti exemplis eadem pauca que hodie a paucis dantur, quomodo traduntur, vel a quibus litteris annotamus, ne forte quod experti sumus aliorum subreptionibus injuste repetantur. Noverint igitur presentes et posteri quod quidam homo Ernaldus nomine de villa que dicitur Moyri, et adjacet que Castello cui vocabulum est Bapalmas, se ipsum et quidquid in terra arabili et sylva jure hereditario possidebat mansum i. et curtilium Deo et sancto Vedasto ad eleemosinam tradidit, sed maligno instigante spiritu se ipsum et quidquid contulerat postea ab eadem eleemosina subtraxit, donec benigno spiritu et Gisleberto monacho et eleemosinario satagente, idem Ernoldus quidquid ecclesie abstulerat reddidit presente me Clementia comitissa ad cujus advocatiam pertinebat. Inde sunt testes hi : Fulchardus, Teszo, Lambertus, Petrus de Moyri, Segardus, Atso de Ervileir, Rodulphus Bochearz, Stephanus de Asceel, Robertus le Fraz, Fulcherus de Hinninio.

De traverso in Bapalmis.

Datis caligis de scarlata que v sol. comparantur illi qui traversum in Bapalmis custodit, omnia plaustra vel vehicula que advehunt ea que ecclesie sancti Vedasti et fratribus inibi Deo servientibus necessaria sunt, nullum Bapalmis traversum solvunt, sed ex antiqua consuetudine, libera eunt et redeunt.

De Orezmeaz juxta Bapalmas.

Huic castello Bapalmis territorium adjacet quod Oresmeoz dicitur. In hoc territorio habet sanctus Vedastus terragium, et si ille qui terragium in messe ex parte ecclesie colligit, presens in campo non invenitur usque Sapiniez si ibi manet, vel usque Bapalmis si ibi habitat, ab his qui predictam colunt terram queritur.

De ecclesia sancti Albini.

Orta est aliquando controversia inter monachos sancti Nicolai de Sylva apud sanctum Albinum Bapalmis quorum ipsum altare vel commanentes et monachos sancti Vedasti pro quadam decima quam sibi vendicabant, et ad altare sancti Albini ex antiqua possessione transferebant. E diverso Atrebatenses pro ecclesia sancti Albini que ad ipsos pertinet, ejusdem decime duos partes similiter ex antiqua possessione habere volebant. Placuit ergo utrique parti causa pacis et concordie quatenus abbas sancti Nicolai et ceteri fratres ecclesiam sancti Albini videlicet duas partes decime ab abbate sancti Vedasti et reliquo conventu susciperent possidendas sub censu trium modiorum ad mensuram Atrebatensem, unius avene duorum tal. annone qua communiter ex siligine et frumento colligeretur in illo territorio ex decimis eisdem eodem censu non deteriorato et propriis vehiculis Atrebatum usque deducerent. Hoc itaque utrumque concessum est, interposita tali conditione ut abbas sancti Nicolai de supradicta decima qua absque discussione canonica vel judicio spoliatum se fuisse dicebat prius canonice reinvestiretur et si quando gravaret eum vel fratres suos census ille trium modiorum ipse quidem vel sui successores censualitatem illam Atrebatensibus renunciarent, et de illa decima unde prius erat questio si quis eum impeteret presto esset canonicum subire judicium. Ne autem hoc factum vel hujus facti pactum aut vetustas evacuet aut deleat oblivio, utrumque laudatum est et confirmatum Remis in presentia Ramoldi archiepiscopi et aliorum episcoporum, et adhibiti testes idonei, quorum hec sunt nomina.

Ramoldus, archiepiscopus; Bartholomeus, episcopus; Gislenus, episcopus; Simon, episcopus; Petrus, episcopus; Guarinus, episcopus; Henricus; Simon; Gaufridus; Absalon, abbas sancti Amandi; Joannes, abbas sancti Nicasii; Guillelmus, abbas sancti Theodorici; Anscherus, abbas sancti Richarii; Henricus, abbas sancti Quintini; Gaufridus, decanus Remensis; Albricus, magister Remensis; Drogo, archidiaconus Atrebatensis; Robertus, archidiaconus Atrebatensis.

De sanctimonialibus Avesnensis ecclesie.

Guerricus Dei gratia ecclesie beati Vedasti Atrebatensis abbas, cum sibi subjecta fratrum congregatione, omnibus hec legentibus : temporalibus uti, eternis frui.

Quoniam status hominum vacillet sed actus eorum aliquanto diutius littera sustentat, idcirco litteris significamus omnibus quorum interest nosse tam futuris quam presentibus, quamdam que inter nos et abbatissam de Avesnis Bertam ecclesiamque illius facta est conventionem : videlicet quod pro decima terre Ermengardis uxoris Joannis advocati, terre quoque Johannis de Borel que est apud Grizvileir quam eis censualiter possidendam concessimus singulis annis in festo omnium sanctorum, vel infra cum nobis competeret ij mod. frumenti et i avene mensure Atrebatensis nobis persolvant, et suis vehiculis

et quadam villicatio in Atrebato in justitia comitis, scilicet licentia puteorum, criptarum et relevationes hostagiorum prepositure.

In quibusdam etiam campis hujus ville, et in quibusdam campis de Baencurt habet sanctus Vedastus decimam que ad hospitium pertinet.

De Buhircurtz.

Buhircurtz villa est sancti Vedasti in qua habet domum dominicatam, districtum, justitiam, furnum, foragia, theloneum, iij carrucas terre, terram ad societatem, terram ad redemptionem, dat que mancoldata annis singulis iij den. totam decimam territorii, et curtiliorum nove Buhircurtz exceptis nutrimentis et iij corrueiz in anno, et de curtiliis nove Buhircurt ubi nunc est curia, et veteris Buhircurt ubi adhuc cernitur mater ecclesia et atrium, tale habet sanctus Vedastus censum :

Rodulphus de Porta	ij sol. viij den. ij cap. et ij manc. av.
Agnes	viij den. et ij cap.
Grossinus	viij den. et ij cap.
Tibertus	ij sol. viij den. et ij cap.
Helvidis	iiij den. i cap. et ij manc. avene.
Gualterus pastor	xxij den. et i cap.
Segardus	xxij den. i cap. et ij manc. avene.
Hugo Boscoiz	iiij den. et i cap. et ij manc. avene.
Nicolaus	xxij den. et i cap.
Ramerus Pullus	viij den. ij cap. et ij manc. avene.
Robertus Bigosz	v sol. et iiij den. et iiij manc. avene,
Letardus	viij den. ij cap. et iiij manc. avene.
Gualterus filius Helvidis	viij den. et ij cap.

Ayna	iiij den. et i cap.
Gualterus de Platea	ij den. et ij manc. avene.
Hugo pastor	iij sol. et vij d. et i cap. et iiij manc. av.
Ricoldus	v sol. et iij cap. et iiij manc. avene.
Fulbertus	iiij den. et i cap.
Item Ricoldus	viij sol. et vij den. et vi cap. et vij manc. avene.
Robertus libos	iiij den. et i cap.
Thesso rusticus	ij den. et iij cap. et ij manc. avene.
Hubert fili Ingelberti	xxvi den. et ij cap. et ij manc. avene.
Geroldus	xxvij d. et ij cap. et ij manc. avene.
Robertus Tosny	xxvi den. iij cap. et ij manc. avene.
Ramerus Tochart	ij sol. et viij d. et ij cap. et ij manc. av.
Ogiva	iiij den. et i cap.
Richardus	iiij den. et i cap.
Agnes Wormatzi	xxvi den. et ij cap. et ij manc. avene.
Odo	viij den. et ij cap.
Hubertus	viij den. et iiij cap.
Hugo Tambus	viij den. et ij cap.
Ernaldus	iij sol. viij den. et ij cap. et iiij m. av.
Robertus de Bailuez	ij sol. viij d. et ij cap. et ij manc. av.
Raymnericus	xxvi den. ij cap. et ij manc. avene.
Bartholomeus	xxviij den. et ij cap. et ij manc. av.
Obertus	ij den. et ij cap. et ij manc. avene.
Robertus	xxviij d. et ij cap. et ij manc. avene.
Emma de Atrebato	xxvi den. et ij cap. et ij manc. avene.
Ramerus	xviij den. et ij manc. avene.
Hugo	xviij den. et ij manc. avene.
Fressendis	iij sol. et iiij manc. avene.

Redditus iste quator terminis solvitur, scilicet natale Domini, mediante martio, Pascha. In festo sancti Remigii et curtilia et terre que sunt ad societatem, vel ad terragium ad misericordiam debent relevationem.

Ragnulfus homo sancti Vedasti legius, feodus ejus villicatio et xvi manc. terre.

Atso homo sancti Vedasti legius, feodus ejus xij manc. terre.

Lambertus etiam de Asceel homo sancti Vedasti, feodus ejus, viij manc. frumenti et iiij avene quos accepit in grangia de Buhicurt, hanc villam dedit sancto Vedasto Eurebertus et Rollandus filius ejus, sicut sequens testatur privilegium.

Ille bene rebus suis utitur in hoc seculo qui de caducis atque temporalibus sibi eterna bona mercari non desinit. Hujus rei gratia, Eurebertus Ulmaro (1) preposito, et reliquis cenobitis monasterii sancti Vedasti. Ego itaque cogitans de Dei timore vel eterna bona retributione, seu pro abluendis peccatis meis, atque contagionibus meis, atque futuris bonis acquirendis, visum est mihi bonum, seu anime mee proficuum, ut pro amore Dei, et almi pa-

(1) Il y a ici une faute évidente dans les deux manuscrits : celui des Archives porte *Ut maro*, et celui de l'Evêché *Ut-maro*. Un nom d'homme ne s'écrit pas ainsi. Heureusement, nous avons à l'Evêché le Nécrologe de Saint-Vaast, où nous lisons :

Echo patriâ Schotus ex regiâ prosapiâ, etc., etc. moritur circà 895.

ULMARUS. Ab eruditâ pietate notissimus, scribit de novis miraculis sancti Vedasti ; item hymnos ad ejus laudem componit circà 893. Eidem tanquam præposito sancti Vedasti et cœnobitis, Evrebertus dat villam de Buhircurt : Obiit contemporaneus præfati Echonis.

C'était donc *Ulmarus* qui était prévôt en 893, à la date de cette donation, et c'est bien *Ulmaro* qu'il faut lire dans l'acte qui porte cette date et que nous venons de transcrire.

troni Vedasti, quasdam res proprietatis mee coram pluribus vobis traderem, seu delegarem, testibus, quodque ea fecisse visus sum, legaliter vobis ex integro tradens res juris mei que habentur in villa Buhericurtis vocabulo, mansum unum in dominicatum, ecclesiam cum dote, atque reliquis mansis servicialibus, seu aliis omnibus appenditiis utique mee inibi proprietatis. Similiter etiam alias res mee portionis, quos mihi Karlomannus Rex dedit, et per suum preceptum mihi confirmavit, vobis tradere decrevi, quod insuper per ipsum preceptum legaliter feci eo utique tenore, ut quo usque Deo annuente vixero, eisdem rerum omnium fructibus fruerer, singulis annis unam vobis refectionem prepararem ut de respectu si nolueritis refectionem xxx sol. persolvam atque post discessum meum filius meus Rotlandus videlicet et unus solummodo heres suus, simili lege eisdem rebus fruantur. Post obitum vero heredis sui ecclesie res cum mancipiis et omnibus actis seu melioratis redeant sine ulla contradictione ad vestram dominationem. Si quis vero postea, quod futurum esse non credo, easdem res vobis contradicere presumpserit, aut ex inde litem aliquam inferre temptaverit, in primis iram Dei omnipotentis incurrat, et sancti patroni nostri Vedasti offensam, ac deinde quod repetit, non evendicet. Sed presens traditio rerum mearum vobis legaliter a me facta omni tempore inconvulsa permaneat, stipulatione subnixa. Actum in atrio sancti Vedasti... idus julii. Anno VI regni Odonis gloriosissimi regis. Anno ab incarnatione Domini D. CCC. XCIII, indictione XI.

Signum Evreberti qui hanc donationem fecit; signum Rolandi filii ejus; signum Landuini filii ejus; signum Vuilivlphi ; signum Bormanni advocati per cujus manus hec traditio facta est.

De Bayri.

Villam de Bayri tenent in feodum legium de sancto Vedasto iij vavassores quorum hec sunt nomina : Hugo legius homo sancti Vedasti, feodus ejus est sexta pars ville de Bayri ; Balduinus legius homo sancti Vedasti, feodus ejus est due partes medietatis ville de Bayri ; Petrus legius homo sancti Vedasti, feodus ejus est medietas ville de Bayri. De cujus feodo est tertia pars reddituum ville de Rincurt et quedam villicatio in Atrebato in justitia comitis, scilicet licentia puteorum, criptarum et relevationes hostagiorum preposituere.

De Bahiniez.

In quibusdam campis territorii de Bahiniez habet sanctus Vedastus terragium et in quibusdam curtiliis duas partes decime de quibus curtiliis talis datur sancto Vedasto census :

Rogerus monachus	xv den. et i cap. i gall. i pan. et i manc. avene.
Hugo filius ejus	i den. i cap. et i pan.
Alelcendis	xij den. i cap. ij gall. et ij manc. av.
Brictius	vi den. et i gall. et i manc. avene.
Frumentius	xiv den. i ob. i cap. et iiij^{am} partem cap. et iiij^{am} gall. et iiij manc. av.
Geroldus	xij den. et ij cap. et ij manc. avene.
Gualterus	xij den. ij cap. et ij pan.
Gerardus	xxxij den. ij cap. et ij pan.
Walbertus	vi den. i cap. et i pan.

Petrus	ix den. i cap. et pan. et dimid.
Everardus	ij sol. ij cap. ij pan. ij gall. et iij manc. av.
Berardus	. vi den. ij cap. ij pan. ij gall et ij m. a.
Walbertus	xij den. ij gall. et ij manc. avene.
Frumentinus	ij sol. ij gall. et ij manc. avene.
Berta	ij sol. et iiij gall. et iij manc. avene.
Otfridus	vi sol. iij den. minus iij cap. iij pan. iij gall. iij manc. avene.
Ramerus	xij den. iij manc. frumenti et dimid. manc. avene.
Item Evrardus	ij manc. frumenti.

Solvitur hic census in natale Domini Pascha in festo sancti Remigii.

Simon legius homo sancti Vedasti, feodus ejus est quedam terragia in territorio de Bahiniez, hujus ville quedam partem dedit sancto Vedasto Joannes Boreaz et Judith uxor ejus sicut testantur carthe abbatum Aloldi atque Henrici.

Privilegium unde supra.

In nomine sancte et individue Trinitatis. Ego frater Aloldus abbas ecclesie sancti Vedasti, omnibus tam futuris quam presentibus fidelibus Dei.

Notum esse volumus vobis, fratres, quod Joannes Borelz cum uxore sua Judith a nobis petiit ut eis concederemus terram nostram de Bahinez, solummodo quamdiu viverent ea conditione ut suam partem ejusdem ville terre scilicet et sylve nobis et ipsi concederent pro salute et remedio anime sue. Venerunt Atrebatum in camera nostra et sub presentia et testimonio multorum quorum plures subterscripsimus. Hec pactio facta est et roborata. Dein procedentes ad altare sancti Vedasti per ramum et cespitem obtulerunt sancto Vedasto, quicquid terre et sylve habebant in villa de Bahiniez, recipientes a nostris nostram partem ipsius ville cum orationibus videlicet et societate quam a nobis petierant, et tali conditione ut utramque partem tenerent solummodo quandiu viveret uterque: post obitum vero utriusque rediret ad nos libera pars utraque non filio vel filia contradicente. Huic conventioni testes affuerunt :

Joannes, Ingelbertus, Heluinus, Gerricus, Alelmus, Simon, Sawalo, Castellanus.

Inde excommunicationem adhibuimus. Actum est Atrebati, anno incarnati Verbi M. C. I. regnante rege Philippo, comite juniore Roberto, me existente abbate sancti Vedasti.

Item privilegium unde supra.

In nomine sancte et individue Trinitatis. Ego Henricus abbas Atrebatensis, omnibus tam presentibus quam futuris fidelibus Dei.

Notum esse volumus, fratres, quia Joannes Borelz, nobis premonentibus Atrebatum venit, Simonem filium suum secum adduxit, et quod inter nos, et ipsum factum constiterat de terra de Bahiniez in diebus predecessoris mei domni abbatis Aloldi coram me et fratribus nostris, et coram comite Rotberto juniore et plenarie curia ejus renovavit et recognovit, videlicet illud totum quod habebamus in villa de Bahiniez a nobis conditionaliter accepit, et totum quod ibi in eadem villa habebat nobis dono concessit, ita ut quamdiu viverent ipse et uxor ejus Judith, utrumque sub custodia tenerent, mortuis utrisque pars utraque non filio vel filia contradicente ad nos libera rediret. Hoc ante me et comitem Robertum et barones ejus recognitum et confirmatum est. Testes:

Robertus comes Flandrie, Frumoldus de Insula, Robertus advocatus, Guido de Staynfort, Frooldus castellanus, Guenemarus castellanus, Rogerus castellanus, Guido de Fosseiz, Heluinus. Joannes, Alelmus, Ingelbertus, Simon, Sawalo, Guarnerus, Guerricus.

Actum est Atrebati, anno incarnati Verbi M. C. XI. regnante rege Ludovico, me existente abbate sancti Vedasti.

De Postinvillare.

Postinvillare cellula est canonicorum ecclesie sancti Dyonisii Remensis, sita in parrochia de Bahiniez, et hec debet singulis annis iiij sol. sancto Vedasto de terris quas habet in eodem territorio.

De Asceel.

In Asceel habet sanctus Vedastus ecclesiam, altare, medietatem justitie, furni, hostagiorum et reliquorum ville reddituum, duas partes decime, in curtiliis et nutrimentis, et in oblationibus iiij solemnitatum, et in nuptiis ij den. et i candelam. Habet et duas partes decime territorii, preter quod presbiter earumdem duarum partium sextam partem habet pro prebenda sua. Habet etiam sanctus Vedastus c. manc. terre.

Guillelmus homo legius sancti Vedasti, feodus ejus medietas supradictorum reddituum et quia equalem in singulis quibusque partem accipit equalem nihilominus in acquirendo et conservando operam impendit.

Item Lambertus legius, feodus ejus dimidia villicatio i mansum, xi manc. terre, viij manc. frumenti et iiij^or av.

Reliquam partem hujus ville et medietatem justitie, furni, reddituum, tertiam partem decime tenet advocatus de Bethunia de sancto Vedasto, de advocato Castellanus de Atrebato.

De Hamelencurt et Mediana villa.

Dominus de Hamelencurt homo sancti Vedasti legius, sub relevatione x librarum, feodus ejus domus ejus in Hamelencurt, et quidquid habet in Mediana villa. Et in Mediana villa habet sanctus Vedastus ij manc. terre et iiij curtilia que talem singulis annis reddunt censum :

Robertus	xij den. et ij cap.
Gualterus	xij den. et ij cap.
Guillelmus	xij den. et ij cap.

Hec curtilia ad misericordiam relevantur. Habet sanctus Vedastus etiam cum ecclesia sancti Vindiciani in quibusdam terris terragia. Habet et in communibus terragiis in lxvi manc. iij manc. et dimid. et i boistel et dim. et in lxxx garbas decime ejusdem ville iij garbas et dim.

Est etiam in eadem villa societas terre de xij manc. cujus medietas et totum terragium est sancti Vedasti et domini de Hamelencurt. Et sciendum quia dominus de Hamelencurt annonam mense sue in molendinis de Blangi absque in altare debet molere, quia homines de Hamelencurt et Mediana villa ibi et non alibi ad molendum facit venire.

De Feszau.

In Feszau habet sanctus Vedastus domum dominicatam, ecclesiam, altare, totam decimam territorii, in curtiliis vero, et minutis decimis, et in oblationibus purificationis et natalium duas partes. Habet et terram ad carrucam et dimid. et hospites talem censum reddentes :

Wibertus pes ferri	vi den. et ij cap.
Item Wibertus	vi den. et ij cap.
Hugo et Albrea	vi den. et ij cap.
Fressendis et Dominica	vi den. et ij cap.
Stepatius	vi den. et ij cap.

Suprascripta ad hospitium pertinent. Habet et thesaurarius in territorio ejusdem ville iiij manc. terre et infirmarius lx manc. terre et duos hospites talem censum dantes :

Fulcherus	xij den. et ij cap.
Desiderius	xij den. et ij cap.

De Hendecurt

In villa de Hendecurt habet sanctus Vedastus in curtiliis et in minutis decimis, et in oblationibus easdem partes quas in Feszau et totam decimam territorii, et unus presbiter predictas villas curat, et est prebenda ejus modius frumenti et dim. modius avene et dim.

De Ouencurt.

Territorium de Ouvencurt juxta villam que dicitur Suaste tenet in feodum de sancto Vedasto Hugo de Ballol, de Hugone Heluinus de Salli.

De Blarivilla.

Duas partes etiam decime ville que Blarivilla vocatur tenet Fulcherus de Feszau in feodum legium de sancto Vedasto.

De Ransart.

In Ransart habet sanctus Vedastus domum dominicatam, dimidiam carrucam terre, tertiam partem decime ejusdem ville curtilia in quibus habet districtum, justitiam, villicationem, que etiam ad misericordiam relevantur et de quibus talem singulis annis reddunt censum hii qui subscripti sunt hospites :

Lambers Moriaus	iiij s. ij cap. et iij corruez.
Hues Turches	iiij s. ij cap, et iij corruez.
Jehans Morans	ij s. ij cap et i corruez et demie.
Heuuius	ij s. i cap. et corruez et demie.
Fressens contresaus	iiij s. ij cap et iij corruez.
Hues Blariaus	iiij s ij cap. et corruez.
Maroc Doupuich	vij s. iiij d. iiij cap. et iij corruez.
Bauduins Burlans	iij s. ij cap. et le 3^{ce} pars ij corr.
Moriaus Lifeures	xviij d. les 2 pars de i cap. i corr.
Fressens Rachete	iiij s. v d. ij cap. et iij corruez.
Maroc de Wali	iij s. ij cap. et iij corruez.
Raineles	iiij sol. ij cap. et iij corruez.
Mahius Burlans	xxvij d. i cap. corruez et demie.
Bauduins Pinwere	xxvij d. i cap. corruez et demie.
Denises dou hamel	xi s. iiij d. vi cap. vi corruez.
Wautiers Paons	x s. iiij cap. et vi corruez.
Henris d'Arras	xviij d. iij cap. et vi corruez.
Pitres de Hellebusterne	vi s. i cap. corruez et demie.

Census iste in festo sancti Joannis et sancti Remigii et natale Domini solvitur, in singulis terminis tertia pars. Joannes homo sancti Vedasti legius sub relevatione x librarum. Feodus ejus domus ejus tertia pars decime, et quidquid in eadem villa habet preter culturam.

De ejus etiam feodo est vavassor unus in Hendencurt,

legius Gislebertus nomine tenens de eo i carrucam terre sicut supra in descriptione de Hendencurt scriptum est.

Habet etiam vavassorem unum in Anzinio qui tenet de eo ccc manc. et v vavassores sicut in sequentibus in descriptione Anzinii reperies. De his que sanctus Vedastus habet in Ransart dedit majorem partem Desiderius clericus et uxor ejus Adela, sicut sequens testatur cartula.

Privilegium unde supra.

In nomine sancte et individue Trinitatis, Patris et Filii et Spiritus sancti. Ego Desiderius canonicus ecclesie beate et gloriose Virginis Marie, mansionarius autem Castri beatissimi Patris Vedasti, quomodo possessiones patrimonii mei disposuerim ad usus ecclesie scriptis notificare curavi. Cum enim dicerer filius ecclesie, non nisi ecclesiam heredem mihi conduxi. Quid ergo fratribus sancto Vedasto deservientibus pro anime mee et conjugis mee Adele, et parentum remedio dimiserim hic annotatur. Medietatem ecclesie de Ransart vij curtilia vestita in eadem villa ad vij mod. et tantumdem sylve liberi alodii, quod nullas consuetudines, nec etiam latronis acceptionem nisi possessori debet.

Item in Montiaco Britonico sedem cambe cum uno manso et ij curtilia, et medietatem totius alodii quod ville adjacet tum terre arabilis, tum sylve. His et aliis solam conjugem meam Adelam ut liberam feminam libere investierem, et ipsa me suis ita ut altero defuncto alteri manerent. Eo ordine prenominata sancto Vedasto in usus pauperum assigno ut vivis maneant sub respectu utrisque defunctis, sanctus libere possideat. Erit autem respectus ad ministerium infirmorum i hospes in Herevillario, debens quotannis xij den. et ij cap. Hec deo et sancto Vedasto presente conjuge mea Adele et approbante pro salute nostra libere trado et scripto confirmo presentibus et attestantibus fidelibus ecclesie qui subscripti sunt. Et ego Adela imitando Domini et socii mei devotionem coram eisdem testibus de patrimonio meo de sancto Vedasto totam partem eorum que juris mei sunt ad cellam ubi idem sanctus habet eam partem quam Atso de Bapalmis moriens dimisit scilicet medietatem. Relique vero medietatis tertia parcionaria ego fui. Quam Deo et sancto libere trado, in parte ecclesie, vel culte terre, vel sylvestris, eo ordine et termino quo Dominus meus superiora.

Ego Desiderius dedi, et scripto data firmavi.

Ego Adela consensi, et corroborando signavi.

Signum Aloldi, abbatis qui data suscepit; signum Gualteri, decani; signum Alradi, editui; signum Gerbodonis, cellerarii; signum Wascelini, capellani; signum Guarneri, fratris Wagonis; signum Sauualonis, nepotis ejus; signum Balduini Caldrum; signum Theodorici et Iberti; signum Godeberti et Wigeri; signum Simonis et Tetboldi; signum Gerardi et Vrsionis; signum Alelmi et Odumi; signum Alrici et Sawalonis fratris ejus; signum Walredi et Alardi; signum Guiberti et Rogeri filii largi; signum Balduini filii Norfridi; signum Joannis fratris ejus; signum Hyluini qui prius contradixit, postea abjurando consensit.

De Andifer.

In Andifer habet sanctus Vedastus xxiiij manc. terre que ad infirmariam pertinet. Hujus terre partem dedit

Desiderius clericus cujus supra testamentum scripsimus, nominans eadem villam Herevillare, quo nomine antiquitus vocabatur.

Robertus de Feszay homo sancti Vedasti legius.

Feodus ejus due partes decime de Andifer.

De Berlencurt.

In territorio de Berlencurt habet sanctus Vedastus xviij manc. terre, et curtilium de quo dat Robertus xij den. et ij cap. in natale Domini.

De Ballol.

Dominus de Ballol homo sancti Vedasti, feodus ejus territorium de Ouvencurt juxta Suaste quod tenet de eo Heluinus de Salli. Item vavassor unus Teiboldus de Telloy, cujus feodum in descriptione ipsius ville scripsimus. Item vavassores duo in Bayluez: Gualterus ligaiz et Wichardus, cujus similiter feodos in descriptione ejusdem ville descripsimus. Item vavassor unus Joannes, cujus feodum in descriptione ville que dicitur Anez reperies.

De Sailly in nemore.

Sailly in nemore tenet de sancto Vedasto Heluinus in feodum et in censum lx solidorum, quos solvit abbati, vel ubi abbas constituerit.

De Boinvillare et Basilica et Colommont.

Boinvillare, et Basilica, et Columbe mons, ville sancti Vedasti dominicate fuerunt, sed quibusdam causis intervenientibus, a Roberto comite qui in ecclesia sancti Vedasti jacet et matre ejus Clementia que in Avesnensi ecclesia jacet, pro quadam Berquaria xx librarum cambiate sunt, in qua cambatione nobis ecclesie et altaria, et tota decima, et in singulis villis mansus unus ad ipsam decimam condendam remanserunt, sicut in sequentibus venerabilis abbatis Henrici testatur privilegium. Prebenda presbiteri de Boinviller, et Basilica xxiiij manc. frumenti et xvi manc. avene prebenda presbiteri de Colunmunt.

Item unde supra.

In nomine sancte et individue trinitatis, Patris et Filii et Spiritus sancti, amen. Ego Henricus abbas ecclesie sancti Vedasti quoddam elaboratum in diebus meis actum litteris commendare curavi, quatenus memoriale certissimum conservetur presentibus et futuris. Tres villas habebat sanctus Vedastus, Boinviler, Basilica, Fontanas, que modo mutato nomine Columbe mons nuncupatur, quas insectatione predonum assidua a cultoribus destitutas et in solitudinem redactas penitus amiseramus. Robertus autem junior comes Flandrie et uxor ejus Clementia nos convenerunt ut eis easdem villas tres sub digno concambio concederemus petierunt. Berquariam in Flandriis que nobis quotannis xx libras solveret obtulerunt, et in singulis villis mansum unum ubi contructis horreis decimas altaris et navis ecclesiarum que nobis remanerent poneremus concesserunt. Unde cum fratribus et ecclesie fidelibus communicato consilio, prebuimus assensum. Die et loco ad hoc exequendum constituto Bergas in die Pentecosten convenimus. Ubi cum non potuisset res diffiniri Brutburc ipse comes nos deduxit. Ibi Guntrum Berquarium suum vocans centum oves quas ipse Comiti servabat cum terra sufficienti ad eorum pascua, et Isnel alium Berquarium suum vocans alias centum oves, et medietatem totius terre ipsius Isnelis ad earum pascua nobis dedit, et ita liberrime quod neque comes, neque castellanus, neque camerarius, neque ullus hominum preter nos ibidem haberet quicquam potestatis. Berquarii vero si quid in nos deliquissent, Atrebatum venirent ab abbate judicandi. Metiri etiam fecit terram utriusque Berquarie funiculo et virga, per manus Vulfrici dapiferi, Blizoni Breviarii de Burgis, Hugonis filii Isabel, Dodini de Vuarben cum filiis ejus Tetboldo et Soïboldo, Raingero de Sanctonis, Elbodone Flavo, Oberto Clatechin de Mardic, et multorum aliorum quos tedet inscribi. Est insuper conditio talis apposita quod nulli homini in feodo, nulli sancto, nisi sancto Vedasto unquam traderent. Quod factum est palam in curia presentibus istis : Roberto de Bethunia, Guillelmo castellano de sancto Audomaro, Frooldo de Bergis castris, Tamardo de Bruburc, castri, Frumoldo de Ypre, Tetboldo de Aria, Balduino camerario, Amalrico constabili, Fulcrado de Bergis, Joanne lardario. Hoc autem repetitum Atrebati comes idem et comitissa super corpus sancti Vedasti sicut possederant ita liberrime posuerunt. Nos autem excommunicationem subjunximus ne quis de his que data nobis fuerant quicquam subtrahere moliretur. Ubi etiam istos in testimonium adscivimus : Robertum de Betunia, Balduinum ejus filium, Hugonem de Osgi, Hugonem de Albengi, Joannem de Guasloncurt, Hiluinum, Simonem, Alelmum, Balduinum castellanum, cum multis aliis. Actum est autem anno incarnati Verbi M.C.VI regnante rege Ludovico. Postmodum vero a Balduino comite filio ejus sibi succedente corroboratum, et sigillo suo signatum.

De Morcurt.

Morcurz villa fuit juxta Offirmunt ubi adhuc cernitur monasteriorum sancti Martini, in hujus ville territorio sunt iij feodati qui sunt de casamento sancti Vedasti quorum hec sunt nomina :

Simon de Bertrencurt, legius feodus ejus, vavassor unus nomine Hugo deterivirie qui tenet de eo lxxx manc. terre et in ipsa terra terragium.

Andreas de Atrebato, feodus ejus, viij manc. terre et in xxij manc. terragium.

Rainvualo de Renacurt, feodus ejus tertia pars decime territorii de Morcurt. Duos primos tenet dominus de Bello Manso in feodum legium de sancto Vedasto.

Tertium Gualterus clericus de Henninio, cujus feodum notatum reperies in descriptione territorii parrochie sancti Salvatoris.

De Dainville.

In Dainvilla habet sanctus Vedastus domum dominicatam, districtum, justitiam, terram dominicatam ad ij carrucas, ad societatem ij mod. aliam ad terragium, ecclesiam, Altare, duas partes oblationum in natalibus, totam decimam in territorio, et in curtiliis fabam, in ceteris minutis decimis duas partes, et de denariis qui pro facillagio dantur a messoribus tam indigenis quam advenis masculini sexus duas partes, Presbiter tertiam. Cujus presbiteri prebenda est ij mod. frumenti et i avene. Sunt in eadem villa curtilia de quibus talem singulis annis dant censum, hi qui subscripti sunt :

Legardus Sapiens	ij sol. et viij den.
Rainerus Carueiz	ij sol. et viij den.
Hugo Gallus	ij sol. et viij den.

Oda	ij sol. et viij den.
Balduinus rex	ij sol. et viij den.
Joannes de Moncel	ij sol. et viij den.
Gerardus Note	ij sol. et viij den.
Robertus fr. villici	v sol. et iiij den.
Hugo feres	viij sol.
Christianus	ij sol. et viij den.
Simon de Moncel	ij sol. et viij den.
Berta	ij sol. et viij den.
Gualter de Moncel	ij sol. et viij den.
Judita	ij sol. et viij den.
Joannes Telarius	ij sol. et viij den.
Tetboldus	ij sol. et viij den.
Heremarus	x sol. et viij den.
Gisla	ij sol. et viij den.
Hugo Luscus	ij sol. et viij den.
Hugo filius Pagani	iiij sol. et i den.
Joannes de Castello	v sol. et iiij den.
Sara	ij sol. et viij den.
Tiberga	ij sol. et viij den.
Hugo Botevile	ij sol. et viij den.
Roscela	ij sol. et viij den.
Hugo Quercus	ij sol. et viij den.
Hildebergis	ij sol. et viij den.
Joannes nepos castellani	v sol. et iiij den.
Roscela	ij sol. et viij den.
Gislebertus de Mareolo	ij sol. et viij den.
Hugo Armiger	v sol. et iiij den.
Mathildis	ij sol. et viij den.

Hugo Hocars ij sol. et viij den.
Vincentius ij sol. et viij den.
Lambertus ij sol. et viij den.
Gualterus de Mareolo viij sol. et vi den.

Redditus iste quatuor terminis solvitur : singula curtilia in festo santi Gaugerici vi den. in natale Domini, ij sol. Pascha, i den. in festo sancti Remigii, i den. preter ultimum quod in singulis duobus extremis dat tres sol. Hec curtilia et terra que est ad societatem seu redemptionem ad misericordiam debent relevationem.

De Feodatis. — Rainerus Villicus legius homo sancti Vedasti, feodus ejus, domus ejus, villicatio i carruca.

Joannes Cacabus legius homo sancti Vedasti, feodus ejus, domus ejus, hospites tres modii terre.

Harduinus legius homo sancti Vedasti, feodus ejus, domus ejus curtilia xl manc. terre.

Hugo Armiger legius homo sancti Vedasti, feodus ejus duo mancoldi terre.

Lucas homo legius sancti Vedasti, feodus ejus duo mancoldi terre.

Alardus legius homo sancti Vedasti, feodus ejus quatuor corueies quas de terra sua debebat singulas duorum dierum quas debent ceteri ville habitatores terram de potestate tenentes.

De Novavillella.

Novavillella est in parrochia et villicatione Dainville inter Dainvillam et Bernivillam. In hac habet sanctus Vedastus easdem quas in Dainvillam consuetudines, et xiij curtilia que ad misericordiam relevantur et singulis annis talem reddunt censum :

Fulco xij den. et ij cap.

Firminus	xij den. et ij cap.
Nicolaus frater ejus	ij sol. et iiij cap.
Robertus Sapiens	xij den. et ij cap.
Gisla de Waniunliu	xij den. et ij cap.
Gisla se Bruz	xij den. et ij cap.
Sara	xij den. et ij cap.
Robertus	xij den. et ij cap.
Matsela	xij den. et ij cap.
Hunfridus Brunel	xij den. et ij cap.
Gerardus Note	xij den. et ij cap.
Odardus	xij den. et ij cap.

Summa xiij sol. et xxvj cap. solvuntur autem tribus terminis: singula curtilia in natali Domini iij den. et ij cap. Pascha ij den. in festo Sti Gaugeri vij den.

De Bello Manso.

Dominus de Bello Manso homo est sancti Vedasti legius. Feodus ejus duo vavassores, Simon et Andreas quorum feodi in territorio de Morcurt juxta Offirmont sunt, sicut supra scriptum reperies.

De Noella sive Noeleta.

In Noella in atrio vel Noeletta habet sanctus Vedastus vi manc. terre que ad librarium pertinet pro qua dat singulis annis Hugo Longnars viij sol. Sunt et duo hospites ad luminare ecclesie pertinentes quorum hec sunt nomina:

Gerardus Gaillarz	xvi den. de uno curtilio.
Goszo Flamiger	xij den. de uno curtilio.

De Govia.

Ad Goviam habet sanctus Vedastus in quibusdam terris

duas partes decime et duos hospites qui talem censum dant :

Herimarus xij den. de v curticulis.

Quedam vidua vij den. et ij cap.

Redditus iste ad librarium pertinet.

De Monte Noizcurt.

Dominus de Monte Noizcurt debet sancto Vedasto singulis annis iiij manc. frumenti pro quadam decima que in eodem territorio est. Totidem quoque debet Egidius de Asc de quadam decima que est in potestate de Asc, et he decime pertinent ad ministerium hospitarii et solvuntur in festo sancti Remigii.

De Anez.

In Anez Robertus homo sancti Vedasti legius, sub relevatione xi librarum, feodus ejus domus ejus terra ad i carrucam, vivarium, molendinum tres vavassores legii, Eustachius, Drogo, Lanvulfus, quorum feodi in territorio de Anez sunt. Sunt etiam de ejus feodo due partes decime villarum Simoncurt, Monci, Bellomansi de qua decima tenet unam partem in feodum de ipso Roberto, Hugo de Andifer. In territorio ejusdem ville tenet Hugo de Balol de sancto Vedasto vavassorem unum nomine Joannem. Feodus istius Joannis vivarium, sedes molendini, terra ad i carrucam, iiij vavassores. Hujus feodi medietatem tenet de ipso Hugone Hugo de sancto Vedasto.

De Bernivilla.

In Bernivilla habet sanctus Vedastus domum dominicatam, districtum, justitiam, theloneum, foragia, furnum, terram ad i carrucam, societatem, terram ad terragium dat que mancoldata i d. et vocatur vivarium. Habet ecclesiam, altare, totam oblationem natalis Domini, Purificationis, Pasche, totam etiam decimam curtiliorum et nutrimentorum, totam etiam decimam territorii. Habet et palagium, id est per singulas domos pullum unum, ab extraneis messoribus denarium unum, quatuor corrueis in anno, singulas duorum dierum. Sunt etiam curtilia talem per annum censum debentia :

Balduinus de Simoncurt	xviij den. et unum manc. avene.
Legardus et Simon	xviij den. et unum manc. avene.
Gerardus Peregrinus	xviij den. et unum manc. avene.
Nicolaus	xv den. et dimid. manc. avene.
Alardus	xviij den. et unum manc. avene.
Hugo Rusticus	xviij den. et unum manc. avene.
Anselmus de Atrebato	xviij den. et unum manc. avene.
Guibertus	ix den. et unum manc. avene.
Tetboldus Villicus	xviij den. et unum manc. avene.
Joannes Moreaz	xv den. et dimid. manc. avene.
Hugo	xviij den. et unum manc. avene.
Sancta Uxor	xv den. et dimid. manc. avene.
Lambertus Peregrinus	xv den. et dimid. manc. avene.
Hubertus	xviij den. et dimid. manc. avene.
Bartholomeus	xv den. et dimid. manc. avene.
Guillelmus	xv den. et dimid. manc. avene.
Lambertus de Gorgec	xv den. et dimid. manc. avene.
Rodulphus	xv den. et dimid. manc. avene.
Stephanus	xv den. et dimid. manc. avene.
Evrardus Hard	xv den. et dimid. manc. avene.

Robertus Cobi	xv den. et dimid. manc. avene.
Eurardus Rex	xv den. et dimid. manc. avene.
Gisla incisorum	xv den. et dimid. manc. avene.
Agatha	xv den. et dimid. manc. avene.
Emma	xviij den. et unum manc. avene.
Rogerus	xv den. et dimid. manc. avene.
Guarnerus scabinus	xviij den. et unum manc. avene.
Alelmus	xviij den. et unum manc. avene.
Joannes Patre	xv den. et dimid. manc. avene.
Eremburgis	xv den. et dimid. manc. avene.
Salebertus	xviij den. et dimid. manc. avene.
Gualbertus Benedictus	xv den. et unum manc. avene.
Gualbertus Boscez	xv den. et dimid. manc. avene.
Drogo	xv den. et dimid. manc. avene.
Item idem Drogo	xv den. et dimid. manc. avene.
Tetboldus Villicus	xv den. et dimid. manc. avene.

Summa xlviij solidi et xxiiij manc. et i boisteaz avene, et his terminis solvitur census iste: in natale Domini, Pascha, in festo sancti Joannis et in festo sancti Remigii, et curtilia et societates et terra que est ad redemptionem debent ad misericordiam relevationem.

Tetboldus Villicus legius homo sancti Vedasti, feodus ejus villicatio iiij manc. terre et quedam decima in Warluz. Joannes de Bailuez legius homo sancti Vedasti, feodus ejus mansio ejus in eadem villa.

Huic ville adjacet viculus Gorgechunz qui est Balduini de Simoncurt in quo cum idem Balduinus longo tempore oblationes denariorum et panum et minutam decimam curtiliorum, pullorum, agnorum, vellerum et eorum que ad altare venire solent tenuisset et de feodo suo esse contenderet, venerabilis abbas Martinus ei negavit. Unde idem Balduinus ad Christianam justitiam summonitus, timore Dei et consilio amicorum suorum quia illegitimum et contra rationem erat, ut laïca de ecclesiasticis se intromitteret persona, eamdem decimam super altare sancti Vedasti episcopi ramum et cespitem reddidit, anno Dominice incarnationis M°. C°. sexagesimo nono.

De Warluz.

In Warluz habet sanctus Vedastus ecclesiam, altare ubi presbiter, quia nihil in Bernivilla habet, totam oblationem recipit. Cujus prebenda est tertia pars decime ejusdem ville, et tota minuta decima, exceptis agnis et velleribus in quibus duas partes habet sanctus Vedastus. Feodati:

Nicolaus de Anez legius homo sancti Vedasti, feodus ejus due partes decime territorii de Warluz et dimidia marcha argenti.

Christophorus legius sancti Vedasti sub relevatione xx sol., feodus ejus iiij manc. terre. In eodem etiam territorio est quadam decima que est de feodo Tetboldi villici de Bernivilla.

In eadem villa habet Thesaurarius terragium in xiij manc. terre et duos hospites talem censum dantes :

Ingrannus	xij den. et ij cap. et ij panes.
Thomas	vi den. et ij capones.

De Symoncurt.

Symoncurz antiquitus Mambodvilla dicebatur quod nomen in antiquis privilegiis nostris sepius invenitur, sed a quodam Simone transmutata a loco ubi adhuc ecclesia sancti Medardi cernitur, ejusdem Simonis nomen retinuit. Hanc villam tenet de sancto Vedasto in feodum legium dominus de Noella et de eo castellanus de Atrebato. Preterea habet in eadem villa sanctus Vedastus xiij hospites singulos xij den. reddentes, iij culturas ad societatem et medietatem nemoris quando venditur.

Balduinus legius homo sancti Vedasti, feodus ejus villicatio predictorum hospitum et terragium iij culturarum, unde etiam dat singulis annis i modium frumenti.

Heluinus legius homo sancti Vedasti, feodus ejus quedam terragia in eodem territorio. Habet quoque sanctus Vedastus iiij manc. frumenti pro tertia parte decime ejusdem parrochie, duas vero partes decime ejusdem ville et Monci et Bellomansi, tam in territorio quam in curtiliis, sunt de feodo Roberti de Anez, quarum partium tenet de eo unam partem Hugo de Andifer sicut superius scripsimus.

De Goy.

In territorio ville de Goy, habet sanctus Vedastus novale i quatuor mancoldorum quod ad hospitium pertinet, et ecclesia sancti Michaelis similiter novale iiij manc.

De ecclesia Strumensi.

Ecclesia sancte Marie de Strumensi Atrebatensi civitati vicina est sita in loco, ubi quondam Romani principante Julio Cesare, contra Atrebatenses obsidione diuturna dimicantes castra fixerunt, sicut vallorum et aggerum vestigia hodieque contestari videntur. Illuc igitur plerique civium tam primorum civitatis quam et popularium, propter bonam loci famam et operis Dei assiduitatem, filias suas in monasterium virginum contradentes, cum eisdem filiabus vel etiam matribus seu uxoribus suis, ibi ad succurrendum morientibus, predia, mansos, possessiones quarum fundus sancti Vedasti erat, ob remedium anime sue offerebant. Et intantum hec consuetudo invaluit, quod ecclesia Strumensis, per hujus modi irrationabiles offerendas, possessiones que de jure sancti Vedasti erant ad suum dominicatum traxit.

Cumque a venerabili abbate sancti Vedasti Martino facta fuisset reclamatio et ad beate memorie papam Alexandrum missa legatio, idem Papa eisdem sanctimonialibus tales misit litteras.

Alexander episcopus servus servorum Dei, dilectis in Christo filiabus universis moniabibus de Strumensi, salutem et apostolicam benedictionem.

Iustitie naturalis ratio persuadet et in lege et evangelio continetur, ut quod tibi vis fieri, alii facias, et quod tibi non vis fieri, alii nullatenus debeas irrogare. Quoniam igitur in eo sumus officio disponente Domino constituti, quod jura universorum Christi fidelium debeamus illesa et integra conservare, per apostolica vobis scripta mandamus, quatenus possessiones monasterii sancti Vedasti Atrebatensis, neque importunis precibus potentum, neque alio modo illicite acquiratis, vel contra justitiam aliquatenus occupetis. Data Anagnie ij nonas Augusti.

Cumque ecclesia Strumensis acceptis litteris necdum ab injusta pervasione desisteret, facta ab abbate memorato appellatione et in presentia domni pape et universo conventu cardinalium civitate regia Parisius dispecta diligenter placiti ratione talis inter utramque ecclesiam facta est per conventionem compositio, ut ecclesia Strumensis, hostagia sancti Vedasti que in predictis erant possessionibus ad unam marcham augeret, et ea que jam oblata erant libere et quiete possideret. De cetero autem nullatenus hujus modi oblationes que contra rationem erant quereret, et si offerrentur non amplius quam duobus annis retineret; sed eas alicui qui proximus esset offerenti, et si hoc opportunum non esset alteri cuilibet venderet, sicut inferius testantur et confirmant cartha Gualteri Albanensis episcopi, Odonis, Bosonis cardinalium sancte Romane ecclesie, et privilegium bone memorie Alexandri pape.

Privilegium cardinalium Walteri, Odonis, Bozonis, de concordia ecclesie sancti Vedasti et ecclesie Strumensis.

Nos, Walterus, Dei gratia Albanensis episcopus, et Odo, et Bozo eadem gratia sancte Romane ecclesie diaconi cardinales, tam presentibus quam futuris, ad quos littere iste pervenerint, notum fieri volumus quod cum Martinus abbas sancti Vedasti Atrebatensis et Maria abbatissa sancte Marie de Strumensi ad presentiam Domni Pape Alexandri litigaturi super quadem controversia que inferius annotabitur pervenissent, idem Domnus Papa causam eandem nobis audiendam commisit et ut eam si possemus amicali compositione terminaremus injunxit. Utraque itaque parte in nostra presentia constituta causabatur abbas adversus abbatissam, quod possessiones quasdam ad monasterium suum pertinentes recepisset, et contra jus privilegiorum suorum easdem possessiones detineret. Abbatissa vero e contra dicebat, quod ita a longissimo retro tempore fecerat, et possessiones ita ceperat, et absque lesione monasterii sancti Vedasti detinuerat, et detinere volebat. Nam censum solvere, et relevationes facere in mutationibus abbatissarum parata erat. Cum autem hec et alia in hunc modum in nostrá presentia allegarent, mediantibus nobis, intervenientibus etiam archidiaconibus Atrebatensis ecclesie, Clarebaldo et Frumaldo, de communi consensu ad hanc concordiam devenerunt, quod abbatissa omnes illas possessiones pertinentes ad territorium sancti Vedasti, quas hodie, id est tempore hujus transactionis possidet, sive etiam quarumcumque donationem tunc receperat retenta possessione a donatoribus, quod ad vixerint teneat deinceps abbatissa quiete et pacifice, et absque omni calomnia, ita tamen quod censum constitutum singulis annis persolvat, et quando presentem abbatissam vel aliquam de sibi succedentibus ab hac luce migrare contigerit, relevationem secundum consuetudinem aliorum hominum faciat. Pro ista tali concessione facta sibi ab abbate et fratribus suis constituit abbatissa nomine ecclesie sue se soluturam singulis annis marcham argenti, dimidiam in Nativitate Domini et dimidiam in festo Joannis Baptiste.

Ab hac vero hora et deinceps abbatissa de Strumensi possessiones ad jus beati Vedasti pertinentes recipiat, et per biennium teneat, si voluerit, intra quod tempus ita faciat, ut finito biennio ad alium transferat, et ultra in manu sua non teneat, nisi de licentia abbatis hoc poterit obtinere. Actum est hoc in palatio Parisiensi tempore domni Alexandri pape tertii, anno ejus quarto. Ut autem hec transactio firma et illibata permaneat, ipsam presenti pagina fecimus annotari, et sigillis nostris jussimus insigniri.

Alexander papa unde supra.

Alexander servus servorum Dei, dilectis filiis Martino abbate, et fratribus monasterii sancti Vedasti, salutem et apostolicam benedictionem.

Justis petentium desideriis facilem nos convenit impertiri consensum et vota que a rationis tramite non discordant effectu sunt prosequente complenda. Ea propter dilecti in Domino filii vestris justis postulationibus, grato concurrentes assensu, compositionem que inter vos et abbatissam sancte Marie de Strumis, venerabili fratre nostro Gualtero Albanensi episcopo et dilectis nostris filiis Odone et Bosone sancte Romane ecclesie diaconis cardinalibus de mandato nostro mediantibus, rationabiliter facta est, authoritate apostolica duximus confirmandam. Cum enim tam vos quam altera pars ad nostram presentiam venissetis ipsam controversiam predicto episcopo et cardinalibus commisimus audiendam, et amicabili compositione si posset fieri terminandam. Utraque itaque parte in ipsorum presentia constituta vos adversus abbatissam causabamini, quod possessiones quasdam ad monasterium vestrum pertinentes recepisset, et contra jus privilegiorum vestrorum easdem possessiones detinuerit. Abbatissa vero e contra dicebat, quod ita a longissimo retro tempore fecerat, et possessiones ita receperat, et absque lesione monasterii vestri detinuerat, et detinere volebat. Nam censum solvere et relevationes facere in mutationibus abbatissarum parata erat. Cum autem hec et alia in hunc modum tam vos quam alia pars in illorum presentia allegaretis, mediantibus eisdem cardinalibus, intervenientibus etiam Clarembaldo et Frumaldo Attrebatensis ecclesie archidiaconibus, de communi consensu ad hanc concordiam devenistis, quod abbatissa omnes illas possessiones pertinentes ad territorium vestrum quas hodie, id est tempore hujus transactionis possidet, sive etiam quorumcumque donatione tunc receperat, retenta possessione a donatoribus quoad vixerint teneat deinceps abbatissa quiete et pacifice, et absque omni calumnia, ita tamen quod censum constitutum singulis annis persolvat, et quando presens abbatissa vel aliqua de sibi succedentibus ab hac luce migraverit, relevationem secundum consuetudinem aliorum hominum faciat. Pro ista tali concessione facta sibi a vobis, constituit abbatissa nomine ecclesie sue se soluturam singulis annis marcham argenti, dimidiam in Natale Domini et dimidiam in festo sancti Joannis Baptiste. Ab hac vero hora et deinceps. prefata abbatissa possessiones ad jus ecclesie vestre pertinentes si voluerit recipiat, et per biennium teneat, infra quod tempus ita faciat, ut finito biennio nec per se me per alium Vlterius illas possideat, sed ad alium transferat nisi hoc de communi licentia vestri capituli obtineat. Hanc vero concordiam memorati episcopatu et cardinales in scriptis redegerunt. et sigillis propriis munierunt. Nos quoque eandem concordiam ratam ac firmam habentes, eam author sedis apostolice roboramus, et presentis scripti patrocinio communimus, statuentes, ut nulli omnino hominum liceat hanc paginam nostre confirmationis infringere, vel ei aliquatenus obviare. Si quis autem hoc attemptare presumpserit, omnipotentis Dei indignationem et beatorum Petri et Pauli apostolorum ejus se noverit incursurum. Datum Parisiis idibus Aprilis.

De Mares.

In Mares, habet sanctus Vedastus domum dominicatam, terram ad dimidiam carrucam, hospites x in quibus habet districtum, justitiam, theloneum, qui etiam ad furnum suum veniunt, et talem singulis annis censum solvunt :

Robertus	xij den.
Gualterus	xij den.
Haymericus	xij den.
Tetboldus	xij den.
Helvidis	xij den.
Emma	xij den.
Ingelgerus	xij den.
Fulco	xij den.
Rodulphus	xij den. et ij cap.
Eustachius	xij den. et ij cap.

Summa x sol. et iiij cap. singula curtilia. In Pascha ij den., in festo sancti Remigii vi den., in Natale iiij cap. et ad misericordiam relevantur, et terre que sunt ad societatem.

Nomina feodatorum :

Hugo de Andifer, legius homo sancti Vedasti, feodus ejus terra et hospites in quibus habet tales consuetudines, quales sanctus Vedastus in suis. Rodulphus Villicus, legius homo sancti Vedasti. Curtilium cum membris tribus, villicatio, terra ad dimid. mod. Eustachius de Longovado, homo sancti Vedasti. Feodus ejus iiij manc. terre.

De Navi in vivario de Anzen.

In nomine Patris et Filii et Spiritus Sancti. Amen. Inter abbatem beati Vedasti Atrebatensi et abbatem de Monte sancti Eligii orta est controversia de possessionibus quas ecclesia beati Vindiciani, ut abbas et monachi Atrebatenses asserebant, sibi usurpaverat, et de navi quam abbas Atrebatensis pro pascendis equis curtis sue Maresc, in vivario beati Vindiciani sibi vendicare volebat. Hec controversia diu ventilata, et appellatione facta exhortatione et multimoda precum instantia Domni L. et H. Archidiaconi pacis inierunt consilium, et hunc compositionis modum. Abbas et capitulum sancti Vindiciani concesserunt ecclesie beati Vedasti unam tantum navim cum uno eque (1) serviente, herbam ad usum equorum ecclesie beati Vedasti succidente, quantumcumque diatim ab ortu solis usque ad occasum vellet succidere, omni tamen remota venditione, quotannis a Pascha usque ad festivitatem sancti Michaelis in predicto vivario suo de Anzen perpetuo habendam, et sine aliqua reclamatione possidendam, hac tamen conditione, ne predictus serviens herbe videlicet succisor, ullam quotannis intrandi vivarium facultatem habeat, donec ecclesie sancti Vindiciani fidelitatem tam de piscibus quam de volucribus ejusdem vivarii promiserit, et inde coram abbate sancti Vindiciani, sive priore, sive cellerario, omni sublata dilatione sacramentum fecerit. Et si illum post sacramentum languere vel mori contigerit, quicunque eidem substituatur, nulla ei navigandi per vivarium licentia detur, donec sponsione fidelitatis ad modum primi et sacramento obligatus fuerit. Preterea statutum est ut ab occasu solis in vespera usque ad ortum locis in crastino, navis sit sub firma sere custodia, ne per eam nocturnis horis damnum fiat ecclesie sancti Vindi-

(1) *Sic*, dans les deux manuscrits.

ciani, in volucrum seu piscium captura. Si vero custos vivarii aliquem cum eadem navi prohibitis horis, vel si diurnis horis alium in ea quam servientem cui licentia navigandi legitime data fuerit navigantem invenerit, navim cum remige seu ductore suo capiat et remigem captivum teneat, quoad ecclesie beati Vindiciani damna sua restituerit, et de perpetrato facinore pro modo foris factis eidem satisfecerit, navis quoque in usum fratrum de Monte sancti Eligii libere cedat, nisi aut ejusdem loci abbatis deliberatio, aut charitatis fratrum provocatio eam ecclesie beati Vedasti reddat. Ceterum si ductor navis, cum navi manus capessentis eum violatio armorum, vel modo aliquo evaserit, abbas vel prior, vel custos beati Vedasti ad cujus videlicet hoc spectat officium super hoc conveniatur, et ab eo ecclesia de Monte sancti Eligii navi omni occasione remota reinvestiatur, ductor vero navis ad ecclesiam beati Vindiciani pro quantitate damni et modo injurie, eidem satisfacturus mittatur, aut a curte beati Vedasti, et omni monachorum societate, donec quod pretaxatum est fecerit, expellatur. Si autem aliquo tempore predo seu populator seu importunitas tiranni, seu infortunium aliquod, curtem beati Vedasti de Maresc ita ut nullus in ea habitet in vastitatem redegerit, aqua beati Vindiciani a navi quam duximus, et serviente vacua erit, quousque monachi curtem suam restauraverint, et pro pabulo equorum suorum herba ibidem eguerint. Abbas vero et capitulum beati Vedasti, ecclesie sancti Vindiciani de Monte sancti Eligii, quicquid eadem ecclesia de fundo et jure beati Vedasti usque ad istius compositionis diem possederat, absque calumnia deinceps possidendum annuerunt, salvo tamen censu eorum et redditibus, qui a predicta ecclesia annuatim debentur ecclesie beati Vedasti aut ministris ejus, de terra sive de aliis possessionibus, hac quoque interposita conditione, ne ecclesia sancti Vindiciani, ut prohibitum est a domno Innocentio Papa, terras vel possessiones que de monasterio beati Vedasti tenentur absque licentia vel assensu abbatis ejusdem monasterii vel monachorum ejus amplius recipere vel ab ipso monasterio alienare presumat. Testes: Signum Alvisi Atrebatensis episcopi, sub testimonio subscriptarum personarum; signum Luce et Hugonis archidiaconorum; signum Leonis, abbatis sancti Bertini; signum Balduini, abbatis de Mareolo; signum Joannis, abbatis de Henniaco; signum Petri, prepositi; signum Roberti, canonici.

De Anzenio.

In Anzen, habet sanctus Vedastus xij manc. terre et curtilia que ad misericordiam relevantur et talem per annum reddit censum:

Sauvalo	xxvij den.
Balduinus molnarius	xv den.
Balduinus delmartaiz	xi den.
Ermentrudis	xi den.
Rainerus espalraz	xi den.
Herbertus piscator	viij den.
Segardus	xxxiij den.
Item Sauvalo	xi den.
Thomas	xxvij den. et ob.
Robertus flammiger	xvi den. et ob.
Joannes rusticus	xvi den.

Hec curtilia ad hospitarium pertinent, et ad justitiam

ejus, dantque singula in festo sancti Remigii vj den. in natale reliquos.

Sauvalo homo sancti Vedasti, feodus ejus domus ejus et villicatio.

Est etiam in eodem territorio vavassor unus quem Joannes de Ransart tenet de sancto Vedasto nomine Gualterus.

Feodus ejus ccc manc. terre et v vavassores quorum hec sunt nomina (1) :

. .

Sunt etiam in Anzen duo molendina que ad hospitarium pertinent, et pisces qui ad Buyrons cadunt. Horum molendinorum tertiam partem dedit Safridus et uxor ejus Dominica, sicut abbatis Henrici testatur cartula.

Privilegium Henrici abbatis.

In nomine Patris et Filii et Spiritus Sancti. Ego Henricus Dei gratia sancti Vedasti dictus abbas omnibus hec legentibus salutem. Quoniam exigente mortalitatis nostre vago excursu temporalia facta oblivione paulatim evanescendo tandem a memoria funditus extruduntur, sagaci subventum est medicamine imbecillitati memorie, dico autem litterarum annotatione, quibus gesta decedentium transferuntur notitie succedentium. Quod nos quoque providentes presenti scripto innotescimus omnibus hec legentibus quod Safridus et uxor ejus Dominica, cum essent hereditarii possessores tertie partis profectuum molendini de Anzenio, omnino et legaliter concesserunt S^to^ Vedasto ea tamen conditione ut dum eadem Dominica vi-

(1) Les noms sont restés *en blanc* dans les deux manuscrits.

veret illo profectu non careret, sed ea obeunte deinceps totum sanctus Vedastus possideret, et insuper quicquid proprium sibi decedenti remaneret. Cui concessioni testes affuerunt hii qui subscripti sunt.

Ego Henricus abbas sancti Vedasti, Gerardus prior, Gerricus Sauvalo, Vuascelinus, Alardus, Drogo, Fulco minister, Gislebertus, Milo luscus, Goterannus de Tilloeto, Helvinus cognatus ejus, Tetboldus filius ejus, Petrus et Ibertus servientes.

De Dominica Curte.

Villa que Dominica Curtis dicitur, civitati vicina est quam ecclesia sancti Vedasti, ex longo antiquitatis jure libere possidet. Hanc villam sicut in vita beati Vedasti plenissime scribitur, cum aliquando principes hujus seculi monachis auferre molirentur, nutu Dei precibus Patris Vedasti consilium justorum consilio impiorum prevaluit. Cujus miraculi summam et hic perstringere dignum duximus, ut neminem lateat quanto amore et honore idem Pater noster sit amplectendus.

Principantibus igitur in regno Francorum Pippino et Carlomanno, comite Attrebatensi Theobaldo, Abbate sancti Vedasti Alrico, idem comes Theobaldus predictam villam ab ecclesia detruncare, suoque comitatui sociare attemptavit. Qui cum Regem adiisset, ut super hoc Rex ei patrocinaretur, monachi ad suum Regem dominum suumque patronum Vedastum cum multa precum instantia currentes, desiderio cordis et voluntate labiorum non sunt fraudati. Nam, cum Rex comitem Remensem dirimende cause gratia a suo latere direxisset, idem vero comes comiti Atrebatensi magis quam monachis favorem suum inclinaret, nocte quadem vir vite venerabilis, edituus ecclesie sancti Remigii somno depressus quemdam in secretario ecclesie sanctum Remigium voce flebili inclamantem audivit. A quo cum sanctus Remigius quisnam esset sciscitaretur, ego inquit ille, sum frater Vedastus, qui ad barbaros vestro precepto destinatus, non infructuose labore in messe Dei, licet indignus desudavi operarius. Nunc autem astiterunt reges terre, et adversum me meosque principes convenerunt in unum, auferre molientes quod a fidelibus mihi meisque est collatum. Cui reverendus Pontifex ut ad diem placiti vicinos sibi Verbi Dei cooperatores maritima obtinentes loca, scilicet Audoenum, Audomarum, Bertinum, Wlmarum, Amandum, Quintinum, Gaugericum, Eligium, Lucianum adduceret imperavit, seque cum gallicanis sanctis, Martino, Medardo, Dyonisio, Germano, aliisque Aquitaniam incolentibus occursurum spopondit. Cum igitur illuxisset in crastinum, edituus episcopo, episcopus comiti Remensi rem retulit, et eum ab injusta pervasione compescere studuit. Qui cum gravi stomacatione episcopi verba irrisit, et monachum vino sepultum vel mendacia confinxisse vel vana somniasse exprobavit. Mox equum ascendens cum juxta locum, ubi eadem visio apparuerat devenisset, celesto judicio perurgente, de equo ad terram provolutus crure fracto cum multo suorum labore et lacrymis semivivus ad domum delatus est. Statimque Theobaldus qui malorum horum et causa et fomes erat, cum equo sederet, musca equi nares occupavit, qua sonipes molestia efferatus levatis in altum calcibus, sessorem suum excutiens miserabili obitu extinxit. Ex hujus miraculi terrore, predicta villa cum prius libera esset, ex tunc sancti Vedasti liberior efficitur.

In hac itaque Dominica Curte habet sanctus Vedastus districtum, vivarium, pratum, tria molendina quorum asinarii dant singulis annis pro asinis de uno quoque molendino xv sol. Habent in hoc districto hospites, prepositus, edituus, infirmarius, cellerarius quorum hec sunt nomina:

Hospites prepositi :

Stephanus et Emma	iiij den. et ob.
Rogerus	iiij den. et ob.
Wago	vi den.
Legardis	vi den.

Hospites editui :

Gualterus Blangernensis	vi den. et duos cap.
Robertus hureaz	vi den. et ij cap.

Habet etiam edituus ibi ix manc. terre que est ad societatem juxta vivarium.

Hospites infirmarii :

Gomarus	xij den. et ij cap.
Wago	vi den. et ij cap.
Atso	xij den. et ij cap.
Everardus	xij den. et ij cap.
Gualterus de Atrebato	xviij den. et iiij cap.

Quidam horum debent cc vuaraz harundinis, scilicet Gomarus et Euerardus.

Campus quoque de Runxoit in via de Squiri debet infirmario terragium et in festo sancti Remigii duos solidos.

Hospites cellerarii :

Gomarus	xv den.

Rodulfus filius ejus	xx sol.
Arnulfus Maloz	xij den. et ij gall.
Rodulfus filius Gomari	xx sol.
Nicolaus Sausars	xij den.
Joannes Limcunz	iij sol.
Robertus Buzez	xij den.
Ecclesia Strumensis	xij den.
Sauvalo piscator	ij sol.
Ermenfridis pes argenti	iij sol.

Hec suprascripta curtilia debent pro relevatione xij den. et qui vendit xij et qui emit xij.

De dolente Molendino.

Ego Philippus Dei gratia Flandriarum comes omnibus tam futuris quam presentibus.

Notum esse volo quod inter ecclesiam sancti Vedasti et Hugonem Morel orta est querela de quodam molendino quod, in Dominica Curte situm, dolens molendinum dicitur, que nimirum querela tempore abbatis Guerrici cepisse et in tempus domni Martini abbatis pertigisse, ibique finem accepisse dignoscitur. Post acceptum itaque duellum et plurimas placitorum allegationes, consilio nostro atque industria res ita sopita est, quod voluntate utriusque partis, Hellinus dapifer et Gualterus de Atrebato, et circummanentes, inquisita diligenter veritate, utrique parti suam partem dederunt, ecclesie scilicet cursum aque et sedem molendini, et sclusam que ab eadem sede usque ad sclusam vivarii Dominice Curtis protenditur: Hugoni vero pratum quod inter easdem sclusas et cursum aque jacebat. Molendinum quoque ipsum Hugo in plena curia nostra abjuravit, judicatum que est quod de cetero ibi molendinum construere nec ecclesia sine assensu Hugonis, nec Hugo sine assensu ecclesie ullatenus poterit. Testes :

Hugo abbas sancti Amandi, Robertus prepositus sancti Audomari, Robertus advocatus de Betunia, Hellinus dapifer, Eustachius camerarius, Gualterus de Atrebato, Henricus de Morsella, Gislebertus de Aria, Joannes de Vualencurt, Ingelrannus et Petrus de Ballol, Bernardus de Gaverella, Stephanus de Biargio, Balduinus de Simoncurt, Christophorus de Warluz.

De porta de Mellens usque Mellens.

Curtilia que sequuntur debent xxvi den. pro relevatione et qui vendit xxvi den. et qui emit totidem et in eis et in quibusdam de suprascriptis habet thesaurarius decimam. Dant etiam singulis annis in nativitate sancte Marie talem censum preposito sancti Vedasti :

Balduinus de Turri	x den.
Fulbertus de Yrim	x den.
Sequitur furnus prepositi :	
Canonici sancte Marie	x den.
Emma uxor Theodorici	x den.
Everardus Rufus	x den.
Balduinus Barba	ij den. et ob.
Maria de Vimi	ij den. et ob.
Guirenfridus villicus	v den.
Ermenfridus pes argenti	xij den. et iiij cap.
Item de tribus mansis	iij sol. et iiij den.
Alardus de Leventies	vij den. et ob.
Thetboldus Trohez	ij den. et ob.
Dommez	v den.

Oylardus	v den.

De Mellens redeundo ad predictam portam :

	viij den.
Furnus Gualteri	viiij sol. ij cap.
Bernardus de Gaverella	iiij sol.
Arnulphus Haveas	x den.
Adam	x den.
Seybertus Algernon	xx den.
Servientes sancti Vedasti	x den.

In hoc curtilio habet cellerarius tot partes quot prebendas servientium tenet.

Gerardus de Harbac	vi den.
Furnus Ermenfridi	x den.

Hugo Morellus legius homo sancti Vedasti; feodus ejus c manc. terre curtilia, villicatio, medietas foris factorum districti Dominice Curtis, et vavassor legius nomine Simon; feodus ejus villicatio et iiij mod. terre. Qui Simon facit sancto Vedasto securitatem.

Vuago legius homo sancti Vedasti, sub relevatione x librarum ; feodus ejus domus ejus, curtilia, ix mod. terre, duo furni quorum unus est ante capellam sancti Mauritii, alius in castello in parrochia sancti Petri, et dat per annum sancto Vedasto xij denarios.

Est etiam de feodo Vuagonis vavassor legius.

Balduinus diabolus; feodus ejus iij mod. terre.

In Marlaria vici Borriane :

Autbertus	ix sol. et dim.
Simon	vi sol. et dim.

De Balduino monte.

Balduini mons situs est ab occidentali parte civitatis supra Dominicam Curtem. In hoc monte antiquitus ipsa civitas fuit, sicut novitates operum a paganis constructorum que illic fodientibus frequenter occurrere solent, sed et valli contra Julium Cesarem castris in Strumo et Mareolo dispositis Atrebatum infestantem oppositi, hodieque perhibere videntur. In hoc igitur monte habet camerarius xxiiij manc. terre ad societatem, et terragium in valle juxta vivarium. In hoc etiam monte habet singulis annis censum reddentes:

Robertus Collunz xvi sol. et iiij gall.

Via hospitum Gualteri ij sol. tantum quos dat villico sancti Vedasti villicus hospitum domini Gualteri.

Ayvertus	vi sol et ij gall.
Rodulphus textor	iij sol. et i gall.
Milo	v sol. et i gall.
Rodulphus carp.	viij sol. et ij gall.
Hugo de Goy	viij sol. et ij gall.
Rodulphus textor	viij sol. et ij gall.
Godefridus	viij sol. et ij gall.
Joannes Bodarz	viij sol. et ij gall.
Elbodo	iiij sol. et ij gall.
Dodo Carnifex	viij sol. et iiij gall.
Robertus brocarz	iiij sol. et ij gall.
Herbertus limecunz	iiij sol. et ij gall.
Haymerannus	iiij sol. et ij gall.

Gerardus presbiter vij sol. et tantum.

Via que hic sursum per inter curtilia ascendit debet habere XL. pedes latitudinis.

Gualterus carpent.	ij sol et i gall.
Balduinus filius Alberti	ij sol. et i gall.
Raynerus limolekimus	iiij sol. et ij gall.
Item Rodulphus textor	viij sol. et iiij gall.
Item Godefridus	viij sol. et iiij gall.
Robertus Rumestens	iiij sol. et ij gall.
Abbo licaretons	iiij sol. et ij gall.
Simon villicus	iiij sol. et ij gall.
Alelmus	viij sol. et iiij gall.
Erembaldus Rufus	iiij sol et ij gall.
Item Robertus textor	iiij sol. et ij gall.
Hugo liaubens	iiij sol. et ij gall.
Item Robertus Rumestens	iiij sol. et ij gall.
Floriz	iiij sol. et ij gall.
Rodulphus carp.	viij sol. et iiij gall.
Everardus faber	viij sol. et iiij gall.
Lambertus limecunz	iiij sol. et ij gall.
Richeldus et Helvidis	viij sol. et iiij gall.
Guillelmus asinarius	iiij sol. et ij gall.
Nicolaus sausars	iiij sol. et ij gall.
Item Nicolaus proforiria	ij sol.

Summa x librarum et xij den. et lxxx gall. Redditus iste quatuor terminis solvitur: Pascha i sol. et iij den. Joannis Baptiste totidem, Remigii totidem, Natalis Domini totidem et galline. Debet curtilium pro relevatione xij den. et qui emit xij den. et qui vendit xij. Habet in eis sanctus Vedastus districtum, nec dant comiti gavelum, sicut testatur comitis Theodorici privilegium. Habet etiam ibi et in hospitibus domini Gualteri thesaurarius decimam fructuum et nutrimentorum, per singulos focos iiij obolos, sicut subscriptum venerabilis episcopi Godescalci episcopi testabitur cyrographum.

De Gavelo Balduini montis. (1)

In nomine Patris et Filii et Spiritus sancti. Ego Theodoricus Flandriarum comes.

Quoniam dies nostri sicut umbra pretereunt, donec omnis caro in suam originem revertatur, dignum est ut ea que a nobis facta sunt, veraci stilo in generatione altera scribantur. Notum sit igitur omnibus tam futuris quam presentibus quod ego Theodericus Flandriarum comes Deo disponente a quo omnis potestas ordinatur, terram illam beati Vedasti que Balduini mons vocatur, petitione monachorum ad inhabitandum dari absque gaveli solutione concessi. Pro ipso autem gavelo, abbas sancti Vedasti vel prepositus ecclesie, dabunt comiti quot annis duodecim mancaldos avene. Si quis vero habet curtilium, de quo comiti debeat gavelum, si ipsum relinquens in supradicto monte habitare voluerit, non ibi dabitur ei curtilium, nisi pro relicto ipse vel heres ejus singulis annis comiti gavelum persolverit. Hanc ego Theodericus conventionem legitime factam, quia labilis est hominum memoria, ne qua in posterum oriatur controversia scribi precepimus, sigillique nostri impressione roborari, legitimis subsignatis testibus :

Signum Sibille comitisse, signum Philippi comitis, signum uxoris ejus Elisabet, signum Roberti advocati de Betunia, signum Rogerii castellani de Courtrai, signum Walteri castellani de sancto Audomaro, signum Reinaldi castellani de Insula, signum Walteri castellani de Duaco, signum Hugonis castellani de Batpalmis, signum

(1) Nous donnons cette charte corrigée sur l'original même, conservé aux Archives du Pas-de-Calais, fonds de Saint-Vaast.

Baldewini castellani de Atrebato, signum Alardi de Spinoit, signum Henrici de Borbure, signum Balduini de Baillol et Balduini filii ejus, signum Bernardi de Resbais, signum Eustachii de Graminiis, signum Elberti de Carenci, signum Warnerii et Guuiffridi de Hameleincurt, signum Walteri de Noella.

Actum anno incarnati Verbi M°. C°. L° annuente Rogero de Wavrin, et filio ejus Hellino, qui ipsum gavelum a comite Flandrie tenebat in feodum.

De decimis et oblationibus ejusdem montis et de sepultura duodecim servientium.

In nomine Patris et Filii et Spiritus sancti. Egò Godescalcus Dei miseratione Atrebatensium episcopus, omnibus hec legentibus vel audientibus eternam in Domino salutem.

Notum sit omnibus tam futuris quam presentibus, quod temporibus nostris exorte sunt quatuor querele inter canonicos beate Marie Atrebatensis et ecclesiam sancti Vedasti, ad quas terminandas electi sunt ab utraque parte judices, venerabiles scilicet abbates Hugo sancti Amandi, Fulco Hasnoniensis, Rainardus sancti Prejecti, Simon Aylcurtis. Prima igitur querela fuit pro territorio Balduini montis, in quo abbas sancti Vedasti, in parte illa que fundus ejus erat et in parte quam Gualterus de Atrebato tenebat. Hospites noviter habitare constituerat, et quia in majori parte fundus sancti Vedasti erat, et in utraque parte totam decimam habebat, abbas in eodem monte ecclesiam construere, et ad eam venire eosdem hospites sicut parrochianos suos decernebat. Contradicentibus autem canonicis et dicentibus quod ipsa terra infra ambitum parrochie sue esset, et habitantes in ea ad ecclesiam suam venire, et jus parrochiale solvere deberent, ad hanc litem dirimendam accesserunt electi judices, statuentes ut hospites predicti parrochiani ecclesie beate Marie remanerent, et ecclesia sancti Vedasti totam decimam agrorum, curtilium nutrimentorum haberet, pro unaquaque famalia per singulos focos manente, et jus parrochiale solvere volente, prepositus beate Marie vel ecclesia si prepositus deesset singulis in pascha ecclesie sancti Vedasti tres obolos dantes.

Secunda querela fuit pro quadam valle ejusdem Balduini montis, in qua abbas sancti Vedasti decimam se accepisse dicebat, et canonici eamdem se habuisse respondebant. Hanc contentionem ita terminaverunt abbates, ut de decima ejusdem vallis altera pars unam medietatem, et altera pars alteram medietatem haberet.

Tertia altercatio fuit pro servientibus sancti Vedasti, dicente abbate quod ubicumque in parrochia beate Marie ecclesie servientes essent, liberam post defunctionem in castello sepulturam haberent. Cui cum contradicerent canonici et presbiter parrochiarum, constituerunt abbates quod abbas sancti Vedasti duodecim tantum servientes de diversis ministeriis sequestraret, unum scilicet de prepositura, tres de camera, octo de coquina quotidianis usibus eisdem officiis deservientes, vel deservire debentes, eosque eorum in eisdem officiis successores, Preposito beate Marie et parrochiali presbitero ex nomine denominaret, sicque eos post mortem ubicumque in parrochia beate Marie essent absque reclamatione, vel prosequutione presbiterorum suorum in castello suo ad sepulturam libere deferret, ita tamen quod pro personis servientium ecclesia sancti Vedasti nullum omnino jus reclamaret in eorum uxoribus vel familiis. Statuerunt etiam quod si contigeret aliquem denominatorum duodecim servientium a parrochia beate Marie migrare vel eorum officia sancto Vedasto quoquomodo libera remanere, canonici duo denarium servientium numerum abbati et monachis supplerent si in parrochia beate Marie inveniri possent.

Quarta controversia conquerebantur canonici quod ostium capelle sancti Jacobi in parrochia sua aperiebatur, ibique parrochiani sui ad confessionem et oblationem, seu communionema monachis recipiebantur. Statuerunt ergo judices quatenus ostium illud obstrueretur, nullusque deinceps de parrochianis beate Marie contra rationem ibi a monachis reciperetur.

His itaque querelis a venerabilibus abbatibus ita pacificatis, ne que in posterum inde oriretur querela, hanc pacificam compositionem scribi fecimus sigillique nostri impressione confirmari, legitimis subsignatis testibus. Nomina testium :

Signum Hugonis abbati sancti Amandi, signum Rainardi abbatis sancti Prejecti, signum Fulconis abbatis de Hasnon, signum Simonis abbatis de Ayulcurt, signum Clarembaldi archidiaconi, signum Frumoldi archidiaconi, signum Rogeri prepositi, signum Nicolai decani, signum Anselmi cantoris, signum Magistri Gisleni, signum Hugonis et Petri presbiterorum, signum Gerbodonis et signum Gualteri diaconorum, signum Guidonis et signum Henrici subdiaconorum, signum Gisleni prioris, signum Guillelmi prioris ij, signum Lamberti prioris iij, signum

Joannis thesaurarii, signum Balduini hospitarii, signum Evrardi cellerarii, signum Joannis prepositi, signum Gualteri camerarii, signum Roberti armarii, signum Joannis capellani, signum Hugonis et Gerardi, signum Nicolai et Guimanni.

Actum anno incarnati Verbi millesimo centesimo LX primo.

Petrus Malos debet iiij l. et dimid. pro anniversario, Adam Rufi iiij terminis solvendas: in Pascha xij sol et dimid. et in festo sancti Joannis Baptiste xij sol. et dimid. et in festo sancti Remigii xxij sol. et dimid. in nativitate Domini xxij sol. et dimid. item debet singulis annis xv sol. de incremento vivarii dolentis molendini tribus terminis solvendos: v sol. in Pascha et v sol. in festo sancti Joannis Baptiste et v sol. in festo sancti Remigii. Predictus vero Petrus debet habere cursum aque cressonariarum suarum per novas cressonarias sancti Vedasti, nec alias debet vel potest idem Petrus vel alius divertere ipsum cursum quin recte transeat per cressonarias ante dictas. Insuper possessores sive tenentes dictarum cressonariarum non possunt nec debent impedire vel obturare cursum aque cressonariarum Petri superius memorati, quin recte transeat sine impedimento per cressonarias tenentium eorumdem. Sclusa siquidem inter predictas cressonarias sancti Vedasti.... et predicti Petri que dicuntur dolentis molendini tam ecclesie sancti Vedasti, quam dicto Petro communis est. Is autem a cujus parte sclusa defecerit, propriis sumptibus et expensis reparare tenetur eamdem, et sclusa communis tantum debet esse duorum pedum et dimid. et non ultra. Sclusa vero juxta longam cressonariam predicti Petri tota sua est, et totum propriis expensis debet pro libitu reparare, sine alterius adjumento, vi vel violentia ab aliquo postulato.

De Mellenz.

In Mellenz habet sanctus Vedastus districtum, justitiam, vivarium, iiij molendina et talem censum de curtiliis.

Domus domini Ade xiiij den. et ij cap.

Debet eadem domus viij den. sancto Vedasto pro districto Dominice Curtis in quo pars ejusdem domini est:

Robertus miles.	
Rodulphus scotus	i den.
Ermenfridus clericus	ij den.
Emma libuez	iij den. et ij cap.
Gualterus de Atrebato	xij den. ij cap.
Hugo clericus	iij den.
Petrus et Alulphus	iij den.
Alulphus de Vermelle	viij den. ij cap.
Joannes dives	iij den.
Gualterus de Atrebato	ij sol.
Aldierus	iij den. et ij cap.
Balduinus aluins	iij den. et ij cap.
Wichardus et socii	iij den. et ij cap.
Hersendis de Fonte	xij den.
Gualterus de Atrebato	vi den. iiij cap.

Habet etiam in eadem potestate in campis pratorum eleemosinarius v boistres terre. Quam terram dedit Vuerimfridus villicus de Mellens pro anima fratris sui Hugonis de Eschercin presbiteri. Gualterus de Atrebato homo legius sancti Vedasti sub relevatione x librarum, feodus ejus est domus ejus super aquam, terra ad unam carrucam, vavassores iij quorum hec sunt nomina : Alulphus testars legius, feodus ejus xl manc. terre, Ramerus legius feodus ejus due partes decime parrochie de Ymercurt.

Vuigerus homo feodus ejus i manc. terre.

Sunt etiam in eadem villa duo vavassores, quos tenet Alelmus de Ymercurt de sancto Vedasto et de Alelno supradictus Gualterus de Atrebato, et hec nomina eorum : Robertus miles legius, feodus ejus terra ad dimidiam carrucam ; Ubricus legius, feodus ejus terra ad dimidiam carrucam.

Debent etiam sancto Vedasto singula molendina de Mellens in Pascha xxi sol. pro asinis et in Natale Domini xvi den. et iij sextarios vini ij den. pejus meliore et vj cap. Summa iiij librarum et dimid. et xij Sextar vini et xxiv cap. de iv molendinis. Ad hec molendina debent omnes Bolengarii Atrebatensis civitatis ex antique consuetudine molere. Unde et hanc in eisdem molendinis habent consuetudinem molere. Unde et hanc in eisdem molendinis habent consuetudinem, quod si aliquem qui non sit Bolengarius molentem inveniunt degranant, preter annonam sancti Vedasti et comitis, qui comes de singulis modiis annone sue debet i manc. pro moltura ecclesie.

De Moltura Bolengariorum. (1)

In nomine Domini, Patris et Filii et Spiritus sancti. Amen. Balduinus, filius Roberti comitis qui sepultus est Atrebati, comes Flandrie, cunctis fidelibus Dei salutem.

(1) Cette charte est l'une des pièces les plus curieuses que l'histoire puisse nous offrir. Elle nous montre, en effet, des Echevins à Arras, en 1115 ; elle nous fait assister à une séance de justice, dans la cham-

Notum fieri placuit presentibus et futuris, quia me comite Balduino demorante Atrebati, et circumstante curia mea sedente in camera abbatis tunc temporis Henrici, ecce ipse abbas et monachi me conveniunt, querimoniam gravem adversus Bolengarios ejusdem civitatis, sua cotidiam victualia distrahentes in audientia nostra deponunt. Dicunt namque quia Bolengarii omnes de urbe jure antiquitus instituto et consuetudine debita deberent annonam suam ad molendina de Mellens deferre, ibi semper et nusquam alibi molere, et modo presumptione illicita contra fas se subtraherent, in injuriam et detrimentum ecclesie. Quo audito quia meum erat ecclesie consulere, scabinos consistentes et altiores et credibiliores viros civitatis super hoc consului, ut hujus rei veritatem in medium proferrent, per fidem et sacramentum quod mihi fecerant adjuravi. Responderunt verum esse Bolengarios omnes Mellenz ire debere, ibi semper et non alibi molere. Quod si serviens cellerarii aliquem Bolengarium aliorsum annonam ferentem deprehenderet, asinum cum annona sine contradictione Mellenz reducere, vel si aliunde redeuntem offenderet, asinum cum farina in curtem cellerarii deducere, et in potestate ejus esse. Hoc audito, tota curia conclamante, et ut ecclesie suum jus restituerem postulante, precepi et preceptum presentibus et futuris in memoriam reservandum scribi, et etiam in pleno foro sub banni nomine declamari jussi,

bre de l'abbé, au milieu des notables et des habitants les plus respectables d'Arras; elle nous donne un véritable tableau, plutôt qu'un récit, de ce qu'était alors la société. Nous l'avons revue et corrigée avec soin sur l'original même, conservé avec son sceau, aux Archives du Pas-de-Calais, fonds de Saint-Vaast.

ne quis Bolengarius ulterius de civitate aliorsum ire molere, nisi Mellenz presumeret, et si quis iret captus a serviente cellerarii potestati cellerarii subesset, et contemptus edicti mei poenam incurreret.

Ego Balduinus comes, hoc preceptum edidi, et precepti testes sunt isti :

Henricus abbas, Ibertus prior, Letoldus cellerarius, Galterus, Guazelinus, Goiffridus et multi alii. Laici : Gerardus castellanus de Cassel, Froolz castellanus de Bergis, Guido de Stanfort, Balduinus camerarius, Balduinus de Baliul. Abbatis homines : Joannes, Hiluinus, Alelmus, Nicholaus, Tetboldus, filius ejus Hugo, Hugo Major, Sasuualo, Balduinus. Scabini : Gerardus, Gerricus, Rogerus, Gualterus, Guazelinus, Gonzelinus, Dodo, Hduinus, Ingelbertus, Fulcho, Robertus fichez, Bernerus filius Germari, Guazelinus filius Ulboldi, Rogerus pungens, Guibertus pincerna, Hatto, Gerardus monetarius.

Actum est Atrebati anno M. C. XV. regnante rege Ludovico.

Hec consuetudo multo tempore duravit, sed crescente numero Bolengariorum data est eis licentia (*sic*) molendina sancti Vedasti, que sita sunt ab Anzen usque in Aties.

De ecclesia sancti Michaelis.

Ecclesia sancti Michaelis ad portam Civitatis sedet, que ab eadem ecclesia denominatur. Hec cum capella parrochie sancte Crucis et sancti Macuti esset, eam pie memorie abbas Henricus ob loci amenitatem et fratrum repausationem muro cinxit, et aptatis edificiis cellam esse constituit ubi tribus vel quatuor positis fratribus ei de mensa sua que apud Novillelam et Hamblen et in circuitu ipsius ecclesie habent ordinavit. Hec ecclesia ab universis civibus multo amore et honore colitur, et in die festivitatis ejusdem Archangeli, ibi primorum civitatis, et totius plebis concursus plurima ambitione et festa devotione, et multis eleemosinarum et caritatum impensis agitur, et nominatim ab his qui subjecti sunt, a carnificibus, a lorimeriis, a mesquiciariis, a molnariis, a bolingariis, a tonsoribus pannorum, ab illis de Mareolo que est villa episcopi, et a cordeuuanariis in media quadragesima. Que autem in predictis villis, scilicet in Novillella et Hamblen, ex dono venerabilis abbatis Henrici possidet, vel ea que ei fidelium devotio dedit in Atrebato in Goy, in Felci, in Ymercurt et Rasincurt, in Ballol, in Ulpi, in Yser, et in villa que dicitur vicus in descriptione earumdem villarum plenissime exaratum invenies. Progenies etiam Hugonis Atrebatensis villici qui ante januas ejusdem ecclesie sepultus requiescit, in eadem festivitate ejusdem anniversarium cum solemni oblatione recolit. Ad hanc ecclesiam pertinet culturella que est ad portam sancti Michaelis inter aquam et viam que ducit Blangi, et iij hospites sub ipsa culturella talem censum dantes :

Oylardus	ij sol. vij den. et vj cap.
Tetboldus	ij sol. et iiij cap.
Thomas	ij sol. et iiij cap.
Drogo	xiiij sol. et iiij cap.
Gislebertus	vij sol. et ij cap.
Gerardus Aldefroit	vij sol. et ij cap.
Robertus Travarz	vij sol. et ij cap.
Milo Rufus	vij sol et ij cap.
Ludovicus	vij sol. et ij cap.
Ietro	

Michael	xiiij sol. et iiij cap.
Bartholomeus	xij den. de prato suo in aqua.

Que ecclesia habet etiam prata sua a communi herbagio divisa.

De Blangi.

In Blangi habet sanctus Vedastus mansum unum et vj manc. terre et pertinent ad camerarium. Habet etiam ibi sanctus Vedastus districtum, justitiam, et hospites talem censum preposito in nativitate beate Marie dantes :

Ietro	v sol.
Bertinus	xv den.
Vrsio	xij den.
Amisardus	x den.
Joannes Dives	viij sol. i den. minus.
Ermoera	viij den. et ij cap.
Gualterus Luscus	xviij den. et vj cap.
Heluidis	
Gualterus Baraz	xij den et ij cap.

Iste ultimus ad ministerium cellerarii pertinet. Huc usque parrochia sancte Crucis, et sancti Macuti, et in campis illis in quibus accipit presbiter decimam, accipit ecclesia sancti Vedasti terragium, debent que singula frusta pro relevatione xij den. Bartholomeus legius homo sancti Vedasti, feodus ejus domus ejus, villicatio et quedam pars stipule in cultura sancti Michaelis.

Item de Blangi.

Item in Blangi habet sanctus Vedastus vivarium, iiij molendina in quibus habet ecclesia sancti Michaelis xv den. et v boisteaz prebende. Sunt etiam ibi hospites talem in natale Domini censum dantes :

Gualterus baraz	xij den. et ij cap.
Oylardus asinarius	xij den. et ij cap.
Rogerus barboz	xij den. et ij cap.
Robertus pigans	xij den. et ij cap.
Dodo monachus	xij den. et ij cap.
Gualterus kalejurez	xij den. et ij cap.
Pomerium domni Petri	xij den. et ij cap.

Isti hospites sunt in parrochia Ymercurtis et pertinent ad cellerarium, Iustitia et districtum, Petrus legius homo sancti Vedasti, feodus ejus domus ejus, que est sub sclusa de Blangi.

De Ymericurte.

In Ymericurte habet sanctus Vedastus ecclesiam, altare, duas partes oblationum, in Natalibus anni, duas partes decime nutrimentorum, et tertiam partem in territorio et curtiliis, duas vero partes tenuit Gualterus sicut in descriptione de Mellenz diximus.

Hec ad thesaurarium pertinent qui etiam habet, in eadem villa, xij den. et vij cap. de duobus curtiliis et iiij manc. terre et ij sol. de terra altaris et terragium in quibusdam campis.

Habet etiam infirmarius in eadem villa vj manc. terre et ecclesia sancti Michaelis iiij den. et ij cap. et iij mod. terre in eadem parrochia in territorio de Rasincurt.

Habet etiam hospitarius iiij hospites :

Ava	iij den. et i cap.
Albricus	vj den. et i cap.
Tetboldus	vj den. et i cap.
Hubertus	iiij den. et ij cap.

Hii de justitia et hoc hostagio respondent apud Harvaen hospitario. Sunt etiam in eadem villa, iij legii vavassores quorum hec sunt nomina :

Rogerus legius homo sancti Vedasti sub relevatione x librarum feodus ejus xxx manc. terre et quedam decima in Novavilla et xli manc. terre apud Ymercurtem, et iiij manc. nemoris et dimid. et quatuor vavassores quorum hec sunt nomina :

Garnerus de Rasincourt legius homo, feodus ejus......

Gualterus de Atrebato legius homo, feodus ejus duo vavassores in Mellens ;

Ramerus et Ulricus quorum feodi in descriptione de Mellens retro invenies ;

Bernardus de Roclencurt ;

Eustachius de Cerisi, feodus ejus viij manc. terre in Cyrisi ;

Petrus legius homo sancti Vedasti, feodus ejus.....

Bernardus de Roclencurt homo sancti Vedasti, feodus ejus.....

De Harven.

In Harven habet sanctus Vedastus districtum, justitiam, foragia, theloneum, domum dominicatam, terram ad dimidiam carrucam, hospites talem in natale Domini censum reddentes :

Gerardus	xviij den. et iij cap.
Aluinus	xij den. et ij cap.
Balduinus	xij den. et ij cap.
Tetbaldus	xviij den. et iij cap.
Guibertus	ij sol. et iiij cap.
Hugo	xij den. et ij cap.
Robertus	iij sol. et vj cap.
Alelmus	ij sol. et vj cap.

Thomas	xij den. et ij cap.
Wuicardus villicus	xij den. et ij cap.

Iste villicus homo sancti Vedasti est legius.

De Moflanis.

In Moflanis habet thesaurarius altare, duas partes oblationum, Natale, Pascha, Pentecostem, omnium sanctorum duas partes decime nutrimentorum, totam decimam in curtiliis et in tribus campis, id est ad Segilon culture, eshuardes, engehansart totam, et in reliquo territorio tertiam partem. Habet etiam duos solidos, de duobus curtiliis quorum alterum tenet ecclesia de Moflanis, alterum Dodo de Blangi. Debet etiam ei Thetbaldus banste ij manc. frumenti pro duobus manc. terre et curia ij manc. frumenti pro duobus manc. terre, quam curiam cum esset in Felci venerabilis abbas Guerricus in nemus quod ab eadem villa Moflanis nuncupatur transtulit, ut videlicet eadem curia ad quam triam villarum, id est Moflanis, Felci, Tilloit respondebant potestates, in medio earumdem potestatum, et territorii esset, et sciendum quod predictum nemus infra parrochiam de Moflanis est. Habet etiam thesaurarius viij manc. terre in Marcinval, et ecclesia sancti Michaelis i et dimid. Reliqua hujus ville jura ad prepositum spectant, scilicet theloneum, foragia, districtum, justitia, furnus, due partes decime, terre ad societatem, et terre que sunt ad redemptionem, datque campus sive magnus sit sive parvus iiij den. Sunt quoque curtilia talem in nativitate beate Marie censum debentia:

Gualterus de Bayri	v sol.
Guibertus	iij sol.

Item Guibertus	xij sol.
Arnulphus	xij sol.
Rogerus Blarie	xij den.
Vuascelinus	xviij den.
Wichardus	xij den.
Ogerus	xij den.
Oylardus Nasarz	iiij sol.

Hec iiij Oylardi curtilia et i manc. alodii et vij manc. ad redemptionem et xx manc. ad societatem emit ecclesia de pecunia que data est pro Bathua, cesseruntque in partem camerarii salvo jure et redditibus prepositi, et curtilia et societates et terre ad terragium ad misericordiam relevantur et medietas villicationis est ecclesie medietas.

Dodo homo legius Gualteri de Atrebato, feodus ejus.....

Hunc vavassorem Dodonem tenet idem Gualterus de sancto Vedasto in incremento feodi sui quam in potestate de Mellenz sub relevatione x librarum tenet.

Oylardus legius homo sancti Vedasti, feodus ejus in Vualdrici fonte sicut subscriptum testatur chirographum.

De Waldrici fonte.

Gualterus Dei gratia abbas ecclesie sancti Vedasti Atrebatensis cum fratribus sibi subditis omnibus hec legentibus vel audientibus eternam in Domino salutem.

Ne quid inter nos et Oylardum Nasart actum est aliquo modo effugiat, vel elabatur, presenti chirographo uti fieri assolet retinere vel figere temptamus. Sciatur ergo quod medietatem molendini et vivarii apud Blangi isdem Oylardus a nobis in legium feodum accepit hereditario jure, sub hec tamen determinatione quod vivarium quod tam conservare quam construere, sclusam que ubique quoties necesse fuerit reparare vel obstruere propriis sumptibus ad Oylardum vel heredem ejus in perpetuum pertinebit. Ecclesia autem medietatem omnium tam in piscibus vel avibus, quam in ceteris appenditiis adjacentibus, etiam in anguillis que ad molendinum defluere absque ullis expensis habebit, nec alteri parti absque alterius assensu, vel pisces, vel aliud quid accipere licebit. Molendino autem ad Oylardo jam perfecto, ecclesia medietatem multure illic semper habebit, et deinceps reparando illo cum opportuerit medietatem expensarum procurabit, et farina quidem Oylardo et heredi ejus competet tota, totum vero districtum tam in molendino quam vivario vel sclusa semper ecclesia retinebit, et si utrique parti placuerit, unum communem pro custodia constituere servientem utrique domino idem serviens faciet fidelitatem, illum tamen pro custodia farine sue pars Oylardi pascet sed locationis medietatem ecclesia solvet. Quod si utraque pars proprium voluerit ponere servientem tamen uterque servientium utrique domino faciet fidelitatem. Non nisi duos Oylardus ibi habebit asinos, illiusque solius erit, tam illos in omnibus procurare, quam emere vel perquirere, nullum que vi coget ad hoc se molendinum causa molendini deflectere, nec majorem quam in adjacentibus molendinis statuet mensuram multure vel farine. Oylardo decedente succedens heres ejus sexaginta solidos dabit pro relevamine. Si molendinum forte non potuerit subsistere, non cogetur ecclesia aliud quid pro hoc restituere. Actum anno incarnati Verbi M. C. XLI.

De altaribus de Ymercurt et Moflanis.

In nomine summe et individue Trinitatis Patris et Filii et Spiritus sancti.

Ego secundus Gerardus Cameracensis et Atrebatensis sedis episcopus sancte Matris ecclesie filiis presentibus et futuris, bene vivere et feliciter consummari.

Liquet omnibus in arca sancte ecclesie desudantibus nihil illis sumptuum provenire nisi ex his que collata sunt seu conferuntur a fidelibus. Plerumque majores etiam ecclesie ex sua abundantia accommodaverunt aliquid minorum inopie. Unde noverit filiorum nostrorum presentia simul et successio, me ecclesie beati antecessoris nostri Vedasti post concremationem ejusdem loci pro salute mea antecessorum nec non successorum meorum, ad luminare ipsius ecclesie, altare de Moflanis cum appendenti ecclesiola de Hymercurt quod cum persona tenebatur, ex consilio archidiaconorum et clericorum nostrorum liberum absque personatu concessisse, et nihil deinceps ex inde debere requiri nisi debita obsonia quotannis. Querenti etiam a fratribus, proinde mihi rependi, anniversarium scilicet mei obitus in monasterio ipso semper debere fieri, quod sine dubio etiam immunis impetrassem. Hoc collato pignore gratius obtinui. Quapropter ut mihi servetur sponsio ipsos fratres hoc scripto contestor, et posteros mihi successuros, ut inconvulse hoc meum datum maneat admoneo, et per communem salutis caritatem que Deus est obstestor. Et ne quis ullo modo, ullo tempore infringere seu contradicere moliatur, excommunicationis munitione a me et a fratribus obfirmatum est, et sigilli nostri impressione corroboratum, nec non et fidelium nostrorum et ipsius ecclesie testimonio astipulatum:

Signum Gerardi episcopi Atrebatensis, signum Aloldi abbatis sancti Vedasti, signum Haymerici abbatis Aquicinensis, signum Rameri abbatis sancti Sepulturi, signum Adam abbatis sancti Auberti, signum Adalardi archidiaconi, signum Gerardi archidiaconi, signum Bernardi archidiaconi, signum Mazelini archidiaconi, signum Ansfridi archidiaconi, signum Albodi capellani, signum Goisfridi, signum Adalardi, signum Guerinboldi, signum Wichardi, signum Gualteri, signum Rumoldi.

Actum anno incarnati Verbi M. XC. indictione XIII.

De Athyez.

In Athiez habet sanctus Vedastus districtum, justitiam, domum dominicatam, furnum, foragia, theloneum, vivarium, pratum, iiij molendina, duas partes oblationum in Natalibus, Purificatione et in festo sancti Christophori, totam decimam in territorio, in curtiliis vero mansionariis, et nutrimentis et in denariis qui pro facillagio dantur, duas partes et presbiter tertiam, terram dominicatam ad unam carrucam xxiv manc. terre ad societatem. Est et terra ad redemptionem datque mancoldata i den. singulis annis quorum denariorum due partes sunt sancti Vedasti, tertia villici.

Sunt et v curtilia talem tantum modo singulis annis in natale Domini censum debentia:

Paganus	vj den.
Alendis	vj den.
Petrus	iv cap.
Gislebertus	vj den.
Alninus	vj den.
Paganus	xiij den.

Gonterus	xiij den.
Bernardus et Rodulphus	xiij den.
Guarnerus et Wichardus	xiij den.
Wirinbertus	xiij den.
Item Guarnerus	xiij den.
Ramerus	xiij den.
Guibertus	xiij den.
Laurentia	xxvj den.
Guarnerus et Wirinus	xiij den.
Item Wirinus	vj den. et ob.
Balduinus	xiij den.
Item Balduinus	xx den.
Ottrannus	xiij den.
Rogerus	xiij den.
Gislebertus	xiij den.
Robertus de Moflanis	xiij den.
Ermengardis	xiij den.
Joannes a Longiville	xiij den.
Martinus	xiij den.
Bisa et Tiberga	xiij den.
Herbertus	xiij den.
Alendis	xiij den.
Gualterus	xiij den.
Bernardus de Gaverella	xviij den.
Joannes Luscus	

Quidam ex his denariis sunt de placito quos scabini non solvunt quamdiu scabini sunt, et cum supra scriptis denariis debent singula curtilia, c. et dimid. vuaraz harundinis. Et curtilia, et societates, et terra ad redemptionem ad misericordiam relevantur, et relevationes sancti Vedasti sunt. Feodati :

Guarinus legius homo sancti Vedasti, feodus ejus viij manc. terre.

Letardus legius homo sancti Vedasti, feodus ejus, domus ejus, villicatio lxxx manc. terre. viij vavassores qui sunt :

Gonterus, feodus ejus xiv manc. terre in Athies.

Guarnerus, feodus ejus xviij manc. terre in Athies.

Guibertus Calvus, feodus ejus ij manc. terre in Athies.

Paganus, feodus ejus iiij manc. terre in Athies.

Petrus, feodus ejus terragium et redemptionem terre delpeuil.

Joannes Luscus, feodus ejus ij manc. terre in Athies.

Rogerus de Farluz, feodus ejus x manc. terre in Felci.

Simon, feodus ejus iij manc. terre in Felci.

De Farluz.

Farluz villa fuit juxta Athies ubi erat et mater ecclesia cappelle de Athies. Habet ibi sanctus Vedastus terram ad societatem et redemptionem et curtilia censum reddentia. Tetboldus canessonz xviij den. et viij capones et ij panes

Hugo de Fampus	vj den. tantum.
Gislebertus	vj den. tantum.
Guarnerus	iiij den. et i cap.

De piscatione ab Anzen usque in Athies.

Aquas omnes que sunt ab Athies usque in Anzen sanctus Vedastus ex integro sine alicujus participatione possidet, et in ipsis aquis nullus mortalium vel retia ad pisces, vel decipulas ad oves locare, vel aliud quolibet ingenium struere seu navim conducere potest ; sed si quid horum, vel his similium ibi inventum fuerit in misericordia cellerarii est utrum reddi an lacerari decreverit. Piscatio universa sancti Vedasti est, et ad ministerium cellerarii pertinet, qui easdem aquas vel per se vel per familiam suam visitare frequenter et circuire debet et piscem suum ubicumque suspicatus fuerit tam in omnibus fossatis qui circa mansos sunt, quam in universis aquarum divortiis libere et absque ullius reclamatione investigabit et capiet.

De molendinis ab Anzen usque in Athies.

De molendinis nullus advocatus, nullus major, nulla potestas se intromittere debet, sed tam ipsa molendina quam universa que ad ipsa pertinent, per familiam tantum sancti Vedasti, scilicet per famulos coquine presente et presidente cellerario discuti et judicari debent. Si in ipsis molendinis quispiam vel in falsis farinis, vel in aliis quibuslibet fraudem facere, vel pravas consuetudines inducere attemptaverit, et deprehensum fuerit, qui hujus criminis reus est, per famulos coquine judicabitur. Farine ad misericordiam relevantur. Molturas etiam secundum incrementum vel decrementum aquarum cellerarius alleviare vel agravare potest, et quidquid ipse decreverit, pro banno habebitur, quia ipsius est districtum, et justitia, et universa molendinorum censura. Si etiam vie ingravate fuerint, ipse secundum quod ei visum fuerit sarcinis asinorum proposito banno modum imponet, nullus que asinariorum supra cellerarii edictum asinos onerare presumet, et si quis transgressus fuerit, foris factum prepositi banni solvet. Si per incuriam asinarii asinus mortuus fuerit, cellerarius asinarium sub moneri jubebit, qui in presentia ejus veniens assistentibus famulis coquine se nullam animali intulisse injuriam super sanctos jurabit.

Qualiter servientes coquine hereditarii debent judicare de molendinis, pratis, pascuis et riparia ab Anzen usque Athies.

Prata quoque et universa pascua ab Anzen usque Athies sanctus Vedastus libere possidet, sed herbam in ipsis pascuis pauperibus ad pecorum suorum alimenta, et ceteros usus ad voluntatem ecclesie gratis capere permittit, eo modo ut ipsi pauperes herbam pedites accipiant, sed ullam ibi navim absque assensu cellerarii habere presumant. Qui cellerarius sepius vivaria prata et pascua per se, vel per ministros suos curveat sollicite providens ne quis de circummanentibus de pratis sive de pascuis curtilia sua accrescat. Idem vero cellerarius vel ille cui jusserit abbas debet facere bannos suos in omnibus molendinis, in pratis, in pascuis, in aquis et vivariis infra eosdem terminos sitis, presentibus servientibus hereditariis coquine et de consensu eorum, qui servientes de bannis infractis, et de omnibus aliis infracturis in predictis locis evenientibus secundum usum suum debent judicare ad conjurationem cellerarii, vel illius qui ad conjurandum eos ab abbate fuerit institutus. Nullus etiam debet habere vel facere aperturas super dictam ripariam ab Anzen usque Athies, nisi de voluntate ecclesie. Et si que ibi invente fuerint, ecclesia potest eos obstruere si voluerit, vel poterit facere bannum lx sol. per dictos servientes quod infra septem dies obstruantur et qui bannum infregerit per lx sol. emendabit. Preterea nullus debet habere vel ponere cignos in dicta riparia nisi sanctus Vedastus contra voluntatem cellerarii, et qui eos ibi aliter ponere presumpserit, ecclesia potest eos capere pro sua voluntate. De illis vero qui ibi de licentia cellerarii positi fuerint, sanctus Vedastus medietatem pullorum integram habebit.

De Felci.

In Felci habet sanctus Vedastus districtum, justitiam, foragia, theloneum, terram dominicatam, ij carrucas, alia est ad societatem et redemptionem. Habet etiam ecclesiam, altare, ubi accipit duas partes oblationun die Natalis Domini, Purificationis, Pasche, omnium sanctorum, totam decimam territorii, duas partes decime fabe, lini et minutarum decimarum, et duas partes denariorum qui pro facillagio a messoribus dantur, et presbiter tertiam, et talem in anno de curtiliis redditum :

Nicolaus	xiij den.
Rodulphus	xij den.
Dodo	xv den.
Oda	xxvi den.
Balduinus limafeiz	xiij den.
Gonzelinus	xiij den.
Balduinus caperuns	xiij den.
Item idem Balduinus	v sol.

Quam curiam in nemore de Moflanis venerabilis abbas Guerricus transmutari fecit :

Wichardus	xiij den.
Simon Delebarre	xiij den.
Petrus niger	xiij den.
Guirinus scabinus	xiij den.
Theodoricus scabinus	xiij den.

Robertus	xxvi den.
Rambaldus	xiij den.
Joannes de aqua	xv den.
Mamardus	xiij den.
Maio	xiij den.
Comitissa	xv den.
Gerardus frater ejus	xxvi den.
Gualterus geleie	xix den. et ob.
Tetboldus de manso	xxxij den et ob.
Joanes toroiz	xxvi den.
Wirinus frumenz	xiij den.
Segardis	xij den. et ij cap.
Hauiudis mater ejus	xij den.

Cum cetera sint de ministerio prepositi hii tantum xij den. spectant ad mensam abbatis.

Sedes furni vi den.

Furnus v sol. debet sancto Vedasto quos dant illi qui furnum tenent.

Gerardus de Bernivilla	xv den.
Tetso	xiij den.
Gualterus rex	xxvi den.
Gilla	xxvi den.
Simon scabinus	xxvi den.
Tetboldus villicus	xiij den.
Alter Telboldus villicus	xix den. et ob.
Item id. Tetboldus	xiij den.
Fressendis	xiij den.
Item Maio	xiij den.
Tetboldus	xxvi den.
Everardus et Tetboldus	xv den.
Paganus de Athies	xxvi den.

Tenent etiam singula curtilia c vuaraz harundinis et i hardeie juncorum et ad misericordiam relevantur et societates et terra que est ad redemptionem. Habet etiam in eodem territorio ecclesia sancti Michaelis terram ad iij mod.

Sunt et decem vavassores, quorum hec sunt nomina:

Tetboldus villicus homo sancti Vedasti legius, feodus ejus dimidia villicatio et iij mod. et dimid. terre.

Et vavassor unus cui nomen est Tetboldus et feodus ejus ij manc. terre.

Item Tetboldus villicus homo legius sancti Vedasti, feodus ejus dimidia villicatio et x manc. terre et vavassores duo et hec nomina eorum:

Balduinus, feodus ejus viij manc. terre.

Werinus, feodus ejus ij manc. terre.

Tenent etiam hi duo villici furnum de Felci sub annuo censu v solidorum.

Gerardus de Bernivilla homo legius sancti Vedasti, feodus ejus iij modii terre.

Balduinus de Monci homo legius sancti Vedasti, feodus ejus iij modii et dimid. terre.

Simon scabinus, feodus ejus ij manc. terre.

Ramerus de Beckerel, feodus ejus viij manc. terre.

Rodulphus, feodus ejus ij manc. et dimid. terre.

Paganus de Athies, feodus ejus ij manc. et dimid. terre.

Petrus, feodus ejus i manc. terre.

Gerardus de Farluez, feodus ejus pars stipule in cultura sancti Michaelis.

Sciendum etiam est quod judicio scabinorum de Felci subjicitur villa de Moflanis.

De Tilloy juxta Moflanis.

In Tilloy habet sanctus Vedastus districtum, justitiam, foragia, theloneum, terram dominicatam, et ad societatem et ad redemptionem, duas partes decime parrochie et in quibusdam campis totam, et v sol. de furno, et curtilia talem per annum censum reddentia:

Ribaldus	xx den.
Vuascelinus	x den.
Gilla	xx den.
Godefridus	x den.
Roscelinus	xx den.
Joannes Brisraz	x den.
Goterannus	x den.
Petrus	x den.
Hugo de Atyes	xxx den.
Rainerus de Beckerel	xxvi den.
Tetboldus de Felci	x den.
Alardus	x den.
Tetboldus branste	xx den.
Tetboldus frater villici	xx den.
Obertus	x den.
Evrardus ad Barbam	x den.
Vuascelinus de Atrio	x den.
Emma soror ejus	x den.
Gerardus	x den.
Everardus	x den.
Milo	x den.
Vuascelinus	x den.
Robertus clericus	x den.

Si quis tenet societatem sancti Vedasti redimit eam singulis annis vi den. et mancoldatam terre que est ad redemptionem ij den. et ad misericordiam relevantur et curtilia similiter. Si quis habet pecudes, dat pro herbagio iij den. et ob. Si habet ad duos mulsores, id est suas et alias oves ad societatem, dat duo herbagia, id est vij den. Hec ad prepositum pertinent. Habet etiam eleemosinarius in eodem territorio xiv manc. terre scilicet juxta Becqumval ij manc. ad Grozelon i manc. in campo Vrsionis ij manc. ad Vidunval iij manc supra vallem Henrici vi manc. in duobus campis.

Guibertus Caboz homo sancti Vedasti, feodus ejus.....

Joannes poltrechins homo sancti Vedasti, feodus ejus xx manc terre.

Joannes villicus homo legius sancti Vedasti, feodus ejus domus ejus villicatio et vavassor qui tenet de eo xxx manc. terre.

Tenet etiam vavassorem unum de Ugone de Ballol qui descendit de sancto Vedasto, nomen ejus Robertus, feodus ejus terra ad dimidiam carrucam.

De Pabula.

Pabula est villa sancti Vedasti quam comes Balduinus pro Masbovilla et Salteio sancto Vedasto dedit, sicut superius in privilegio Benedicti pape ad Richardum abbatem continetur. In hac villa habet sanctus Vedastus domum dominicatam, districtum, justitiam, furnum, theloneum, foragia, vivarium, molendinum unum, terram dominicatam ad carrucam i ad societatem similiter ad carrucam i terras alias ad terragium et decimam, ecclesiam, altare, ubi accipit in xij diebus Natalis Domini, sive pro vivis missa sit sive pro mortuis, in Purificatione et in Natalibus duas partes oblationum, totam decimam territorii et fabe, in ceteris vero minutis decimis duas partes, presbiter tertiam, cujus prebenda est ij mod. frumenti et i mod. avene.

Sunt et xl curtilia et dimid.

Gerbodo villicus	xviij d. et ij manc. frum. de uno curt.
Isengardis	xviij d. et ij manc. frum. de uno curt.
Tetboldus	ix d. et i manc. frum. de uno curt.
Bartholomeus	ix d. et i manc. frum. de dim. curt.
Richardus	xviij d. et ij manc. frum. de uno curt.
Aloldus	xviij d. et ij manc. frum. de uno curt.
Rogerus	ix d. et i manc. frum. de dim. curt.
Constantius	ix d. et i manc. frum. de dim. curt.
Petrus scabinus	xx d. et ij manc. frum. de uno curt.
Idem Constantius	xviij d. et ij manc. frum. de uno curt.
Fulco buez	ix d. et i manc. frum. de dim. curt.
Thesso brandoz	ix d. et i manc. frum. de dim. curt.
Gonterus	xviij d. et ij manc. frum. de uno curt.
Constans de plater	xviij d. et ij manc. frum. de uno curt.
Helvidis	xviij d. et ij manc. frum. de uno curt.
Constans et Thomas	..... d. iij manc. frum. de uno curt.
Emma	xviij d. et ij manc. frum. de uno curt.
Erchanbaldus scabinus	x d. et i manc. frum. de dim. curt.
Herbertus	x d. et i manc. frum. de dim. curt.
Amolricus hoelez	ix d. et i manc. frum. de dim. curt.
Hauvidis	ix d. et i manc. frum. de dim. curt.
Idem Bodo	ix d. et i manc. frum. de dim. curt.
Bartholomeus	ix d. et i manc. frum. de dim. curt.
Aya et Rogerus	xviij d. et ij manc. frum. de uno curt.
Fulco hermerus Petrus	xviij d. et ij manc. frum. de uno curt.

Richardus cardons	ix d. et i manc. frum. de dim. curt.
Vualcherus	ix d. et i manc. frum. de dim. curt.
Haymo et Egecin	xviij d. et ij manc. frum. de uno curt.
Sanson	xvij d. et ij manc. frum. de uno curt.
Arnulphus et Elisendis	xviij d. et ij manc. frum. de uno curt.
Vualterus et Oda	xvij d. et ij manc. frum. de uno curt.
Arnulphus et Aya	xviij d. et ij manc. frum. de uno curt.
Vuirinus	xviij d. et ij manc. frum. de uno curt.
Robertus et Tissendis	xx d. et ij manc. frum. de uno curt.
Ogerus Cainunz	xviij d. et ij manc. frum. de uno curt.
Herbertus, Almoricus, Rogerus	xviij d. et ij manc. frum. de uno curt.
Richardus et Aya	xviij d. et ij manc. frum. de uno curt.
Robertus Conversus	xviij d. et ij manc. frum de uno curt.
Haymo, Ingelrannus	xviij d. et ij manc. frum. de uno curt.
Oda Vuadine	xviij d. et ij manc. frum. de uno curt.
Herbertus et Ayvertus	xx d. et ij manc. frum. de uno curt.
Petrus	xx d. et ij manc. frum. de uno curt.
Oda, Nicolaus, laufus	ix d. et ij manc. frum. de dim. curt.
Petrus	ix d. et i manc. frum. de dim. curt.
Bodo	ix d. et i manc. frum. de dim. curt.
Petrus miles	ix d. et i manc. frum. de dim. curt.
Hugo miles	ix d. et i manc. frum. de dim. curt.
Rainerus et Atso	ix d. et i manc. frum. de dim. curt.
Rogerus conversus	ix d. et i manc. frum. de dim. curt.
Fulco et Walburgis	ix d. et i manc. frum. de dim. curt.

Item curtilia in vivario excisa que talem reddunt censum:

Maria	vi den. et ij cap.
Aaliz	xvi den. et ij cap.

Petrus	ij cap.
Tetso	xij den. et ij cap.
Walterus	xij den. et i cap.
Constantius	iiij den. et ij cap.
Walburgis	xij den. et ij cap.
Erchenbaldus	i cap.
Maino	iiij den. et i cap.
Rogerus	iiij den. et i cap.
Rainerus	viij den. et ij cap.
Elesendis	iiij den.
Arnulphus	x den.
Rogerus	vi den.
Bodo	ij cap.
Ayvertus	vi den.
Hetbertus	vi den.
Oda	i cap.
Amolricus	i cap.

Petrus legius homo sancti Vedasti, feodus ejus.....

Hugo legius homo sancti Vedasti, feodus ejus.....

Gerbodo legius homo sancti Vedasti, feodus ejus.....

Tenet etiam ibi Balduinus de Nemore molendinum, de Guillelmo de Ostricurt, Guillelmus de Guillelmo de Erchingehem, Guillelmus autem de sancto Vedasto cum feodo suo quem in descriptione Meruli Castelli invenies.

Nos concessimus Henrico de Leherberier in augmentum feodi sui quatuor mancoldos maresci nostri de Peule quod tenet ad plancam de Biach in decambitionem Balduini montis salvo jure omnium qui in marisco jus habere dignoscuntur, per hanc autem decambitionem idem Henricus guerpivit et uxor ejus coram hominibus servientibus et societariis nostris, quicquid juris in eodem monte possidebat. Si vero in supradictis quatuor mancoldis maresci homines de Biach tourbas aut herbam de jure suo clamaverint hoc ei debemus gaurandire.

De Yrin.

In territorio ville que vocatur Yrin habet sanctus Vedastus terragium et redemptionem in xv frustis terre, et unum curtilium quod debet xvi den. et ij pan. et ij cap. et iij vytelz avene et i agnum et ad infirmarium pertinent.

De decimis de Ostrevant.

In territorio quarundam villarum de Ostrevant scilicet Sailly, Noella, Bunnicurt, Fressen, Bucen, habet ecclesia sancti Vedasti decimas que ad hospitarium pertinent. Alelmus homo sancti Vedasti, feodus ejus quedam decima in culturis sancte Rictrudis de Sailly.

De Hamblen.

In Hamblen habet ecclesie sancti Michaelis xl manc. terre et decimam, altare, ubi accipit in Purificatione et in Natalibus duas partes oblationum, et medietatem redditaum subscriptorum hospitum.

Herbertus	xvij den. et ij pan. et ij cap.
Liduinus	xvij den. et ij pan. et ij cap.
Wibertus presbiter	xvij den. ij pan. et ij cap.
Siherus	xvij den. ij pan. et ij cap.
Hildeburgis	xxxiv den. et iv pan. et iv cap.
Ana	xvij den. et ij pan. et ij cap.
Wenemarus	xvij den. ij pan. et ij cap.
Fulbertus	xvij den. et ij pan. et ij cap.
Maria	x den. et ij pan. et ij cap.

Joannes	xvij den. et ij pan. et ij cap.

Hadeuvidis vi den. unum curtilium ij modii terre et ij manc. frumenti. Hujus terre et horum reddituum medietatem dedit Heluinus durus sensus ecclesie sancti Michaelis. Sunt etiam ij manc. terre in tribus foririis ubi habet ecclesia sancti Michaelis ij den. et terragium.

Que sequuntur ad Camerarium pertinent.

Item in Hamblen emit Ramelmus camerarius, de pecunia que data est pro Batua, i modium terre, et unum curtilium ad societatem et dim. manc. frumenti Macinval et hos iiij subscriptos hospites xvij den. et ij pan. et ij cap.

Syherus	xvij den. ij pan. et ij cap.
Amolricus	xvij den. ij pan. et ij cap.
Rodulfus	xvij den. ij pan. et ij cap.
Guillelmus	xvij den. ij pan. et ij cap.

Que sequuntur ad Biarge pertinent.

Item in Hamblen curtilia quorum redditus et justitia ad Bigartium respondet :

Gobertus	xiv den. ij pan. et ij cap.
Item idem	x den. ij pan. et ij cap.
Rambaldus	xiv den. ij pan. et ij cap.
Joannes de Mares	x den. ij pan. et ij cap.
Emma	x den. ij pan. et ij cap.
Eurardus copes	xiv den. ij pan. et ij cap.
Helvidis	xxviij den. iiij pan. et iiij cap.
Fressendis	xxviij den. iiij pan. et iiij cap.
Atso faber	xiv den. ij pan. et ij cap.
Judita	ij den. ij pan. et ij cap.

Joannes	ij den.

Sunt etiam ibi v manc. alodiorum que dedit femina quedam nomine Abba.

De Bigartio.

In Biarche habet sanctus Vedastus domum dominicatam, districtum, justitiam, theloneum, foragia de tonello ij sexto, duo molendina, traversum, ecclesiam, altare, duas partes oblationum in Natalibus, in Purificatione, in Baptisteriis, in Purificatione mulierum, duas partes etiam minutarum decimarum et denariorum qui in messe pro facillagio dantur, presbiter tertiam, cujus prebenda est ij modii frumenti et i avene. Est etiam ibi terra dominicata ad iij carrucas in tribus culturis et mancol. terre quam dedit, Robertus de Pelven et item manc. quam dedit Wenemarus et Abba uxor ejus. In terris que sunt ad societatem in territorio de Biarce et Pelven duas partes seminamus, preter societatem de nemore que tota nobis seminatur, et preter feodum Theodorici villici et Nicolai fratris ejus ubi tertiam partem seminamus, sicut postea plenius dicemus, et in societatibus hereditariis de territorio de Biarce et Pelven medietatem et decimam recipimus. Et societates et amata et terre ad terragium ad misericordiam relevantur et iij corveis debent in anno. Sunt etiam in Biarce et Pelven xvij curtilia talem singulis annis censum reddentia :

Alandus	iiij den. et ij cap.
Ermuera	vi den. tantum.
Rascendis	iiij den. et ij cap.
Johannes et Bonzo	iiij den. et ij cap.
Balduinus goscemes	iiij den. et ij cap.

Simon piscator	iiij den. et ij cap.
Emma rihanne	iiij den. et ij cap.
Mathildis soror ejus	iiij den. et ij cap.
Alelmus villicus	iiij den. et ij cap.
Gillemarus	iiij den. et ij cap.
Guillelmus folireis	iiij den. et ij cap.
Gerardus flamiger	iij sol. et ij cap.
Helvidis	iij sol. et ij cap.
Joannes hospes	iij sol. et ij cap.
Robertus	iiij sol. et ij cap.
Item Helvidis	vi den. tantum.
Bonavita	ij cap. tantum.

Summa : xvij sol. et iiij den. et xxxij cap.

Item sunt ibi lxxx et x et debent singula xiv et c vuaraz harund. lecta Abbati, lanceam fossati ante segetes ubicumque jubebitur, i die sarclare in frumentis et i die in avenis et l minaturas de fimo vel marla spargere et hec curtilia tenent isti :

Paganus Bariceel	i curtilium
Lambertus filius Ide	ij
Bernardus folreiz	i
Hugo libas	iiij
Ibertus scabinus	ij et dim.
Amolricus de Reut	i
Hauvidis le hart	i
Ingrannus frument	i
Emma Gozel	i et dim.
Balduinus Huart	i
Helvidis Huart	i
Maria Calderun	i
Berardus	i

Gozo prior	i
Gerardus lurdie	i
Ingelbertus	i
Emma liducoise	i
Guillelmus malfergeans	i
Guenemarus garcons	i
Gerardus flamiger	ij et dim.
Gonterus fornarius	ij
Guillelmus rahies	i
Gualterus Capeas	i
Matildis uxor Gerardi strabonis	dim.
Rainerus filius ejus	dim.
Richardus Palez	i
Folcuera	ij
Guarnerus de vico	i
Gualterus piscis	dim.
Gerardus	dim.
Wigerus de Gaverella	ij
Emma uxor Ingranni	i
Emma rihanne	i
Robertus allevase	i
Elfridus crapinz	i
Frero	dim.
Marcia et Joannes	dim.
Gundrada	i
Stephanus David	i
Segardus scabinus	ij
Gualterus et Landricus	i
Elfridus benna	i et dim.
Gozo ceofarz	ij
Guarnerus Hyroz	i

Gualterus fascon	i
Fressendis uxor abbonis	i
Bertaldis	i et dim.
Andreas	dim.
Simon scabinus	dim.
Nicolaus filius Ivete	ij
Stephanus de Canteleu	ij
Lambertus flamiger	i
Gerbodo	v
Stephanus frater ejus	i
Gerricus	i
Ursio	i
Gualterus piscis et Robertus scabinus	i
Hugo palmarz	i
Helvidis	i
Alelmus villicus	iij
Godinus	i
Nicolaus felfuneiz	i
Sancta filia Raineri piedane	dim.
Amolricus	dim.
Guimerus	dim.
Euficia	i
Legardis de Reut	i
Gerardus	i
Rascendis	ij
Autbertus	ij
Emma et Maria	i
Hugo Blarie	i
Nicolaus et Laurentius de Reut	i

Hec curtilia ad misericordiam relevantur et omnes qui tenent terram sancti Vedasti, in Biarce, in Pelven, in

Hamblen et Fraxino, in Movilla, in Novilella, judicio scabinorum de Biarce subiiciuntur, et quamvis districtum in maxima parte ville de Fraxino sancti Vedasti non sit, tamen villicus de Biarce absque forisfacto districti vadimonia pro reditibus sancti Vedasti per scabinos accipit. Et villa de Biarce habet hanc libertatem quod si quis alicujus advocatie in ea manere voluerit liber erit ab advocatia quamdiu ibi manserit, cujus libet advocatie sit.

In hac potestate de Biarce sunt homines singulis annis duos denarios sancto Vedasto dantes et in morte ix den. et qui uxorem de lege sua accipit ix den. et si extra legem xviij den. mulier quemcumque accipiat ix denarios.

Et hec nomina eorum :

Rainerus de Fraxino.

Guillelmus bovivanda.

Infantes Rogeri de Ballol, Fratres ejus et Sorores.

Uxor Guillelmi de Pelven, et pueri ejus.

Filii et filie Richelmi de Movilla, Fratres Alredide.

Item sunt homines dantes singuli in Martio xij den. et in morte dimidium censum et hec nomina eorum :

Aloldus.
Ingrannus scalabanus.
Gotrannus.
Gonzo.
Frero.
Hugo Pelven.
Guarnerus.
Simon.
Ayvertus.
Fulco.
Stephanus.
Landricus.
Erpo.
Rodulphus
Robertus.
Geroldus.
Engelrus.
Berardus.
Joannes. Dodo.
Ogerus.
Robertus sutor.
Beloldus.

Fulco.
Gonterus.
Rogerus.
Eremfridus.
Guillelmus.
Guibertus.
Bernerus.
Hugo.
Ramoldis
Huardus.
Furdina.
Emma.
Emma.
Ligardis.
Hauvidis.
Gilla.
Walburgis.
Tyberga.
Walburgis.
Fressendis.
Hauvidis.
Walburgis.

Nomina feodatorum in potestate de Biarce et Pelven in quorum etiam feodis habet sanctus Vedastus districtum, theloneum et foragia:

Stephanus legius homo sancti Vedasti, feodus ejus domus ejus et lxxxiv manc. terre.

Wazo legius homo sancti Vedasti, feodus ejus i curtilium et xl manc. terre.

Balduinus de Simencurt legius homo sancti Vedasti, feodus ejus i curtilium et xl manc. terre.

Balduinus Huarde legius homo sancti Vedasti, feodus ejus i curtilium et ij mod. terre et vavassor unus nomine Rainerus, feodus ejus vi manc. terre.

Wenemarus legius homo sancti Vedasti, feodus ejus i curtilium et xxx manc. terre et quedam decima in Vitri et vavassor i nomine Aloldus, feodus ejus vi manc. terre et medietas supradicte decime in Vitri.

Alelmus legius homo sancti Vedasti, feodus ejus furnus et medietas villicationis.

Theodoricus legius homo sancti Vedasti, feodus ejus

i curtilium et xl manc. terre et medietas villicationis et iiij vavassores.

Nicolaus legius, feodus ejus i curtilium et ij hospites et xl manc. terre.

Ingrannus legius, feodus ejus furnus de Fraxino.

Tetboldus legius, feodus ejus iiij manc. terre.

Nicolaus etiam filius Ivete homo Theodorici, feodus ejus i curtilium et xij manc. terre.

Ingrannus legius homo sancti Vedasti, feodus ejus i curtilium et xl manc. terre.

Joannes de Fraxino legius homo sancti Vedasti, feodus ejus i curtilium et iij modii terre.

Andreas legius homo sancti Vedasti, feodus ejus i curtilium et xl manc. terre.

Gillemarus de Pelven legius homo sancti Vedasti, feodus ejus i curtilium et lxx manc. terre.

Robertus de Linni legius homo sancti Vedasti, feodus ejus domus ejus et iij vavassores qui subscripti sunt:

Alardus legius, Alelmus, Petrus.

Joannes homo sancti Vedasti, feodus ejus iiij manc. terre juxta culturam de Canteleu cujus pars est de districto de Vitri.

Alelmus homo sancti Vedasti, feodus ejus i manc. terre de quo dat singulis annis xij den.

Erpo homo sancti Vedasti, feodus ejus i manc. terre, de quo dat singulis annis xij den.

Hi duo extremi feodi in successione heredum non relevantur quia singulis annis xij den. redimuntur. In feodo autem Theodorici villici et in feodo Nicolai fratris ejus tertiam partem seminamus et medietatem recipimus, sicut subscripta testatur carthula.

De feodo Theodorici villici de Biarce et Nicolai fratris ejus.

In nomine Patris et Filii et Spiritus sancti. Notum sit omnibus tam futuris quam presentibus quod Domnus Gualterus abbas sancti Vedasti predecessor domni Guerrici emit quamdam terram jacentem apud Pelven xxx marcis a Nicolao villico. Qui videlicet Nicolaus eamdem terram prefato abbati vendidit, et sicut postea filii ejus recognoverunt a potestate sui juris funditus abfestucavit. Porro alias duas partes eisdem particule adjacentes que sibi remanserant, idem Nicolaus pro xxxix marcis inva-diavit. Succedente autem tempore domnus Guerricus abbas prefatam terram redemit, et eam cum ea particula que ecclesie erat propria ejusdem Nicolai filiis, Nicolao videlicet et Theodorico, in feodum concessit, tali dumtaxat conditione, ut ipsi vel eorum successores totam illam terram de suo sumptu excolerent, et duas partes sererent, et ecclesia tertie parti procuraret sementem, hoc etiam interposito, ut nunquam eadem terra, nec inter ipsos, nec inter eorum successores plusquam in duos partiretur heredes, nec venderetur, nec invadiaretur. Sed si nimia ingruente paupertate aliquando contingeret, ut eam de suo sumptu procurare non possent, ecclesie redderetur, donec ipsi vel eorum heredes ad eam excolendam redirent. Hujus pactionis testes sunt hi:

Nicolaus de Ballol, Heluinus dursens, Gerardus frater ejus, Balduinus de Simencurt, Alelmus de Biarce, Stephanus de Biarce, Tetboldus de Gaverella, Thetboldus de Tilloit, Andreas de Pomerio, Hugo de Anes, Thetbaldus de Bernivilla, Gerardus paganus, Scabini de Biarce, Hugo Palmarz, Goszo prior, Thetbaldus de Mediavilla.

Sciendum etiam quod villici de Biarce nullam in vivario habent potestatem, sed justitia vivarii et forisfacta, et piscatores hereditarii et ea que de jure piscationis tenent ad cellerarium pertinent, et per famulos coquine judicantur, et cellerario debentur xij sol. de Riuulo juxta Sayuvire.

De Fraxino.

In Fraxino habet sanctus Vedastus ecclesiam, altare ubi accipit ij partes oblationum in iiij^{or} diebus Natalis Domini et in ceteris anni Natalibus, in Purificatione, in festo apostolorum Petri et Pauli, totam decimam in curtiliis que sunt extra villam, exceptis iiij^{or} in quibus habet presbiter totam decimam. In curtiliis mansionariis et in minutis decimis habet sanctus Vedastus ij partes decime, presbiter tertiam cujus presbiteri prebenda est.

Sunt in eadem villa xi curtilia que talem singulis annis censum reddunt :

Hersendis	xviij den. et vi manc. avene.
Soynus	xviij den. et vi manc. avene.
Herbertus	xviij den. et vi manc. avene.
Robertus	xviij den. et vi manc. avene.
Guillelmus et Alardus	xviij den. et vi manc. avene.
Robertus et Rodulphus	xviij den. et vi manc. avene.
Norfridus et Guerricus	xviij den. et ij manc. avene.
Gerardus canast	xviij den. et vi manc. avene.
Joannes	xviij den. et vi manc. avene.
Fulco de Atrebato	xviij den. et vi manc. avene.
Vualbertus	xviij den.

Pars horum denariorum in Pascha, pars in festo sancti Remigii, et avena solvitur, sed usque ad medium Martium non debet avena clamari.

Item sunt curtilia tria singula iiij denarios debentia:

Hersendis	iiij den.
Lanuinus	iiij den.
Dommez	iiij den.

Item sunt in eadem villa xvij curtilia singula xiv den. debentia que isti tenent:

Richeldis	xiv den.
Guerricus	xiv den.
Manasses de Movilla	xiv den.
Gerardus luscus	xiv den.
Ramelinus	xiv den.
Vuarinus becdave	xiv den.
Robertus fessars	xiv den.
Vuenemarus	xiv den.
Gislebertus	vij den.
Hauvidis	vij den.
Aburgis	vij den.
Arnulphus	vij den.
Robertus	vij den.
Burgardis	vij den.
Gislebertus	vij den.
Thomas	xiv den.
Item Richeldis	xiv den.
Alelmus	vij den.
Werricus	xiv den.
Erpo	vij den.
Warinus	xiv den.
Euremarus	vij den.

In societatibus territorii hujus ville ij partes sementis procuramus et ij partes segetum et terragium et decimam recipimus. Quedam autem terre sunt ad redemptionem quarum singule mancoldate dant singulis annis i den. Singula etiam jumenta pro herbagio..... Et sicut in descriptione de Biarce diximus, si redditus sancti Vedasti aliquis in hac villa detinuerit villicus sine forisfacto districti ubi districtum non habemus vadimonia accipit et eorum in hac villa ministerialis sancto Vedasto securitatem facit. In quadam vero parte ejusdem ville habet sanctus Vedastus foragia, theloneum, et est de districto de Biarce.

De Fontibus inter Pelven et Reuth.

Fontes villa fuit inter Pelven et Reut. In territorio ejus ville habet sanctus Vedastus lx manc terre in qua habet terragium et duas partes decime et x curtilia talem censum reddentia :

Robertus delcruez	iiij sol.
Tetboldus filii Walberti	iiij sol.
Guillelmus scabinus	iiij sol.
Helvidis de Reut	iiij sol.
Tetboldus malroy	iiij sol.
Amolricus malroy	iiij sol.
Tetboldus rufeis	iiij sol.
Guerricus et socii	iiij sol.
Ingelbrandus	iiij sol.
Segardus	ij sol.
Eremburgis	xij den. et ij cap. et dimid. manc. frumenti.

Medietas hujus census in Natali et medietas in Pascha solvitur. Hec dedit sancto Vedasto Amolricus de Hamblen ; item dedit sancto Vedasto in eadem potestate quidam Amolricus monachus xx manc. terre.

In his terris et hospitibus habet sanctus Vedastus districtum, justitiam, villicationem.

Amolricus homo sancti Vedasti legius, feodus ejus lx manc. terre, ij partes decime ejusdem terre, x curtilia et vavassor nomine Balduinus, feodus ejus xviij manc. terre et in ea terragium.

Item Balduinus homo sancti Vedasti, feodus ejus xviij manc. terre in quo feodo habet sanctus Vedastus terragium et duas partes decime.

De Reuth.

In Reuth habet sanctus Vedastus iiij manc. terre et xij den. et ij cap. quod dedit ad luminare ecclesie Joannes delployce. Habet et hospitarius decimam in quibusdam campis ipsius ville.

Guillelmus homo sancti Vedasti legius, feodus ejus vavassor unus nomine Rabodo cujus feodus est domus ejus et terra ad dimidiam carrucam.

Fulco homo sancti Vedasti legius, feodus ejus terra ad dimidiam carrucam, due partes parrochialis decime.

De Novillella.

In Novillella habet ecclesia sancti Michaelis ix manc. terre, altare ubi accipit duas partes oblationum in Purificatione et in Natalibus anni, tertiam partem decime territorii et curtiliorum et minutarum decimarum. Sunt et curtilia talem censum reddentia :

Fastrada	x den.	Gomarus	xiv den.
Everardus	ij den.	Item Everardus	ij den.

De Movilla.

Movilla membrum est parrochie de Novillella, et habet ecclesia sancti Michaelis ad altare, et in curtiliis ejusdem ville, easdem partes oblationum et decime et in Novillella, Theodoricus ejusdem ville dominus homo sancti Vedasti, feodus ejus annuales redemptiones terre quam tenet de Biarce.

De Ulpi.

In Ulpi habet sanctus Vedastus..... manc. terre et duos hospites talem censum reddentes:

Hospites isti et terra ad infirmarium et thesaurarium pertinent. Habet etiam sancti Michaelis in territorio ejusdem ville ecclesia ix manc. terre.

De Yser.

In Yser habet ecclesia sancti Vedasti domum dominicatam, terram dominicatam xxiv modios mensura duacensi, ad societatem lxxx manc. et xiij. In xiij manc. societatum ecclesia medietatem seminat, et medietatem cum terragio et decima recipit in lxxx. nihil seminat, et medietatem et terragium et decimam recipit preter in vi manc. ubi tantum med. et decimam habet ecclesia sancti Vedasti; est et altare ubi accipit ecclesia in Purificatione et in anni Natalibus et in missa mulierum partum habentium duas partes oblationum, totam decimam territorii, in curtiliis et minutis decimis duas partes. Prebenda presbiteri xxiv manc. frumenti, xviij avene xij siliginis et socurium. Sunt et terre ad terragium quarum quedam se singulis annis redimunt et dat li mancolz i den. quorum denariorum due partes sunt sancti Vedasti, tertia villici, et societates et terra ad terragium ad misericordiam relevantur, et qui tenent eas iiij corueias debent in anno. Sunt et xxv curtilia talem singulis annis censum debentia :

Gerbodo	xxv den. de uno curtilio.
Joanna	xxv den. de uno curtilio.
Eremburgis	xxv den. de uno curtilio.
Item eadem	xxv den. de uno curtilio.
Judita	xxv den. de uno curtilio.
Guiffridus	xxv den. de uno curtilio.
Rodulphus	xxv den. de uno curtilio.
Item idem	vj den. de iiij^{a} parte curtilii.
Guillelmus	xxv den. de uno curtilio.
Atso	xxv den. de uno curtilio.
Hugo baliri	xxv den. de uno curtilio.
Hugo Malewe	xxv den. de uno curtilio.
Lambertus	xxv den. de uno curtilio.
Mambodo	xxv den. de uno curtilio.
Berta	xxv den. de uno curtilio.
Helvidis	xxv den. de uno curtilio.
Rainelmus catus	xxv den. de uno curtilio.
Richardus	xxv den. de uno curtilio.
Item idem	vj den. de iiij^{a} parte curtilii.
Wimerus	xij den. et ob. de dim. curtilio.
Hauvidis	xxv den. de uno curtilio.
Amolricus	xxv den. de uno curtilio.
Rogerus Sarrazin	xij den. et ob. de dim. curtilio.
Rodulfus	xij den. et ob de dim. curtilio.
Robertus piuium	xij den. et ob. de dim. curtilio.
Verricus clauvez	xxv den. de uno curtilio.

Gerricus xxv den. de uno curtilio.
Guillelmus de ruella xxv den. de uno curtilio.
Rainerus poruinz xxv den. de uno curtilio.
Richardus villicus xij den. et ob. de dim. curtilio.

Solvitur autem hic census istis terminis : Natale Domini viij den. Pascha i den., Joannis Baptiste xij den., Remigii iiij den.

Habet etiam ecclesia sancti Michaelis in eadem villa duos hospites talem censum dantes :

Hugo Stochez xxv den. et ij capones et ij panes.
Balduinus xxv den. et ij capones et duos panes.

Singuli panes recipiunt i boystel frumenti.

Nomina feodatorum ejusdem ville :

Arnulphus homo legius sancti Vedasti, feodus ejus xl manc. terre ;

Wenemarus homo legius sancti Vedasti, feodus ejus mansio ejus ante portam curie ;

Syherus homo sancti Vedasti, feodus ejus curtilium domui sue contiguum ;

Balduinus homo sancti Vedasti, feodus ejus iij manc. terre ;

Rainerus de Biarce homo sancti Vedasti, feodus ejus.....

Berta de Billi homo legia sancti Vedasti, feodus ejus vavassor legius Huardus nomine, cujus feodus terra ad i car. et vavassor legius Guillelmus nomine.

Achardus legius homo sancti Vedasdi, feodus ejus domus ejus villicatio et xl manc. terre.

De Gaverella.

In Gaverella habet ecclesia sancti Vedasti domum dominicatam, districtum, justitiam, furnum, terram ad i carrucam, terram ad societatem, terram ad redemptionem et dat mancoldata i den. ecclesiam, altare ubi accipit in Purificatione et in Natalibus anni ij partes, totam decimam territorii ejusdem ecclesie, in curtiliis vero et in minutis decimis ij partes, presbiter tertiam, cujus prebenda est ij modii frumenti et i avene. Sunt et curtilia talem censum reddentia :

Rogerus Wanars	xviij den.
Maingotus	xviij den.
Bonardus	xviij den.
	xviij den.
Rogerus de Fraxino	xv den. et ij cap.
Dodo pitrans	xviij den.
Rogerus filius Ogive	xviij den.
Rogerus filius Tillendis	xviij den.
Laurentius coez	xviij den.
Balduinus filius Geroldi	xviij den.
Robertus Posteaz	xv den. et ij cap.
Item idem Robertus	xviij den.
Dodo cainonz	xviij den.
	xviij den.
Balduinus carpentier	xviij den.
Balduinus herlegath	xviij den.
Maria bolau	xviij den.
Robertus prestol	xviij den.
Elbertus	iij sol
Herbertus	xv den. et ij cap.
Elisendis	x den. et ij cap.
Rogerus de Athies	xv den. et ij cap.
Ingelbrandus	xviij den.
Alelmus ligavelere	xviij den.

Hugo de Wanliu	xviij den.
Helvidis de Felci	xviij den.
Maria filia Riculfi	xviij den.
Amolricus de Pelven	xv den et ij cap.
Guillelmus cufinz	xviij den.
Elisabeth uxor Wiberti	xviij den.
Robertus filius Balduini	xviij den.
Wenemarus longus	xviij den.
Atso	iij sol.
Robertus filius Elisendis	viij den. ij pan. et ij capones.
Bertreia	xviij den.
Guillelmus Boyvanda	xv den. et ij cap.
Alelmus filius Ermenet	xviij den.
Agnes filia Wichardi	xviij den.
Rogerus Rufus	xij den.
Rogerus de Athies	xij den.
Warnerus	ij cap.
Mathildis	ij cap.

Census iste in festo sancti Remigii, in Natali, in Pascha et in festo sancti Joannis Baptiste solvitur.

Et curtilia et societates et terre ad redemptionem ad misericordiam relevantur. Et qui tenent eas iij corveias debent in anno.

Ingelrannus homo legius sancti Vedasti, sub relevatione decem librarum, feodus ejus medietas districti Gaverelle medietas quoque villicationis, thelonei, foragiorum et cc manc. terre et iiij legii vavassores quorum hec sunt nomina :

Bernardus, Verricus, Paganus, Wigerus; feodus Bernardi medietas villicationis thelonei et foragiorum, curtilium i et viginti sex manc. terre.

Feodus Verrici cxx manc. terre et vavassores ij Manasses et Robertus legius, tenent de eo, Manasses xiv manc. terre, Robertus vero quadraginta.

Feodus Pagani c manc. terre, et vavassor i Guiffridus nomine tenet de eo xxiv manc. terre.

Feodus Wigeri terra ad ij modios et sedes furni in quadam parte Gaverelle.

Warnerus legius homo sancti Vedasti, feodus ejus domus ejus xxiv manc. terre.

Robertus legius homo sancti Vedasti, feodus ejus xx manc. terre.

Adam legius homo sancti Vedasti, feodus ejus domus ejus xi manc. terre.

Bernardus legius homo sancti Vedasti, feodus ejus....

Item idem Bernardus legius homo sancti Vedasti, feodus ejus medietas villicationis domus ejus..... et iiij[or] vavassores legii, Rogerus, Tetboldus, Werinus,.....

Feodus Rogeri.....

Feodus Tetboldi.....

Feodus Werini.....

Tenet etiam in eodem territorio de sancto Vedasto Bernardus villicus de Roclencurt vavassorem unum : Tetboldum canesum, feodus ejus xx manc. terre.

De altaribus Bigartii Gaverelle et Tyulutz.

Ecclesiarum res posse disponi cum tranquillitate, honoris est et virtutis egregie.

Unde ego Gerardus Cameracensis sedis et Atrebatensis episcopus, notum facio descriptione hujus cartule presentibus fratribus et nostris fidelibus, quatinus futuris fratribus ecclesie beati Vedasti Deo auctore servientibus sit notitia, sua possidere absque alicujus erroris impedimento.

Damus ergo eis in augmento boni tres personas ad hec tria altaria : unum scilicet ad altare Bigartii nomine Desiderium ; alium ad altare Gaverelle Rotgerum ; tertiam vero ad Teuludum cognomento Walterum, tali ratione ut si aliquem horum trium mors prevenerit priori persone, ego eum restauro pro remedio anime nostre.

Quartum autem altare in Daginvilla post cursum vite Theubaldi clerici damus sancto Vedasto ad usus fratrum sibi servientium. Quod si mihi priori finis temporalis vite Christo Deo vocante advenerit, nostro precor successori et admoneo nomine sancte charitatis, que vinculum nectit perfectionis, annuere atque perficere votum nostre donationis, ut Christum protectorem habeat in celis ; precor etiam nostros charissimos archidiaconos domnum Vualtelinum atque Leiulfum nec ne fratrem Lietbertum, ut si superstites fuerint quod opto vite nostre, Deo donante, sint fratribus cenobii sancti Vedasti testes, quemadmodum hujus cartule sunt assertores.

Signum Roberti vice domini, signum Anselmi decani, signum Fulconis capellani, signum Hugonis custodis, signum Bertulfi, signum Drietulfi, signum Gisleberti.

De Ballol.

Quamvis in villa de Ballol, diversitas consuetudinum in terris et redditibus sancti Vedasti plurimam pariat confusionem, eo quod sanctus Vedastus nullum nisi tantum in liberis alodiis suis districtum habeat, nos tamen que juris ecclesie nostre sunt conservantes, ad liquidum disquisitam et majorum testimonio probatam reddituum et consuetudinum veritatem litteris mandamus. Igitur in Ballol habet sanctus Vedastus in suo libero alodio domum dominicatam, terram ad i carrucam cujus magna pars est de alodio, terram etiam ad redemptionem cujus quoque pars est de alodio et dat mancoldata pro redemptione i den. Ad ipsam quoque domum pertinet ecclesia, altare ubi habet in missis vivorum et etiam mortuorum quamdiu super terram sint et in ceteris oblationibus duas partes, presbiter tertiam, in curtiliis vero fabam et in territorio totam decimam in oleribus et nutrimentis duas partes, presbiter tertiam, cujus presbiteri prebenda est ij modii frumenti et unum avene. Sunt etiam hospites talem sancto Vedasto de curtiliis suis per annum censum solventes :

Atso filius Tetsonis	xvi den. et ij cap. et i manc. frum.
Gualterus de Thielu	xvi den. et ij cap.
Achardus lioseaz	xxiij den. et iiij panes.
Ursio Judas	ix den. et ob. et i cap.
Wichardus Floharz	ix den. et ij panes.
Dominica	ix den. et ij panes.
Norfridus	xi den. et iij panes.
Deluvinus	vij den. et iij panes.
Margareta	xv den. et ij panes.
Joannes et Verricus nepos ejus	xvij den. et ij cap. et ij panes.
Dodo filius Tetsonis	x den. et ij panes et dim.
Rogerus frater ejus	xv den. et ij panes et dim.
Tetboldus	vij den. et ij panes.
Warnerus	xij den. et iij panes.
Aladel mare past	xij den. et iij panes.
Wichardus Blancesote	xij den. et iij panes.
Warso libuez	xij den. et iij panes.

Plectruris	xiv den. et iij panes.
Lambertus de Atrebato	vi den. et dim. panis.
Rogerus	vi den. et dim. panis.
Dodo loreaz	xij den. et i panem.
Baldus Havers	xij den. et i panem.
Wichardus de Puteo	vi den. et ob. et i panem et dim.
Tetboldus frater ejus.	vi den. et ob. et i panem et dim.
Renvidis et socii	xij den. et ob. et ij capones.
Robertus couas	xij den. et iij panes.
Rameldis	xij den. et iij panes.
Tetso	xi den. ij cap. et ij panes.
Helvidis de Fanp.	ix den. et ob. et iij panes.
Aldegundis	xiij den et ob. et iij panes.
Gualterus Malagula	xiij den. et ob. et iij panes.
Hugo carpent.	vi den. et ij cap. et i manc. frum.
Mensendis de Pucy	xiv den. et
Arnulphus pes lupi	xiv den. et
Heremarus clericus	vi den. et ob. et dim. manc. frum.
Mensendis de Puteo	vi den. et ob. et dim. manc. frum.
Matheus	xij den. et iij cap. et i manc. frum.
Item Vrsio de Jurdas	xij den. et iij cap. et i manc. frum.
Idem Arnulphus pes lupi	xij den. et iij cap. et i manc. frum.
Margareta	xij den. et iij cap. et i manc. frum.
Rogerus frater Tetsonis	xij den. et iij cap. et i manc. frum.
Albricus pikes	xij den. et iij cap. et i manc. frum.
Hugo abbas	xij den. et iij cap. et i manc. frum.
Godefridus villicus	xij sol. juxta atrium ubi antiquitus curia fuit.
Atso	xxi den. et iij cap. et i manc. frum.
Achardus	xiv den. et ij cap. et i manc. frum.

Rainerus	xiv den. et ij cap. et i manc. frum.
Plectrudis	vij den. et i cap. et i manc. frum.
Odo	xiv den. et ij cap. et i manc. frum.
Hugo Morels	iij d. et ob. et dim. cap. et cup. frum.
Frater Hubaldi	iij d. et ob. et dim. cap. et i cup. frum.

Summa : lix sol. i den. minus capones l panes lxix et xvij et dim. manc. frumenti.

Census suprascriptus ad vestiarium pertinet et in Natale Domini et in festo sancti Joannis et sancti Remigii solvitur.

Habet etiam infirmarius in Ballol ad societatem iiij modios terre et terram ad redemptionem et dat mancoldata i den. Sunt et hospites talem infirmario censum solventes :

Ecclesia sancti Joannis iiij mencolz frumenti quos parrochiani solvunt.

Robertus faramara	xij den. ij cap. et i manc. frumenti
Eustachia	xij den. ij cap. et i manc. frum.
Leduinus qui et pagan.	xviij d. iij cap. et manc. et dim. fr.
Gualterus uslechin	xviij d. iij cap. et manc. et dim. fr.
Maria de Fressun	xij den. ij cap. et i manc. frumenti.
Maria uxor Hubaldi	xij den. ij cap. et i manc. frumenti.
Nicolaus de Fressun	xij den. ij cap. et i manc. frumenti.
Wichardus carpent.	xviij d. iij cap. i manc. et dim. frum.
Hersendis mater ejus	xviij d. iij cap. i manc. et dim. frum.
Hersendis de Chieleu	ij sol. iiij cap. et ij manc. frum.
Oda	xij den. ij cap. et i manc. frum.
Laurentius	xij den. ij cap. et i manc. frum.
Godefridus villicus	xij den. ij cap. et i manc. frum.
Albricus	xij den. ij cap. et i manc. frum.
Arnulfus pes lupi	ij sol. iiij cap. et ij manc. frum.

Dodo loreaz	xij den. ij cap. et i manc frum.
Walterus gallus	xij den. ij cap. et i manc. frum.
Joannes uslechien	xij den. ij cap. et i manc. frum.
Dodo de Ulpi	xij den. ij cap. et i manc. frum.
Simon filius Rogeri	xij den. ij cap. et i manc. frum.
Gonterus	xij den. ij cap. et i manc. frum.
Godebertus	ij cap.

Hii hospites et terra infirmarii de alodio sunt. Habet ibi infirmarius districtum, theloneum, foragia, relevationem ad misecordiam. Habet etiam thesaurarius in eodem territorio viij manc. terre, ad societatem et terram ad redemptionem et hospites, et hec debent ad misericordiam relevationem. Nomina hospitum :

Godefridus villicus	ix d. et ob. et i cap. et dim. frum.
Nicolaus filius ejus	ix d. et ob. et i cap. dim. frumenti.
Wimundus	vj den. et ij cap. et i manc. frumenti.
Petrus filius Mensendis	xij den. et ij cap. et i manc. frumenti.
Item Godefridus villicus	xvj den. tantum de curtilio Ogeri.
Wichardus pezins	ix den. tantum de eodem curtilio.
Elisendis	ix den. tantum de eodem curtilio.
Hugo de Puci	iij sol. iiij cap.

Habet quoque ecclesia sancti Michaelis ibi..... manc. terre et hospitem i talem censum solventem : Petrus.....

De Bunduz.

Igitur in alodiis et in novalibus de Bunduz habet sanctus Vedastus districtum et justitiam, et de ipsis et de terris infirmarii, si necesse fuerit vel abbas voluerit, veniunt Atrebatum scabini. De reliquis vero possessionibus et redditibus sive quibuslibet querelis, in domo sancti Vedasti de Ballol tractatur, et omnia que ibi de sancto Vedasto tenentur ad misericordiam relevantur. Et sciendum quia quamdam partem alodiorum, que tempore hujus descriptionis, ecclesia sancti Vedasti in Ballol possidet, emit a Gamelone de Longovado. Nicolaus Camerarius qui etiam curiam sancti Vedasti de Ballol, cum esset in eadem villa juxta atrium in alieno districto, eam extra villam in proprio alodio et districto sancti Vedasti mutavit. Quamdam etiam partem alodiorum dedit quidam Balduinus Caldruns, sicut subscripta abbatis Aloldi testatur cartula.

Carta Aloldi abbatis de emptione cujusdem Alodii siti Balleolo.

Ego Aloldus abbas sancti Vedasti omnibus ecclesie nostre filiis, presentibus et futuris juste et sancte vivere.

Notum sit omnibus quod Balduinus Caldruns ad me venit, ut alodium ejus de Ballol sub vadimonio decem marcharum argenti ab eo susciperem non semel sed multocies expetivit. Unde cum fratribus et hominibus nostris accepto consilio, tandem decem marchas ei appendens alodium suscepi. Postea evoluto aliquanto tempore, idem Balduinus infirmari cepit et timens periculum mortis, quia eum excommunicaveramus pro injuriis nobis ante crebo illatis, penitentia ductus nos humiliter revocavit, nec sine lacrymis eorum que in nos commiserat indulgentiam oravit Venit ad ecclesiam cum suis amicis. Qui cum esset ante altare sancti Vedasti, et Deo et sancto Vedasto de malis que hominibus sanctis intulerat satisfaceret, a me abbate Aloldo simulque fratribus nostris astantibus, rogatu ejus allata est cespes et ramus. Postquam autem eum absolvimus, accepit cespitem cum ramo et posuit super altare, dono perpetuo donans Alodium suum de Ballol sancto Vedasto in emendationem malorum que intulerat sancto et in remissionem peccatorum suorum cum decem marchis quas nobis debebat, per caritatem aliis ei additis. Nos autem eo rogante statim excommunicationem posuimus super omnes; cui donativo testes affuerunt subscripti :

Ego Aloldus abbas, Theodoricus, Wigerus, Alardus, Walterus decanus, cum multis aliis, Simon castellanus, Alelmus, Heluinus, Balduinus de Avesnis, Wichardus, Tetboldus, Hubardus, Sawalo, Gerricus, Hugo de Aliez, Warnerus, multi alii.

Actum in ecclesia sancti Vedasti. Regnante rege Philippo, comite Flandrie Roberto. Anno dominice Incarnationis M. LXXX.IX.

Godefridus homo legius sancti Vedasti, feodus ejus, domus ejus villicatio xl manc. terre.

De Betricourt.

In Betricort habet sanctus Vedastus domum dominicatam, districtum, justitiam, ecclesiam, altare ubi accipit in Purificatione et in Natalibus anni duas partes oblationum, duas partes decime territorii et minutarum decimarum, presbiter tertiam. Habet sanctus Vedastus terram dominicatam ad ij carrucas, ad societatem ij terram ad redemptionem. Sunt etiam curtilia talem per annum censum scilicet in Natali et in festo sancti Remigii debentia :

Elechins Majorissa	xvij d. et iiij manc. av. de uno curt.
Eadem	de dimidio curtilio viij d. et ob. et ij manc. avene.
Robertus de Betricurt	xvij d. et iiij manc. av. de uno curt.
Petrus de Rovroy	xvij d. et iiij manc. av. de uno curt.

Wichardus filius ejus xvij d. et iiij manc. av. de uno curt.
Rodulfus de Atrio iiij sol. et iij den. et xij manc. avene de tribus curtiliis.
Gunfridus frater Petri xvij d. et iiij manc. av. de uno curt.
Uxor Guillelmi de Henin xvij d. et iiij manc. av. de uno curt.
Rodulfus Cambarius de Nemore xvij d. et iiij manc. av. de uno curt.
Joannes Bissoz xvij d. et iiij manc. av. de uno curt.
Martinus de Nemore xvij d. et iiij manc. av. de uno curt.

Gislemarus filius Oysberti de Nemore de uno curtilio xx den, iiij cap. et iiij panes de i manc. frumenti; hi xx den. semper sunt sancti Vedasti, sed iiij cap. et iiij panes duobus annis habet sanctus Vedastus, ex integro et tertio anno sanctus Vedastus duas partes et canonici sancti Vulgani de Lens tertiam.

Hec curtilia et terra ad societatem sive ad redemptionem ad misericordiam relevantur.

Balduinus homo legius sancti Vedasti, feodus ejus.....

Ad Betricurt quoque venit census trium villarum Draucurt, Rovroi, Noelle.

De Noella juxta Betricurt.

Monachus curie Aquicinensis monasterii que est in Noella debet singulis annis sancto Vedasto xv denarios.

De Rouvroy.

In Rovroi debet sancto Vedasto de uno curtilio uxor Roberti Frumentin xv denarios et ij cap. et ij panes de Mayda.

Robertus de Bietricourt iij manc. et dim. frumenti pro terra sita versus Villers.

De Draucourt.

In Draucurt debet sancto Vedasto per annum: Gerardus de Nova villa xij den. et ij cap. de manso, Wichardus de Draucourt ix denarios de uno curtilio, uxor Clarebaldi vi den. de terra quam tenet in Betricurt, ubi supra diximus, et hujus ville et Rovroi et Noelle census solvitur.

De Fucaria.

In Fuscariaz habet sanctus Vedastus domum dominicatam, terram ad dimidiam carrucam, terram ad societatem, et ad redemptionem, ecclesiam, altare ubi accipit, in Purificatione et in Natalibus duas partes oblationis et in minutis decimis duas partes, presbiter tertiam. Qui etiam habet pro prebenda sua tertiam partem decime territorii, sanctus Vedastus tertiam, tertia pars tenetur in feodum.

Sunt et xiv curtilia debentia singula ix den. ij panes ij cap. iv manc. avene cc manipulos harundinis et hec curtilia tenent isti :

Tetso presbiter	i	Hugo de Hennin	i
Henricus Miles	ij	Malgerus	i
Petrus Gallus	ij	Odvidis	i
Odo de Fonte	i	Petrus Gaveas	i
Arnulphus carp.	i	Joannes diabolus de Lens	i
Idem et Helvidis	i	Gisla et Judita	i

Et debent esse panes de dim. manc. frumenti, ita quod tertia pars dimid. manc. ei qui partes solvit remaneat. Solvitur hic census in Natali Domini, in festo sancti Joannis Baptiste, et in festo sancti Remigii.

Hec suprascripta ad misericordiam relevantur.

Robertus homo legius sancti Vedasti, feodus ejus..... Hic Robertus et Rambaldus filius ejus sancto Vedasto de terragiis suis in morte sua penitentia ducti, in subscriptis campis sanctum Vedastum dimidium terragium habere recognoverunt, sub attestatione hominum suorum et circummanentium :

In campo timeri.	In scapula campi de Spiulut.
In campo Rodulphi racine.	In campo Rainbaldi.
In campo Emme.	In scapula campi Rainaldi.
In Scapula campi ad Mares.	In curtilio Cambe.
In campo del Albel.	In campo des Espicelez.
In Wandelenval.	In Dorini campo
In campo des Mariz.	In campo del Marcaiz.
	In campo Atseline. Ascurtenens.

De Hennin-Liétart.

In territorio Oppidi quod Henninium dicitur habet sanctus Vedastus xx manc. terre quam dedit Alardus monachus.

De Flers.

In territorio ville que vocatur Flers juxta Duacum, Guifridus homo ecclesie sancti Vedasti, feodus ejus quedam terra, in ejusdem ville territorio quam dedit sancto Vedasto Hugo de Valentianis.

De Rochelincourt.

In Rochelincurt habet sanctus Vedastus mansum dominicatam; terram ad redemptionem et ad societatem, xxij curtilia talem censum debentia :

Balduinus de Duaco	x den.
Balduinus de assensu lenile	x den.

Rodulphus de Vimi	x den.
Aala uxor Joannis Restaut	x den.
Gonfridus	x den.
Aala de Tyulut	ij cap. xx den.
Hawidis Hauvele	x den.
Emma del Mares	x den.
Theobaldus platiers	x den.
Mathildis soror Hugonis militis	x den.
Syherus	x den.
Robertus Ganhere	x den.
Iberta et Emma	x den.
Wibertus et Gisla	x den.
Wibertus et Richeldis	x den.
Alelmus	x den.
Werinus	x den.
Gomarus	x den.
Berta de Laubiel	x den.
Fressendis de Nova villa	x den.
Petrus de Atrebato et Iberta	x den.

Singula curtilia iiij den. in festo sancti Remigii, in Natali Domini vi den. et habet in eis sanctus Vedastus districtum et ad misericordiam debent relevationem.

Bernardus legius homo sancti Vedasti, feodus ejus mansus ejus, villicatio, terra ad tres modios, ij vavassores: alter Rogerus in villa de Bayluez ubi fluvius de Cojeul primo scaturit ortu ; alter Theobaldus Canesuns in parrochia Gaverelle ; feodos eorum superius in descriptione predictarum villarum prenotavimus.

De Teuludo.

In Tiulut habet sanctus Vedastus domum dominicatam,

districtum, justitiam, theloneum, furnum, duas partes foragiorum, totam decimam territorii, ecclesiam, altare, ubi accipit in Purificatione et in Natalibus anni iij partes oblationum in minutis decimis et in denariis qui pro facillagio dantur ij partes, presbiter quartam, cujus prebenda in decimatione territorii de Farbu. Habet in Tyulut sanctus Vedastus terram dominicatam xxx modiorum et campum iiij mancold. juxta Calceiam quem dedit Hugo Rufus, campum etiam vij mancold. quem dedit Tetboldus, campum quoque iiij mancold. quem dedit Maria cum i curtilio. Sunt et terre ad redemptionem et ad societatem vi modii et iiij manc. Sunt et curtilia xlviiij singula debentia in festo sancti Remigii vij den. in Natali Domini ix den. mediante Martio ij manc. et dim. avene mensura ejusdem ville.

Hec curtilia tenent isti :

Walbertus Scabinus	i	Berta	i
Balduinus ferevache	i	Item Legardis	i
Arnulphus	i	Item Gerardus	ietd.
Aala et Constantia	i	Item Robertus	i
Tetboldus	i	Hildebrandus	dim.
Rollendis	i	Balduinus	i
Nicolaus	i	Arnulfus	i
Item Gerardus	i	Gerardus	i
Sawalo	i	Vedastus presbiter	i
Stephanus	i	Adam	i
Legardis	i	Achardus et Berta	i
Dodo	i	Item Robertus	i
Drogo	dim.	Atso	i
Emma	i	Tetboldus, Robertus,	
Robertus	dim.	Guillelmus	i

Robertus et Odo	ij	Fulbertus	i
Gerardus faber	i	Item Robertus	i
Item Balduinus	i	Item Arnulfus	i
Item Robertus	i	Balduinus et Robertus	i
Oda	i	Mathildis	i
Alendis	i	Gunbertus	i
Item Gerardus	i	Odelinus	i
Theodoricus	i	Hugo	i
Item Hugo	i	Ala	i
Item Balduinus	i		

Hec sunt xlix(1) curtilia; quinquagesimum ex dono Marie sicut supra diximus ad ecclesiam rediit. Item debet in Tyulut, de uno curtilio, Helvidis xx den. et cap. Item curtilium in Novavilla de quo debet Letardus ix den. et ij cap. curtilia ad misericordiam relevantur, terre ad societatem nullam debet relevationem. Terra quoque que est ad terragium non relevatur quia singulis annis in martio et in Gaskiere ad misericordiam redimitur. Non tamen vendi debent vel invadiari nisi ecclesia sancti Vedasti concesserit.

Atso legius homo sancti Vedasti, feodus ejus domus ejus et hospites.

Bartholomeus legius homo sancti Vedasti, feodus ejus xiv manc. terre.

Eustachius de Vimi homo sancti Vedasti, feodus ejus nemus in territorio de Tyulut.

(1) Le compte ne semble pas tout-à-fait exact, mais le texte est ainsi formulé. Je crois qu'il y a un premier *Gerardus* omis, mais je ne me suis jamais permis de rien *restituer* et je tiens à être très-fidèle au texte en tout et toujours. Voir l'observation ci-après (Continuation de Lambert).

Gerardus Savecons homo sancti Vedasti, feodus ejus xij manc. terre.

Hugo villicus legius homo sancti Vedasti, feodus ejus domus ejus, hospites, villicatio, tertia pars foragiorum, terra ad i carrucam. Vavassor i nomine: Simon legius feodus ejus domus ejus et hospites et xl manc. terre.

Habet etiam villicus in villa de Tyulut per singulos focos des Manouriez i den. et i pan., des Ahanierz i den. et unam gallinam.

De Farbu.

Ecclesia de Farbu et altare sancti Vedasti est; ad hoc altare in oblationibus et in minutis decimis, habet sanctus Vedastus easdem partes quas in Tyulut. Totam vero decimam territorii ejusdem parrochie habent pro prebenda sua et presbiter de Farbus et presbiter de Tyulut.

Carta Gerardi Cameracensis episcopi de abolitione persone altaris de Farbu.

In nomine summe et individue Trinitatis, Patris et Filii et Spiritus sancti. Amen.

Ego secundus Gerardus Cameracensis episcopus sedis gratia Dei, universis sancte Matris ecclesie filiis nobiscum in agro Dei laborantibus, felicem hujus vite cursum et future beatitudinis premium. Quia pastoralis cure officio, omnibus charitatis obsequia debemus, et maxime domesticis fidei impertienda non dubitamus, quia etiam nostris diebus malorum incursio circa ecclesias vehementius sevit, idcirco impensius, in earum solatio invigilare nos convenit. Unde noverit filiorum nostrorum presentium vel futurorum sollertia, quod frater Aloldus ecclesie beati Vedasti antecessoris nostri abbas, et sibi commissi fratres a nobis expetierunt, ut altare de Teuludio cum membro ejusdem altaris scilicet Farbu, quod cum persona tenebat, sine persona ex nostre caritatis beneficio acciperent, tum quia ejusdem ecclesie cenobio nuper concremato subveniendum erat, tum quia in eadem villa Teuludio corpora sanctorum tum temporis reperta veneranda esse constabat. Dignis ergo eorum petitionibus ex consilio et consensu archidiaconorum nostrorum et reliqui cleri nostri annuentes, pro salute antecessorum nostrorum, et successorum, et nostra, supra dictum altare de Teuludio cum membro ejusdem scilicet Farbu, liberum sine persona et omni reditu, loco beati Vedasti per hujus carte donationem perpetuo concedimus, excepto quod annua obsonia nostro juri persolventur. Quod etiam sigilli nostri atestatione firmamus, et cleri fideliumque nostrorum testimoniis corroboramus; monentes posteros nostros ut quod devote ad utilitatem ecclesie fecimus, ipsi ex authoritate omnipotentis Dei et nostra admoniti, fideliter conservent. Qui vero aliter, quod absit, contra jus commiserit, damnationes anathematis sibi ex presumptione contrahat; nobis tamen et omnibus hec conservantibus pro benefacto merces salutis. Amen.

Signum Gerardi episcopi, signum Haymerici abbatis Aquicincti, signum Raineri abbatis sancti Sepulchri, signum Richardi abbatis Martianensis, signum Alberti abbatis Hasnoniensis, signum Milonis decani, signum Gunfridi vice domini, signum Mazelini archidiaconi, signum Alardi archidiaconi, signum Bernardi archidiaconi, signum Frederici archidiaconi, signum Anffridi archidiaconi, signum Hugonis decani, signum Herlebaldi editui, signum Godonis cantoris, signum Goyffridi cappellani, signum Guirinbaldi scholastici, signum Fulconis militis et Gerardi, signum Valteri tonitrui et Manasses, signum Hugonis de Senghi et Fulconis, signum Hugonis de Rumolc. et Walteri Ool., signum Ingobrandi et Gerardi de Lens, signum Gualteri Venchylum, signum Aloldi abbatis, signum Iberti decani et Theodorici monachi, signum Alardi thesaurarii et Hatonis monachi, signum Gerbodo cellerarii et Vuigeri monachi, signum Arnulfi monachi et Godeberti monachi, signum Wirinbaldi monachi et Walberti monachi, signum Wascelini monachi et Malgeri monachi, signum Henrici et Hugonis, signum Helvini milites et Gerrici, signum Sauvalonis et Henrici, signum Sauvalonis et Thetboldi, signum Thetboldi et Gotranni, signum Ingelberti et Joannis de Waslencurt.

Anno incarnati Verbi M.XCI indictione xv regnante Philippo rege Francorum, regente Flandriarum Roberto juniore, anno pontificatus nostri xiv, actum in capitulo sancte Marie Cameracensi.

De Nova villa.

In Nova villa habet sanctus Vedastus domum dominicatam, districtum, theloneum, furnum, duas partes foragiorum, terram dominicatam, ad ij carrucas et dim. terram ad societatem, terram ad redemptionem que ad misericordiam redimitur, ecclesiam, altare ubi accipit in Natalibus anni et in Purificatione sancte Marie ij partes oblationum, presbiter tertiam, duas partes denariorum qui in messe pro facillagio dantur, presbiter tertiam, cujus prebenda xxiv manc. frumenti et xxiv avene. Sunt et curtilia talem sancto Vedasto singulis annis censum reddentia :

Roscela de Bobivelx vij den.

Balduinus Bosate	xvij den.
Petrus Rufus	xv den.
Richerus et Fressendis	xviij den.
Oda mater Fressendis	xvi den. et ij cap.
Legardis	xvi den. et ij cap.
Adam Delflos	xij den.
Ramelmus Rufus	xviij den.
Robertus Alaus	viij den.
Tetboldus Godars	viij den.
Ermengardis Aloa	x den. et ij cap.
Nicolaus Tiveaz	x den. et ij cap.
Joannes Berbire	x den. et ij cap.
Guibertus Martins	iiij sol.
Robertus Quercus	ij sol.
Wago	xij den.
Balduinus Belos	xij den.
Renquinus	xij den.
Robertus Carduns	xij den.
Alendis de Suces	xij den.
Thetboldus forniers	xij den.
Erinfridus et Hebertus	xij den. et i cap.
Robertus Cordele	xij den.
Rogerus de Lens	xij den.
Letardus de Prato	x den.
Atso	x den.

Hec curtilia ad misericordiam relevantur et societates et terra ad redemptionem, et qui tenent tres corveyez debent in anno.

Nomina feodatorum :

Robertus Quercus homo legius sancti Vedasti, feodus ejus ij modii terre.

Guillelmus Liesuvarez homo legius sancti Vedasti, feodus ejus xxxiv manc. terre et i hospes et dim. et vavassor unus.

Gerardus de Mellenz, feodus ejus ij manc. terre.

Wibertus homo legius sancti Vedasti, feodus ejus i mansus iij modii terre xvi hospites vavassores ij.

Hugo de Lebare et Joannes de Berbire et hii feodi eorum:

Feodus Hugonis i mod. terre.

Adam de Lebare homo legius sancti Vedasti, feodus ejus ij modii terre et iij hospites et vavassor i.

Nicolaus, feodus ejus ij manc. terre.

Hugo de Lebare homo sancti Vedasti, feodus ejus ij manc. terre.

Letardus homo sancti Vedasti, feodus ejus iij manc. terre.

Wichardus homo legius sancti Vedasti, sub relevatione x librarum, feodus ejus mansus, villicatio, tertia pars forisfactorum et foragiorum contra sanctum Vedastum xxij manc. terre xvij hospites ix vavassores; et hec nomina eorum:

Adam homo ejus legius, feodus ejus et vavassor i legius Dodo nomine feodus i mansus ij hospites xi manc. terre.

Robertus parvus homo Wichardi, feodus ejus i mansus lib.

Hugo de Lebare homo Wichardi, feodus ejus vj manc. terre.

Joannes de Berbire homo Wichardi, feodus ejus vi man. terre.

Bartholomeus homo Wichardi, feodus ejus i mansus ij manc. terre et i hospes.

Gerardus homo Wichardi, feodus ejus ij manc. terre.

Robertus Quercus homo Wichardi, feodus ejus viij manc. terre.

Eustachius de Squavia homo legius Wichardi, feodus ejus vavassor i legius Nicolaus qui tenet de eo ij hospites et quadraginta manc. terre.

De Souchez.

In Socez debet singulis annis ad eleemosinam: Alelmus i manc. frumenti de i mancoldata terre: Balduinus Caperons iiij sol. iiij pan. iiij cap. iiij manc. avene de uno curtilio quod dedit sancto Vedasto mulier quedam nomine....

De Ablenz.

In Ablenz tenet in feodum legium et in censum iiij mancoldorum frumenti duas partes decime; frumentum hoc ad hospitarium pertinet.

De Carenchi.

In Carenchi debet sancto Vedasto singulis annis:

Ramerus Crocé xij den. ij cap. i manc. avene.

Item Rainerus Cambarius dim. manc. avene. Census iste ad Serving solvitur.

De Servin.

In Servin habet sanctus Vedastus domum dominicatam, districtum, justitiam, theloneum, foragia, furnum, terram dominicatam ad i carrucam, terras ad redemptionem, duas partes decime territorii, talem singulis annis de curtiliis censum:

Dodo ad manum iij manc. avene.

Syherus de Porta	iv gall. iiij manc. avene.
Aaalinus	ij gall. ij et dim. manc. av.
Hugo Bathmur	ij manc. avene
Werinus Pilepoiz	ij manc. avene.
Ramerus de Holcin	iij manc. avene.
Wiburgis uxor Thome	ij manc. avene.
Joannes caretons	i manc. avene.
Rainelmus cusars	ij manc. avene.
Robertus filius ejus	ij manc. avene.
Boceaz	ij manc. avene.
Alardus filius Rob. Warin	ij manc. avene.
Oda mater Nicolai palmeusoi	ij manc. avene.
Willelmus fil. Joannis del Flos	ij manc. avene.
Haimmericus filius Aaliz	ij et dim. manc. avene.
Guenemarus seriains	ij manc. avene.
Gamelo	ij manc. avene.
Belinz filia Gisle	ij manc. avene.
Rainerus vaccarius	i manc. avene.
Eurardus faber	ij manc. avene.
Rodulphus Prangiere	ij manc. avene.
Gisla furnaria	ij manc. avene.
Wiburgis Juditha	ij manc. avene.
Guerricus crupans	ij manc. avene.
Vluricus telarius	i et dim. manc. avene.
Gerardus telarius	i et dim. manc. avene.
Frumentius	ij manc. avene.
Gotrannus	ij manc. avene.
Herbertus	ij manc. avene.
Alardus Cursiulains	iiij manc. avene.
Maria li haye	ij manc. avene.
Aubertus	ij manc. avene.

Haimmericus Tueaz	ij et dim. manc. avene.
Ermenfridus	ij et dim. manc. avene.
Oybertus	ij manc. avene.
Guerricus filius Red. de Bailly	i et dim. manc. avene.
Landricus	i manc. avene.
Ernaldus	ij manc. avene.
Andreas	ij manc. avene.
Philippus Magnus	ij manc. avene.
Eurardus Luscus	ij cap. et vi manc. avene.
Minardus	iij manc. avene.
Hubertus sutor	ij manc. avene.
Margareta	ij manc. avene.
Syherus	ij manc. terre.
Ermengardus de Petra	ij manc. avene.
Eurardus Caudrons	iij et dim. manc. avene.
Gualterus de Baencurt	ij manc. avene.

Item Redditus in Servin de incrementis :

Dodo ad manum	i cap. et i manc. frumenti.
Syherus de Porta	iij cap. et iij manc. frumenti.
Robertus cusars	i cap. ij gall. i manc. frum.
Rodulphus Prangiere	ij capones.
Herbertus	i cap. et i manc. frumenti.
Alardus Cursuilains	i cap. et i manc. frumenti.
Ermenfridus	i cap. et i manc. frumenti.
Eurardus Caudrons	i cap. et i manc. frumenti.
Rainerus Caudrons	iiij cap. et dim. manc. frum.
Maynardus de Goy.	i cap. et i manc. frumenti.
Gotrannus	i cap. et i manc. et i cop. frum.
Gualterus villicus	ij cap. et i et dim. manc. frum.
Item Rainerus Caudrons	ij cap. et i manc. et c frum.

Item redditus de curtiliis que sunt juxta ecclesiam ubi videlicet ipsa villa Servin antiquitus fuit :

Raynelinus cusars	iij sol.
Gamelo	xij den.
Gerardus tolarius	xij den.
Wiburgis	xij den.
Rodulphus Prangyer	xviij den.
Hugo Batmui	xij den.
Werinus Pilepoiz	xij den.
Ermengardus de Petra	xij den.
Ermenfridus	xij den.
Geroldus	ij cap. et xiij den.
Eurardus Calduns	xij den.
Martinus	xij den.
Dodo	xij den.
Fumentius	xij den.
Petrus Harie	xij den.
Eurardus Luscus	xij den.
Alardus Crosvilains	xij den.
Guillelmus del Flos	xij den.
Nicolaus	xiij den.
Geurricus crupaus	xiij den.
Haymmericus	xiij den.
Gotrannus	viij den.

Et terre et curtilia iij solidis relevantur ; si vero vendantur faciunt ad misericordiam et qui tenent eas iij corrueiz debent in anno. Gualterus homo sancti Vedasti, feodus ejus i mansus liber, quedam terragia et pro villicatione Wanni cum monachus investituras facit.

De Juvencel.

In Juvencel habet sanctus Vedastus domum dominicatam, terram ad societatem, curtilia etiam vij singula vj den. ij panes ij cap. debentia si hospitata fuerint, si vero hospites recesserint terre que est ad societatem ipsa curtilia sociantur donec hospites redeant, et de curtiliis supra scriptum censum solvunt.

De Bouvignies.

In Bovenies habet sanctus Vedastus terram ad societatem et xiij curtilia singula xxij den. et ij manc. avene per annum solventia que curtilia tenent isti :

Guido et Helvidis	i
Bernardus filius Themendis	i
Bodo et Emma	i
Robertus succriuns	ij
Gisla filia Letardi	i
Arnulphus burlars	i
Item Gisla	ij et dim.
Robertus restauz	dim.
Robertus Braymons	i
Rainerus Piuéc	i
Vincentius	i
Terra Cambe	viij sol.
Christianus de uno curtilio	
Theodoricus et Sara	xvj d. et unum manc. avene.

Habet etiam sanctus Vedastus in decima ejusdem ville.....

Bonorum horum maximam partem dedit quidam Joannes sicut subsequens ejus testatur cartula.

Carta Joannis de Bouvignies de donatione sue terre quam fecit sancto Vedasto.

Ego Joannes cum secundum seculi istius prosperitatem melius habere debuissem et bonis que mihi hereditario parentum jure contigerant bonis etiam que ex senioribus meis tenebam in virile robur corporis mei uti debuissem, tactus sum infirmitate ex qua cognovi certissime me non posse effugere, coactus quid agerem cepi cogitare in me quam flebilis et decidens esset hec vita. Nullum in me melius reperi consilium. Verti me ad Deum in quo verum est refugium et verum adjutorium, et amore illius tradidi carius quod habebam pretium, id est me ipsum, ad sancti Vedasti patroni nostri titulum me monachum faciendum pro remedio peccatorum meorum. Et ne vacua manu tanto viro me representarem statui de possessione mea sanctum Vedastum fieri heredem. Dedi ergo partem hereditatis mee in villa que Bovenias vocatur, sylvam et terram, et viginti unum.... mansum cum hospitibus et cambam unam, nec non et fratres quatuor cum sorore una. Hi sunt Norfridus, Gotenes, Heribertus, Engelbertus et Rotsela. Hos ex libera manu dedi seniori meo Vedasto, in respectu duorum denariorum in kalendis octobris tali ratione, ut quamdiu Ava uxor mea pro Deo relicta vixerit, advocatiam ville partis mee cum hospitibus et de his quatuor fratribus cum sorore eorum teneat, post cujus mortem Abbas loci recipiat sic liberam, sicuti et ego sancto trado Vedasto. Quod si quis neque de sylva, neque de terra, neque de hospitibus, neque de advocatia tortitudinem sancto cui ego pro peccatorum meorum remedio dedi intulerit, maledicat eum sanctus Vedastus et eum confundat omnipotens Deus. Testes idonei hujus mee traditionis hii sunt:

Signum fratris mei Mayul, signum Leduini abbatis, signum Albrici decani, signum Adelelmi prepositi, signum Gonfridi custodis, signum senioris mei Roberti advocati, signum filiorum ejus Robertini, Balduini, signum Odonis Scabionis, signum Hugonis filii ejus, signum Johannis nepotis ejus, signum Gualteri, Guarneri, Richeri.

Actum anno incarnationis Domini nostri Jesus Christi millesimo trigesimo tertio.

Ego Mildo monachus et sacerdos indignus scripsi.

De Gauchin.

Villa de Gaucin sancti Vedasti antiquitus fuit. Unde pro recognitione dominus ejusdem ville singulis annis tres sol. monacho de Servin in Natali solvit.

De Haulcin et Maisnil.

Dominus del Maisnil debet sancto Vedasto singulis annis in festo sancti Remigii vj manc. frumenti, pro duabus partibus decime ville de Hulcin.

De Hersin.

In villa de Hersin debet sancto Vedasto per annum Odo iiij^{or} denarios ij panes ij cap. de uno curtilio. Hunc censum monacho de Servin in Natali solvit. Habet etiam hospitarius in decima de Hersin i modium frumenti.

De Sains.

In parrochia ville de Sains est territorium quod arbre vocatur, in ipso territorio habet hospitarius decimam.

De Saillies.

In villa de Saillies habet edituus terram ad societatem et in hospitibus viij sol. et viij cap.

Habet etiam eleemosinarius tertiam partem decime ejusdem ville et in ipsis hospitibus iiij solidos et quatuor capones.

De Fuscherolez.

In Fuscherolez juxta Betuniam, habet sanctus Vedastus terram ad societatem et de hospitibus xx den. vj capones et duodecim deneratas panis.

De Esclusiers.

Major de Esclusiers legius homo sancti Vedasti, feodus ejus domus juxta aquas in qua manet, ij denarii de vestitura curtilium si vendantur pro chirotecis debet etiam idem major custodire aquas. In tempore Odonis abbatis fuit contentio inter ecclesiam nostram et Achardum majorem super hoc quod idem major asserebat se debere habere in domo nostra de Vallibus corredium sicut monachus; quod cum ecclesia ei denegaret, compromissum est super hoc in arbitros scilicet domnum Joannem de Angicourt monachum nostrum et Wibertum majorem hominem nostrum qui arbitrando pro jure dixerunt legitima facta inquisitione quod idem major ...... corredium in eadem domo non habebat sicut asserebat, sed pro jure dixerunt quod quando in aquis nostris cum rete et boittouoir piscabatur prefatus major corredium in nostra domo habere debebat sicut emens, quod corredium extra domum portare non potest nisi nobis placuerit, et quando prefato modo non piscatur, nihil habere debet in eadem domo, sive vasa leventur sive non.

Ici s'arrête brusquement le texte de Guimann (1). Le Manuscrit des Archives a encore quelques lignes, mais comme elles ont été données page 240 (*Dominus de Carorivo*, etc. 6 lignes), nous n'avons pas à les transcrire de nouveau.

Après ces six lignes, le Manuscrit des Archives n'a plus rien de Guimann, et il entre dans une série toute autre de documents, comme nous l'avons dit dans notre introduction, sans faire aucune mention de son continuateur. Le Manuscrit de l'Évêché est plus complet. Il donne, en effet, d'abord la *dédicace-épilogue* en vers que l'on va lire, puis un commencement de continuation. Nous transcrivons le tout fidèlement.

(1) On a pu remarquer combien les lacunes étaient fréquentes dans les dernières feuilles : Evidemment l'auteur se proposait de les combler, et cette partie de son travail est inachevée.

Lambertus Prior et Armarius atque Sacrista,
O claustri reverenda cohors, tibi dedicat ista.
Non datur a cunctis in templo gemma vel aurum,
Sed ferrum et plumbum, saga ligna pilique caprarum,
Non omnes intrant archanum theologie,
Et decet ut satagens succurrat Martha Marie.
Confiteor mallem Marthe complere laborem
Quam sine fini sequi, nec prendere posse sororem.
O qui fastidis moralia Gregoriana,
Hec lege : non erit hec, fateor, tibi lectio vana.
Invenies quis honor, quis apex, que gloria fastus
Huic domui, quid in hac habeat Pater urbe Vedastus ;
Que prope, que longe, domus hec servet sibi jura.
Instruat ut cunctos librum est mihi scribere cura.
Jam, nisi fallor ego, vicenus solvitur annus,
Cum mihi Germanus describeret ista Wimannus.
Hujus percurrens ego scripta, cor applico totum
Ut complere queam Germani nobile votum.
Qui legis hec, fratrisque meique memento, rogaque
Adsit utrique et utrumque stola Jesus ornet utraque.
Transierant mille ducenti, octo minus, anni,
Virginis a partu, cum transit vita Wimanni,

Qua Marchus colitur martyr cum martyre fratre,
Hac frater rapitur mihi luce, superstite fratre.
Ergo superstes ego, solusque relictus utrisque
In studiis vigilo tibi, sancte Vedaste, tuisque
Fratribus. O lector, eterna precare duobus,
Alter mortuus, alterque cito moriturus.
Vivat uterque Deo, vivat liber hic sicut et ipsi :
Quos, o diva cohors, divo tibi dogmate scripsi.
Lamberti studium terrena et celica fatur,
Hec qui fastidit hec sufficienter alatur.
Sicut Martino sunt scripta dicata Wimanni,
Sic nunc Abbati mea dedico scripta Joanni.
Vos precor, o Socii, vos nocte die que precari
Nos Deus ut faciat eterna luce beari.

AMEN.

De Bergis.

In Bergis habet sanctus Vedastus pratum i et curtilia talem singulis annis censum reddentes :

Gualterus	viij solidos.
Simon villicus	v solidos.
Aelix uxor Adam	iiij solidos.
Ingelramnus	xij den. et i capon.

De Warhem.

In Warhem sub Bergis habet sanctus Vedastus xxxix mencols avene minori mensura, ita quod due faciunt unam Bergis. Hanc avenam solvunt isti :

Theodoricus miles	vij manc. avene.
Georgius Bolars	xxv manc. avene.
Simon villicus	vij manc. avene.

De Sentinez.

In Sentinez habet sanctus Vedastus domum dominicatum, terras, et talem singulis annis censum :

Daniel	ij solid. et vi den.
Eustachius frater ejus	ij sol. et vi den.
Cornelius	ij sol. et v den.
Walterus de lehem	ij solid. et v den.
Balduinus	ij solid. et v den.
Obertus	ij solid. et v den.

De hac domo sancti Vedasti in Sentinez, sive ejus redditibus, tale extat Philippi comitis Flandrie privilegium.

Carta Philippi comitis Flandrie de quadam compositione pro territorio de Sentinez.

In nomine sancte et individue Trinitatis, Patris et Filii et Spiritus sancti. Amen. Philippus Flandriarum comes, omnibus tam futuris quam presentibus in perpetuum.

Noverint presentes et futuri quod Daniel de Sentinez et Eustachius frater ejus, assensu uxoris ejusdem Danielis, totam terram quam ecclesia beati Vedasti Atrebatensis censualem tenuerant, in presentia mea et hominum meorum libere et spontanee eidem ecclesie reddiderunt, presente venerabili ejusdem ecclesie tunc temporis abbate Martino, tali dumtaxat interposita conditione, quod de eadem terra cesserunt in partem eorumdem fratrum et heredum eorum lx mensure sub censu quinque solidorum in festo sancti Remigii ab ipsis ecclesie solvendorum, hoc insuper addito quod de terra ipsa justitie abbatis subjacebunt, et curie ejus, et nulli eam ecclesie dare vel vendere, vel invadiare, vel ad aliquam personam transferre, nisi ad supradictam ecclesiam poterunt, excepto quod idem Daniel fratri suo, et frater suus sibi eam vendere vel invadiare poterunt, et ipsis morientibus successores eorum de eadem terra tantum pro relevatione dabunt quantum pro censu dare soliti sunt. Sed si necessitate compellente, iidem fratres vel successores eorum terram suam vendere vel invadiare voluerint, primo eam abbati et ecclesie offerent, et secundum appretiationem scabinorum et sapientum terre dabunt. Si autem ecclesia recusaverit, salvo jure ecclesie alias transferre poterunt. Similiter quinque fratres filii Oberti, terram quam de eadem ecclesia tenebant censualiter eidem ecclesie vel abbati solemniter et libere reddiderunt, exceptis tredecim mensuris quas ex conventione abbatis et ipsorum sibi retinuerunt pro censu xij solidorum in festo similiter sancti Richarii solvendorum. De justitia vero exequenda, et de translatione terre non facienda, et de terra ipsa a successoribus relevanda talis qualis cum Daniele et Eustachio facta est conditio.

Actum anno Domini M°. C°. LXIIII°. Testes :

Eustachius camerarius, Guido Burg. castell., Gualterus de Locra, Walterus Gonella, Gerardus de Sobrigim., Walterus de Formeselez, Guillelmus Morans, Robertus frater ejus, filii Guill. Morans, Christianus de prato, Theodoricus de Werhem, Alamus, Carolus de Spicra, Joannes Clericus, Hugo de Stenis, Robertus prepositus de Aria, Gualterus abbas Burg., Alexis prior, Rodulphus subprior. Monachi Atrebatenses: Johannes thesaurarius, Balduinus camerarius, Anscherus cellerarius, Gerardus de Spineto, Clemens, Gislenus prior, Guill. de Wispeldei, Guill. de Worhout.

Inter ecclesiam sancti Vedasti et majorem de Buhicurt Alardum quedam controversia vertebatur super quibusdam conrodiis et super mense Augusti de quo dicebat, quod per totum ipsum mensem in eadem domo cum roncino suo debebat commorari, procantonem que suam accipere, sed cum eadem ecclesia id ei denegaret, pro bono pacis ab utraque parte pari assensu extitit compromissum, in domnum Guifridum militem de Warluz et Wibertum Majorem ut de omnibus querelis inquirerent veritatem. Et hoc dictus Major coram hominibus nostris tenere creantavit, dicti vero Guifridus miles et Wibertus Major super premissis diutinam habentes deliberationem et veritatem diligenter inquirentes, prestito etiam corporali sacramento, tandem pro jure dixerunt quod dictus Alardus Major de Buhircurt singulis annis tria tantum conrodia cum Scabinis ejusdem ville, et nihil amplius in dicta domo de jure percipere poterat nec debebat. Verum etiam cum messem per mensem Augusti idem Major in dicta domo postulasset, hoc idem dicti Guifridus et Wibertus eidem abjudicaverunt. Sciendum etiam quod si monachus de Buhiercourt dictum Majorem propter negotia domus ad secum proficiscendum invitaverit, tunc ipsum Majorem et roncinium ipsius domus procantabit, sed nihil amplius in eadem domo habet juris.

Ici finit encore brusquement, et par une colonne inachevée, le texte de Lambert. Ce qui suit, à partir du *recto* de la feuille qui vient après cette lacune, jusqu'à la fin du volume, est une série de pièces de toute nature et de toute date, sans aucun ordre de matières ou autre quelconque, évidemment transcrites comme on les a trouvées réunies, sans lien, sans notes, sans travail. La continuation de Lambert se bornerait-elle donc à ce que nous venons de transcrire? Nous le pensons. Nous en avons pour preuve, d'abord le véritable *fouillis* de ce qui suit, puis un document précieux que nous avons eu le bonheur de découvrir il y quelques jours. Le Nécrologe de Saint-Vaast est incomplet sur la biographie de Lambert à l'article qui le concerne; il dit seulement qu'il a continué le livre de son frère environ jusqu'à 119., laissant le dernier chiffre douteux. Mais, dans le catalogue des Prévôts, il nous le montre déjà remplacé en 1195 et nous donne ainsi probablement la clef de l'énigme. Selon son pressentiment, exprimé dans la dédicace ci-dessus, *alter cito moriturus*, Lambert n'a survécu à son frère que deux ou trois ans. Pour peu qu'il ait tardé à commencer son travail, pour peu qu'il ait lu et relu celui de son frère afin de l'imiter, il avait à peine commencé, quand la mort l'a saisi à son tour, et voilà l'explication de cette brusque interruption.

Que faire maintenant pour retrouver dans ce qui suit l'œuvre de Lambert, ou même l'œuvre préparée par Guimann ? Rien évidemment, puisque tout est pêle-mêle et à l'état de simple recueil préparatoire, sans classement, ou plutôt avec dérangement, et mélangé à un nombre plus considérable de documents postérieurs. Nous terminerons donc ici notre travail actuel, donnant seulement, comme particulièrement précieuses parce que nous en avons les originaux dans les Archives du Pas-de-Calais, quatre pièces qui se trouvent en copie dans le même Manuscrit, plus une Notice sur les deux chartes fondamentales de Thierry et de Charles-le-Chauve, telles qu'elles se trouvent aussi dans ce pêle-mêle, au milieu de pièces d'époques tout-à-fait différentes.

APPENDICE

1° Priviléges de Thierry III et de Charles-le-Chauve.

Une copie de ces deux Priviléges se trouve dans le Recueil qui accompagne la continuation de Lambert. Cette copie est remarquable par le titre qu'elle donne à ces deux actes, et que voici :

Privilegium Theodorici Regis Auro bullatum de prima fondatione Monasterii sancti Vedasti.

Privilegium Caroli Regis et Imperatoris Auro bullatum de confirmatione Privilegii Theodorici Regis, et de hoc quod Monasterium sancti Vedasti suis muneribus ampliavit.

Le texte des deux pièces offre d'assez utiles variantes pour les noms de lieux. Nous en parlerons plus loin dans une dissertation spéciale. Notons toutefois dès maintenant les suivantes :

Acte de Thierry III : Dagillulam, inter Altheim, Mariclas, Maxem ;

Acte de Charles-le-Chauve : Dagnivillam, inter Athein, Mariolas, Maxan.

Ces copies ont évidemment été prises sur des documents différents de ceux que nous avons vus jusqu'ici. Elles prouvent une fois de plus la solidité des arguments du P. Lecointe sur l'authenticité de ces actes, dont il sera désormais difficile de douter, après les calques de copies antérieures à Guimann qui accompagnent cette édition, et surtout après l'attestation de Guimann qui a vu les originaux et en fait la description. Cette mention d'une bulle en or vient ajouter un nouveau trait, et des plus intéressants, à tous ceux qui nous retracent l'aspect et, si l'on peut parler ainsi, la manière d'être de ces pièces capitales.

2° Carta Martini abbatis sancti Vedasti et Gerardi abbatis Ninivensis.

In nomine sancte et individue Trinitatis. Amen.

Ego Martinus Dei gratia ecclesie beati Vedasti Atrebatensis servus, omnibus Christi fidelibus, tam futuris quam presentibus, in perpetuum.

Quod pie devotionis affectu, rationabiliter, et communi fratrum nostrorum consilio, bene a nobis actum est, ne oblivionis, vel negligentie, vel discordie causa, deleatur, immutetur, vel forte dissipetur; memorie tam presentium quam futurorum scripto commendantes mandavimus.

Notum sit igitur omnibus, quod illud alodium quod ecclesia nostra de Haspra, in parrochia de Lunbecca (1), in vico qui dicitur Cathem, ab antiquo tenuit, in terris, silvis, pratis, pascuis, cum censu, et omni nostro inibi jure, venerabili abbati Gerardo, et ecclesie Ninivensi, jure per-

(1) Manuscrit de l'Evêché : Lomberchy.

petuo possidendum, ore manuque concessimus; hoc pacto, ut annuatim ecclesie Hasprensi, in festo beati Luce, quinquaginta solidos Valencinensis monete, Cameraci, sive Haspere, Ninivensis ecclesia persolvat. Si quis autem prefatam Ninivensem ecclesiam, de predicto alodio infestare presumserit, nos, velut hujus boni auctores et testatores, consilio, justicia, et banno, auxilium et defensionem nostram fideliter opponemus. Ut autem hoc ratum et inconcussum permaneat, scripto commendatum, nostro et abbatis ecclesie Ninivensis sigillo confirmavimus, et partito inter utramque ecclesiam cyrographo, reservandum commisimus, personis, et testibus, utriusque ecclesie subnotatis.

Nomina testium : Donnus Arnulfus abbas de Ha. Gillenus prior beate Vedasti. Lambertus prior IIus. Johannes prior IIIus. Johannes thesaurarius. Robertus de Galci. Robertus armarius. Balduinus hospitarius. Everardus celerarius. Johannes prepositus. Walterus camerarius. Anskerus elemosinarius. Rainerus edituus. Robertus Florb. Balduinus Hasn. Rogerus. Rodulfus. Wimannus, Rob. Gilbertus. Gerardus de Spinoit. Illi de Haspra : Donnus Thomas prepositus. Fulco prior. Aldo. Ingelbertus. Haimo. Hugo. Segardus. Ninivenses : Arnulfus prior. Sigerus subprior. Magister Sigerus. Johannes celerarius. Balduinus cantor. Julianus. Hugo. de curia.

Actum anno dominice Incarnationis M°. C°. LXII°. mense aprili, XVII°. kl. Maii.

Les deux sceaux des abbés de Saint-Vaast et de Ninive ou Ninove sont en bon état, le dernier surtout est très-complet. Les noms des témoins, omis dans le Manuscrit de l'Évêché, ont été ici copiés avec soin sur l'original.

3° *Carta Philippi comitis Flandrie, de Marisco inter Vitri et Biarch.*

In nomine Patris et Filii et Spiritus sancti. Amen.

Philippus Dei gratia Flandrie atque Viromandie comes, omnibus hec legentibus vel audientibus salutem.

Quoniam omnis potestas ad vindictam malefactorum, laudem vero bonorum, a Deo ordinata est, decens et debitum est ut nos qui in sublimitate constituti sumus ea que Dei sunt et sancte ecclesię sunt manu teneamus, et eorum qui illa vel minuere vel auferre moliuntur errorem comprimamus. Omnibus igitur tam futuris quam presentibus notum sit, quod homines mei de Vitri, ob commoditates suas et pascua pecorum suorum, a Vitri usque ad terras sancti Vedasti de Biarc intersecta palude que ibidem interjacet viam construebant, et ut eadem via suis utilitatibus deserviret multis laboribus et expensis insistebant. Cumque ad clamorem hominum sancti Vedasti de Biarc, de Fraisne et de Pelven, qui viam illam sibi suisque successoribus molestam atque dampnosam fore sciebant, venerabilis abbas sancti Vedasti Martinus et universus Conventus ad me super hoc querelam detulissent, ego rationabili eorum petitioni adquiescens, eandem viam que contra jus et rationem construebatur destrui et in eternum dampnari feci, et ne de cetero vel ibi vel alibi per eandem paludem via fieret, que vel Biarc, vel Fraisne, vel Pelven, vel terris sive possessionibus sancti Vedasti dampnum sive molestiam inferre posset, Deo et sancto Vedasto ob remedium anime mee in elemosynam concessi, et ut hec elemosyna rata et inconvulsa permaneat, eam in presentia Baronum meorum et totius curie frequentia litteris mandari et relegi feci, et testibus qui presentes approbaverunt ex nomine subsignatis, presentem cartham sigilli mei impressione confirmavi.

Signum Phylippi Flandrie atque Viromandie comitis incliti. Signum Elizabet comitisse. Signum Roberti electi Cameracensis et cancellarii Flandrie. Signum Hellini dapiferi. Signum Roberti advocati. Signum Walteri de Locris. Signum Henrici de Morsella. Signum Michaelis castellani de Duaco. Signum Walteri de Atrebato. Signum Johannis de Waencurt. Signum Guiffridi de Hamelencurt.

Actum anno Domini millesimo centesimo LXXIIII°.

Collationné sur l'original, déposé aux Archives du Pas-de-Calais, fonds de Saint-Vaast ; état parfait de conservation, sceau perdu.

4° Carta Renoldi Noviomensis episcopi pro altari de Moylains et decimis episcopi.

In nomine Patris et Filii et Spiritus sancti. Amen.

Pontificalem decet authoritatem, et ad religiosarum personarum spectat honestatem, ea que in lite versantur ad pacem et concordiam revocare, quatinus omni sopita controversia, quod cuique competit quisque sine difficultate valeat percipere. Ego igitur Renoldus Noviomensis dictus episcopus, tam presentibus quam futuris notum fieri volo, quod querela illa que inter nos et ecclesiam sancti Vedasti Atrebatensis super decimatione altaris de Moilens et Ernolmanil diu ventilata fuit pro bono pacis in hunc modum sedata est et debitum finem sortita: scilicet quicquid decimationis nemoris et ad dotem altaris pertinens in supradicta ecclesia hactenus habuimus, ecclesie sancti Vedasti sub annuo censu perpetuo percipiendum dereliquimus, et ecclesia per manum Martini abbatis totumque capitulum de manu nostra recepit. Si quidem ecclesia sancti Vedasti pro majori decima et Nemore et dote altaris nobis nostrisque successoribus lxx modios annone duas partes frumenti et tertiam avene de collecta ejusdem decimationis, ad mensuram Peronensem que nunc est, singulis annis legitime persolvet, quam mensuram uterque nostrorum penes se servabit, et propriis vehiculis jam dicta ecclesia infra Peronam ubicumque voluerimus conducet, et ad consuetudinem vendentium et ementium mensurabit. Persolvetur quoque hec censura usque ad Natale, vel prius si forte parata fuerit. Quod si ultra Natalem differri contigerit, cum licentia nostra id debet fieri. Si autem terra illa in qua decimatio ista consistit, Regis vel comitum Flandrie et Viromandie exercitu depopuletur, vel etiam ab eis cremetur, nuntiabitur nobis, et eo anno quo devastatio vel crematio facta fuerit, ab hac censura ecclesia sancti Vedasti libera erit. De eo vero quod residuum fuerit tertiam partem recepiemus et totum de dote altaris. Porro pro communi dampno in malefactores ecclesiasticam exercebimus vindictam, et absque assensu jam dicte ecclesie justiciam relaxare non poterimus. Si autem aliquis in eadem decimatione que ad nos pertinet carionem sibi usurpare voluerit, in omni curia Christianitatis absque propriis expensis garendizabimus. Quod si aliquis super hoc violentiam inferre voluerit, justiciam de eo tenebimus, et absque assensu ecclesie sancti Vedasti absolvere non poterimus. Minutam quoque decimam quam nos in ecclesia de Moilens et Ernolmanil hactenus habuimus, ecclesia sancti Vedasti sub annuo censu sexaginta solidorum catal. de manu nostra recepit, medietatem in Natali, et medietatem in Penthecoste, nobis nostrisque successoribus perpetuo singulis annis persolvendam. Quod si moneta deteriorabitur vel forte meliorabitur, viginti solidos sterlingorum predictis terminis ecclesia sancti Vedasti nobis persolvet. Ne igitur aliqua controversia inter presbiterum parrochialem et ecclesiam sancti Vedasti super oblationibus altaris oriatur, determinantes dicimus quod in Natali et in Pascha et Penthecoste, et in festo omnium sanctorum duas partes oblationum, et in Purificatione duas tantummodo partes candelarum ecclesia sancti Vedasti recipiet. Si autem ecclesia de Moilens interdicto subjacebit, secundum condignam existimationem amissarum oblationum de predicta cadet censura. Porro ut omnis ambiguitas de medio tollatur, scire volumus quod in tota parrochia de Moilens nichil extra censuram istam in manu nostra retinuimus, preter personatum et hospites et censum hospitum quos ibidem habemus. Ut igitur compositio ista perpetuo rata permaneat, et ne censura ista secundum quod determinatum est in irritum revocetur, pari assensu in capitulo sancti Vedasti nos et ecclesia sancti Vedasti coram domno Frumaldo ejusdem civitatis episcopo inviolabiliter tenere concessimus, et tam sigillorum nostrorum impressione quam testium sub assignatione cyrographi quoque prescriptione hanc nostre constitutionis paginam communivimus.

S. Domni Frumaldi Atrebatensis episcopi. S. Martini abbatis sancti Vedasti. S. Johannis prioris. S. Fulconis supprioris. S.....di prepositi. S. Wimanni cellerarii. S. Henrici camerarii. S. Christiani hospitarii. S. Gerardi thesaurarii. S. Ysaac custodis. S. Johannis infirmarii. S. Henrici elemosinarii. S. Nicholai cantoris. S. Petri capellani. S. Johannis prepositi de Haspra. S. Henrici prepositi de Berclau. S. Rogeri prepositi de Gorea. S. Totius conventus sancti Vedasti. S. Domni Renoldi Noviomensis episcopi. S. Hugonis abbatis de Monte sancti Quintini. S. Girardi abbatis sancti Nicholai de Arroasia. S. Girardi abbatis Ailcurtensis. S. Raineri abbatis Calniacensis. S. Gaufridi cantoris Noviomensis. S. Magist. Ingelranni, Henrici, Roberti de Luisarces canonicorum. S. Johannis capellani.

Actum anno dominice Incarnationis M°. C°. LXX°. VII°.

Ego Balduinus cancellarius relegi et subscripsi.

Nous avons collationné cette charte sur l'original déposé aux Archives du Pas-de-Calais, fonds de Saint-Vaast. Le commencement de la pièce est en mauvais état, mais le reste est bien conservé. Nous avons rétabli ici la liste complète, et très-intéressante, des témoins (omise par le Manuscrit de l'Évêché), et dans laquelle se trouvent plusieurs noms historiques. Le sceau de l'Évêque de Noyon, en parfait état, est seul conservé.

5° Carta Hilberti Domini de Carenci pro Servins.

Ego Hilbertus Dei patientia Dominus de Carenci, et Hilbertus junior filius meus, omnibus hec legentibus vel audientibus in perpetuum.

Noverint tam presentes quam futuri, quod ecclesia beati Vedasti de Atrebato quandam villam que dicitur Servins in Gauheria cum justitia et districto possidet, et diu libere et quiete possedit. Verum cum diebus meis inter me et venerabilem ejusdem ecclesie Johannem abbatem, super quibusdam consuetudinibus quas in eadem villa de jure mihi competere asserebam controversia esset exorta, tandem virorum prudentum mediante consilio in hunc modum est sopita. Ego igitur in supradicta villa quod tempore longo tenneram, assensu et voluntate abbatis et ecclesie mihi retinui, scilicet de uno quoque curtili quod inhabitatur, duodecim denarios in festo omnium sanctorum quotannis persolvendos, et de unaquaque carruca tres corveias in anno. Quod si castellum meum de Carenci, vel pro guerra imminente, vel pro communi terre mee utilitate, fossatis meliorare vel fortius facere voluero, tunc de reliquis ville manuoperariis tres corveias cum palis habebo. Si vero aliquis in eadem villa de latrocinio suspectus habeatur, vel pro latrocinio deprehensus fuerit in curia sancti Vedasti ab hominibus ville debet judicari, et si ipsorum judicio eum mortis reum esse constiterit, tunc a ministro ecclesie ibidem demorante extra districtum ville nudus mihi debet deliberari, census autem illius vel hereditas si quam habet, libere et ex integro ecclesie sancti Vedasti remanebit. Preterea si ibidem vel homicidia, vel sanguinis effusiones, vel burine, vel hujus modi excessus contigerint; hec omnia, sicut et cetera ville forisfacta, de jure suo ecclesia per se puniet et emendabit. Quod si aliquis predictorum malefactorum juri ecclesie contumaciter stare contempserit, tunc ad ipsius contumaciam et temeritatem puniendam, ecclesia me secum advocabit, et ego forisfacti illius pro quo vocatus fuero tertiam partem habebo, nec alium in hujus modi excessibus debebit advocare, quamdiu ei bona fide voluero auxilium impendere. Quod si ei deessem ad comitis justiciam posset recurrere. Hec igitur a me Hilberto de Carenci et a filio meo juniore Hilberto, in presentia predicti abbatis et fratrum ejus et hominum ipsius et meorum, insuper et comitis fuerunt recognita, et ne per negligentiam scripti, a posterorum possint elabi memoria, assensu abbatis et meo, duabus kartis sub cyrographo sunt inscripta, et nominibus illorum qui interfuerunt appositis, sigillo predicti abbatis et Capituli et meo confirmata.

Nomina Monachorum sancti Vedasti : S. Lamberti prioris et Henrici supprioris et Gisleberti tercii prioris, S. domni Bartholomei quondam abbatis sancti Walarici, S. Guimanni thesaurarii, S. Henrici camerarii, S. Hugonis elemosinarii, S. Gerardi de Spineto, S. Roberti prepositi sancti Michaelis, S. Petri Capellani.

Nomina hominum sancti Vedasti : S. Alardi de Croisilles, S. Johannis de Waencort, S. Balduini de Belmeis, S. Hugonis Hael de Anez. S. Galteri de Ransart, S. Waneri de Baillol, S. Gualteri de Hees, S. Wicardi majoris de Novavilla, S. Pagani majoris de Servin. S. Andree et Wiberti majorum, S. Amolrici de Wanchetin et Hugonis Havet hominum comitis, S. Acardi de Ablen, S. Hugonis de Goi, S. Hugonis del Balie, S. Philippi de Carenci et Amolrici fratris ejus, hominum meorum.

Actum anno Verbi incarnati millesimo centesimo octogesimo nono.

Cette pièce a été collationnée avec le plus grand soin sur l'original, archives du Pas-de-Calais, fonds de Saint-Vaast, sceau encore appendu à l'acte, qui est en très-bon état de conservation.

6° *Un chapitre de Guimann traduit en français au XIVe siècle.*

De linstitution premiere du Gaule.

Translatee de latin en franchois, lequel latin appert chi apres au signe de le ✠

Comment le Gaule fu premierement institue. Cest assavoir que apres le trespas du conte nomme Bauduin ses successeurs contes qui souvent repairoient Arras faisoient tant de inquietacons et de molestes aux religieux de Saint Vaast et a leurs gens et hommes demourens en leurs villes et terres au plat pays que a grant paine ils pouoient vivre, car lesdits successeurs se logoient en leur d^{e} eglise, et envoient leurs chevaliers et aultres gens en aucunes dicelles villes chinquante es aultres cent, lesquels en icelles faisoient a grant tumulte et dissolucons aux dis hommes plusieurs griefs et excacons intollerables, tant en dissipant leurs biens, violant leurs femmes et leurs filles deflorant, comme en autres dissolucions griefs et exces, sur quoy iceulx hommes dicelle eglise souvent se plaindoient a labbe dicelle, pour lesquelles extortions a le requeste des dis hommes le dit abbe fist du consentement du conte qui lors estoit, assembler le conseil et present le capitre dicelle eglise et les barons du dit conte pour raceter leurs dites vexations fu ordene que iceulx hommes de Saint Vaast ou lieu et en commutation diceulx vivres que les dis gens du conte prenoient sur eulx, et pour obvier aux dis griefs et exces ils paieroient dores en avant ledit Gaule au dit conte et lors fu premierement institue pour les causes dittes par le fourme chy apres devisee, et les dits religieux quant le dit conte seroit Arras lui livreroient chacun jour une fois ij pains, demi sext. de vin, un mes de poisson ou de friture, pourveu se le Roy y estoit Il aroit les dits vivres appelles ou registre charité et non le dit conte, et pour iceluy Gaule est deu es villes qui doivent Gaule pour chacun curtil. ij menc. davaine, i d. pour le portage, un pain pour les chiens et une poulle pour les oiseaux dudit conte, et pour une charrue i muy davaine, demie charrue demi muy, et le terre labouree dune jument iiij menc. davaine, et tout les fiefs et terres du demaine de Saint Vaast, et tout ce qui audit demaine retourne frans du dit Gaule, les quelles coustumes et ordenances furent accordees pour demourer en pais, et lesquelles tous les jours sont perverties en malvais usages, *comme plus a plain est contenu et escript en l'ancien blanc registre de ledite eglise nomme Wimant, sur le nombre de* ix *et en ce coyer souls le signe de le* ✠.

Ceci est la traduction du texte de Guimann : Postquam vero Balduinus, etc. pages 45 et 46. Quelques variantes se lisent dans le latin de ce *cahier* : hospitandi, direptiones, Attrebati, Attrebato, supersedemus, cotidie, plus trois inversions sans importance.

ÉTUDES

SUR LES PRINCIPALES DIFFICULTÉS QUE L'ON RENCONTRE DANS LA LECTURE DU TEXTE DE GUIMANN.

PREMIÈRE ÉTUDE

Les priviléges de Thierry III et de Charles-le-chauve.

Ainsi qu'on l'a vu plus haut, nous avons été assez heureux pour pouvoir donner, non seulement le texte, mais un fac-simile de deux copies très anciennes de ces Priviléges, copies antérieures à Guimann. Si, à ces copies, nous joignons celles du Manuscrit des Archives, et celles de la seconde partie du Manuscrit de l'Évêché (Cartulaire de Lambert), pour les deux actes ; celles du P. Lecointe, d'Aubert-le-Mire et de Migne, pour l'acte de Thierry ; nous aurons six exemplaires pour le diplôme de Thierry et trois pour celui de Charles-le-Chauve. Dans ces exemplaires, nous trouverons des variantes qui nous prouvent qu'ils ont été copiés sur d'autres exemplaires différant entre eux, et c'est à l'aide de ces variantes que nous pourrons constater plusieurs faits intéressants. Donnons d'abord le texte le plus ancien, en y joignant les deux titres qui ne se trouvent que dans le Manuscrit de l'Evêché d'Arras.

Privilegium Theoderici Regis auro bullatum de prima fondatione Monasterii sancti Vedasti.

IN NOMINE SANCTE ET INDIVIDUE TRINITATIS THEODERICUS GRATIA DEI REX.

Idcirco potissimum collatam nobis a Deo credimus imperii dignitatem. ut in tutela et augmento sancte catholice ecclesie ipsius piam exequamur voluntatem. Quapropter noverit omnium fidelium nostrorum tam futurorum quam presentium sollertia. quod adierunt celsitudinem nostram monachi ex monasterio quod vocatur Nobiliacus. ubi pretiosus confessor Christi Vedastus corpore quiescit. humiliter postulantes. ut regale decretum nostrum super villis que nostra munificentia jam sibi cesserant firmari juberemus ut quecumque ex inspiratione divina ipsis contuleramus. imperiali edicto et sigillo ad perpetuitatem statueremus. Igitur pro salute tam successorum quam antecessorum nostrorum videlicet regum vel imperatorum. et pro totius statu regni. inspirante omnium regum Deo. prefato monasterio et monachis inibi Deo in perpetuum famulantibus. regali liberalitate confirmamus. que jam eadem liberalitate concessimus. ad matriculam scilicet ecclesie. In Atrebatensi pago. Atheas. Felci. ad portam ecclesie. Bernerivillam. Dagilliillam. In pago Virmandensi. Mediolanas. Valles. Puteas aquas. In Batua. Rexnam. Wlfaram cum capella. Rothem. et aliam Rothem. In pago Hansbanio et Ribuario. Haimbecha. Halmala. Torona. et inter Atheim. Mariclas. Ambron. Musinium. Groslas. Has villas. mansos dominicales. vj. mansos servicales. l. xx. v. In Watrevia.

Cambach. cum appenditiis suis. et ecclesia. In pago Caribaut. Maxcin. cum appenditiis. In Pabula. Montes. De his ergo villis cum omnibus appenditiis et reditibus. et mancipiis. per imperialem celsitudinem sancimus. ut nullus mortalium presumat aliquid qualibet violentia vel fraude auferre: vel demere. sed sicut a nostra liberalite roborata sunt prefati monasterii fratrum usibus in perpetuum cedant.

Privilegium Karoli Regis et Imperatoris auro bullatum de confirmatione privilegii Theoderici Regis, et de hoc quod monasterium sancti Vedasti suis muneribus ampliavit

IN NOMINE SANCTE ET INDIVIDUE TRINITATIS KAROLUS EJUSDEM DEI OMNIPOTENTIS GRATIA IMPERATOR AUGUSTUS.

Si ea que predecessores nostri superna dispensatione et gratia sublimes et inspirati. ecclesiarum et servorum Dei utilitatibus providentes. illis contulerunt. nostris edictis confirmamus. vel ipso Deo illuminante. imperiali munificentia cumulamus. hoc nobis procul dubio ad eternam beatitudinem. et totius regni nobis a Deo commissi tutelam profuturum esse credimus. Notum sit igitur omnibus sancte Dei ecclesie et nostris fidelibus. scilicet tam futuris quam presentibus. quod Rodulfus abbas monasterii sancti Vedasti. quod vocatur Nobiliacus. ubi ipse pretiosus confessor Christi corpore quiescit. fratres quoque ejusdem loci suppliciter nobis supplicaverunt. ut pro Dei omnipotentis amore. et ne aliqua successorum nostrorum negligentia futuris temporibus ordo monasticus in ecclesia ipsa perturbaretur. quasdam villas. seu possessiones. ita priscis temporibus a regibus per precepta imperialia sibi delegatas. nostraque munificentia. pro nostra. totiusque regni salute et statu collatas. nostre auctoritatis precepto seu sigillo firmari juberemus. quatinus et antecessorum nostrorum et nostre liberalitatis munere irrefragabiliter in perpetuum uterentur. Nos autem peticionis. et petentium dignitatem et rationem benigne attendentes. aurem celeri accommodavimus assensu. et quae a predecessore nostro rege Theoderico delegata sunt. sicut ab ipso stabilita et ordinata sunt in perpetuum permanere decernimus. ad matriculam scilicet ecclesie. In Atrebatensi pago. Atheas. Felci. ad portam ecclesie. Bernivillam. Dagivillam. In pago Virmandensi. Mediolanas. Valles. Puteas Aquas. In Batua. Rexan. Vulfaram. cum capella. Rothem. et aliam Rothem. In pago Hansbanio et Ribuario. Hembec. Halmala. Torona. et inter Atheim. Mariclas. Ambron. Musinium. Groslas. Has Villas. Mansos dominicales. vj. mansos servicales. l. xx. v. In Watrevia. Cambac. cum appenditiis suis. et ecclesia. In pago Caribant. Maxcin. cum appenditiis. In Pabula. Montes. Similiter ea que ipsis suscipientibus omnipotenti Deo de suis muneribus regali munere reddimus. cum predictis eos perhenniter possidere sancimus. videlicet Angilcurt. Truntelcurt. Hendecurt. Tillet. Erlencurt. Precipimus igitur regia auctoritate. ut nemo successorum nostrorum regum vel comitum. quod nostro roboratum est edicto. subtrahere. commutare. vel imminuere audeat. aut ad usus suos retorqueat. vel alteri quicquam horum in beneficium tribuat. quatinus monachi in cenobio suprascripto secundum regulam sancti Benedicti libere Deo deservire valeant. et fideliter pro nobis omnipotentem Deum sedule exorent.

Les grandes difficultés de ces deux textes ont pour objet *les noms de lieux*. Faire de la géographie du temps des Carlovingiens et même des Mérovingiens n'est pas chose facile, en effet, quand on sort des grandes divisions territoriales : tant de choses ont changé depuis lors ! Et pourtant, c'est ce qu'il faut faire, si nous voulons bien comprendre Guimann. Essayons donc.

La première expression indiquant un nom de lieu est : *in Atrebatensi pago*, ou bien : *in Attrebato, in Atrebato*. . . Cette expression ne saurait offrir aucune difficulté d'interprétation : c'est le PAYS D'ARTOIS, et plus particulièrement les environs mêmes d'Arras, comme l'indiquent, d'ailleurs, les quatre villages dont on va lire les noms.

Atheas. — C'est ATHIES, canton d'Arras (nord). Il n'y a aucun doute sur cette attribution.

Felci ou *Felciacum*. — C'est FEUCHY, canton d'Arras (sud) : même certitude.

Berneri villam, Bernevillam, Bernivillam. — C'est BERNEVILLE, canton de Beaumetz-les-Loges. La forme *Bernerivilla*, qui ne se trouve que dans la copie de 1100, est très-remarquable.

Daginvillam, Dagillijllam, Dagivillam, Dagillulam, Dagnivillam. — C'est DAINVILLE, canton d'Arras (nord).

Nous trouvons ensuite ces mots : *In pago Vermandensi*, ou *Virmandensi*, ou *Veromandensi*. Là encore pas de doute possible, c'est le PAYS DE VERMAND ou le Vermandois.

Ceci nous indique où nous devons chercher les trois localités suivantes, puisqu'elles sont données comme étant dans le Vermandois, ce qui a été oublié par plusieurs.

Mediolanas désigne certainement MOISLAINS, dans le département de la Somme. Les chartes, les terriers, les dénombrements, les livres de visite nous le disent à chaque instant.

Valles est VAUX, SUR LA SOMME, Vaux-l'Eclusier. Cela est dit aussi dans plusieurs endroits des terriers. Ce lieu est d'ailleurs désigné dans un diplôme de Charles-le-Chauve, page 41 de cette édition de Guimann: Valles super fluvium Summam.

Putheas Aquas est le village de PUZEAUX, en Picardie. Ce nom se trouve également dans les terriers.

Ici commencent les grandes difficultés.

Nous sommes tout-à-coup transportés en Hollande, car *in Batuâ* (ou *Bathua*) veut dire certainement LE BÉTUWE, partie du pays des *Bataves*, ancienne île du Rhin, du Wahal et du Leck. Les anciennes géographies le désignent ainsi. Il y a plus: il est formellement décrit et localisé dans un passage de la bulle du Pape Etienne, page 23 de cette édition de Guimann, en ces termes: « Villas etiam sitas in Pago qui vocatur Batua, *quem circumfluit Renus bicornis* fluvius. » Au VIIIe siècle, en effet, le Rhin pouvait encore s'appeler *bicornis*, comme aux temps de Virgile, et l'île *Bathua* existait dans la même forme que lors de la donation de Thierry III au VIIe siècle.

Ce n'est que beaucoup plus tard que se produisent les bouleversements, les tempêtes, les événements extraordinaires qui ont grandement modifié l'existence même de la Zélande et de la Hollande actuelle, si différente du pays primitif des Bataves. C'est néanmoins là que nous devons chercher l'emplacement de ces vieilles propriétés de notre abbaye d'Arras.

Aussi nous ne nous sommes point contenté d'avoir visité ces lieux et tous ceux dont nous allons parler plus loin, nous avons établi un commerce d'études spéciales avec des érudits de ces pays; aux cartes modernes et anciennes nous avons joint, grâces à eux, l'étude directe des localités, et de tous ces efforts réunis sont sorties les données suivantes, que nous n'osons pas appeler des conclusions, mais qui sont au moins des choses sérieusement examinées.

1° *Rexna* est RESSEN ; 2° *Wulfara* est WOLFEREN près de Loenen.

« Vers l'an 673, dit M. L. Ph. C. Van den Bergh, archi-
« viste du royaume des Pays-Bas (1), on trouvait dans le
« Bétuwe: Rexan, *Ressen* ; Wulfara, c'est-à-dire *Wolferen*
« près de Loenen, avec une chapelle ; *Rothem*, et encore
« une autre *Rothem*. Cette chapelle de Wolferen est bien la
« plus ancienne de cette contrée. »

3° « Quant à Rothem, nous écrit M. Brouwers d'Ams-
« terdam, (2) il n'y a pas de certitude historique.

« Les uns sont d'avis que ce Rothem est le château
« *Rodentoren* dans l'Overbetuwe ; d'autres croient que
« Rothem n'est autre que le village *Rossum*, qui avait an-
« térieurement nom Rothem, et était situé dans le Feis-
« terbant.

« D'autres encore inclinent vers l'opinion que ce *Rotheim*
« *super fluvium Versiam* est *Rossum* ou *Rossen* DANS LE
« BOMMELERWAARD, et ils se fondent sur le Prumsche

(1) Handboek der Middel Nederlaudsche Geographie naar de bronnen bewer..... 2e édition, La Haye, 1872.

(2) Le prêtre savant et zélé qui a été si remarqué au Congrès de Malines de 1864.

« Register de l'an 893, qui parle de ROTHEHEIM DANS LE « BOMMELERWAARD. (1) Cette dernière opinion me paraît « la plus vraisemblable. Il se pourrait bien que ce *Versia* « ne fût pas une faute de copiste : n'est-ce pas que dans « la bulle confirmative du Pape Jean VIII, relativement « aux possessions de l'abbaye de St-Vaast à Arras, il se « trouve également fait mention de Rothem *super fluvium* « VERSIAM ?

« En voulant écrire *Nersia* (2), nous nous éloignons par « trop, me semble-t-il, de la *Batua*, où sûrement se trou- « vaient Rexna et Wulfara. »

« Il est fâcheux que nous n'ayons pas de renseigne- « ments sur cette rivière Versia. M. l'archiviste Van den « Bergh, en parlant de cette bulle du Pape Jean VIII, de « l'an 876, et de ce Rotheim sur le Versia, dit : en cas « que nous n'ayons pas affaire ici avec une méprise (erreur); « encore ne pourra-t-on guère prendre cette rivière Ver- « sia pour la rivière *Werke,* laquelle très-probablement « ne s'étendait pas à l'est du pays d'Altena. »

Le doute que j'avais soulevé est celui-ci: Le Pape Jean VIII dit que l'un des deux Rothem est situé sur le fleuve Versia; or Versia ou Wertia désigne le Wéser dans la première partie de son cours, ce qui est impossible vu l'éloignement de la Batua. Il serait donc peut-être à propos d'admettre *Nersia* au lieu de Versia, et cela avec quelques auteurs, notamment M. Tailliar, et on serait alors en présence de la *Neers* ou Niers, qui coule entre

(1) Beyer, Urkundenbuch. I n° 135.

(2) Ceci est un doute que j'avais émis, appuyé sur ce qu'on va voir et sur l'opinion de M. Tailliar.

le Rhin et la Meuse, c'est-à-dire toujours dans le même pays, et non loin des autres *Pagi* dont il va être question.

Les érudits de la Belgique, notamment M. Vos, adoptent cette pensée en la corroborant par un document qui expliquerait la leçon Versia. Ils disent qu'ils aiment mieux *fluvius Nersia* que Versia, et que d'ailleurs on appelle la Niers le BERCKEL.

Si, maintenant, nous continuons notre examen du texte de Thierry III, nous arrivons à ces mots : *In Pago Hansbanio et Ribuario.*

Le Pagus Hansbanius, c'est la HESBAYE, l'ancien ASPENGAU, dont les limites sont restées incertaines.

Le Pagus Ribuarius, c'est le PAYS DES RIPUAIRES, allant du Rhin à la Meuse, et comprenant une partie de la province de Liège et tout le Limbourg.

Cela posé, voici les attributions données par les érudits de la Belgique aux noms qui suivent.

Haimbecha, ou *Hembec*, ou *Hambech* : inconnu.

Hammala, Halmala : c'est HALMAEL, dans le Limbourg.

Thorona, Torona : c'est TOURINE, province de Liège.

Inter Athcim : ce serait OTHÉE, célèbre par la bataille de 1408, ou bien ANTHEIT, près de Huy, si toutefois c'est une simple localité.

Mariclas, ou *Mariolas :* c'est MARLINES, dans le Limbourg.

Ambron reste inconnu.

Musium, ou *Musinium*, est MUYSEN, dans le Limbourg.

Groslas ou *Groseas :* c'est GORS-LEEUW, près de Tongres.

Nous avons dit, en parlant de *Inter Athcim* : si toutefois c'est une simple localité. En effet, la dénomination est insolite. Pourtant il est difficile d'y voir une désignation dans le genre des *Pagi*. Partout dans cet acte on indique le Pagus, ou bien on désigne une circonscription analogue par l'emploi de *in* : in Watrevia, in Pabula. Pourquoi ici mettrait-on *inter ?* Peut être y avait-il là un nom dans le genre de *Interamna, Interlaken*, etc.

In Watrevia, Cambach. — Watrevia répond à la Wétéravie, subdivision du cercle du Haut-Rhin dans les derniers temps de l'Empire germanique, et antérieurement France orientale, pays situé entre l'ancienne Hesse et le Mein, au Nord de Francfort et à partir de cette ville. Ce pays porte aussi les noms de Wedtereibus, Wetareiba, Wetteraoë (1). On donne aussi à une partie de cette contrée le nom purement germain de *Wester Wald.*

Or cette contrée est précisément le lieu d'origine et d'habitation première des Francs qui s'emparèrent de la Gaule ; il est tout simple de voir Thierry prendre une de ses terres, dans le pays de ses ancêtres, pour en faire présent à l'abbaye qu'il voulait richement doter. C'est donc là que nous devons chercher Cambach, et l'on voit combien les propriétés de Saint-Vaast étaient, dans l'origine, disséminées sur une foule de points éloignés les uns des autres.

On lit ensuite dans le diplôme de Thierry III les mots suivants : *In Pago Caribaut*, ou autrement *Caribant* : *Maxtin*, et dans les plus anciennes pièces, *Maxcin*.

Ici nous sommes dans un pays connu. Le Carembaut ou Carinbaut s'appelle encore aujourd'hui comme au VIIe

(1) Voir le *Commentarius de Pagis antiquæ Germaniæ*, ou *Géographia curiosa*, Christiani Francisci Paulini. — Francfort-sur-le-Mein, 1699, in-4° et autres géographes anciens.

siècle. Dans le département du Nord, il répond à onze communes et touche à la Pevèle, au Mélanthois et au Weppe ; il se prolonge dans le département du Pas-de-Calais et va jusqu'à la Gohelle, puisque l'on dit parfaitement Carvin en Carembaut et que l'on disait encore, il n'y a pas longtemps, Meurchin en Carembaut.

Meurchin dépendait de l'abbaye de Saint-Vaast, et son nom se retrouve, sous la forme Marcheim, Marcheium, Mœurchin, dans plusieurs chartes et bulles ou autres textes. Or, continuellement nous trouvons dans ces mêmes pièces le nom de *Mast* à côté de Mœurchin et en même temps, ce qui semble indiquer entre les deux localités une relation de voisinage, ou du moins de pays.

Non loin de là, sur les limites de la Gohelle, nous trouvons Mazingarbe. Je sais que nos collègues de la Commission historique du Nord ont formellement attribué Maxtin au village actuel de Mastaing, arrondissement de Valenciennes, canton de Bouchain. L'érudit M. Mannier, fort exact et plein de sagacité dans ses recherches étymologiques, n'hésite pas à formuler la même attribution (1). Il va même jusqu'à dire que le diplôme de Thierry a fait une erreur en mettant Maxtin dans le Carembaut au lieu de le mettre dans l'Ostrevant. Je n'oserais pas aller si loin, et je pense qu'il est fort dangereux de noter d'erreur une assertion du VIIe siècle à propos d'un nom dont l'explication n'est pas évidente. Et puis, il y a une autre difficulté. Dans les deux plus anciennes copies des diplômes

(1) Etudes étymologiques, historiques et comparatives sur les noms des villes, bourgs et villages du département du Nord, par E. Mannier, Paris, Aubry 1861. — 1 vol. in-8°.

de Thierry et de Charles-le-Chauve, copies faites vers 1100 et conservées dans une boite spéciale, ancienne, au fonds de Saint-Vaast des Archives du Pas-de-Calais, on lit *Maxcin*. Ailleurs on lit *Maxem* et *Maxan*. En outre, dans les pièces subséquentes, actes de Papes, de Rois, d'Évêques, du cartulaire de Saint-Vaast, Mast et Meurchin sont toujours cités ensemble, ce qui paraît indiquer un voisinage, et comme il est formellement dit que Maxtin est dans le Carembaut, comme d'autre part Meurchin est certainement dans le Carembaut, je n'oserais pas placer Maxtin dans l'Ostrevant. Si Maxtin ou Maxcin n'est pas *Mazin*garbe, ce doit être une localité pas trop éloignée de Meurchin, et qui peut-être n'existe plus, à moins toutefois que l'on n'admette que le Carembaut était autrefois plus étendu qu'il ne l'a été ensuite. M. Tailliar nous dit que du temps des Romains il y avait, entre les Atrébates, les Nerviens et les Ménapiens, un grand espace vide désigné sous le nom de *Pabula* ou *Pévèle*. Il fut plus tard, ajoute-t-il, divisé en quatre parties qui furent l'Ostrevant, le Pays de la Lys, le *Carembaut* et le Pévèle proprement dit (1). Or, il n'est rien de plus mobile que les divisions administratives ou politiques, et si nous réfléchissons qu'il s'agit ici d'une subdivision établie sous les Mérovingiens, qui nous dit que la subdivision, tout en conservant son nom, ne s'est pas modifiée?

Il faut pourtant ne pas oublier la variante *Maxcin* et les autres variantes *Maxem* et *Maxan* fournies par le texte du Cartulaire de l'Évêché (continuation de Lambert).

(1) *Essai sur l'histoire du régime municipal romain dans le Nord de la Gaule*, par M. Tailliar, 2e édition, p. 219.

Nous demanderons donc ici un supplément d'information avant de décider où était cette localité, qui peut être le *Mast* des chartes, et qui peut aussi très-bien être tout autre chose.

In Pabula, Montes. Telles sont les dernières indications topographiques du diplôme du VIIe siècle.

Ici nous finissons comme nous avons commencé, c'est-à-dire en pleine lumière. Tout le monde connaît le PÉVÈLE; tout le monde connaît MONS-EN-PÉVÈLE, ce nom même est historique. La certitude est parfaite et nous offre au moins une petite compensation en face des nombreux *desiderata* que nous venons d'accuser.

Toutes ces possessions lointaines de l'abbaye lui demeurèrent-elles longtemps? On manque de renseignements à ce sujet, excepté toutefois pour celles du Bétuwe.

Je trouve en effet cette note précieuse dans Guimann, à la page 340 de cette présente édition: « Hec iiij Oylardi « curtilia et i manc. alodii et vij manc. ad redemptionem « et xx manc. ad societatem emit ecclesia *de pecunia que* « *data est pro Bathua*, cesseruntque in partem camerarii « salvo jure et reditibus prepositi, etc.... » Plus loin on trouve encore d'autres propriétés achetées avec l'argent provenant de la même source.

Donc, dès le XIIe siècle, il y avait eu vente de ce qui était dans le *Pagus Batua*, et l'argent provenant de cette vente avait servi à plusieurs acquisitions tout près d'Arras, c'est-à-dire à Mofflaines, à Hamblain (page 357), et peut-être ailleurs. Nous découvrirons peut-être plus tard ce que sont devenues les autres propriétés lointaines, dont il n'est plus jamais fait mention dans nos terriers, dénombrements, visites, ou autres documents officiels.

DEUXIÈME ÉTUDE

LES NOMS DES VILLAGES CITÉS PAR GUIMANN.

Les noms de villages cités par Guimann sont très-nombreux. Ils se trouvent à toutes les pages de son livre, et comme ils se répètent souvent, il devient difficile de les étudier avec ordre. Pour atteindre ce but autant que possible, prenons d'abord la liste si longue de son recensement, *de diversitate districtorum*, qui forme la dernière partie du volume. Là nous trouverons déjà une nomenclature fort importante, et ce qui se trouve disséminé ailleurs aura son explication à la table générale, alphabétique, par laquelle nous terminerons le présent travail.

Vinea — Au seizième siècle : *le Vigne ;* ancien faubourg d'Arras.

Par ces mots : au seizième siècle, nous indiquerons le nom reçu à cette époque et constaté par les notes marginales très-précieuses qui ont été mises à l'encre rouge sur l'exemplaire manuscrit des Archives, notes contemporaines du Manuscrit. Nos autres interprétations sont formellement extraites des Notes de dom Le Pez, des cueilloirs, terriers, rentiers, visites, papiers authentiques et officiels de l'ancienne abbaye. Souvent, c'est Guimann lui-même qui nous donne une explication fort inattendue.

Bronnes. — Vivier de Bronnes, eaux de Bronnes, etc. dénominations prises des hautes-*fontaines,* qui avaient donné son nom à l'ancienne porte de Bronne, ce mot signifiant source ou fontaines dans toutes les langues du Nord. Ceci prouve que le *flamand* était parlé à Arras autrefois.

Hadis.—Au XVIe siècle: *Hees. Hadas, Hadis, Hees* sont les noms bien connus qui représentent aujourd'hui Achicourt en partie, tout près d'Arras, et touchant même à Arras.

Harcicurt. — Au XVIe siècle : *Hachicourt;* aujourd'hui ACHICOURT.

Templum. — Au XVIe siècle : *le Temple.* Cet établissement n'existe plus, mais le nom est conservé et l'emplacement près d'Arras est connu.

Parr. *Sancti Salvatoris.* — Au XVIe siècle : *Sainct-Saulveur;* aujourd'hui le faubourg SAINT-SAUVEUR, Arras.

Aygni. — Au XVIe siècle: *Aigny ;* aujourd'hui AGNY, canton d'Arras (sud).

Bello Ramo. — Au XVIe siècle : *Biaurains ;* aujourd'hui BEAURAINS, canton d'Arras (sud).

Meruli Castellum. — Au XVIe siècle : *Mercastel.* On lit aussi *Merlecastel.* Voilà assurément de quoi faire justice de toutes ces étymologies fantaisistes qui tirent les noms de nos villages de l'Olympe payen, quand elles ne les tirent pas de la douteuse langue des Celtes. On voit que Merle Castel ou Meruli Castellum n'a absolument rien à démêler avec Mercure, à qui on l'a trop souvent et fort gratuitement donné. Le village de MERCATEL est aujourd'hui du canton de Beaumetz-les-Loges.

Senous. — Au XVIe siècle: *Senous.* D'après Guimann, Senous est une dépendance de Mercatel.

Nova villa. — Au XVIe siècle : *Nova villa.*

Bayluez. — Au XVIe siècle : *Bailloeul sur Coigeul.* C'est maintenant Boisleux, canton de Croisilles.

Henninium. — Au XVIe siècle: *Hesninel sur Coigeul*; aujourd'hui Héninel, canton de Croisilles.

Waencurt. — Au XVIe siècle : *Wancourt*; aujourd'hui Wancourt, canton de Croisilles.

Gamapia. — Au XVIe siècle : *Guemappe* ; aujourd'hui Guémappe, canton de Croisilles.

Vicus. — Au XVIe siècle : *Vy en Arthois*; aujourd'hui Vis-en-Artois, canton de Vitry.

Conteham. — Ce lieu était une dépendance de Vis-en-Artois : l'Église était desservie par le prêtre de Vis : Ecclesiam de Conteham curat presbiter de Vico.

Remi. — Au XVIe siècle : *Remy*; aujourd'hui Remy, canton de Vitry.

Haucurt. — Au XVIe siècle : *Haucourt*; aujourd'hui Haucourt, canton de Vitry.

Stohem. — Inconnu.

Scluse. — L'Écluse, canton d'Arleux, département du Nord.

Salci siccus. — Au XVIe siècle : *Sailli le Sec. Prope Castellum de Oyzi,* dit Guimann.

Salci lutosus. — D'après le Privilége pour la traversée libre, ce village est sur les terres des seigneurs d'Oisy. Sont-ce les anciens noms de Sauchy-Cauchy, de Sauchicourt, de Sauchy-Lestrée? Tout porte à le croire : la proximité d'Oisy, la seigneurie d'Oisy, l'absence de tout autre nom analogue de villages posés dans les mêmes conditions.

Fontes. — Au XVIe siècle : *Fontaines* ; aujourd'hui FONTAINES-LES-CROISILLES, canton de Croisilles.

Cerizi. — Au XVIe siècle : *Cherisy* ; aujourd'hui CHÉRISY, canton de Croisilles.

Bulicurt. — Au XVIe siècle : *Bulicurt.*

Sanctus Leodegarius. — Au XVIe siècle : *Sainct Legier* ; aujourd'hui SAINT-LÉGER, canton de Croisilles.

Yrvillare. — Au XVIe siècle : *Erviller* ; aujourd'hui ERVILLERS, canton de Croisilles.

Cruciculis. — Au XVIe siècle : *Croisilles* ; aujourd'hui CROISILLES, chef-lieu de canton de l'arrondissement d'Arras.

Hendecurt. — Au XVIe siècle : *Hendecourt* ; aujourd'hui HENDECOURT-LEZ-CAGNICOURT, canton de Vitry.

Longansta. — Au XVIe siècle : *Longastre* ; aujourd'hui LONGASTRE, canton de Croisilles.

Moyri. — Au XVIe siècle : *Moyri* ; aujourd'hui MORY, canton de Croisilles.

Bapalme. — Au XVIe siècle : *Bappalmes* ; aujourd'hui BAPAUME, chef-lieu de canton, arrondissement d'Arras.

Orezmeaz. — Au XVIe siècle : *Oresmeoz.* Origine du nom bien connu d'*Oresmieulx*, canton de Bapaume.

Sanctus Albinus. — Au XVIe siècle : *Sainct Aubin-les-Bappalmes.* L'église de l'ancien prieuré de Saint-Albin-les-Bapaume est détruite.

Tylloit juxtà Bapalmas. — Au XVIe siècle : *Thilloy-lez-Bappalmes* ; aujourd'hui TILLOY-LEZ-BAPAUME, hameau de la paroisse de Ligny.

Rincurt. — Au XVIe siècle : *Riencourt ?*

Baencurt. — Au XVIe siècle : *Bavencourt?* Ce doit être BANCOURT, canton de Bapaume.

Buhircurtz. — Au XVIe siècle : *Bihucourt* et *Biuhircourt?* aujourd'hui BIHUCOURT, canton de Bapaume.

Bayri. — Au XVIe siècle : *Boiri.* C'est BOIRY-ST-MARTIN, canton de Beaumetz-les-Loges.

Bahiniez. — Au XVIe siècle : *Behaignies ;* aujourd'hui BÉHAGNIES, canton de Bapaume.

Postinvillare. — Au XVIe siècle : *Penstiviller.* Guimann nous dit que c'est une petite habitation des chanoines de Saint-Denis de Reims, située dans la paroisse de Béhaignies. Béhaignies étant annexe ou ch. de secours de Sapignies, on conçoit l'appellation qui est faite de ce lieu dans la liste des villages de la juridiction de Saint-Vaast en 1724. En effet, il y est désigné sous cette forme : *Petit Villers lez Sapignies.* Il est assez curieux de voir comment Postinvillare est devenu Petit Villers au XVIIIe siècle, après avoir revêtu la forme de Penstiviller au XVIe siècle. Evidemment la prononciation a *tout* fait ici, en laissant de côté signification, linguistique, raisonnement. On voit que le seul terrain solide pour l'explication des noms de lieux est le terrain rigoureusement historique, celui des textes authentiques, comparés, remontant de siècle en siècle jusqu'à l'origine, qui se trouve alors parfois prodigieusement éloignée de ce qu'est aujourd'hui le nom reçu.

Asceel. — Au XVIe siècle : *Aissiel.* Ce doit être ACHIET, canton de Bapaume.

Hamelencurt. — Au XVIe siècle : *Hamelaincourt ;* aujourd'hui HAMELINCOURT, canton de Croisilles.

Mediana villa. — Au XVIe siècle : *Mediana villa ;* aujourd'hui MOYENNEVILLE, canton de Croisilles.

Feszau. — Au seizième siècle : *Ficeulx*. On le trouve aussi écrit : *Feizau, Ficheu*, etc. D'après l'*Index curarum* du XVIe siècle des Archives du Pas-de-Calais et une foule d'autres documents tirés des Archives de Saint-Vaast, c'est FICHEUX, canton de Beaumetz-les-Loges.

Ouencurt. — Au XVIe siècle : *Ouvencourt.*

Blarivilla. — Au XVIe siècle : *Blairiville* ; aujourd'hui BLAIRVILLE, canton de Beaumetz-les-Loges.

Ransart. — Au XVIe siècle : *Ransart* ; même nom aujourd'hui, RANSART, canton de Beaumetz-les-Loges.

Andifer. — Au XVIe siècle : *Andinfer* ; aujourd'hui ADINFER, canton de Beaumetz-les-Loges.

Berlencurt. — Au XVIe siècle : *Berlencourt.*

Ballol. — C'est aujourd'hui BAILLEUL-SIR-BERTHOULT, canton de Vimy. Cette attribution est donnée par dom Le Pez et plusieurs autres documents.

Ouvencurt. — Au XVIe siècle : *Ouvencourt.*

Sailly in Nemore. — Au XVIe siècle : *Sailly o Bos* ; aujourd'hui SAILLY-AU-Bois, canton de Pas.

Boinvillare. — Au XVIe siècle : *Bienvillers* et *Boinviller*. C'est BIENVILLERS-AU-BOIS, canton de Pas.

Basilica. — Au XVIe siècle : *Baseck* et *Basecle*. C'est aujourd'hui une ferme du même nom, LA BASÈQUE, dépendant de La Herlière, canton de Beaumetz-les-Loges.

Colommont. — Au XVIe siècle : *Coulemont* ; COULLEMONT, canton d'Avesne-le-Comte. Guimann nous apprend que ce village s'appelait autrefois *Fontanas*. Voir l'acte d'échange de ces trois propriétés, dans Guimann.

Morcurt. — Au XVIe siècle : *Morcourt.*

Dainville. — Au XVIe siècle : *Dainville* ; même nom aujourd'hui, près d'Arras. Voir plus haut.

Novavillella. — Au XVIe siècle : *Noeuvillette.* Guimann nous dit : «Novavillella est in parrochia et villicatione Dainville ». C'est donc un village qui était fort près d'Arras et qui n'existe plus.

Bello Manso—um. — C'est aujourd'hui Beaumetz-les-Loges, chef-lieu de canton, arrondissement d'Arras.

Noella seu *Noeleta.*—Au XVIe siècle : *Noullette* ; aujourd'hui Noulette, hameau d'Aix, canton de Lens.

Govia. — Au XVIe siècle : *Gonnes* ; aujourd'hui Gouves, canton de Beaumetz-les-Loges.

Monte Noizcurt. — Au XVIe siècle : *Montenescourt*; aujourd'hui Montenescourt, canton de Beaumetz-les-Loges.

Anez. — Au XVIe siècle : *Anez*; aujourd'hui Agnez-les-Duisans, canton de Beaumetz-les-Loges.

Bernivilla. — Au XVIe siècle : *Berneville*; Berneville, déjà mentionné.

Warluz. — Au XVIe siècle : *Warlus* ; aujourd'hui Warlus, canton de Beaumetz-les-Loges.

Symoncurt. — Au XVIe siècle : *Simencourt.* C'est aujourd'hui Simencourt, canton de Beaumetz-les-Loges. Ce village est le même qui, dans les vieux titres, s'appelle *Maisbodvilla* et *Maimbodvilla*, etc. avec des variantes. On trouve encore à Simencourt *la vieille ville,* où était ce village primitif, déjà vieux il y a sept siècles.

Goy. — Au XVIe siècle : *Gouy en Arthois* ; aujourd'hui Gouy-en-Artois, canton de Beaumetz-les-Loges.

Strumis. — Au XVIe siècle : *Estrum* ; aujourd'hui Etrun, canton d'Arras (nord).

Marcs. — Au XVIe siècle : *Marest* ; sive *S. Aulbin lez Arras.*

Anzen. — Au XVIe siècle : *Anzaing.* Les deux noms

sont réunis aujourd'hui sous la forme de SAINT-AUBIN-ANZIN, canton d'Arras (nord).

Dominica Curtis. — Au XVIe siècle: *Demencourt.* Ce lieu porte encore aujourd'hui le même nom de DEMENCOURT : il fait partie de Sainte-Catherine, canton d'Arras (nord).

Mellens. — Au XVIe siècle : *Miolens* et *Miaulens.* Ce nom est demeuré celui de la Porte MÉAULENS, qui conduit à l'ancien territoire de ce nom, sur la Scarpe et dans les lieux tout remplis d'eau qui l'entourent, lieux où étaient les *moulins* dont il est souvent fait mention dans Guimann.

Balduini Mons. — Au XVIe siècle : *Baudimont.* Ce lieu s'est conservé dans le nom de la Porte qui y conduit, comme aussi dans le rideau de BAUDIMONT. Le mont de Baudouin indique l'habitation du premier des comtes de Flandre, qui avaient établi leur résidence à Arras avant l'invasion des Normands.

Sanctus Michael. — Au XVIe siècle : *Sainct Michiel.* C'est encore aujourd'hui SAINT-MICHEL, dépendance de Saint-Laurent, canton d'Arras (nord).

Blangi. — Au XVIe siècle: *Blangi* ; c'est aujourd'hui BLANGY, confondu avec Saint-Laurent, canton d'Arras (nord).

Ymericurtis. — Au XVIe siècle: *Ymercourt, alias St-Laurent.* C'est aujourd'hui SAINT-LAURENT, canton d'Arras (nord).

Harven. — Au XVIe siècle : *Harvaing.* C'est LA FERME D'HERVIN, sur le territoire de Saint-Laurent

Moflanis. — Au XVIe siècle : *Mofflaines.* Le nom de cette localité est resté dans celui de Thilloy-les-Mofflaines.

Waldrici fons. — WAUDRI-FONTAINE, ferme détruite pendant le siége d'Arras de 1640, territoire de Saint-Laurent.

Athyez. — Au XVIe siècle : *Athies.* C'est ATHIES, canton d'Arras (nord).

Farluz.—« Farluz, dit Guimann, villa *fuit* juxta Athies, ubi *erat* et mater Ecclesia capelle de Athies ». Il n'a donc rien de commun avec Farbuz, qui viendra plus loin. Farluz n'était déjà plus qu'un *lieu dit* au XIIe siècle.

Felci. — Au XVIe siècle : *Feuchy*; aujourd'hui FEUCHY, canton d'Arras (sud).

Tilloy juxta Moflanis. — Au XVIe siècle : *Thilloy les Mofflaines*; aujourd'hui TILLOY-LES-MOFFLAINES, canton d'Arras (sud).

Pabula. — Au XVIe siècle : *Peule*; aujourd'hui PELVES, canton de Vitry.

Yrin. — Incertain.

Ostrevant. — Au XVIe siècle : *Ostrevent.*

Sailly. — Aujourd'hui SAILLY-EN-OSTREVENT, canton de Vitry.

Noella. — Aujourd'hui NOYELLES-SOUS-BELLONNE, canton de Vitry.

Bunnicurt. — BUGNICOURT, canton d'Arleux (département du Nord).

Fressen. — FRESSAIN, canton d'Arleux (département du Nord).

Bucen. — BOUCHAIN (département du Nord).

Hamblen. — Au XVIe siècle : *Hamblaing*; aujourd'hui HAMBLAIN-LES-PRÉS, canton de Vitry.

Bigartio, Biarche, Biarge, Biarce. — Au XVIe siècle : *Biarch, Biach*; aujourd'hui BIACHE-SAINT-VAAST, canton de Vitry.

Fraxino. — Au XVIe siècle : *Fresne* ; aujourd'hui FRESNES-LES-MONTAUBAN, canton de Vitry.

Fontes. — N'existait déjà plus au XIIe siècle. « Fontes « villa *fuit* inter Pelven et Reut », nous dit Guimann.

Reuth. — Au XVIe siècle : *Roeult* ; aujourd'hui RŒUX, canton de Vitry.

Novillella. — Au XVIe siècle : *Neuvilel* ; aujourd'hui NEUVIREUIL, canton de Vimy.

Movilla. — Au XVIe siècle : *Moville* ; aujourd'hui MAUVILLE, ferme sur le territoire de Fresnes-les-Montauban, canton de Vitry.

Ulpi. — Au XVIe siècle : *Opi* ; aujourd'hui OPPY, canton de Vimy.

Yser. — Au XVIe siècle : *Yser lez Esquerchin* ; aujourd'hui IZEL-LES-EQUERCHIN, canton de Vimy.

Gaverella. — Au XVIe siècle : *Gaverelles* ; aujourd'hui GAVERELLE, canton de Vimy.

Tyulutz. — Au XVIe siècle : *Theluch* ; aujourd'hui THÉLUS, canton de Vimy.

Ballol. — Au XVIe siècle : *Bailloeul-sire-Berthoul*, aujourd'hui BAILLEUL-SIR-BERTHOULT, canton de Vimy.

Bunduz. — Au XVIe siècle : *Bunduz*, aujourd'hui BONDUES, canton sud de Tourcoing (département du Nord).

Betricourt. — *Betricort.* — *Betricurt.* — Au XVIe siècle *Betricourt* ; aujourd'hui, BÉTRICOURT, ferme sur le territoire de Rouvroy, canton de Vimy.

Noella juxta Betricurt. — Au XVIe siècle : *Noelle*. C'est aujourd'hui NOYELLES-SOUS-LENS, canton de Lens.

Rouvroy. — Au XVIe siècle : *Rouvroy* ; aujourd'hui ROUVROY, canton de Vimy.

Draucourt. — Au XVIe siècle : *Draucourt ;* aujourd'hui DROCOURT, canton de Vimy.

Fuscaria. — *Fuscariaz.* — Au XVIe siècle *Foucquières ;* aujourd'hui FOUQUIÈRES-LES-LENS, canton de Lens.

Hennin-Lietart. — Au XVIe siècle : *Henin-Lietart ;* aujourd'hui HÉNIN-LIÉTARD, canton de Carvin.

Flers. — Au XVIe siècle : *Flers ;* aujourd'hui FLERS, canton de Douai (ouest), département du Nord. Guimann a soin de nous dire : « Flers.... *juxtà Duacum* ».

Rochelincourt. — *Rochelaincourt.* — Au XVIe siècle : *Roclaincourt ;* aujourd'hui ROCLINCOURT, canton d'Arras-nord.

Teuludum. — *Tiulut.* — Au XVIe siècle : *Theluch ;* aujourd'hui THÉLUS, canton de Vimy.

Farbu. — Au XVIe siècle : *Farbus ;* aujourd'hui FARBUS, canton de Vimy.

Nova Villa. — Au XVIe siècle. — *Noeufville St Vaast ;* aujourd'hui NEUVILLE-SAINT-VAAST ; canton de Vimy.

Souchez. — *Socez.* — Au XVIe siècle : *Souces ;* aujourd'hui SOUCHEZ, canton de Vimy.

Ablenz. — *Ableng.* — Au XVIe siècle : *Ablaing ;* aujourd'hui ABLAIN-SAINT-NAZAIRE, canton de Vimy.

Carenchi. — Au XVIe siècle : *Carenchy ;* aujourd'hui CARENCY, canton de Vimy.

Servin. — Au XVIe siècle : *Servins,* aujourd'hui SERVIN, canton d'Houdain.

Juvencel. — Au XVIe siècle : *Givenchisel.* C'est aujourd'hui GIVENCHY-EN-GOHELLE, canton de Vimy, ou plutôt son hameau GIVENCELLE, ou Givenchiel

Bouvignies. — *Bovenies.* — Au XVIe siècle : *Bouvignies ;* aujourd'hui BOUVIGNY-BOYEFFLES, canton d'Houdain.

Gauchin. — Au XVIe siècle : *Gauchin* ; aujourd'hui Gauchin-le-Gal, canton d'Houdain.

Haulcin et Maisnil. — Au XVIe siècle : *Maisnil.*

Hersin. — C'est aujourd'hui Hersin-Coupigny, canton d'Houdain.

Sains. — Au XVIe siècle : *Sains* ; aujourd'hui Sains-en-Gohelle, canton d'Houdain.

Saillies. — Sailly-Labourse, canton de Cambrin.

Fuscherolez. — Au XVIe siècle : Foucquereulles. « Fuscherolez juxta Betuniam, » dit Guimann. C'est aujourd'hui Fouquereuille, canton de Béthune.

Esclusiers. — Au XVIe siècle : *Esclusiers.*

Bergis. — C'est aujourd'hui la ville de Bergues, arrondissement de Dunkerque, département du Nord.

Warhem. — Village du même nom : « Warhem sub Bergis », dit Lambert, le frère de Guimann. Il est aujourd'hui dans le canton d'Hondschoote, arrondissement de Dunkerque, département du Nord.

Sentinez. — *Saintines.* — Aujourd'hui *Grande-Synthe*, canton ouest de Dunkerque (département du Nord).

Ici s'arrête la nomenclature des villages et autres lieux sur lesquels l'abbaye avait des droits plus ou moins étendus. Cette liste est incomplète et elle finit à la mort de Lambert, mais il y manque peu de noms. Quant à la collection complète de *tous* les noms de lieux qui sont repris dans Guimann, non seulement aux titres de son traité *de diversitate districtorum*, mais encore *dans l'intérieur* des chapitres, ainsi que dans les autres parties de son livre, on la trouvera plus loin, à la table générale, que nous avons faite avec le plus grand soin.

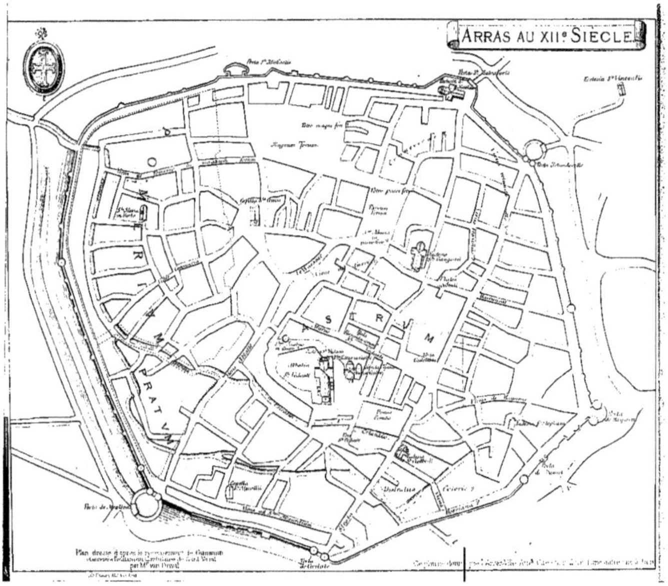
ARRAS AU XIIe SIECLE
PRATVM

TROISIÈME ÉTUDE

ARRAS AU XIIe SIÈCLE.

Dans son dénombrement des Ostizes dues à l'abbaye de Saint-Vaast par tous les quartiers de la ville d'Arras, Guimann nous fait parcourir ces quartiers, il note en passant des édifices publics, des maisons particulières, il décrit, sans y penser, l'Arras de son temps. Suivons-le dans ses promenades fiscales à travers la ville du XIIe siècle, et nous pourrons assez bien nous la représenter telle qu'elle était alors.

Le point de départ de Guimann est le *Pont de Saint-Vaast*. On sait très-bien où était ce pont, au bas de la rue actuelle de la Madeleine, vers la jonction avec la rue des Agaches. De là il va à l'*Eglise de Sainte-Marie du Château*, dite aussi *Notre-Dame en Castel*. C'était l'une des deux églises qui se trouvaient à droite de celle de Saint-Vaast, près de l'*Eglise Saint-Pierre*. L'autre, qui se trouvait à gauche de la grande église abbatiale, c'était celle de Saint-Jacques.

La Porte du Châtelain, qu'il visite ensuite, était où se trouve aujourd'hui l'entrée de la salle des Concerts.

Quant à la *Halle des Parmentiers,* nous ne pouvons pas l'indiquer d'une manière précise : nous savons seulement que c'était derrière le mur Saint-Vaast (expression de Guimann, page 199).

Le Mur Saint-Vaast porte encore aujourd'hui le même nom. L'*Eglise de Saint-Jacques,* nous venons de le voir, était dans l'enceinte de l'abbaye, à gauche de l'abbatiale. Où était le *Pont Lenon,* ou *Levon?* je ne sais.

Le Pomerium était cette grande étendue de terrain qui commence à l'abbaye même de Saint-Vaast, rue de l'Abbaye, et s'étend jusqu'aux remparts, dans tout le quartier actuel de Saint-Géry. Primitivement il comprenait même ce qui fut plus tard la Grande-Place. Comme le nom l'indique, le Pomerium était le verger de l'abbaye; il se divisait en grand jardin et petit jardin. Guimann en parle, page 155 de ce présent volume.

Le Vicus del Carmer nous a donné bien du travail. M. Tailliar traduit : quartier du Charnier. C'est, pensons-nous, à peu près exact. Ce n'est pas charnier qu'il faudrait dire, mais endroit où l'on vend la viande, halle à la viande. *Calmerium* s'interprète, dans la basse latinité, par *tarif de choses à vendre,* indiculus pretiorum rebus vendendis statutorum. D'un autre côté *Carmelinum* veut dire *carte ou affiche sur laquelle les officiers publics ont écrit le prix auquel on doit vendre la viande :* charta seu schedula in qua statutum a publicis estimatoribus pretium quo carnes divendi debent describitur. On peut en conclure que carmer (prononcé comme en français dans les finales analogues) veut dire lieu à la chair, quartier où l'on achète et où l'on vend de la viande. Il parait probable, par cette étymologie et surtout par les tenants et aboutissants du Pomerium et d'autres rues connues, que c'est le quartier de l'Hôtel-de-Ville actuel, qui fut d'abord la halle à la viande, de la rue des Boucheries, des Bouchers, de la Larderie, quartier consacré tout entier à cette branche de commerce. Cependant nous ne donnons pas comme certaine cette explication d'un nom de rue ou *vicus* qui ne se trouve que dans Guimann.

Où était le *moulin de Alluenth?* je l'ignore.

L'Eglise de Saint-Pierre était tout à côté de Notre-Dame en Castel, c'est une des églises situées dans l'enceinte du Castrum Nobiliacum.

L'Eglise de Sainte-Croix occupait le milieu de la Place qui porte aujourd'hui ce nom.

Le Warance, mot qui rappelle les Tapisseries d'Arras, correspondait à la rue actuelle des Trois-Visages et du Miroir de Venise.

Sainte-Marie sur le petit marché était une chapelle antérieure à la Sainte-Chandelle, et que l'on croit avoir été située vis-à-vis ou dans les environs de la rue voûtée qui va de la Petite-Place à la rue des Trois-Faucilles.

Le petit marché, ou parvum forum, est la Petite-Place; *le grand marché,* ou magnum forum, est la Grande-Place. Sur les deux marchés se trouvaient des *Pierres,* dont il est difficile de préciser l'usage. On pense que c'était des endroits officiels pour l'accomplissement d'actes judiciaires.

La rue ou vicus *Capre Mont,* Chièvre-Mont, aboutissait à la Grande-Place.

La Porte Saint-Michel était à l'extrémité de la Grande-Place. *La Porte Saint-Sauveur* correspondait à ce que l'on appelle aujourd'hui fausse Porte Saint-Nicolas.

Cruneurue est une désignation dont nous ne trouvons pas l'équivalent moderne. Elle se trouvait sur une ligne qui va de la Petite-Place à la fausse Porte de Saint-Nicolas, ou Porte Saint-Sauveur.

L'Eglise Saint-Nicolas sur les fossés était tout à côté de la Porte Saint-Sauveur, et le nom *sur les fossés* avait alors sa raison d'être. Cette église fut détruite à la fin du XVIe siècle, quand on modifia les fortifications, et elle fut rebâtie à l'endroit où se trouve l'église de Saint-Jean-Baptiste, qui s'appela pour cette raison, jusqu'à la Révolution, Saint-Nicolas-sur-les-Fossés, en souvenir de sa première situation.

L'Eglise Saint-Vincent était située hors de l'enceinte, non loin de la porte actuelle de Ronville.

La porte de Saint-Vaast, ou entrée principale, était située sur la rue de l'Abbaye.

L'Eglise Saint-Géry était située le long de la rue qui porte encore aujourd'hui ce nom, à l'endroit désigné sur tous les anciens plans.

La place de l'Avoué est la place actuelle des Etats.

La rue du Frêne s'appelle aujourd'hui la rue des Portes-Cochères.

La rue Rotunde Ville est bien peu différente de la rue Ronville d'aujourd'hui.

Hairunval a gardé son nom, et la *rue de Hayserue,* longtemps dite aussi Hagerue, est aujourd'hui la rue des Capucins.

L'Eglise Saint-Etienne se trouvait sur la place actuelle qui porte ce même nom, à quelques pas de la nouvelle église de Notre-Dame-des-Ardents.

La maison du Comte, Domus Comitis, avait son entrée vers l'impasse qui donne sur la rue des Teinturiers.

Strata, ou Estrée, a laissé bien des traces : Saint-Jean-en-l'Estrée, etc. etc. C'est l'ancienne voie romaine qui longeait le Castrum Nobiliacum.

Le *districtus Coterie* ou *Coterie* nous est indiqué, quant à son emplacement, par plusieurs passages de Guimann. Il en parle après avoir mentionné Saint-Etienne, ce qui montre que ce district était dans les environs, et en effet on sait qu'il y avait des terrains vagues, ou moins bien bâtis que les autres, entre cette église et le rempart de la Cité. Ensuite il va du pont de Saint-Vaast à l'Estrée par la Coterie, *per Coteriam*, ce qui suppose une direction de la rue des Agaches à la rue Saint-Jean-en-l'Estrée par l'ancienne rue *del Quentrie*, dont les extrêmités se voient encore et qui allait, en effet, de la rue des Agaches, près du pont de Saint-Vaast, jusqu'à la rue Saint-Jean-en-l'Estrée, près de l'hôpital, pour se continuer plus loin jusqu'au rempart, aujourd'hui rue du 29 Juillet. Puis il revient de l'Estrée et se dirige sur Saint-Aubert *par la Coterie*. Donc la Coterie touchait à l'Estrée, au rempart, à Saint-Etienne, à Saint-Aubert. Si nous n'avons pas les limites précises de ce district, au moins nous en connaissons, d'une manière générale, l'emplacement. On croit que ce district était celui des habitants de degré inférieur et des maisons les moins belles et les moins régulières. Le mot *Coteria* entraîne ce sens dans la basse latinité.

L'Eglise Saint-Aubert était située le long de la rue de ce nom, à l'angle de la rue des Gauguiers.

La rue Saint-Maurice porte encore aujourd'hui le même nom, et l'*Eglise Saint-Maurice* était située le long de cette rue, à l'angle de la rue du Bloc.

La rue de l'Abbaye existe encore. Elle indique où était la porte ou l'entrée principale de l'abbaye de Saint-Vaast.

La porte de Meallenz s'appelle encore porte Méaulens. C'est un des noms qui se retrouvent le plus souvent dans Guimann.

La porte de la Cité existait encore il n'y a pas bien longtemps : elle était au haut de la rue de Saint-Jean-en-l'Estrée.

Le quartier Borriane rappelle le fossé Burrien, entre la ville et la cité.

La rue du Crochet nous est inconnue.

Le Pré était cette portion de terrain située contre le Pomérium, entre le Rivage actuel et la rue Méaulens. C'est un triangle facile à reconnaître sur les anciens plans.

Le quartier ou *la rue de la Creonerie* porte encore le même nom, rue de la Cronerie.

Le Pré de l'Abbé était sans doute une partie du Pré.

Sainte-Marie dans le Pomerium, ou la Chapelette-au-Jardin, se trouvait rue de la Fourche. C'est cette chapelle dont il est souvent fait mention dans la première partie du second livre de Guimann. C'est là que se passe le fait raconté pages 155 et 156.

La rue du Pomerium au grand marché semble devoir être l'une des deux rues que l'on voit encore à l'extrémité de la Grande-Place.

On le voit, l'Arras du XIIe siècle peut encore assez bien se reconstruire, grâces à Guimann. Nous avons essayé cette restitution qui a son attrait, et le lecteur pourra joindre au plan les indications des maisons qui doivent des Ostizes et se trouvent mentionnées dans le texte avec leurs habitants. Il est curieux de rapprocher ce dénombrement de celui qui a été fait au XIVe siècle et publié par l'Académie d'Arras dans le 38e volume de ses Mémoires. Il y a là une étude comparative des plus intéressantes et qui ne manquerait pas d'utilité au point de vue des noms de familles et de plusieurs autres particularités de l'histoire de l'Artois.

DICTIONNAIRE

DES NOMS DE LIEUX

Mentionnés dans le Cartulaire de Guimann.

N. B. — Les villages du Pas-de-Calais sont désignés avec le nom du canton dont ils font partie; les villes et les chefs-lieux de canton sont accompagnés seulement du nom du département; il en est de même des villages situés hors du Pas-de-Calais.

A

ABLENZ, *Ablain-Saint-Nazaire*, canton de Vimy.

ALBINIACUM, *Aubigny* (Pas-de-Calais).

ALCI, *Auchy-lez-la-Bassée*, canton de Cambrin.

ALTHEM, ATHEM, ATHEIM, ATHEIN, voir la dissertation spéciale, page 433.

AMBRON, voir la dissertation spéciale, page 433.

ANCRA, Ancre ou *Albert* (Somme).

AUDIFER, *Adinfer*, canton de Beaumetz-les-Loges.

ANEZ, *Agnez-les-Duisans*, canton de Beaumetz-les-Loges.

ANGICURT, ANGILICURTEM, *Angilcourt* (Somme).

ANOLINUM, *Anneulin* (Nord).

ANZEN, *Anzin*, canton d'Arras-nord.

ANZENIUM, id.

ANZINIO, id.

ARIA, *Aire-sur-la-Lys* (Pas-de-Calais).

ARIDA GAMANTIA, nom ancien de la forêt d'Arrouaise, ainsi que de cette circonscription topographique.

AROASIA, *Arroaise, Arrouaise*, même sens que le mot précédent.

ASCEEL, probablement *Achiet*, canton de Bapaume.

ASCEHEL, id.

ASCINIUM, incertain.

ATHEAS, ATHEIAS, *Athies*, canton d'Arras-nord.

ATHYEZ, id.

ATHEIM, voir la dissertation spéciale, page 433.

ATHEIN, id.

ATHEM, id.

ATRAMENTARIAS, *Armentières* (département du Nord).

ATREBATUM, *Arras*.

ATTREBATUM, *Arras*.

AYGNI, *Agny*, canton d'Arras-sud.

B

BAENCURT, *Bancourt*, canton de Bapaume.

BAHINIEZ, *Béhagnies*, canton de Bapaume.

BAIS, incertain.

BALDUINI MONS, *Baudimont*, emplacement de l'ancien Arras.

BALLOL, *Bailleul-sir-Berthoult*, canton de Vimy.

BALLUL, id.

BALUIN, incertain.

BAPALMIS, *Bapaume*, Pas-de-Calais.

BATPALMES, id

BASILICE, *Basecque* ou *Basècle*, ferme, ancien village, dépendance actuelle de La Herlière, page 444.

BASSEYA, *La Bassée* (Nord).

BATUA, voir la dissertation spéciale, page 430.

BAYLLOL, *Bailleul-sir-Berthoult*, canton de Vimy.

BAYLUEZ, *Bailleul-sur-Cojeul*, canton de Beaumetz-les-Loges.

BAYRI, *Boiry*, canton de Croisilles.

BELLO MANSO, *Beaumetz-les-Loges* (Pas-de-Calais).

BELLO RAMO, *Beaurains*, canton d'Arras-sud.

BELMEIS, *Beaumetz-les-Loges* (Pas-de-Calais).

BERCLOENSEM, *Berclau*, canton de Cambrin.

BERGIS, *Bergues-Saint-Vinoc* (Nord).

BERNALLAM, BERNELLAM, incertain.

BERLENCURT, incertain.

BERNEIAM VILLAM, *Bernay*, sur la Scarpe, ancien nom, aujourd'hui inusité, d'une partie du village de Saint-Aubin, près d'Arras.

BERNEVILLE, *Berneville*, canton de Beaumetz-les-Loges.

BERNIVILLAM, BERNIVILLA, id.

BERNY, sur la Scarpe, *Bernay*, ancien nom d'une partie du village actuel de Saint-Aubin, près d'Arras.

BERTICURT, *Bertincourt* (Pas-de-Calais).

BERTRICURT, *Bétricourt*, ferme, sur Rouvroy, ancien village.

BETHUNIA, *Béthune* (Pas-de-Calais).

BETRICOURT, *Bétricourt*, ferme, sur Rouvroy, canton de Vimy, ancien village.

BIARCE, *Biache*, canton de Vitry.

BIARGE, *Biache*, canton de Vitry.
BIGARTIUM, id.
BILLI, *Billy-Berclau*, canton de Cambrin.
BILLIACUM, probablement le même que Billi.
BLANGY, *Blangy*, canton d'Arras-nord.
BLANGI, id.
BLANGINIUM, id.
BLARIVILLA, *Blaïrville*, canton de Beaumetz-lez-Loges.
BOINVILLARE, *Bienvillers*, canton de Pas.
BONEIA VILLA, BONEINIVILLA.
BONEVICURTE, inconnu.
BOUVIGNIES, *Bouvignies*, canton d'Houdain.
BRENI, inconnu.

BRONNEZ, nom d'une porte ancienne d'Arras et d'une petite circonscription vis-à-vis de cette porte et dans les environs des *Hautes-Fontaines*, car Bronnes veut dire fontaine dans le vieux langage flamand qui fut parlé primitivement à Arras, comme dans tout ce pays.

BUCEN, *Bouchain* (Nord).
BUHERICURT, *Bihucourt*, canton de Bapaume.
BUHIRCURTZ, id.
BUHIRCURT, id.
BUINVILEIR, *Bienvillers*, canton de Pas.
BUIRIACUM, incertain.
BULICURT, *Bullecourt*, canton de Croisilles.
BUNDUZ, *Bondues* (Nord).
BUNNICURT, *Bugnicourt* (Nord).

C

CALONNE, *Calonne*. Il y a deux villages de ce nom; nous

n'avons pas pu trouver d'une manière certaine lequel des deux est ici désigné.

CAMBACH, voir la dissertation spéciale, page 434.

CAMPANIAS, *Campagne*. Il y a plusieurs villages de ce nom, quel est celui qui est ici désigné ?

CAMPANIOLAS, *Campigneulles-les-Grandes*, canton de Montreuil.

CARENCHI, *Carency*, canton de Vimy.

CARIBANT, CARINBAUT, ancienne subdivision topographique. On dit : Carvin-en-Carembaut, Meurchin-en-Carembaut, Phalempin-en-Carembaut, etc. Voir la dissertation spéciale, page 434.

CERIZI, *Chérisy*, canton de Croisilles.

CILIACUM, CILLIACUM, incertain.

COLOMMONT, *Coulemont*, canton d'Avesnes-le-Comte.

COLOMBE MONS, id.

COLOMVINC, id.

CONTEHAM, autrefois *Contehem* près de Vis-en-Artois.

CONTEHEM, id.

CRUCICULIS, *Croisilles* (Pas-de-Calais).

CURRIERUM, *Courrières*, canton de Carvin.

CURTRACUM, *Courtrai* (Belgique).

D

DAINVILLE, *Dainville*, canton d'Arras-nord.

DAGINVILLAM, *Dainville*, ibid.

DAGINVILLA, id. ibid.

DOMINICA CURTIS, voir le mot suivant.

DOMINICAM CURTEM, DOMINICA CURTE, traduit par *Demencourt*, est un fief situé aux portes d'Arras et fort connu.

Dovrin, Douerin, *Douvrin*, canton de Cambrin.

Draucourt, *Drocourt*, canton de Vimy.

E

Erlencurt, *Herlincourt?* canton de Saint-Pol.

Esclusiers, même nom moderne (Somme).

F

Farbu, *Farbus*, canton de Vimy.

Farluz, était déja un simple *lieu dit* du temps de Guimann. Primitivement c'était la paroisse dont Athies était la chapelle de secours.

Farreolo, inconnu.

Felci, *Feuchy*, canton d'Arras-sud.

Feszau, *Ficheux* canton de Beaumetz-les-Loges.

Filciacum, on croit que c'est *Ficheux*, canton de Beaumetz-les-Loges.

Fissau, *Ficheux*, canton de Beaumetz-les-Loges.

Flers, *Flers* (Nord).

Florbaiz, *Fleurbaix*, canton de Laventie.

Fontanido, inconnu.

Fontenellas, inconnu.

Fontes, n'était déjà plus qu'un *lieu dit* au temps de Guimann. Cet ancien village était situé entre Pelves et Rœux.

Fossis, inconnu.

Foscarias, *Fouquières-les-Lens*, canton de Lens.

Fraisne, *Fresnes-les-Montauban*, canton de Vitry.

Fraxino, id.

Fressen, *Fressain* (Nord).

Fucaria, *Fouquières-les-Lens*, canton de Lens.
Fucariaz, id.
Fuscherolez, *Fouquereuille*, canton de Béthune.

G

Gamapia, *Guémappe*, canton de Croisilles.
Gauchin, *Gauchin-le-Gal*, canton d'Houdain.
Gaverella, *Gaverelle*, canton de Vimy.
Gaverelle, id.
Gerincurt, inconnu.
Giseniis, inconnu.
Gorea, *Gorre*, Prévôté de Saint-Vaast, dépendance actuelle de Beuvry, canton de Cambrin.
Govia, *Gouves*, canton de Beaumetz-les-Loges.
Goy, *Gouy-en-Artois*, canton de Beaumetz-les-Loges.
Groslas, voir la dissertation spéciale, page 433.
Gualteris cultura, inconnu.

H

Hadas, *Achicourt en partie*, canton d'Arras-sud.
Hadis. id.
Haimbechia, voir la dissertation spéciale, page 433.
Halmala, voir la même dissertation, page 433.
Hamblen, *Hamblain-les-Prés*, canton de Vitry.
Hamesels, incertain.
Haumala, incertain.
Haulcin, ce doit être *Houchain*, canton d'Houdain.
Haucurt, *Haucourt*, canton de Vitry.
Harcicurt, *Achicourt*, canton d'Arras-sud.
Hamelencurt, *Hamelincourt*, canton de Croisilles.

Harvinium, *la cense d'Hervin*, territoire de St-Laurent, canton d'Arras-nord.

Hansbanius pagus, voir la dissertation spéciale, p. 433.

Harven, *la cense d'Hervin*, à Saint-Laurent, canton d'Arras-nord.

Harnem, inconnu.

Haspra, *Haspres*, Prévôté bien connue, aujourd'hui arrondissement de Valenciennes. Haspres appartenait depuis 1024 à l'abbaye de Saint-Vaast, par suite d'un échange qu'elle avait fait avec l'abbaye de Jumièges.

Haysmocaisnoit, peut-être *Le Quesnoy?*

Hendecurt, *Hendecourt-les-Cagnicourt*, canton de Vitry.

Hendencurt, id.

Hennanicurtem, Hernanicurtem, Hetnanicurtém, incertain.

Henninium, *Hénin-sur-Cojeul*, canton de Croisilles.

Henninellum, *Héninel*, canton de Croisilles.

Hennin-Liétart, *Hénin-Liétard*, canton de Carvin.

Herbotcisternam, ou Herborcisternam, correspond à *Hébuterne*. (Mireus, à l'an 690). Hébuterne est situé dans le canton de Pas.

Herlincurtem, *Herlincourt*, canton de Saint-Pol.

Herbinicurtem *cum Longobragio* est fort bien expliqué par M. Harbaville. C'est *la cense d'Hervin*, à Saint-Laurent, avec le long marais appelé encore la *Longuinière*, le tout sous les murs mêmes d'Arras.

Hersin, *Hersin-Coupigny*, canton d'Houdain.

Hulut, *Hulluch*, canton de Lens.

Hunungestrata, *Hoogstrate* (Belgique).

Husdinium, *Houdain* (Pas-de-Calais).

I

Ilbris, inconnu.

Illijs, *Illies* (Nord).

Imeircurt, *Saint-Laurent*, canton d'Arras-nord.

Inbonicurtem, inbonicurtem, peut-être *Boncourt*, hameau de Fléchin, canton de Fauquembergue.

Insula, *Lille* (Nord).

Inungisicurtem, incertain. Serait-ce Incourt ?

J

Juvenciacum, juventiacum, *Givenchy*.

Juvencel, givencizel, hameau de Givenchy-en-Gohelle, canton de Vimy.

L

Lambras, *Lambres*, près de Douai (Nord).

Leghem, Guimann nous avertit que ce village est dans le diocèse de Térouanne, c'est *Linghem*, canton de Lillers.

Lenz, *Lens* (Pas-de-Calais).

Letsale, lensales, lentsales, inconnu.

Leventeis, *Laventie* (Pas-de-Calais).

Liniacum, *Ligny-Thilloy*, canton de Bapaume.

Lomnis, inconnu.

Longansta, *Longastre*, hameau d'Ecoust-Saint-Mein, canton de Croisilles.

Lutosum montem, inconnu.

M

Maisbodvillam, ou Mainbodvillam, Maisbod villam, Maysbot villam, Mannibodvillam, c'est l'ancien nom du village de *Simencourt*, ou plutôt du lieu dit aujourd'hui *la vieille ville*, près de Simencourt et en dépendant. Voir Guimann, page 306.

MAISNIL, *Mainil-les-Ruitz*, canton d'Houdain.

MANINIUM, probablement *Manin*, canton d'Avesne-le-Comte.

MAINIVIUM, incertain.

MARCHEIM, MARCHEIUM, probablement *Meurchin*, canton de Lens.

MARCHIUM, id.

MARCHELLIJS, *Marquillies* (Nord).

MARES, *Saint-Aubin*, canton d'Arras-nord.

MARIDAS, voir la dissertation spéciale, page 433.

MARICLAS, id.

MAST est probablement l'abrégé de Maxtin.

MAXTIN, voir la dissertation spéciale, page 434.

MEAULLENS, *Méaulens*, près d'Arras.

MEDENS, incertain.

MEDIANA VILLA, *Moyenneville*, canton de Croisilles.

MEDIOLANAS, *Moislains* (Somme).

MELLENS, *Méaulens*, près d'Arras.

MERNIES, *Mérignies*, (Nord).

MERLECASTEL, *Mercatel*, canton de Beaumetz-les-Loges.

MERULI CASTELLUM id.

MOFLANAS, *Mofflaines*, nom qui reste dans celui de Tilloy-les-Mofflaines, canton d'Arras-sud.

MOFLANIS, id.

MONCELLIS, probablement *Monchiet*, canton de Beaumetz-les-Loges.

MONS, *Mons-en-Pevèle* (Nord).

MONSTERELLI CURIA, probablement *Montreuil*.

MONTE NOIZCURT, *Montenescourt*, canton de Beaumetz-les-Loges.

MONTES, *Mons-en-Pevèle*.

MOOVILLE, *Mauville*, aujourd'hui hameau dépendant de Fresnes-les-Montauban, canton de Vitry.

MOVILLA, id.

MORCURT, villa *fuit* juxta Offirmont, dit Guimann, p. 299.

MORCURTEM, id.

MAURICURT, incertain.

MORSELLE, incertain.

MOYLENS, probablement *Moislains* (Somme).

MOYRI, *Mory*, canton de Croisilles.

MUSINIUM, MUSIUM, voir la dissertation spéciale, p. 433.

N

NOELLA, *Noyelles-sous-Bellone*, canton de Vitry.

NOELLA JUXTA BETRICURT, *Noyelles-sous-Lens*, canton de Lens.

NOELETA, *Noulette*, aujourd'hui hameau d'Aix-en-Gohelle, canton de Lens.

NOVA VILLA, *Neuville-Saint-Vaast*, canton de Vimy.

NOVAM VILLAM, id.

NOVA VILLELLA, s'appelait encore au XVIe siècle *Noeuvillette*, dépendance de Dainville.

NOVEVILLE, *Neuville-Saint-Vaast*, canton de Vimy.

NOVEVILLULE, paraît être la traduction de Novavillella, plus haut.

NOVILLELLA, *Neuvireuil*, canton de Vimy.

NUILLI, incertain.

O

Orezmeaz, Oresmeoz, *Oresmieux*, près de Bapaume, dit Guimann pages 279 et 280.

Ouencurt, territoire près de Souastre, dit Guimann, par conséquent dans le canton de Pas.

Ouvencurt, id.

P

Pabula, *Pelve*, canton de Vitry; — *Pevèle*, circonscription territoriale.

Pabule, id.

Pelven, *Pelve*, canton de Vitry.

Perrone, *Péronne* (Somme).

Peula, *Pelve*, canton de Vitry.

Pomerias, *Pommiers*, canton de Pas.

Pons Delbiez, inconnu.

Pons Donieul, id.

Ponz, id.

Postinvillare, dépendance de Béhagnies, au temps de Guimann, appelée plus tard Penstiviller.

Prouvy, *Prouvy-Cantin* (Nord).

Punyel, nom d'une porte d'Arras, conduisant à *la Vigne*.

Putheas aquas, voir la dissertation spéciale, page 430. *Puzeaux* (Somme).

R

Ransart, *Ransart*, canton de Beaumetz-les-Loges.

Radincurt, incertain.

REMMI, *Remy*, canton de Vitry.

REMI, id.

REUTH, *Rœux*, canton de Vitry.

REXNAM, voir la dissertation spéciale, page 431.

RIBUARIUS PAGUS, voir la dissertation spéciale, page 433.

RICHESBURCH, *Richebourg-Saint-Vaast*, canton de Laventie.

RINCURT, *Riencourt*, canton de Bapaume.

ROTBERTI CULTURA, inconnu.

ROCHELINCOURT, *Roclincourt*, canton d'Arras-nord.

ROCLENCURT, id.

ROTHEM, voir la dissertation spéciale, page 431.

ROUVROY, *Rouvroy*, canton de Vimy.

RUMBLI, *Rombly*, canton de Lillers.

S

SAILLIES, *Sailly*, lequel ? Il y a dans le Pas-de-Calais quatre villages de ce nom.

SAILLY, *Sailly-en-Ostrevant*, canton de Vitry.

SAILLY IN NEMORE, *Sailly-au-Bois*, canton de Pas.

SAINS, *Sains-en-Gohelle*, canton d'Houdain.

SALCIACUM, probablement *Sauchy-Lestrées*, canton de Marquion.

SALCI SICCUS, SALCI LUTOSUS, tels sont les deux noms consignés par Guimann, qui nous dit que ces deux villages sont dans les dépendances du château d'Oisy. Les notes marginales du Manuscrit du XVIe siècle, le Guimann des Archives, nous expliquent l'un, Salci Siccus, par *Sailli-le-Sec*. Quel est l'autre ?

SALCI LUTOSUS, voir Salci Siccus.

Salgi, probablement *Sailly-sur-la-Lys*, canton de Laventie.

Salgi en Ostrevant, *Sailly-en-Ostrevant*, canton de Vitry.

Saltiacum, Salciacum, *Sauchy-Lestrées*, canton de Marquion.

Saliacum, *Sailly*, lequel ?

Salteio, peut-être *Saulty*, canton d'Avesnes-le-Comte.

Sanctanis-en-Ternoiz, probablement *Sains-les-Pernes*, canton de Pernes.

Sanctus Albinus Bapalmis, *Saint-Aubin-lez-Bapaume*, canton de Bapaume.

Sanctus Leodegarius, *Saint-Léger*, canton de Croisilles.

Sanctus Michael, *Saint-Michel*, Prévôté de l'abbaye, près d'Arras.

Sanctus Paulus, *Saint-Pol* (Pas-de-Calais).

Sanctus Salvator, *Saint-Sauveur*, faubourg d'Arras.

Sarchinguehem, est le même que Serchinguehem, expliqué plus loin : Sarcin, *Sus-Saint-Léger*, canton d'Avesnes-le-Comte.

Scluse, *Lécluse* (Nord).

Sceldogotheim, Scheldogotheim, Sceldoghotem, incertain.

Senous, ou Senons, dépendance de Mercatel : « in eadem Parrochia (dit Guimann en parlant de Mercatel), est territorium quod Senous vocatur, quod tenet Alelmus de Atrebato in feodum legium etc. »

Sentinez, Saintines au XVIe siècle, *Grande-Synthe* (Nord)

Serchinguehem, ou Sercingensis Villa, Sarcin, où fut inhumé le corps de Saint-Léger, aujourd'hui *Sus-Saint-Léger*, canton d'Avesnes-le-Comte.

Sernin, inconnu.

Servin, *Servin*, canton d'Houdain.

Stenfort, *Steenworde* (Nord).

Sirigeim, Sirigotem, Syriegenhem, Sirigoheim, Sirengeheim, incertain.

Souchez, *Souchez*, canton de Vimy.

Stagras, ou Stragas, *Estaires*, département du Nord. C'est un mot germanique latinisé : Strag correspond dans les langues du Nord au Strata des Latins. Estaires était un point important d'une voie stratégique fort connue.

Stohem, incertain.

Stratas, *Estrée-Wamin*, canton d'Avesnes-le-Comte.

Strumensis ecclesia, *Eglise d'Etrun*, près d'Arras.

Strumis, id. *Etrun*, canton d'Arras-nord.

Symoncurt, *Simencourt*, canton de Beaumetz-les-Loges.

T

Templum, *le Temple*, autrefois près d'Arras.

Teubernam, inconnu.

Testereph, inconnu.

Theobra Silva, probablement la forêt de Lucheux ou dans ces environs.

Theobita Silva, id.

Theuludum, *Thélus*, près d'Arras, canton de Vimy.

Theulut, id.

Thorona, voir la dissertation spéciale, page 433.

Tilgidum, *Thilloy-les-Mofflaines*, canton d'Arras-sud.

Tilloy, id.

Tilloy juxta Moflanis, id.

Tillet, inconnu.

Tylloyt juxta Bapalmas, *Thilloy*, canton de Bapaume.

Tyulutz, *Thélus*, près d'Arras, canton de Vimy.

Trenicelcurt.

Trontellicurtem, Troncellicurtem.

Truncus Berengarii, lieu souvent cité comme centre d'action d'un chef de voleurs dans la forêt d'Arrouaise, sur l'emplacement actuel du Transloy, canton de Bapaume.

U V

Ulpi, *Oppy*, canton de Vimy.

Valles, *Vaux-sur-Somme* (Somme).

Vermandensis Pagus, le pays du *Vermandois*.

Vici, *Vis-en-Artois*, canton de Vitry.

Vicus. id.

Vinea, *la Vigne*, ancien faubourg d'Arras.

Vis, *Vis-en-Artois*, le même que Vicus et Vici.

Vulfaram, voir la dissertation spéciale, page 431.

W

Waencurt, *Wancourt*, canton de Croisilles.

Waldrici Fons, *Waudri-Fontaine*, territoire de Saint-Laurent, près d'Arras.

Warhem, *Warhem* (Nord).

Warlus. *Warlus*, canton de Beaumetz-les-Loges.

Warluz, id.

Watrema, Watrenia, voir la dissertation spéciale, page 434.

Watrevia, id.

WATRELOS, *Watrelos* (Nord).
WANERINC, *Wavrin* (Nord).
WENDIN, *Vendin*. Il y a deux villages de ce nom, l'un dans le canton de Béthune, l'autre dans le canton de Lens.

Y

YMERICURTIS, *Saint-Laurent*, près d'Arras.
YPRA, *Ypres* (Belgique).
YRIN, serait-ce *Erin*, canton d'Heuchin ?
YRVILLARE, *Ervillers*, canton de Croisilles.
YSER, *Izel-les-Equerchin*, canton de Vimy.

TABLE ANALYTIQUE

des Matières contenues dans ce volume.

Titre, Dédicace, et Introduction . . . . . I à XXXII
Titre et Préface générale de tout l'ouvrage, en latin, par Guimann . . . . 1 à 8

PREMIÈRE PARTIE. — DE PRIVILEGIIS ET IMMUNITATIBUS.

Baptême de Clovis; saint Vaast aide saint Remy dans ses travaux; il va en son nom assister au Concile de Vienne, où l'on établit les Rogations . . . . 9 à 10
Saint Vaast est sacré Évêque d'Arras; il administre les églises de Cambrai et de Beauvais; il pourvoit à la succession de saint Remy sur le siége de Reims . . . . . 11 à 13
Mort de saint Vaast; translation de son corps; la Cité, le Castrum, l'abbaye d'Arras . . 13 à 15
Le roi Thierry dote richement l'abbaye, à la prière de saint Vindicien; elle relève immédiatement du Saint-Siége . . . . . 15 à 17
Privilége de Thierry III, pour l'abbaye de

SECONDE PARTIE. — DE BONIS MOBILIBUS ET IMMOBILIBUS DE HOSTAGIIS ET DE DIVERSITATE DISTRICTORUM.

et la chapelle de Sainte-Marie du Jardin. 152 à 153
Division ou partage entre Sainte-Croix et Sainte-Marie du Jardin (1152) . . . . 153 à 154
De la chapelle de Sainte-Marie du Verger (Pomerium), et d'une petite fille qui y fut ressuscitée (1160) . . . . 155 à 156
Controverse entre les moines et les clercs, au sujet des chapelles bâties sur le fonds de Saint-Vaast; historique, lettres du pape Alexandre, concordat qui met fin aux quatre querelles en 1161 . . . . 157 à 165
Des coutumes du tonlieu d'Arras, règlement très-détaillé sur toute espèce d'objets et denrées, avec les tarifs des droits (1024); constitution *ad hoc* de l'abbé Léduin (1036); coutumes du mesurage; coutumes relatives aux cens et à ceux qui les doivent . 165 à 179
Privilége de Baudouin II, comte de Flandre, du tonlieu de Saint-Vaast (1111) . . . 179 à 182
Privilége de Charles-le-Bon, comte de Flandre, sur le tonlieu de Saint-Vaast (1122). 182 à 185
Privilége de la comtesse Sybille, sur le même sujet (1148) . . . . 185 à 188
Privilége de Guerri, abbé de Saint-Vaast, sur le même sujet (1148) . . . . 188 à 191
Des charités ou confréries des marchands, des guildes, etc. 191

Livre second. — De hostagiis sancti Vedasti et de diversitate districtorum.

Préface de ce second livre, par Guimann . 193 à 195

Explicit registrum Wimanni, seu cartularium sancti Vedasti primarium, absolutum XXXII et 488, seu 520 paginis. Feliciter impressum, sumptibus Academiæ Attrebatensis, per A. Courtin, typographum ejusdem Societatis, anno Domini

M°. D°. CCC°. LXX°. V°.
Idibus Decembris.

www.ingramcontent.com/pod-product-compliance
Lightning Source LLC
Chambersburg PA
CBHW051123230426
43670CB00007B/653